Malkiel · Börsenerfolg ist kein Zufall

Burton G. Malkiel

BÖRSENERFOLG
ist kein Zufall

Die besten
Investmentstrategien
für das neue Jahrtausend

FinanzBuch Verlag

AUS DEM AMERIKANISCHEN VON CARSTEN ROTH

Gesamtbearbeitung: Michael Volk, München
Satz und Repro: SatzTeam Berger, Ellenberg
Druck: Wiener Verlag GmbH, Himberg

© 2000 BY FINANZBUCH VERLAG GMBH MÜNCHEN
LANDSHUTER ALLEE 61 · 80637 MÜNCHEN
TEL.: 089/651285-0 FAX: 089/65 20 96
E-MAIL: MALKIEL@FINANZVERLAG.COM

ISBN 3-932114-34-5

Für mehr Bücher: www.finanzverlag.com

Inhalt

Inhalt

Teil 2 Wie die Profis das große Spiel spielen 113

Inhalt

Vorwort

Ich freue mich sehr, dass der deutschsprachige Leser endlich eine deutsche Ausgabe meines Buches in Händen halten kann. Insbesondere gebührt mein Dank n-tv, dem Nachrichtensender, der maßgeblich am Erscheinen dieses Buches beteiligt war. Die grundlegende Botschaft meines Buches *Börsenerfolg ist kein Zufall* ist sehr einfach: Kapitalanleger sind wesentlich besser bedient, wenn sie Anteile an einem Indexfonds kaufen, als wenn sie versuchen würden, einzelne Aktien zu handeln oder sich an aktiv gemanagten Investmentfonds zu beteiligen. Ich bin der festen Überzeugung, dass man besser abschneidet, wenn man Aktien eines breit angelegten Durchschnittes kauft und hält – wie es ja Index-Fonds tun – als professionell gemanagte Fonds, bei denen hohe Gebühren und hohe Tradingkosten die Gewinne aus dem Investment deutlich beschneiden.

Seit 30 Jahren vertrete ich diese These! Meine Erfolge, die ich seit dieser Zeit erzielen konnte, gaben mir die Bestätigung. Der Chart auf der folgenden Seite macht dies sehr deutlich. Er zeigt, wie es einem Investor ergangen wäre, hätte er Anfang des Jahres 1969 10.000 $ in einen Standard & Poor's 500 Index-Fonds investiert. Zum Vergleich sehen Sie die Ergebnisse eines zweiten Investors, der Anteile an einem durchschnittlich aktiv gemanagten Fonds erwarb. Der Unterschied ist dramatisch.

Der Wert von 10.000 $, die 1969 investiert wurden:

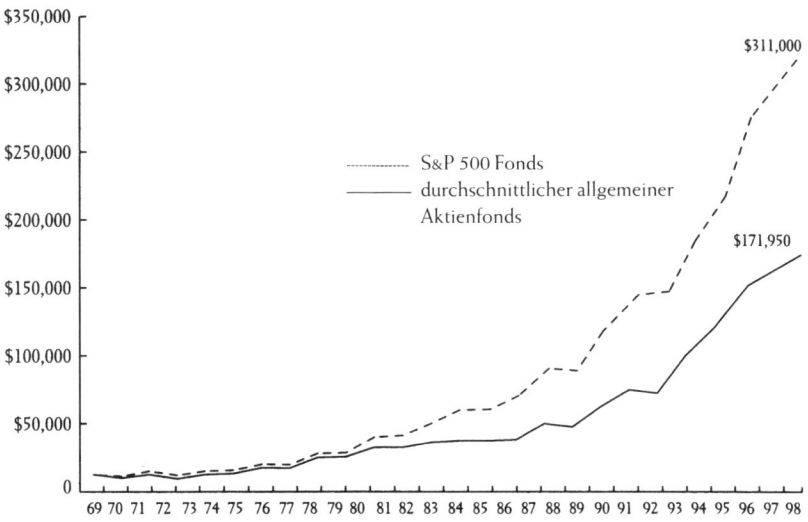

In der vorliegenden deutschsprachigen Ausgabe meines Buches möchte ich die grundlegende These der *Random-Walk-Theorie* einer genauen Prüfung unterziehen: Der Markt bewertet die Aktien so effizient, dass ein Affe mit verbundenen Augen Pfeile auf das Wall Street Journal werfen und so ein Portfolio zusammenstellen könnte, das ebenso erfolgreich ist, wie eines, das von Experten gemanagt wird. In den letzten 30 Jahren hat sich diese These außerordentlich wacker geschlagen. Mehr als zwei Drittel der professionellen Portfoliomanager hatten eine schlechtere Performance als der S&P 500. Dennoch gibt es eine Reihe von Studien, die von Akademikern und Praktikern während der 80er und 90er Jahre erstellt wurden, die diese Theorie in Frage stellen. Auch der Börsencrash vom Oktober 1987 stellte die Efficient-Market-Theorie in Frage. In diesem Buch wird der gegenwärtige Streit erläutert und noch einmal die Behauptung untersucht, ob es möglich sei, besser zu sein als der Markt. Meiner Meinung nach sind die Berichte über das Hinscheiden der Efficient-Market-Theorie weit übertrieben. Dennoch werde ich die Beweiskraft einiger Techniken der Aktienauswahl überprüfen, von denen man glaubt, dass sie die Erfolgschancen zu Gunsten des Privatanlegers wenden.

Mein Buch stellt grundsätzlich ein leicht lesbares Investmenthandbuch für private Kapitalanleger dar. Da ich viele Personen und Familien in Bezug auf ihre Finanzstrategien beraten habe, wurde mir immer deutlicher, dass die individuelle Risikobereitschaft wesentlich davon abhängt, wie alt man ist und ob man sein Einkommen auch aus anderen Quellen beziehen kann. Es wurde jedoch ebenso deutlich, dass das Risiko, das mit den meisten Investments einhergeht, mit der Zeit abnimmt. Deshalb müssen optimale Anlagestrategien auf das Alter der Investoren bezogen werden. Kapitel 13, „Ein Investmentführer für jeden Lebensabschnitt", sollte sich für alle Altersstufen als sehr hilfreich erweisen. Allein dieses Kapitel ist so viel wert wie ein Termin bei einem hochbezahlten Anlageberater.

Die Daten und Fakten geben einen Überblick über Aktien und Anleihen am Ende des 20. Jahrhunderts und stellen Ihnen einige Strategien vor, die Investoren erfolgreich ins neue Jahrtausend bringen sollten.

Einen größeren Anteil an der erfolgreichen Fertigstellung dieses Buches leistete meine Frau Nancy Weiss Malkiel. Nicht nur ihre liebevolle Unterstützung und Ermutigung, sondern auch, dass sie die verschiedenen Entwürfe des Manuskripts sorgfältig las und zahlreiche Vorschläge machte, die den Text verständlicher machten und somit deutlich verbesserten. Sie korrigierte sogar verschiedene Fehler, die mir und einer Reihe von Korrekturlesern und Lektoren entgangen waren. Am wichtigsten ist jedoch, dass sie so viel Freude in mein Leben gebracht hat. Niemand verdient die Widmung dieses Buches mehr als sie.

Burton G. Malkiel
Princeton University

TEIL 1

Aktien
und ihr Wert

KAPITEL 1

Begründete Annahmen und Luftschlösser

Was ist ein Zyniker? Das ist ein Mann, der den Preis von allem kennt, aber den Wert von nichts.

OSKAR WILDE

In diesem Buch möchte ich mit Ihnen die Wall Street hinunterschlendern (ohne genau zu überlegen wohin, so wie bei einem richtigen Random Walk), und Ihnen eine Führung durch die komplexe Finanzwelt und zusätzlich praktische Ratschläge über Chancen und Strategien der Kapitalanlage anbieten. Es gibt viele, die behaupten, dass der einzelne Investor kaum eine Chance gegen die Profis an der Wall Street hat. Sie verweisen auf die Techniken, die die Profis benutzen, beispielsweise „Programm-Trading", „Portfolio Insurance" und Investmentstrategien, in denen komplexe Derivate eine Rolle spielen. Sie lesen Nachrichten über gewaltige Übernahmen und die höchst profitablen (manchmal auch illegalen) Aktivitäten der finanziell gut ausgestatteten Arbitrageure. Diese Komplexität lässt vermuten, dass es in den heutigen institutionalisierten Märkten für den Einzelinvestor kaum noch Platz gibt. Doch nichts könnte von der Wahrheit weiter entfernt sein. Sie können genauso gut abschneiden wie die Experten – vielleicht sogar besser. Wie ich später noch darstellen werde, waren es die stetigen Investoren, die klaren Kopf behielten, als der Aktienmarkt im Oktober 1987 zusammenbrach, und die dann zusehen konnten, wie sich der Wert ihrer Beteiligungen schließlich erholte und weiterhin attraktive Gewinne abwarf. Viele Profis aber verloren während der 90er Jahre ihr letztes Hemd, als sie derivative Strategien anwandten, die sie eigentlich nie wirklich verstanden.

Dieses Buch ist ein kurz und knapp gefasstes Handbuch für den privaten Anleger. Es behandelt alles, von Versicherung bis Einkommensteuer. Es bietet Rat, wenn man um die besten Hypotheken verhandelt und wenn man die finanzielle Absicherung im Alter plant. Sie erfahren, wie man die besten Lebensversicherungen abschließt und wie Sie es vermeiden können, von Banken und Brokern ausgenommen zu werden. Sie werden auch erfahren, was es mit Gold und Diamanten auf sich hat. Aber in erster Linie ist dies ein Buch über Aktien – eine Investmentmöglichkeit, die nicht nur in der Vergangenheit großzügige langfristige Gewinne einbrachte, sondern auch in den kommenden Jahren gute Chancen bietet. Der Investmentführer für jeden Lebensabschnitt, so wie er im vierten Teil beschrieben ist, bietet Angehörigen aller Altersgruppen spezielle Empfehlungen, damit sie ihre finanziellen Ziele erreichen können.

Was ist ein Random Walk?

Random Walk könnte man im Deutschen am ehesten mit „ziellos herumschlendern" umschreiben, also auf einem Weg zu gehen, bei dem künftige Schritte nicht aus vorhergehenden Schritten abgeleitet werden können. Wenn man Random Walk oder „ziellos herumschlendern" im Zusammenhang mit der Börse benutzt, dann bedeutet dies, dass kurzfristige Veränderungen in den Kursen nicht vorhergesagt werden können. Anlageberater, die wilde Vorhersagen treffen und komplizierte Chartmuster aufzeichnen, sind nutzlos. Auf der Wall Street gilt der Begriff Random Walk als Obszönität. Es ist ein Begriff, der von der akademischen Welt geprägt wurde, und in beleidigender Absicht auf die professionellen Wahrsager im Finanzbereich geschleudert wurde. Extrem ausgedrückt heißt das: Ein blinder Affe könnte Dartpfeile auf die Finanzseiten einer Zeitung werfen und so ein Portfolio zusammenstellen, das ebenso erfolgreich wäre wie eines, das von Experten sorgsam zusammengestellt worden ist.

Nun, Finanzanalysten in ihren Nadelstreifenanzügen mögen es nicht, mit nacktärschigen Affen verglichen zu werden. Sie erwidern, Akademiker seien so sehr in Gleichungen und griechische Symbole verstrickt (gar nicht zu reden von ihrer eigenartigen Sprache), dass sie keinen Bullen von einem Bären unterscheiden könnten, nicht einmal in einem Porzellanladen. Börsenprofis wappnen sich gegen die akademischen Angriffe mit einer von zwei Techniken: der Fundamentalanalyse und der

Technischen Analyse, die wir im zweiten Teil untersuchen werden. Die Akademiker parieren diese Taktiken, indem sie die Random-Walk-Theorie durch drei Versionen verschleiern (die milde, die halbstrenge und die strenge Version) und dadurch, dass sie ihre eigene Theorie schaffen, die sie „New Investment Technology" nennen. Die letztgenannte Theorie enthält ein Konzept, das sie „Beta" nennen, und ich habe vor, ein wenig darauf herumzutrampeln. In den 90er Jahren liefen sogar einige Akademiker zu den Börsenprofis über, als sie vermuteten, dass der Aktienmarkt zumindest in gewissem Umfang vorhersehbar sei. Dennoch können Sie sehen, das diese Schlacht noch nicht beendet ist, und zu einem lethalen Ende geführt werden soll, weil es dabei für die Akademiker um Amt und Ehren und für die Börsenprofis um Bonuszahlungen geht. Und deshalb glaube ich, dass Ihnen dieser Spaziergang oder „Random Walk" die Wall Street hinunter Spaß machen wird. Dieses Buch hat alles, was zu einem Drama erforderlich ist – einschließlich der Reichtümer, die gewonnen und verloren werden können, und der klassischen Streitereien über die Ursachen dafür.

Bevor wir jedoch beginnen, sollte ich mich bei Ihnen vorstellen und Ihnen etwas über meine Qualifikation als Ihr Ratgeber erzählen. Es gibt drei Gründe in meiner Biographie, die mich dieses Buch schreiben ließen. Und jeder dieser Gründe beleuchtet den Aktienmarkt von einer anderen Seite.

Der erste Aspekt ist, dass ich zu Beginn meiner Karriere als Börsenprofi bei einem der führenden Investmenthäuser an der Wall Street angestellt war. Schließlich muss man ja wissen, wovon man spricht. In gewissem Sinn bleibe ich ein Börsenprofi, weil ich im Augenblick dem Investmentausschuss einer Versicherungsgesellschaft vorstehe, die mehr als 250 Mrd. $ in Wertpapieren anlegt, und weil ich im Aufsichtsrat einer der größten Investmentgesellschaften der Vereinigten Staaten sitze, die Wertpapiere im Gegenwert von insgesamt 400 Mrd. Dollar kontrolliert. Diese Perspektive war für mich immer unerlässlich. Es gibt Dinge im Leben, die eine Jungfrau einfach nie richtig verstehen oder bewerten kann. Diesen Vergleich kann man auch auf den Aktienmarkt anwenden.

Der zweite Grund ist meine Position als Wirtschaftswissenschaftler. Ich habe mich auf Wertpapiere und das Verhalten bei der Kapitalanlage spezialisiert, ich kenne die Ergebnisse der akademischen Forschung über Investmentchancen genau. Auf diesen neuen Forschungsergebnissen begründe ich meine Empfehlungen für Sie.

Letztlich war ich aber schon immer selbst Investor und erfolgreicher

Marktteilnehmer. Wie erfolgreich, möchte ich nicht sagen, denn es ist eine Besonderheit in der akademischen Welt, dass es einem Professor nicht gut zu Gesicht steht, viel Geld zu verdienen. Ein Professor kann viel Geld erben, viel Geld heiraten und viel Geld ausgeben, aber niemals darf er selbst viel Geld verdienen; das ist unakademisch. Lehrer sollen ihren Beruf aus Überzeugung ausüben, so zumindest sagen die Politiker und die Verwaltung – insbesondere dann, wenn sie versuchen, die niedrigen Gehälter im akademischen Bereich zu rechtfertigen. Akademiker sollen nach Erkenntnissen suchen und nicht nach finanziellem Lohn trachten. Wenn ich von meinen Siegen an der Wall Street spreche, dann geht es also immer darum, dass ich dort nach Erkenntnissen gesucht habe!

Dieses Buch enthält sehr viele Fakten und Zahlen. Lassen Sie sich davon nicht einschüchtern. Diese sind für die „Finanz-Laien" gedacht und sie bieten praktischen und bewährten Rat bei der Kapitalanlage. Sie brauchen kein Vorwissen, um sie verstehen zu können. Alles was Sie benötigen, ist Interesse und der Wunsch, dass sich Ihre Kapitalanlagen für Sie lohnen sollen.

Kapitalanlage ist heute eine Art Lebensstil

An diesem Punkt ist es wohl angebracht zu erläutern, was ich unter Kapitalanlage verstehe und wie ich diese Tätigkeit von Spekulationen unterscheide. Unter Kapitalanlage verstehe ich eine Methode, Wertpapiere zu kaufen, um daraus Gewinne in der Form von einigermaßen vorhersehbarem Einkommen zu gewinnen (Dividenden, Zinsen oder Mieten) und/oder einen langfristigen Wertzuwachs zu erzielen. Es ist die Definition des Zeitraums, in dem der Gewinn eines Investments realisiert wird, und die Vorhersehbarkeit der Gewinne, die Kapitalanlage von Spekulation unterscheiden. Ich denke da an ein wunderbares Beispiel aus einem der ersten Superman-Filme. Als der böse Luther in Arizona Land kaufte, weil er glaubte, dass Kalifornien bald im Ozean versinken würde, und dadurch sein Land als Strandgrundstück wesentlich wertvoller werden würde, spekulierte er. Hätte er dieses Land als langfristige Kapitalanlage gekauft, nachdem er zuvor Migrationsschemata Trends im Wohnungsbau und die Verfügbarkeit von Wasservorräten untersucht hatte, hätte man dies als Kapitalanlage ansehen können – insbesondere dann, wenn er den Kauf unter dem Gesichtspunkt verlässlicher künftiger Gewinne erworben hätte.

Lassen Sie mich klarstellen, dass dieses Buch nicht für Spekulanten gedacht ist: Ich werde Ihnen nicht versprechen, dass Sie über Nacht zu Reichtum kommen. Ich werde Ihnen aber auch keine Börsenwunder versprechen. Der Untertitel dieses Buches könnte lauten: „Werden Sie reich – langsam aber sicher". Vergessen Sie nicht: Um keine Verluste zu erleiden, müssen Ihre Kapitalanlagen mindestens soviel Gewinn abwerfen, wie die Inflation an Geldwert verschlingt.

In den Vereinigten Staaten und den meisten Industrieländern ging die Inflationsrate in den 90er Jahre auf etwa 2 % zurück, und manche Analysten glauben, dass diese relative Preisstabilität weiter anhalten wird. Sie behaupten, dass Inflation eher die Ausnahme als die Regel ist, und dass in Zeiten schneller technologischer Fortschritte und in Friedenszeiten stabile oder sogar fallende Preise üblich waren. Es kann sehr gut sein, dass es in den ersten Jahrzehnten des 21. Jahrhunderts nur geringe oder gar keine Inflation geben wird. Aber ich bin der Meinung, Investoren sollten die Möglichkeit nicht unterschätzen, dass sich die Inflation irgendwann in der Zukunft wieder beschleunigt. Wir können nicht davon ausgehen, dass der europäische Wirtschaftsraum ständig zweistellige Arbeitslosenraten aufweisen wird und dass die tiefen Rezessionen in Japan und vielen Emerging Markets anhalten werden. Vielmehr werden Produktivitätsverbesserungen schwieriger zu erzielen sein, da unsere Wirtschaften zunehmend serviceorientiert werden. Es werden immer vier Musiker benötigt, um ein Violinquartett zu spielen und man braucht immer einen Chirurgen, der einen Blinddarm entfernt – auch im 21. Jahrhundert. Und wenn das Einkommen der Musiker und der Chirurgen im Lauf der Zeit steigt, dann werden auch die Preise für Tickets und Blinddarmoperationen steigen. Es wäre deshalb ein großer Fehler zu glauben, dass der Preisdruck kein Grund zur Besorgnis mehr sei.

Stiege die Inflation auf 3 bis 4 % – ein Prozentsatz, der wesentlich niedriger ist, als wir ihn in den 70er und Anfang der 80er Jahre erlebten – wären die Auswirkungen auf die Kaufkraft immer noch verheerend. Die folgende Tabelle zeigt, was eine Inflationsrate von durchschnittlich 4,8 % im Zeitraum von 1962 bis 1988 bewirkte. Der Preis für meine Wochenzeitung ist um 1.100 % gestiegen. Der Preis für meinen Müsli-Riegel am Nachmittag stieg sogar noch stärker an. Außerdem ist der Müsli-Riegel kleiner als er 1962 war, als ich noch studierte. Stiege die Inflation in gleichem Maße, dann würde die Zeitung im Jahr 2010 mehr als 1 $ kosten. Damit wird deutlich, dass wir, wenn wir mit einer leichten Inflation Schritt halten wollen, unser Kapital so anlegen müssen, dass die reale Kaufkraft erhalten wird. Andernfalls wären wir einem ständig sinkenden Lebensstandard ausgesetzt.

Die Inflation nagt

	Durchschnitt 1962	Durchschnitt 1998	Zunahme in %	jährliche Inflationsrate in %
Verbraucher-Preisindex	30,20	162,80	439,1	4,8
Hershey Müsli-Riegel	0,05 $	0,64 $	1.180,0	7,3
New York Times	0,05 $	0,60 $	1.100,0	7,1
Postgebühren für einen Brief	0,04 $	0,32 $	700,0	5,9
Benzin (1 Gallone)	0,31 $	1,19 $	283,9	3,8
Hamburger (McDonald´s Big Mac)	0,28 $*	2,69 $	860,7	6,5
Chevrolet	2.529 $	22.500 $	789,7	6,3
Kühlschrank	470 $	750 $	59,6	1,3

* Preis von 1963

Täuschen Sie sich nicht, Kapitalanlage erfordert viel Arbeit. Es gibt rührselige Romane, die durchsetzt sind mit Geschichten von großen Familienreichtümern, die durch Vernachlässigung oder Mangel an Wissen, wie man sich richtig um sein Geld kümmert, verloren gingen. Wer könnte je vergessen, wie der Kirschgarten in Tschechows großartigem Schauspiel abgeholzt wurde?

Die freie Marktwirtschaft und nicht das marxistische System verursachte den Niedergang von Tschechows Familie: Sie hatten nicht gearbeitet, um ihr Geld zu behalten. Auch wenn Sie ihr gesamtes Vermögen einem Anlageberater oder einem Investmentfonds anvertrauen, dann müssen Sie immer noch wissen, welcher Vermögensberater oder welcher Fonds am geeignetsten ist, um mit ihrem Geld umzugehen. Ausgestattet mit den Informationen aus diesem Buch, sollte es Ihnen ein wenig leichter fallen, Ihre Entscheidungen zu treffen, wenn es um die Anlage Ihres Kapitals geht.

Am Wichtigsten ist es jedoch, dass es Spaß macht, sein Geld zu investieren. Es macht Spaß, seinen Intellekt an dem der großen Investmentgemeinde zu messen und sich mit einem Vermögenszuwachs belohnt zu sehen. Es ist aufregend, die Gewinne aus der Kapitalanlage zu betrachten und zu sehen, wie sie schneller wachsen als das Gehalt. Außerdem ist es sehr anregend, neue Ideen für Produkte und Dienstleistungen kennenzulernen und auch Innovationen bei finanziellen Engagements. Ein erfolgreicher Investor ist grundsätzlich ein ausgeglichener Mensch, mit einer natürlichen Neugierde und einem Bedürfnis zu arbeiten, um mehr Geld zu verdienen.

Kapitalanlage in der Theorie

Alle Gewinne aus Kapitalanlagen – gleich ob in Aktien oder besonders schönen Diamanten – sind in unterschiedlichem Ausmaß von Ereignissen in der Zukunft abhängig. Das macht auch die Faszination der Kapitalanlage aus: Es ist ein Glücksspiel, dessen Erfolg von der Fähigkeit abhängt, die Zukunft vorhersehen zu können. Schon immer haben die Profis der Investmentgemeinde eine von zwei Möglichkeiten genutzt, um Wertpapiere zu bewerten: Die „Theorie der begründeten Annahmen" oder die „Theorie der Luftschlösser". Mit diesen Theorien wurden Millionen von Dollar gewonnen, aber auch verloren. Um das Drama zu verschärfen: Man muss sich für eine von beiden Möglichkeiten entscheiden. Diese beiden Möglichkeiten müssen Sie verstehen, wenn Sie vernünftige Investmententscheidungen treffen wollen. Das ist auch unbedingt erforderlich, um sich vor schwerwiegenden Fehlern zu bewahren. Während der 70er Jahre wurde eine dritte Theorie an der Wall Street sehr beliebt, die von den Akademikern stammt und „New Investment Technology" genannt wird. Später werde ich auf diese Theorie zurückkommen, sie beschreiben und die Verbindung zur Investmentanalyse erläutern.

Die „Theorie der begründeten Annahmen"

Die „Theorie der begründeten Annahmen" behauptet, dass jedes Investmentinstrument, sei es eine Aktie oder eine Immobilie, in seinem intrinsischen Wert verankert ist, der durch sorgfältige Analyse der gegenwärtigen Bedingungen und künftigen Aussichten bestimmt werden kann. Wenn die Marktpreise oder Kurse unter diesen intrinsischen Wert fallen (oder darüber ansteigen), ergibt sich eine Kaufgelegenheit (eine Verkaufsgelegenheit), weil diese Abweichung irgendwann korrigiert werden wird – das ist die Theorie. Wenn dem so ist, dann wird Kapitalanlage ausschließlich ein Vergleich des aktuellen Preises mit seinem „begründet angenommenen" Basiswert.

Es ist schwierig, diese Theorie einem einzelnen zuzuschreiben, doch sehr oft wird in diesem Zusammenhang S. Eliot Guild genannt. Doch wurde die klassische Entwicklung dieser Technik, insbesondere die Nuancen, die damit verbunden sind, von John B. Williams ausgearbeitet.

In seinem Buch *The Theory of Investment Value* präsentierte Williams eine Formel, mit der der intrinsische Wert einer Aktie bestimmt werden kann. Williams begründete seinen Weg auf der Dividendenausschüttung. In dem Bestreben, die Sache nicht zu einfach zu machen, führte er das Konzept des Abzinsens in den Prozess ein. Abzinsen hat immer etwas damit zu tun, dass man Einkünfte in einer Retrospektive betrachtet. Anstatt zu untersuchen, wieviel Geld man im nächsten Jahr haben wird (sagen wir einmal 1,05 $, wenn man 1 $ zu einem Zinssatz von 5 % zur Sparkasse bringt), geht man von dem gesamten in der Zukunft erwarteten Erlös aus und untersucht, um wieviel weniger dieser im Augenblick wert ist (und so sind 1 $ im nächsten Jahr heute nur 95 Cent, die man mit 5 % Zinsen anlegen müsste, um ungefähr 1 $ zu erzielen). Hierzulande wird das Konzept auch Ertragswertverfahren genannt (Anm. d. Red.).

Williams war es damit durchaus ernst. Weiterhin argumentierte er, dass der intrinsische Wert einer Aktie gleich dem gegenwärtigen (oder abgezinsten) Wert seiner künftigen Dividendenerlöse sei. Investoren sollten also den Wert des Geldes zurückrechnen, das sie später einmal erhalten werden. Weil so wenige die Sache verstanden, konnte dieser Begriff Bestand haben. Abzinsung ist heute unter den Mitgliedern der Investmentgemeinde ein sehr verbreiteter Begriff. In der Ära von Professor Irving Fisher, einem angesehenen Wirtschaftswissenschaftler und Investor von der Yale-University, erhielt dieser Begriff eine noch größere Bedeutung.

Die Logik dieser „Theorie der begründeten Annahmen" ist sehr korrekt und kann am besten mit Aktien erklärt werden. Die Theorie betont, dass der Wert einer Aktie auf dem Zustrom der Gewinne, die ein Unternehmen in der Zukunft in der Form von Dividenden verteilen kann, basieren sollte. Damit wären Aktien um so wertvoller, je höher die gegenwärtigen Dividenden und ihre Zuwachsrate sind. Deshalb sind Unterschiede in den Wachstumsraten ein wesentlicher Faktor bei der Aktienbewertung. Und dann schleicht sich der schwammige Faktor der künftigen Erwartungen in die Überlegungen ein. Aktienanalysten müssen nicht nur langfristige Wachstumsraten schätzen, sondern auch, ob ein außerordentliches Wachstum aufrecht erhalten werden kann. Wenn der Markt zu enthusiastisch darüber wird, wie weit in die Zukunft hinein das Wachstum anhalten kann, sagt man an der Wall Street, dass die

Aktien nicht nur die Zukunft in Betracht ziehen, sondern vielleicht sogar die Zeit danach. Eigentlich geht es darum, dass die „Theorie der begründeten Annahmen" auf einigen schwierigen Vorhersagen über das Ausmaß und die Dauer des künftigen Wachstums beruht. Die Begründung des intrinsischen Werts ist deshalb weitaus weniger verlässlich, als behauptet wird.

Die „Theorie der begründeten Annahmen" betrifft allerdings nicht nur Wirtschaftswissenschaftler. Dank eines sehr einflussreichen Buchs, Grahams und Dodds *Security Analysis*, konvertierte eine ganze Generation von Aktienanalysten an der Wall Street zu dieser „Glaubensgemeinschaft". Solides Investmentmanagement, so lernten die Analysten, bestand ganz einfach daraus, Aktien zu kaufen, deren Kurse zeitweilig unter ihrem intrinsischen Wert lagen, und solche Aktien zu verkaufen, deren Kurse zeitweilig zu hoch waren. So einfach war das. Selbstverständlich gab es auch Anweisungen, wie der intrinsische Wert festzustellen ist, und jeder Analyst, der sein Geld wert war, konnte ihn blitzschnell auf dem Tischrechner oder dem PC ermitteln. Der vielleicht erfolgreichste Schüler der Lehre von Graham und Dodd war ein schlauer Mittelwestler namens Warren Buffett, der oft „der Weise von Omaha" genannt wird. Buffett erzielte einen legendären Investmenterfolg, angeblich, weil er der „Theorie der begründeten Annahmen" folgte.

Die „Theorie der Luftschlösser"

Die Luftschlösser-Theorie bei der Kapitalanlage konzentriert sich auf psychologische Werte. John Maynard Keynes, ein berühmter Wirtschaftswissenschaftler und erfolgreicher Investor, vertrat diese Theorie 1936 höchst nachdrücklich in seinen Veröffentlichungen. Seiner Meinung nach bevorzugten professionelle Investoren es, ihre Energie nicht damit zu verschwenden, intrinsische Werte zu schätzen, sondern zu analysieren, wie sich die große Masse der Investoren in der Zukunft voraussichtlich verhalten wird und wie sie in Zeiten des Optimismus dazu neigt, ihre Hoffnung auf Luftschlösser zu begründen. Der erfolgreiche Investor versuchte seinen Vorteil aus der Einschätzung zu ziehen, welche Investmentsituationen am besten für „verbreitetes Bauen von Luftschlössern" geeignet sind, und zu kaufen, bevor es die vielen anderen tun. Folgt man Keynes, dann ist die „Theorie der begründeten Annahmen" zu aufwendig und von zweifelhaftem Wert. Keynes praktizierte was er predigte. Während sich Londons Finanzwelt stundenlang in überfüllten Büros abmühte, blieb Keynes im Bett und kümmerte sich jeden Morgen nur eine halbe Stunde lang um die Börse. Diese bequeme Investmentmethode brachte seinem Konto mehrere Millionen Pfund ein und der Stiftung seines Kings College in Cambridge eine Verzehnfachung ihres Vermögens.

In den Jahren der Depression, in denen Keynes seinen Ruhm erwarb, konzentrierten sich die meisten Leute auf seine Ideen, um die Wirtschaft zu stimulieren. Für jeden war es schwierig, Luftschlösser zu bauen oder davon zu träumen, dass andere es schaffen würden. Dennoch widmete er in seinem Buch *The General Theory of Employment, Interest and Money* ein ganzes Kapitel der Börse und der Bedeutung der Erwartungen von Investoren.

In Bezug auf Aktien sagte Keynes, niemand könne mit Sicherheit wissen, was die künftigen Gewinnaussichten und Dividendenzahlungen beeinflussen würde. Folglich, sagte Keynes, kümmerten sich die meisten Anleger nicht um langfristige Vorhersagen über den voraussichtlichen Gesamtgewinn aus einem Investment, sondern man versuche, die Veränderungen vorherzusehen, die der großen Öffentlichkeit auf konventionelle Weise kurzfristig deutlich würden. Mit anderen Worten: Keynes legte dem Studium des Aktienmarkts eher psychologische Prinzipien als eine finanzielle Bewertung zugrunde. Er schrieb: „Es macht keinen Sinn, 25 für ein Investment zu zahlen, von dem man glaubt, es könnte in der Zukunft einen Wert von 30 rechtfertigen, wenn man ebenso gut davon ausgehen kann, dass der Markt es innerhalb von drei Monaten mit nur 20 bewerten könnte."

Keynes beschrieb den Aktienmarkt so, dass er von seinen britischen Zeitgenossen leicht verstanden werden konnte: Er sei mit einem Schönheitswettbewerb einer Zeitung zu vergleichen, bei dem die Leser die sechs hübschesten Gesichter aus einhundert Photographien auswählen sollten, wobei der Teilnehmer gewinnt, dessen Auswahl der durchschnittlichen Auswahl der ganzen Gruppe möglichst nahe kommt.

Der kluge Leser erkennt schnell, dass persönliche Ansichten über Schönheit irrelevant sind, wenn es darum geht, den Gewinner dieses Wettbewerbs zu benennen. Eine bessere Strategie wäre es, die Gesichter auszusuchen, von denen man annimmt, dass sie den anderen Lesern am besten gefallen würden. Diese Logik entwickelt einen Schneeballeffekt. Immerhin werden auch die anderen Leser gleiche Überlegungen anstellen. Deshalb ist die beste Strategie, nicht die Gesichter auszusuchen, die einem selbst am besten gefallen, oder solche, von denen man annimmt,

26

dass sie den anderen am besten gefallen, sondern man müsste versuchen vorherzusagen, wie die durchschnittliche Meinung über den Durchschnitt sein wird, oder jedenfalls in dieser Richtung weiterdenken. So viel zu britischen Schönheitswettbewerben.

Der Vergleich mit dem Schönheitswettbewerb, der von einer Zeitung durchgeführt wird, stellt die ultimative Form der Luftschlösser-Theorie bei der Preisfindung dar. Ein Investment ist einem Käufer einen gewissen Preis wert, weil er glaubt, er könne es einem anderen zu einem höheren Preis verkaufen. Mit anderen Worten: Ein Investment hält sich selbst an den eigenen Haaren hoch. Ein neuer Käufer wiederum geht davon aus, dass künftige Käufer dem Investment einen noch höheren Wert beimessen werden.

In einer solchen Welt wird jede Minute ein neuer Dummkopf geboren – und er ist nur dazu da, Ihr Investment zu einem höheren Preis zu kaufen, als Sie dafür bezahlt haben. Jeder Preis ist richtig, solange es jemanden gibt, der dafür mehr zu zahlen bereit ist. Dafür gibt es keinen vernünftigen Grund, lediglich die Psychologie der Massen. Ein Investor muss einen Frühstart schaffen – er muss ganz am Anfang einsteigen. Diese Theorie unterstellt, dass es immer einen noch dümmeren gibt. Es ist durchaus in Ordnung, einen dreifach überhöhten Preis für etwas zu bezahlen, solange Sie jemanden finden können, der so dumm ist, dass er den fünffachen Wert dafür bezahlt.

Die Theorie der Luftschlösser hat viele Fürsprecher, sowohl unter den Finanzprofis, als auch unter den Akademikern. Der Schönheitswettbewerb der Zeitung bei Keynes ist das gleiche Spiel, das von „Adam Smith" in *The Money Game* gespielt wird. Auch Mr. Smith stützt diese Ansicht über die Einschätzung von Aktienkursen. Auf der Seite der Akademiker gewannen sogenannte behavioristische Theorien des Aktienmarkts, die die Massenpsychologie betonten, in den 90er Jahren in den führenden Wirtschaftswissenschaftlichen Fakultäten und Business Schools der Industrienationen an Einfluss. Früher galt Oskar Morgenstern als einer der führenden Männer. Die Ansichten, die er in dem Buch *Theory of Games and Economic Behavior* ausdrückte (er war der Co-Autor dieses Buches) hatten nicht nur auf die ökonomische Theorie, sondern auch auf nationale Sicherheitsentscheidungen und strategische Unternehmensplanung großen Einfluss. 1970 veröffentlichte er als Co-Autor ein weiteres Buch, *Predictability of Stock Market Prices*, in dem er und sein Kollege Clive Granger behaupteten, dass die Suche nach einem intrinsischen Wert bei Aktien eine Suche nach einem Phantom sei. In einer Tauschgesellschaft hängt der Wert einer Sache immer von einer tatsächlichen oder möglichen Transaktion ab. Morgenstern war der Überzeugung, jeder Investor sollte sich die folgende lateinische Maxime über den Schreibtische hängen:

„Res tantum Valet Quantum vendi potest."
(Eine Sache ist immer nur so viel wert,
wie ein anderer dafür zu zahlen bereit ist.)

Random Walk – Wie geht das?

Nach dieser Einführung begleiten Sie mich bitte auf einem Spaziergang durch den Irrgarten der Kapitalanlagen, bei dem wir schließlich auf der Wall Street ankommen werden. Meine erste Aufgabe wird es nun sein, Sie mit den historischen Mustern der Preisfindung bekannt zu machen und wie sie sich auf die beiden Theorien der Investmentbewertung auswirken. Es war Santayana, der warnte, dass wir, wenn wir nicht aus den Lehren der Vergangenheit lernten, dazu verdammt seien, die gleichen Fehler immer wieder zu begehen. Deshalb werde ich Ihnen auf den kommenden Seiten einige spektakuläre Verrücktheiten beschreiben – eine, die lange zurückliegt, und eine, die sich erst in der jüngeren Vergangenheit ereignete. Einige Leser werden verächtlich auf den öffentlichen Ansturm auf Tulpenzwiebeln im Holland des 17. Jahrhunderts und auf die South Sea Bubble des 18. Jahrhunderts in England sehen. Aber niemand kann vor dem Wahnsinn bei den Neuemissionen der frühen 60er Jahre, vor der Verrücktheit des „Nifty Fifty" der 70er Jahre oder der Biotechnologie-Blase der 80er Jahre die Augen verschließen. Der unglaubliche Boom der japanischen Grundstücke und Aktien, und der gleichermaßen spektakuläre Crash dieser Preise Anfang der 90er Jahre, ebenso wie der Internet-Wahn der späten 90er Jahre stellen eine ständige Warnung dafür dar, dass wir gegen die Fehler der Vergangenheit nicht immun sind. Bei den spekulativen Blasen der jüngeren Vergangenheit waren sowohl gewitzte institutionelle Anleger als auch Investmentprofis beteiligt. Zu viele Investoren sind faul und nachlässig – eine schreckliche Kombination, wenn Gier die Kontrolle über den Markt übernimmt und jeder versucht, von der neuesten Verrücktheit zu profitieren.

Dann werde ich ein wenig von meiner Erfahrung einbringen. Auch mitten in einer Zeit der Spekulation, so glaube ich, ist es möglich, eine logische Grundlage für die Kurse von Wertpapieren zu finden. Am Ende von Teil I zeige ich Ihnen einige Regeln, die für Investoren hilfreich sein könnten, weil sie ihnen ein Gefühl für Werte vermitteln und sie vor schrecklichen Fehlern schützen, die viele professionelle Kapitalanlagemanager begehen.

KAPITEL 2

Der Wahnsinn der Massen

Oktober: Dies ist ein ganz besonders gefährlicher Monat für die Spekulation mit Aktien. Die anderen Monate sind Juli, Januar, September, April, November, Mai, März, Juni, Dezember, August und Februar.

MARK TWAIN

Unkontrollierte Gier war in jedem der spekulativen Booms der Geschichte ein wesentlicher Auslöser. In ihrem Wahn nach Geld werfen Marktteilnehmer für die zweifelhafte, aber spannende Vorstellung, auch sie könnten zu einem entscheidenden Schlag ausholen, indem sie Luftschlösser bauten, begründete Wertvorstellungen über Bord. Solch ein Denken kann ganze Nationen ergreifen – auch das ist schon geschehen.

Die Psychologie der Spekulation zählt zum Theater des Absurden. Einige der dort aufgeführten Trauerspiele (oder Komödien) stelle ich in diesem Kapitel vor. Die Schlösser, die während der Vorstellung erbaut wurden, basierten auf holländischen Tulpenzwiebeln, englischen Seifenblasen, guten alten amerikanischen Immobilien und Blue-Chip-Aktien. In jedem Fall machten einige Leute manchmal etwas Geld, aber es waren nur wenige, die unbeschadet davonkamen.

Die Geschichte lehrt uns heute eine wichtige Lektion: Obwohl die „Theorie der Luftschlösser" solche spekulativen Orgien leicht erklären kann, ist es ein höchst gefährliches Unterfangen, die Reaktionen einer launenhaften Meute vorhersagen zu wollen. „Bei den Massen wird nicht der Mutterwitz, sondern die Dummheit akkumuliert", schrieb Gustave Le Bon in seinem 1895 erschienenen Klassiker über Massenpsychologie. Es scheint, als hätten nicht viele dieses Buch gelesen. Überhitzte Märkte, die ausschließlich auf psychologischen Grundlagen entstanden

31

sind, waren bisher ausnahmslos unter den Gesetzen der finanziellen Schwerkraft zusammen gebrochen. Unbegründete Kurse können jahrelang bestehen, doch irgendwann korrigieren sie sich. Solche Korrekturen treten mit der Plötzlichkeit eines Erdbebens ein; je schlimmer die Orgie, umso schmerzhafter der daraus resultierende Kater. Nur wenige unerschrockene Baumeister von Luftschlössern waren so clever, diese Umschwünge genau zu antizipieren, und ohne große finanzielle Verluste davonzukommen, als dann alles zusammenbrach.

Der Tulpenzwiebel-Wahn

Der Tulpenzwiebel-Wahn war eine der spektakulärsten Orgien, die es je in der Geschichte gab, bei der alle versuchten, reich zu werden. Die Exzesse werden sogar noch fantastischer, wenn man sich vorstellt, dass dies im bedächtigen alten Holland anfangs des 17. Jahrhunderts passierte. Die Ereignisse, die zu diesem spekulativen Wahn führten, wurden 1593 in Bewegung gesetzt, als ein Wiener Botanikprofessor eine Sammlung ungewöhnlicher Pflanzen, die er in der Türkei gefunden hatte, nach Leiden brachte. Die Holländer waren von dieser Bereicherung ihrer Gärten fasziniert – aber nicht vom Preis, den der Professor dafür verlangte (er hoffte, beim Verkauf der Zwiebeln einen fetten Gewinn einzustreichen). Eines Nachts brach ein Dieb in das Haus des Professors ein und stahl die Zwiebeln, die daraufhin zu einem niedrigeren Preis, aber mit größerem Profit verkauft wurden.

Im nächsten Jahrzehnt wurde die Tulpe in den holländischen Gärten eine beliebte, doch sehr teure Pflanze. Viele dieser Blumen fielen einem Virus, den man Mosaik nannte, zum Opfer. Es war eigentlich dieser Virus, der die wilden Spekulationen um Tulpenzwiebeln auslöste. Dieser Virus verursachte, dass die Blütenblätter der Tulpen kontrastierende Streifen produzierten, die man auch Flammen nannte. Die Holländer schätzten diese infizierten Zwiebeln sehr und nannten sie bizarr. Schon nach kurzer Zeit bewirkte der Geschmack der Holländer, dass eine Tulpe umso teurer war, je bizarrer sie aussah.

Ganz langsam setzte der Tulpenwahn ein. Zuerst versuchten die Zwiebelhändler einfach vorherzusagen, welches die populärste Variation im kommenden Jahr sein würde, genauso, wie die Bekleidungshersteller es tun, wenn sie versuchen, den Publikumsgeschmack bezüglich der Stoffe, der Farben und der Rocklängen vorherzusagen. Dann legten Sie sich von dieser Sorte ein größeres Lager an, weil sie annahmen, dass die Preise dieser Zwiebeln steigen würden. Die Preise der Tulpenzwiebeln stiegen rasant. Je teurer die Zwiebeln wurden, umso eher wurden Sie von vielen Leuten als gute Kapitalanlagen angesehen. Charles Mackay, der diese Ereignisse in seinem Buch *Memoires of Extraordinary Popular Delusions* festhielt, schrieb, dass die normale Industrie des Landes zugunsten der Spekulation in Tulpenzwiebeln vernachlässigt wurde: „Adelige, Bürger, Bauern, Mechaniker, Seeleute, Arbeiter, Dienstmädchen und sogar Schornsteinfeger und alte Lumpensammlerinnen beteiligten sich am Handel mit den Tulpenzwiebeln." Jeder glaubte, dass die Leidenschaft für Tulpen andauern würde und Käufer aus aller Welt nach Holland kommen und jeden Preis dafür zahlen würden.

Leute, die glaubten, die Preise könnten nun nicht höher steigen, sahen mit Verdruss, dass ihre Freunde und Verwandten enorme Gewinne machten. Der Versuchung, es ihnen gleichzutun, war nur sehr schwer zu widerstehen. Und es gab nur wenige Holländer, die widerstehen konnten. In den letzten Jahren dieser Tulpenzwiebelorgie, die von etwa 1634 bis 1637 dauerte, begannen die Leute sogar, ihre persönliche Habe, beispielsweise Land, Juwelen und Möbel zu tauschen, um in den Besitz der Zwiebeln zu kommen, die sie noch reicher machen sollten. Die Preise für Tulpenzwiebeln erreichten astronomische Höhen.

Ein Teil des Genies der Finanzmärkte ist es, dass immer dann, wenn es eine Nachfrage nach einer Methode gibt, spekulative Gelegenheiten zu fördern, diese vom Markt ganz sicher bereitgestellt wird. Die Instrumente, die den Tulpenzwiebelspekulanten den höchsten Gewinn einbrachten, waren Call Optionen, ähnlich denen, die heute am Aktienmarkt so beliebt sind.

Eine Call Option gab demjenigen, der sie hielt, das Recht, Tulpenzwiebeln zu kaufen (die Auslieferung zu verlangen) und das zu einem vorher festgelegten Preis (normalerweise dem aktuellen Marktpreis) und das während eines bestimmten Zeitabschnitts. Für dieses Recht bezahlte er eine sogenannte Optionsprämie, die in etwa 15 bis 20 % des Marktpreises ausmachte. So kostete die Option auf eine Tulpenzwiebel, die augenblicklich 100 Gulden wert war, den Käufer lediglich etwa 20 Gulden. Stiege der Preis bis auf 200 Gulden an, würde der Besitzer der Option sein Recht ausüben. Er würde die Zwiebeln zu 100 Gulden kaufen und sie sofort zum aktuellen Preis von 200 Gulden verkaufen. Damit hätte er einen Gewinn von 80 Gulden gemacht (die Spanne von 100 Gulden minus die 20 Gulden, die er für die Option bezahlte). So kam er in den Genuss einer Vervierfachung seines Kapitaleinsatzes, während er, hätte er die Tulpen wirklich gekauft, sein Geld nur verdoppelt hätte. Mit einer Call Option wurde es möglich, mit einem wesentlich kleineren Einsatz, wesentlich mehr herauszuholen. Der Call ist eine Möglichkeit ein Investment „zu hebeln". Das Hebeln ist eine Technik, die potentiellen Gewinne (und Risiken) eines Investments zu vergrößern. Diese Möglichkeiten trugen dazu bei, eine weitreichende Teilnahme am Marktgeschehen sicherzustellen. Das gilt auch heute noch.

Die Geschichte dieser Zeit ist voll tragikkomischer Episoden. Es wird berichtet, dass ein von einer Seereise zurückkehrender Matrose einem reichen Kaufmann von der Ankunft einer Schiffsladung neuer Ware berichtete. Der Kaufmann belohnte ihn mit einem Frühstück, bei dem es schmackhaften roten Hering gab. Der Seemann sah auf der Anrichte des Kaufmanns etwas, das er für eine Zwiebel hielt, zwischen Samt und Seide. Er glaubte, dass sie dort fehl am Platze sei, und verzehrte sie zusammen mit dem Hering. Er konnte schließlich nicht ahnen, das diese „Zwiebel" so wertvoll war wie die Heuer einer Schiffsmannschaft für ein ganzes Jahr. Es war die wertvolle Zwiebel einer Semper Augustus Tulpe. Für den Verzehr dieser „Zwiebel" musste er teuer bezahlen: Sein nicht mehr so dankbarer Gastgeber ließ ihn wegen dieses Schwerverbrechens mehrere Monate ins Gefängnis werfen.

Der heutige Überfluss an Historikern beschafft sich dadurch Arbeit, dass die Vergangenheit neu interpretiert wird. Einige Finanzhistoriker haben die Fakten über verschiedene finanzielle Seifenblasen noch einmal untersucht und festgestellt, dass es bei der Preisfindung doch eine gewisse Vernunft gab. Einer dieser Historiker, Peter Garber, behauptete, dass die Preisgestaltung bei den Tulpenzwiebeln in Holland des 17. Jahrhunderts weitaus vernünftiger war, als man normalerweise annehmen möchte.

Garber stellte einige wichtige Punkte heraus, und ich habe nicht die Absicht zu unterstellen, dass es innerhalb der Struktur der Preise für die Tulpenzwiebeln keine Vernunft gegeben habe. Die Semper Augustus beispielsweise war eine äußerst seltene und schöne Zwiebel, und wie Garber enthüllt, wurde sie auch schon in den Jahren vor dem Tulpenwahn sehr hoch geschätzt. Vielmehr deuten Garbers Nachforschungen darauf hin, dass einzelne seltene Zwiebeln auch dann noch zu sehr hohen Preisen gehandelt wurden, als die Preise schon zusammengebrochen waren, allerdings auf einem Level, der nur einen Bruchteil ihrer Höchstpreise ausmachte. Doch auch Garber konnte keine vernünftige Erklärung für das Phänomen des Preisanstiegs der Tulpenzwiebeln um das 24-fache während des Januar 1637 finden, dem im Februar ein noch tieferer Absturz folgte. Offensichtlich, wie bei allen spekulativen Verrücktheiten, lagen die Preise so hoch, dass einige Leute der Meinung waren, es sei das Vernünftigste, ihre Tulpenzwiebeln nun zu verkaufen. Und schon bald folgten andere. Wie ein Schneeball, der einen Abhang hinunter rollt, nahm die Entwertung der Zwiebeln mit immer höherer Geschwindigkeit zu, und schon nach kürzester Zeit herrschte Panik.

Regierungsbeamte verlautbarten offiziell, es gäbe keinen Grund, dass die Preise der Tulpenzwiebeln fallen sollten – aber darauf hörte niemand. Händler gingen in Konkurs und weigerten sich, ihren Verpflichtungen zum Kauf von Tulpenzwiebeln nachzukommen. Ein Plan der Regierung, alle Kontrakte zu 10 % der vereinbarten Preise abzuwickeln, scheiterte, als die Preise der Zwiebeln sogar unter diese Marke fielen. Und die Preise fielen weiter. Sie fielen so weit, bis die meisten Zwiebeln fast wertlos waren – sie erzielten kaum mehr als den Preis der normalen Gemüsezwiebel. Und was war mit denen, die schon sehr früh in diesem Spiel verkauft hatten? Am Ende wurden auch sie von dem Tulpenwahnsinn in Mitleidenschaft gezogen. Denn das letzte Kapitel dieser bizarren Geschichte ist, dass dem Schock, der durch den Boom und durch den Zusammenbruch erzeugt wurde, eine lange Depression folgte. Davon blieb niemand verschont.

Die South Sea Bubble

Nehmen wir einmal an, Ihr Broker ruft Sie an und empfiehlt Ihnen, Sie sollten in ein neues Unternehmen investieren, das bisher weder Umsätze noch Gewinne zu verzeichnen hat – nur großartige Aussichten. „Welche Branche ist es denn?" fragen Sie. „Tut mir leid", erklärt Ihr Broker, „niemand darf wissen, worum es geht. Aber ich kann Ihnen enorme Reichtümer versprechen." Ein Schwindel sagen Sie. Sie haben recht, aber vor 300 Jahren war dies in England eine der heißesten Geschichten überhaupt. Und, wie Sie wahrscheinlich schon vermutet haben werden, Investoren wurden ordentlich über den Tisch gezogen. Diese Geschichte verdeutlicht, wie ein Betrug gierige Leute dazu verleiten kann, sich bereitwilligst von ihrem Geld zu trennen.

Zur Zeit der South Sea Bubble waren die Briten reif dafür, etwas von ihrem Geld wegzuwerfen. Eine lange Zeit des Wohlstands hatte in England zur Folge, dass es fette Sparkonten und nur wenige Investitionsmöglichkeiten gab. In jenen Tagen wurde es als Privileg betrachtet, Aktien zu besitzen. Im Jahr 1693 gab es beispielsweise lediglich 499 Seelen, die von East-India-Aktien profitieren konnten. Sie erzielten auf verschiedenen Wegen ihre Gewinne. Es war kein geringer Vorteil, dass sie ihre Dividenden nicht versteuern mussten. Zu den Aktionären zählten auch Frauen, weil Aktien zu den wenigen Formen von Eigentum gehörten, das britische Frauen im eigenen Namen besitzen durften. Die South Sea Company, die gefälligerweise dem Bedarf an Investmentmöglichkeiten nachkam, wurde 1711 gegründet, um den Glauben an die Fähigkeit der Regierung, ihren Verpflichtungen nachkommen zu können, wieder herzustellen. Das Unternehmen übernahm Staatsschulden in der Höhe von fast 10 Millionen Pfund. Zum Ausgleich dafür erhielt sie das Monopol über den gesamten Handel mit der Südseeregion. Die Öffentlichkeit glaubte, dass mit diesen Handelsbeziehungen enorme Reichtümer zu machen seien, und bevorzugten diese Aktie merklich.

Von Anfang an machte die South Sea Company ihre Gewinne auf Kosten anderer. Inhaber von Staatsanleihen, die von dem Unternehmen übernommen werden sollten, tauschten ihre Papiere gegen Aktien der South Sea Company. Diejenigen, die den Plan schon vorher kannten, kauften heimlich Staatsanleihen zu einem Kurs von 55 £ und tauschten sie dann gegen Aktien der South Sea Company ein, und das bei einem Wert der Aktie von 100 £. Keiner der Direktoren des Unternehmens hatte die geringste Erfahrung im Handel mit Südamerika. Dies hielt sie jedoch nicht davon ab, ganz schnell afrikanische Sklavenschiffe auszurüsten (der Verkauf von Sklaven war eines der lukrativsten Geschäfte im Handel mit Südamerika). Doch selbst dieses Unternehmen zahlte sich nicht aus, weil die Sterblichkeit auf den Schiffen so hoch war.

Allerdings waren diese Direktoren in der Kunst öffentlich wirksamer Auftritte sehr bewandert. In London wurde ein eindrucksvolles Haus gemietet und der Konferenzraum mit dreißig schwarzen Polstersesseln ausgestattet, deren Buchenholzrahmen mit den vergoldeten Nägeln sehr beeindruckend aussahen – in denen man jedoch sehr unbequem saß. In der Zwischenzeit wurde eine Schiffsladung mit Wolle, die unbedingt in Vera Cruz gebraucht wurde, statt dessen nach Cartagena geschickt, wo sie in der Werft dahinfaulte, weil es keine Käufer gab. Dennoch behielt die Aktie ihren Wert und stieg in den nächsten paar Jahren ein wenig an, trotz des abschwächenden Effektes von Gratisaktien als Dividenden, und einem Krieg mit Spanien, der zu einem zeitweiligen Zusammenbruch des Handels führte. John Carswell, der Autor des hervorragenden Buches *South Sea Bubble* schrieb über John Blunt, einen Direktor und einen der wichtigsten Gründer der South Sea Company, dass er „sein Leben mit einem Gebetbuch in seiner rechten Hand und einem Aktienprospekt in seiner linken Hand führte, und seine rechte Hand niemals wissen ließ, was seine linke Hand tat."

Auf der anderen Seite des Kanals wurde von einem ausgewanderten Engländer namens John Law eine weitere Aktiengesellschaft gegründet. Laws großes Lebensziel war es, Metalle als Geld zu ersetzen und durch eine nationale Papierwährung größere Liquidität zu schaffen, die durch den Staat gestützt und über ein Netzwerk örtlicher Agenturen kontrolliert wurde. Um diese Ziele zu verfolgen, erwarb Law einen verwahrlosten Konzern, die Mississippi Company, und errichtete darauf ein Konglomerat, das eine der größten Kapitalgesellschaften wurde, die jemals existierten, sogar bis zum heutigen Tag. Die Mississippi Company zog Spekulanten und ihr Geld aus ganz Europa an. Damals wurde das Wort Millionär geprägt. Kein Wunder: Der Kurs der Mississippi-Aktie stieg innerhalb von nur zwei Jahren von 100 auf 2.000, auch wenn es keinen logischen Grund für einen solchen Zuwachs gab. Zu einem Zeitpunkt machte der Wert der Aktien der Mississippi Company in Frankreich mehr als das 80-fache des Gesamtwerts des Gold- und Silberbestandes im Land aus.

In der Zwischenzeit begann auf der englischen Seite des Kanals in einigen großen englischen Häusern eine Art von Chauvinismus. Weshalb sollte das ganze Geld an die französische Mississippi Company gehen? Was hatte England dagegenzusetzen? Die Antwort war die South Sea Company, deren Aussichten sich inzwischen ein wenig gebessert hatten, insbesondere wegen der Nachrichten vom Dezember 1719, die besagten, dass es mit Spanien zu einem Frieden kommen und deshalb der Weg zum Handelsplatz Südamerika letztendlich frei sein würde. Offenbar warteten die Mexikaner nur auf die Gelegenheit, ihre Goldminen zu leeren, damit sie Gold gegen Englands Vorräte an Baumwolle und Schafwolle eintauschen könnten. Dies war Marktwirtschaft vom Feinsten.

1792 entschieden die Direktoren, eine habgierige Meute, ihrem Ruf gerecht zu werden, indem sie anboten, die gesamten Staatsschulden, immerhin 31 Millionen £, zu übernehmen. Dies war kühn, und der Öffentlichkeit gefiel das. Als eine diesbezügliche Gesetzesvorlage im Parlament eingebracht wurde, stieg der Aktienkurs von 130 auf 300 £. Verschiedene Freunde und Anhänger hatten großes Interesse, dass die Gesetzesvorlage durch das Parlament ging, da sie als Belohnung eine Option mit einer Besonderheit erhielten: Diesen Personen wurde eine bestimmte Anzahl von Aktien versprochen, ohne dass sie dafür zu bezahlen hatten. Sie wurden ganz einfach an das Unternehmen zurückgegeben, wenn der Kurs nach oben ging, und die Person behielt den Wertzuwachs. Zu diesen Begünstigten zählten auch die Geliebte von George dem Ersten und ihre „Nichten", die dem König sehr ähnelten.

Am 12. April 1720, fünf Tage nachdem die Vorlage Gesetz wurde, emittierte die South Sea Company Aktien zum Kurs von 300 £. Die Emission konnte nach einem Ratenzahlungsplan gekauft werden – 60 £ sofort und den Rest in acht Raten. Sogar der König konnte nicht widerstehen; er zeichnete Aktien im Gesamtwert von 100.000 £. Unter den anderen Investoren gab es regelrechte Kämpfe um die Zuteilungen. Der Kurs musste einfach steigen – und die gierigen Käufer waren im Recht. Innerhalb von wenigen Tagen stieg der Kurs auf 340 £. Um der Nachfrage der Öffentlichkeit gerecht zu werden, gaben die Direktoren von South Sea Company bekannt, sie würden eine weitere Emission auflegen – diesmal zu 400 £ je Aktie. Doch die Öffentlichkeit war so gefräßig, dass der Kurs dieser Aktie innerhalb eines Monats auf 550 £ stieg und noch kein Ende des Kursanstiegs in Sicht war. Am 15. Juli wurde eine weitere Emission angekündigt und dieses Mal war der Ratenplan noch einfacher – 10 % sofort und die erste Rate erst nach einem Jahr. Der Kurs stieg bis auf 800 £. Die Hälfte des House of Lords und mehr als die Hälfte des House of Commons zeichneten Aktien. Schließlich stieg der Kurs auf mehr als 1.000 £. Der spekulative Wahn war in voller Blüte. Nicht einmal die South Sea Company war in der Lage, die Nachfrage all dieser Narren zu befriedigen, die sich unbedingt von ihrem Geld trennen wollten. Investoren sahen sich nach anderen Möglichkeiten um, wo sie von Anfang an einsteigen konnten. Ebenso wie die Spekulanten heute nach einer neuen INTEL und einer neuen Microsoft suchen, so suchten sie im England des beginnenden 18. Jahrhunderts nach der nächsten South Sea Company. Die Organisatoren entsprachem dem und brachten eine Flut neuer Emissionen auf den Markt, um die unersättliche Nachfrage nach Investmentmöglichkeiten zu befriedigen.

Im Lauf der Zeit gab es immer neue Möglichkeiten, Kapital anzulegen, die zwischen genial und absurd rangierten – vom Import von Eseln aus Spanien (als ob es in England nicht genug Esel gegeben hätte) bis zum Versuch, Meerwasser zu entsalzen. Zunehmend kam auch Betrug ins Spiel. So wurden beispielsweise Aufsichtsräte nur zum Schein installiert. Es gab fast 100 unterschiedliche Projekte, jedes extravaganter und betrügerischer als das andere. Doch jedes Projekt bot die Hoffnung auf enorme Gewinne. Schon bald erhielten sie den Beinamen Bubble oder Seifenblase, und kein Name könnte passender sein. Wie Seifenblasen zerplatzten sie schnell – normalerweise innerhalb von einer Woche.

Es schien, als ob die Öffentlichkeit alles kaufen würde. Neue Unternehmen, die in dieser Zeit über Aktien finanziert werden wollten, wurden für folgende Zwecke gegründet: um Schiffe zum Kampf gegen Piraten zu bauen, zur Förderung der Pferdezucht in England (zu diesem Zweck gab es zwei Emissionen), zum Handel von menschlichem Haar, zum Bau von Krankenhäusern für uneheliche Kinder, zur Gewinnung von Silber aus Blei, von Sonnenlicht aus Gurken und sogar zur Herstellung eines Perpetuum Mobile.

Der Siegerpokal für die absurdeste Idee hingegen geht sicher an die unbekannte Seele, die ein Unternehmen gründete, das ein Vorhaben von großem Vorteil durchführen wollte, aber niemand durfte wissen, worum es sich handelt. Der Prospekt versprach unerhörte Gewinne. Als morgens gegen 9 Uhr die Subskriptionsbücher ausgelegt wurden, traten die Massen geradezu die Tür ein, damit sie möglichst schnell zeichnen konnten. Innerhalb von fünf Stunden hatten 1.000 Investoren ihr Geld für die Anteile an diesem Unternehmen abgeliefert. Der Organisator dieser Emission selbst war nicht allzu gierig, schloss seinen Laden und flüchtete auf den Kontinent. Man hörte nie wieder von ihm.

Nicht alle Investoren in Seifenblasen-Unternehmen glaubten an die Durchführbarkeit der Pläne der Unternehmen, bei denen sie gezeichnet hatten. Die Leute waren dafür zu vernünftig. Viel mehr glaubten sie an die Theorie des Noch-Dümmeren – dass Kurse steigen würden, dass sie Käufer finden würden und dass sie damit Geld verdienen würden. Und deshalb betrachteten die meisten Investoren ihre Aktien als höchst vernünftig, da sie, zumindest eine Zeitlang, ihre Aktien an der Börse, wo sie nach ihrer Emission gehandelt wurden, mit einem Aufschlag weiterverkaufen konnten.

Wen die Götter zerstören wollen, dem lächeln sie erst zu. Zeichen dafür, dass das Ende nahe war, wurden sichtbar, als South-Sea-Spielkarten herausgegeben wurden. Jede Karte enthielt eine Karikatur eines Seifenblasen-Unternehmens, und darunter einen entsprechenden Vers. Eines dieser Unternehmen, die Puckle Machine Company, sollte Maschinen herstellen, die sowohl runde als auch quadratische Kanonenkugeln und Patronen herstellen konnte. Puckle behauptete, seine Maschine werde die Kriegskunst revolutionieren. Eine zeitgenössische Zeitung beschrieb die Puckle Machine Company wie folgt:

Eine seltsame Erfindung, um Massen zu vernichten, Massen von Narren zu Hause, anstatt von Feinden im Ausland: Keine Angst, Freunde dieser schrecklichen Maschine, es werden nur die verwundet, die Aktien dieser Gesellschaft besitzen.

Viele einzelne „Seifenblasen" waren geplatzt, ohne die spekulative Begeisterung dämpfen zu können. Doch die große Sintflut kam im August nach einem irreparablen Fehler der Direktoren und Angestellten der South Sea Company. Weil sie wussten, dass der Aktienkurs in keinem Verhältnis zu den wirklichen Aussichten des Unternehmens stand, verkauften sie im Sommer ihre eigenen Aktien.

Diese Nachricht verbreitete sich und der Aktienkurs fiel. Als der Kurs der Aktien zusammenbrach, herrschte Panik. Regierungsoffizielle versuchten vergeblich, das Vertrauen wieder herzustellen, und ein völliger Zusammenbruch des öffentlichen Vertrauens konnte kaum verhindert werden. Gleichzeitig fiel der Kurs der Mississippi-Company-Aktien auf ein Minimum zurück, als die Öffentlichkeit feststellte, dass ein Überfluss an Papiergeld keinen wirklichen Reichtum darstellt, sondern lediglich Inflation produziert. Zu den großen Verlierern der South Sea Bubble gehörte auch Isaac Newton, der ausrief: „Ich kann zwar die Bewegungen der Himmelskörper berechnen, nicht aber die Verrücktheit der Menschheit." Soviel zum Thema Luftschlösser.

Um die Öffentlichkeit vor weiterem Missbrauch zu schützen, erließ das Parlament den Bubble Act, in dem es Unternehmen verboten wurde, Aktien selbst zu emittieren. Länger als ein Jahrhundert, bis dieses Gesetz 1825 zurückgenommen wurde, gab es auf dem britischen Markt relativ wenige Aktienemissionen.

Der Immobilienwahn in Florida

Zugegeben, die Tulpenzwiebeln und die Seifenblasen gehören schon der älteren Geschichte an. Könnte so etwas aber auch in aufgeklärten, modernen Zeiten geschehen? Wenden wir uns nun neueren und bekannten Ereignissen der jüngeren Vergangenheit zu. Amerika, das Land der unbegrenzten Möglichkeiten, war in den 20er Jahren an der Reihe. Und da in den Vereinigten Staaten besonderer Wert auf Freiheit und Wachstum gelegt wurde, wurden hier auch zwei der spektakulärsten Booms und zwei der lautesten Crashs produziert, die die Zivilisation kennt.

Die Bedingungen hätten für spekulative Verrücktheiten nicht besser sein können. Das Land hatte eine bisher noch nie dagewesene Blütezeit erlebt. Man konnte nicht anders, als der amerikanischen Geschäftswelt zu vertrauen und Calvin Coolidge zuzustimmen, als er sagte: „Das Geschäft Amerikas ist es, Geschäfte zu machen." Geschäftsleute wurden

Missionaren gleichgestellt und fast vergöttert. Solche Vergleiche gab es auch in die andere Richtung. Bruce Barton von der New Yorker Werbeagentur Batten, Barton, Durstine und Osborn schrieb in *The Man Nobody Knows*, „Jesus sei der erste Geschäftsmann gewesen, und seine Gleichnisse seien die wirkungsvollsten Anzeigen aller Zeiten gewesen."

Die euphorische Stimmung, der Optimismus und der Glaube an die Geschäftswelt, der in den 20er Jahren vorherrschte, führte zu weit verbreitetem Enthusiasmus im Immobilien- und Aktienmarkt. Es erschien nur logisch, dass die Amerikaner, nachdem sie einen ganzen Kontinent erobert hatten, sich auch einem Immobilienboom hingeben würden. Einer der größten Booms konzentrierte sich Mitte der 20er Jahre auf Florida. Das Klima war genau richtig. Die Bevölkerung wuchs ständig und es gab eine große Nachfrage auf dem Wohnungsmarkt. Der Wert der Grundstücke stieg schnell an. Storys über Investments, die ihren Wert verdoppelten und verdreifachten, zogen Spekulanten aus dem ganzen Land an. Bequeme Kreditbedingungen schütteten Öl in das spekulative Feuer. „In diesem Markt gibt es kein Risiko", meinten die Grundstücksspekulanten, so wie auch die Holländer früher über den Tulpenzwiebelmarkt sprachen.

Es gibt Berichte, dass in Palm Beach Grundstücke für 800.000 $ im Jahr 1923 gekauft, aufgeteilt und 1924 für 1,5 Millionen $ wieder verkauft wurden. Schon im folgendem Jahr wurde das gleiche Land für 4 Millionen $ weiterverkauft. Als der Boom an seinem Höhepunkt angelangt war, gab es in Miami 75.000 Immobilienmakler, ein Drittel der Gesamtbevölkerung der Stadt.

Es war unumgänglich, dass dieser Boom ein Ende fand, wie es mit allen spekulativen Angelegenheiten der Fall ist. Im Jahr 1926 konnten keine neuen Käufer gefunden werden und die Preise gaben nach. Daraufhin verkauften die Spekulanten ihre Immobilien zu Dumpingpreisen. Der Markt brach daraufhin völlig zusammen.

Die Wall Street legt ein Ei

Die Erfahrungen von Florida waren noch so frisch, dass man annehmen konnte, Investoren würden ein ähnliches Abenteuer an der Wall Street vermeiden wollen. Doch Florida war nur ein regionales Vorspiel, zu dem, was noch kommen sollte. 1928 begannen Spekulationen an der Börse zur landesweiten Freizeitgestaltung zu werden. Von Anfang März 1928 bis Anfang September 1929 erreichte der Markt solche Zuwächse, wie er sie zwischen 1923 und 1928 erzielt hatte. Die Kursanstiege großer Industrieunternehmen erreichten manchmal 10 oder sogar 20 Punkte pro Tag. Das Ausmaß dieser Hausse wird in der folgenden Tabelle deutlich.

Doch nicht jeder spekulierte an der Börse, wie allgemein angenommen wurde. Die aufgenommenen Kredite zum Kauf von Aktien stiegen von 1 Milliarde $ im Jahr 1921 auf fast 9 Milliarden $ im Jahr 1929. Dennoch besaßen 1929 nur etwa eine Million Personen Aktien, die sie per Kredit finanziert hatten. Die Spekulation war mindestens ebenso verbreitet, wie in den vorausgehenden verrückten Spekulationen, doch war die Intensität so hoch wie nie zuvor. Wesentlicher war, dass die Spekulationen ins Zentrum der kulturellen Entwicklung gingen. John Brooks erzählte in seinem Buch *Once in Golconda* (Golconda, nun zerstört und verlassen, war eine Stadt in Indien. Man sagte, dass jeder, der durch diese Stadt ging, reich werden würde) von einer Bemerkung eines britischen Korrespondenten, der damals gerade erst nach New York gekommen war: „Man konnte über Prohibition, über Hemingway, über Klimaanlagen, Musik oder Pferde sprechen, aber letztendlich musste man über die Börse sprechen – und dann wurde die Sache ernst."

Leider gab es aber hunderte lachender Manager, die sich freuten, der Öffentlichkeit beim Bau von Luftschlössern behilflich zu sein. Manipulationen an der Börse erreichten neue Rekorde an Skrupellosigkeit. Es gibt kein besseres Beispiel als das Management von Investment-Pools. Ein solches Unternehmen schaffte es, den Kurs der RCA-Aktie innerhalb von vier Tagen um 61 Punkte nach oben zu bringen. Lassen Sie mich kurz erklären, wie es diesen Investment-Pools gelingen konnte, die Kurse einer Aktie zu manipulieren.

Einerseits erforderte ein Investment-Pool sehr enge Zusammenarbeit und andererseits bodenlose Verachtung der Öffentlichkeit. Bei einer solchen Operation taten sich einige Trader zusammen, um eine spezielle Aktie zu manipulieren. Sie ernannten einen Poolmanager (den man ruhig eine Art von Künstler nennen konnte) und versprachen, sich nicht gegenseitig mit Alleingängen auszuspielen.

Der Poolmanager sammelte durch unverdächtige Käufe über mehrere Wochen hinweg einen großen Block Aktien an. Falls möglich, kaufte er eine Option für ein größeres Aktienpaket zum gegenwärtigen Marktpreis innerhalb eines gewissen Zeitraums, sagen wir einmal drei oder sechs Monate. Dann versuchte er, den Kursmakler auf dem Parkett als Verbündeten zu gewinnen.

Die Mitglieder des Pools blieben mit dem Kursmakler auf ihrer Seite

Aktie	Eröffnungskurs am 3.3.1928 in $	Höchststand am 3.9.1929 in $ *	Gewinn innerhalb von 18 Monaten in %
American Telephone & Telegraph	179,500	335,625	87,0
Bethlehem Steel	56,875	140,375	146,8
General Electric	128,750	396,250	207,8
Montgomery Ward	132,750	466,500	251,4
National Cash Register	50,750	127,500	151,2
Radio Corporation of America	94,500	505,000	434,5

* Korrigiert um Splits und den Wert der Bezugsrechte nach dem 3.3.1928

in Kontakt. Ein Kursmakler agiert als der Broker eines Brokers. Wenn eine Aktie zu 50 $ gehandelt wird, und Sie geben Ihrem Broker einen Auftrag zu 45 $ zu kaufen, dann übergibt der Broker normalerweise diese Order dem Kursmakler. In dem Augenblick, wenn die Aktie auf 45 $ zurückfällt, führt dieser die Order aus. Alle Orders, die über oder unter dem gegenwärtigen Kurs ausgeführt werden sollen, werden im Maklerskontro, einer Art Notizbuch des Kursmaklers notiert. Jetzt sehen Sie, weshalb der Kursmakler für den Poolmanager so wertvoll ist. Das Notizbuch gibt Auskunft darüber, wie viele Kauf- und Verkaufsorders zu Kursen über und unter dem gegenwärtigen Kurs vorliegen. Es war schon immer sehr hilfreich, möglichst viel über die Karten der Mitspieler zu wissen. Und nun konnte der Spaß beginnen.

Normalerweise veranlasste der Poolmanager in diesem Augenblick die Mitglieder des Pools, untereinander zu traden. Beispielsweise verkauft Haskell 200 Aktien an Sidney zu 40 und Sidney verkauft sie zu 40,125 an ihn zurück. Dann wird dieser Vorgang mit 400 Aktien zum Kurs von 40,250 und 40,5 wiederholt. Darauf folgt der Verkauf eines Pakets mit 1.000 Aktien zum Kurs von 40,625, danach ein weiterer zu 40,75. Diese Verkäufe werden über den Ticker in den Brokerbüros im ganzen Land bekannt gemacht und Tausende, die den Ticker beobachten, glauben, dass diese Aktie aktiv gehandelt würde. Diese Scheintrades erweckten den Eindruck, dass irgend etwas Großes bevorsteht.

Nun begannen Tipsheet-Schreiber und Marktkommentatoren unter der Kontrolle des Poolmanagers über aufregende Entwicklungen zu berichten, die bevorstünden. Der Poolmanager versuchte auch sicherzustellen, dass gute Nachrichten vom Management des Unternehmens immer günstiger wurden – vorausgesetzt das Management des Unternehmens steckte mit unter der Decke. Wenn alles gut ging, und in der spekulativen Atmosphäre von 1928/1929 konnte kaum etwas schief laufen, zog die Kombination aus Nachrichten, die über den Ticker gingen, und der manipulierten guten Nachrichten auch das Publikum an.

Wenn dann die Öffentlichkeit einstieg, begann das Rennen um die Aktien, und es war an der Zeit, still und heimlich die Schleusen zu öffnen. Weil die Öffentlichkeit kaufte, verkaufte der Pool. Der Poolmanager begann erst langsam und dann in immer größeren Paketen Aktien in den Markt zu werfen, bevor die Öffentlichkeit zu Sinnen kam. Am Ende der Achterbahnfahrt hatten die Mitglieder des Pools große Profite erzielt – die Öffentlichkeit hielt die plötzlich entwerteten Aktien in Händen.

Aber man muss sich gar nicht mit anderen zusammentun, um die Öffentlichkeit zu betrügen. Viele einzelne Personen, insbesondere Angestellte von Unternehmen und Direktoren schafften das allein auch ganz gut. Nehmen wir einmal Albert Wiggin, den Vorsitzenden von Chase, damals der zweitgrößten Bank der USA. Im Juli 1929 wurde Wiggin auf die außerordentlich hoch gestiegenen Aktienkurse aufmerksam und fühlte sich nicht mehr besonders wohl, als er mit den Bullen auf dem Markt spekulierte. (Es wird gesagt, er hätte in einem Pool Millionen gemacht, indem er die Kurse seiner eigenen Bank in Grund und Boden geschickt hatte.) Weil er glaubte, dass die Aussichten seiner eigenen Bankaktien besonders düster wären (vielleicht wegen seiner vorherigen Spekulation), verkaufte er mehr als 42.000 Aktien von Chase. Leerverkaufen ist eine Möglichkeit, Geld zu verdienen, wenn die Aktienkurse fallen. Dabei verkauft man Aktien, die man im Augenblick noch gar nicht besitzt, in der Erwartung, dass man sie später zu einem geringeren Preis erwerben kann. Es ist so ähnlich wie zu hoffen, billig zu kaufen und teuer zu verkaufen, aber in umgekehrter Reihenfolge.

Wiggins Timing war perfekt. Sofort nach dem Leerverkauf begann der Kurs der Chase-Aktien zu fallen, und als im Herbst der Crash kam, stürzten die Kurse steil ab. Als sein Konto im November geschlossen wurde, hatte er aus dieser Operation einen Gewinn von mehreren Millionen $ gezogen. Interessenkonflikte waren für Wiggin offensichtlich kaum ein Problem. Um Mister Wiggin gegenüber jedoch Fairness walten zu lassen, sollte betont werden, dass er während dieser gesamten Zeit ein Paket Chase-Aktien hielt. Nichtsdestoweniger würden die heute gültigen Regeln nicht erlauben, dass ein Insider kurzfristige Profite aus dem Trading seiner eigenen Aktien abschöpft.

Am 3. September 1929 erreichte der Marktdurchschnitt einen Gipfel, der 25 Jahre lang nicht wieder erreicht wurde. Bald schon sollte der „nicht enden wollende Wohlstand" abrupt enden. Die allgemeine

Geschäftstätigkeit war bereits einige Monate zuvor rückläufig. Die Kurse rutschten am nächsten und dem darauf folgenden Tag, dem 5. September. Der Markt erlitt einen deutlichen Abschwung, der als Babson Break bekannt wurde.

Dieses Ereignis wurde nach Roger Babson benannt, einem gebrechlichen, spitzbärtigen und gnomenhaft aussehenden Finanzberater aus Wellesley, Massachusetts. Bei einem Lunch mit Wall Street Profis sagte er: „Ich wiederhole, was ich letztes Jahr um diese Zeit und im Jahr davor schon sagte: Früher oder später kommt ein Crash." Die Wall Street Profis überzogen die erneute Ankündigung des „Weisen von Wellesley", unter diesem Namen war Babson bekannt, mit dem üblichen Hohn und Spott.

Wie Babson in seinem Statement schon betont hatte, hatte er den Crash schon mehrere Jahre lang vorhergesagt, doch das Ereignis war immer noch nicht eingetreten. Dennoch, um 2 Uhr nachmittags, als Babsons Worte über den Ticker liefen (das Finanznachrichtenband des Dow Jones, das ein wesentlicher Bestandteil der Ausstattung in jedem Brokerhaus im ganzen Land war), stürzte der Markt tatsächlich ab. In der letzten Stunde des Handelstages wurde rasend verkauft und gekauft, zwei Millionen Aktien wechselten den Besitzer – American Telefone and Telegraph fiel um sechs Punkte, Westinghouse um sieben Punkte und U. S. Steel um neun Punkte. Dies war eine Episode, in der sich ankündigte, was noch kommen sollte, und nach dem Babson Break wurde die Möglichkeit eines Crash, was vor einem Monat noch völlig undenkbar war, plötzlich ein sehr aktuelles Gesprächsthema.

Das Vertrauen schwand. Der September hatte wesentlich mehr schlechte als gute Tage. Manchmal fiel der Markt deutlich zurück. Banker und Regierungssprecher versicherten dem Land, es gäbe keinen Grund zur Beunruhigung. Professor Irving Fisher von der Yale University, einer der Protagonisten der Theorie des intrinsischen Wertes, äußerte die Bemerkung, die bald unsterblich werden sollte: Die Aktien hätten das erreicht, was er als ein immerwährend hohes Plateau bezeichnete.

Am Montag, dem 21. Oktober, war die Bühne bereit für einen klassischen Zusammenbruch des Aktienmarktes. Der Abschwung der Aktienkurse hatte zu Rufen nach zusätzlichen Bürgschaften seitens der Kunden, die ihre Aktien auf Kredit gekauft hatten, geführt. Diese Kunden waren nicht in der Lage oder nicht Willens, diesen Aufforderungen Folge zu leisten und mussten ihre Wertpapiere verkaufen. Dies übte Druck auf die Kurse aus und führte zu weiteren Forderungen nach Einschusszahlungen und schließlich zu einer sich selbst erhaltenden Verkaufswelle.

Der Umsatz stieg am 21. Oktober auf mehr als sechs Millionen Aktien. Der Ticker kam gar nicht mehr hinterher, was bei Zehntausenden, die den Ticker in den Brokerhäusern des ganzes Landes beobachteten, zu großer Verärgerung führte. Eine Stunde und vierzig Minuten waren nach Börsenschluss vergangen, bis die letzte Transaktion tatsächlich über den Ticker lief.

Der unbeugsame Fisher tat den Abschwung als ein Abschütteln der Extremisten ab, die auf Pump Aktien gekauft hatten. Er sagte weiterhin, dass die Aktienkurse während des Booms immer noch nicht den wirklichen Wert erreicht hatten und noch weiter steigen würden. Unter anderem glaubte der Professor, dass der Markt die positiven Effekte der Prohibition noch nicht reflektiert hätte, weil das die amerikanischen Arbeiter produktiver und verlässlicher gemacht habe.

Am 24. Oktober, der später der „Schwarze Donnerstag" genannt wurde, erreichte der Umsatz fast 13 Millionen Aktien. Die Kurse fielen bei jedem Trade, manchmal um 5 bis 10 $. Viele Titel fielen innerhalb weniger Stunden um 40 bis 50 Punkte. Am nächsten Tag gab Herbert Hoover seine berühmte Erklärung ab: „Die Wirtschaft des Landes . . . steht auf einer gesunden und blühenden Basis."

Der Donnerstag, der 29. Oktober 1929, gehört zu den katastrophalsten Tagen in der Geschichte der New York Stock Exchange. Lediglich der 19. und 20. Oktober 1987 kamen dem in punkto Intensität der Panik gleich. Mehr als 16,4 Millionen Aktien wurden an diesem Tag im Jahr 1929 gehandelt. (Ein Tag mit einem Umsatz von 16 Millionen Aktien im Jahr 1929 entspricht einem Umsatz von 2 Milliarden Aktien im Jahr 1999, weil heute wesentlich mehr Aktien an der New York Stock Exchange gehandelt werden.) Die Kurse fielen fast senkrecht, wie in der folgenden Tabelle, die das Ausmaß des Abschwungs während des Herbst 1929 und innerhalb der nächsten drei Jahre verdeutlicht, gezeigt wird. Mit Ausnahme der sicheren AT&T, die nur drei Viertel ihres Wertes verlor, waren die meisten Blue Chips um 95 % oder mehr gefallen, als 1932 der absolute Tiefpunkt erreicht war.

Die vielleicht beste Zusammenfassung dieses Debakels beschrieb Variety, die Wochenzeitschrift des Show-Business, die eine Story mit der folgenden Headline überschrieb: „Die Wall Street legt ein Ei". Der spekulative Boom war tot und Milliarden von Dollar in Aktien – aber auch die Träume von Millionen – waren hinweggefegt worden. Dem Crash an der Börse folgte die verheerendste Depression in der Geschichte der Vereinigten Staaten.

Aktie	Höchstkurs am 3.9.1929 in $*	Tiefstkurs am 13.11.1929 in $	Tiefstkurs des Jahres 1932 in $
American Telephone & Telegraph	304,000	197,250	70,250
Bethlehem Steel	140,375	78,250	7,250
General Electric	396,250	168,125	8,500
Montgomery Ward	137,875	49,250	3,500
National Cash Register	127,500	59,000	6,250
Radio Corporation of America	101,000	28,000	2,500

* Korrigiert um Splits und den Wert der Bezugsrechte nach dem 3.9.1929

Und wiederum gibt es unter den Historikern Revisionisten, die sagen, im Börsenwahn der späten 20er Jahre habe Methode gelegen. Harold Biermann Jr. schrieb beispielsweise in seinem Buch *The Great Myths of 1929*, ohne die Zukunft genau zu kennen, dass die Aktien 1929 offensichtlich nicht überbewertet waren, weil es den Anschein hatte, dass die Wirtschaft des Landes weiterhin aufblühen würde. Immerhin glaubten auch sehr intelligente Menschen, wie beispielsweise Irving Fisher und John Maynard Keynes, dass die Aktien durchaus vernünftig bewertet gewesen seien. (Im Dezember 1929 jedoch gab sogar Irving Fisher zu, dass die vorhergehenden hohen Kurse unerklärlich gewesen seien, „teilweise einer unvernünftigen und dummen Kaufsucht wegen".) Biermann behauptet weiter, dass der extreme Optimismus, der den Aktienmarkt gestützt hatte, sogar gerechtfertigt gewesen sei, hätte dem nicht eine unangebrachte Währungspolitik entgegengestanden. Der Crash selbst war seiner Meinung nach durch die Politik der Notenbank heraufbeschworen worden, da man mit der Erhöhung des Zinssatzes die Spekulanten bestrafen wollte. In Biermanns Behauptungen liegt immerhin ein Körnchen Wahrheit und heute legen Wirtschaftswissenschaftler das Ausmaß der Depression in den 30er Jahren der Notenbank zur Last, weil diese die Geldverknappung so deutlich betrieb. Dennoch, die Geschichte lehrt uns, dass einem deutlichen Anstieg der Aktienkurse (ebenso wie der Anstieg der Preise von Waren und Dienstleistungen) nur selten eine graduelle Rückkehr zu relativer Preisstabilität folgt. Auch wenn die Hochkonjunktur bis in die 30er Jahre gereicht hätte, hätten die Aktienkurse ihren Anstieg aus den späten 20er Jahren nie fortsetzen können.

Außerdem zeigt das abnorme Verhalten der geschlossenen Investmentfonds (darauf gehe ich in Kapitel 14 ausführlich ein) die hochgradige Irrationalität an der Börse während der 20er Jahre ganz deutlich. Der fundamentale Wert dieser geschlossenen Fonds besteht aus dem Marktwert der Wertpapiere, die in ihm enthalten sind. Seit 1930 wurden diese Fondsanteile meist mit einem Abschlag von ungefähr 20 % ihres Werts gehandelt. Von Januar bis August 1929 jedoch wurde der typische geschlossene Fonds mit einem Aufschlag von 50 % gehandelt. Die Aufschläge für einige bekannte Fonds waren geradezu astronomisch. Die Goldmann Sachs Trading Corporation wurde zum Doppelten des Buchwertes gehandelt. Tri-Continental Corporation wurde zu 256 % des Buchwertes gehandelt. Das bedeutete, dass Sie entweder zu Ihrem Broker gehen konnten und beispielsweise AT&T zum Marktwert kaufen konnten oder Sie kauften AT&T über einen Fonds und bezahlten dafür den doppelten Marktwert. In diesen Beispielen sind die Dezimalstellen nicht verrutscht. Die Marktpreise waren zwei- bis dreimal so hoch wie der Wert der zugrunde liegenden Wertpapiere. Ganz klar, es war irrationaler spekulativer Enthusiasmus, der die Kurse dieser Fonds weit über den Wert hinaus trieb, zu dem die individuellen Wertpapiere gekauft werden konnten.

Ein Nachwort

Weshalb ist das Gedächtnis so kurz? Weshalb scheint solch spekulativer Wahnsinn nicht als Lehre in die Geschichte eingehen zu können? Darauf habe ich keine passende Antwort. Aber ich bin überzeugt, dass Bernard Baruch recht hatte, als er behauptete, dass eine Studie dieser Ereignisse dazu beitragen könnte, Investoren überlebenstüchtig zu machen. Die ständigen Verlierer an der Börse sind meiner persönlichen Erfahrung nach diejenigen, die nicht fähig sind zu widerstehen und von einer Art „Tulpenzwiebelwahn" davongefegt werden. Wirklich, es ist nicht schwierig, an der Börse Geld zu verdienen. Wie wir später sehen werden, können Investoren, die ein Portfolio aus Aktien zusammenstellen, indem sie Dartpfeile auf die Kurslisten im *Wall Street Journal* werfen, langfristig gesehen, ansehnliche Gewinne machen. Was allerdings nur schwer zu vermeiden ist, das ist die ständige Versuchung, Geld aus dem Fenster zu werfen, nur weil man an kurzen spekulativen Orgien teilnimmt, von denen man hofft, dass sie schnell reich machen.

Und dennoch geht das Spiel weiter. Ich habe einen guten Freund, der einmal aus einem ganz bescheidenen Einsatz ein kleines Vermögen machte. Und danach kam eine Aktie mit Namen Alphanumeric. Außer einem exotischen Namen versprach das Unternehmen, die Methoden der Dateneingabe in den Computer zu revolutionieren. Mein Freund biss darauf an.

Ich riet ihm, erst einmal nachzuforschen, ob die enormen künftigen Gewinne, die sich jetzt schon im Kurs widerspiegelten, erreicht werden könnten, wenn man die Größe des Marktes in Betracht zieht. (Natürlich hatte das Unternehmen im Augenblick keine Gewinne.) Er dankte mir für den Rat, schlug ihn aber in den Wind und sagte, dass Aktienkurse nicht auf fundamentalen Daten wie Gewinnen und Dividenden beruhten. „Sie basieren auf Hoffnungen und Träumen", sagte er. „Die Geschichte der Aktienbewertung bestätigt mich. Diese Geschichte von Alphanumeric wird alle Beobachter des Tickers begeistern und neue Visionen von Luftschlössern erwachsen lassen. Jede Verspätung beim Kauf wäre selbstzerstörerisch". Und deshalb musste sich mein Freund beeilen, um noch größeren Dummköpfen zuvorzukommen.

Und er beeilte sich wirklich, er kaufte bei 80 $, und das war bei dieser speziellen Aktie ganz nahe am Gipfel des Wahns. Der Kurs der Aktie brach bis auf 2 $ ein, und damit auch das Vermögen meines Freundes – das danach noch wesentlich bescheidener war als das, womit er begonnen hatte. Die Fähigkeit, solche horrenden Fehler zu vermeiden, ist wahrscheinlich der wichtigste Faktor, wenn man sein Kapital erhalten und es vermehren möchte. Diese Lehre ist so offensichtlich und doch so leicht zu übersehen.

KAPITEL 3

Aktienbewertung von den 60er Jahren bis zum Ende der 90er Jahre

Alles hat eine Moral, wenn man sie nur findet.

LEWIS CARROLL

Der Wahn der Massen kann wirklich spektakulär werden. Die Beispiele, die ich gerade angeführt habe, und davon gibt es noch eine ganze Menge, haben immer mehr Leute davon überzeugt, ihr Geld einem Profi anzuvertrauen – jemandem, der weiß, wie es an der Börse zugeht, und dem man vertrauen kann, dass er jederzeit vernünftig handelt.

Und so stellen wir fest, dass zumindest ein Teil unseres Vermögens (wenn nicht sogar alles) in den Händen institutioneller Portfoliomanager liegt – das sind Manager, die große Pensionsfonds und Rentenfonds verwalten, die Investmentfonds managen, Kapitalanlageberatung und ähnliches anbieten. Auch wenn Menschen verrückt sind, die Institutionen sind es umso mehr. Institutionelle Anleger sind, um mit einem Satz von Tennyson zu sprechen, „loyal und von edler Gesinnung". Nun gut, dann werfen wir einmal einen Blick auf die geistige Gesundheit dieser Institutionen.

Die geistige Gesundheit von Institutionen

Ende der 90er Jahre waren institutionelle Anleger für mehr als 90 % des Umsatzes an der New Yorker Stock Exchange verantwortlich. Dieser Umsatz stellte eine dramatische Zunahme gegenüber dem Umsatz des

Jahres 1960 dar, als die professionellen Investoren gerade einmal für die Hälfte der Tradingaktivitäten verantwortlich waren. Sicherlich muss sich das Spiel in einem Markt, in dem die Profis das Trading dominieren, deutlich verändert haben. Die starren und mit spitzem Bleistift gerechneten Überlegungen der Profis sollten eine Garantie dafür sein, dass die extravaganten Exzesse der Vergangenheit nunmehr vermieden werden.

Und dennoch wurde im Jahr 1983 die Ausgabe von Aktien für ein Unternehmen vorbereitet, das noch keine Umsätze zu verzeichnen hatte, lediglich den Plan, persönliche Roboter herzustellen. Dies bei einer Marktkapitalisierung von 100 Millionen Dollar – den letzten Wert ermittelte ich, indem ich die im Umlauf befindlichen Aktien mit dem Kurs multiplizierte. Während der letzten 40 Jahre, in denen die institutionellen Anleger den Markt dominierten, wirbelten die Kurse immer schneller und in immer größerer Anzahl, als dass man das durch die offensichtlichen Veränderungen in ihrem intrinsischen Wert plausibel erklären könnte.

1955 gab General Electric beispielsweise bekannt, dass deren Wissenschaftler genaue Duplikate von Diamanten hergestellt hätten. Der Markt sprang daraufhin sofort an, obwohl die Öffentlichkeit genau wusste, dass diese Diamanten nicht als Schmuckdiamanten geeignet waren, und sie für den industriellen Bedarf nicht preisgünstig genug hergestellt werden konnten. Innerhalb von 24 Stunden stieg der gesamte Wert der von General Electric ausgegebenen Aktien um fast 400 Millionen $, schätzungsweise auf den doppelten Wert der damals jährlich verkauften Diamanten und den sechsfachen Wert aller damals jährlich verkauften Industriediamanten. Damit wurde ganz deutlich, dass der Kursanstieg nicht auf den Wert der Entdeckung zurückzuführen war, sondern viel mehr auf die Fähigkeit der Käufer, sich als Architekten von Luftschlössern zu betätigen. Tatsächlich drängten die Spekulanten so sehr auf einen Frühstart hin, dass der gesamte Kursanstieg schon einige Minuten nach Beginn des Handelstages vollzogen war, an dem diese Bekanntmachung veröffentlicht wurde.

1988 gab Johnson & Johnson bekannt, dass eines seiner relativ kleineren verschreibungspflichtigen Hautpflegemittel, Retin A, das es schon jahrelang als Medikament gegen Akne gab, einen viel breiteren Markt haben könnte, als man sich zunächst vorgestellt hatte. Tests hätten ergeben, dass wiederholte Applikationen von Retin A auf gealterte Haut tatsächlich Falten entfernen könnte. Sofort nach der Veröffentlichung stieg der Kurs der Johnson & Johnson-Aktie um 8 $, und verbesserte den Marktwert des Unternehmens um schätzungsweise 1,5 Milliarden $. Im

Jahr 1998 beliefen sich die Umsätze von Retin A lediglich auf etwas über 100 Millionen $. Zum Glück für die Aktionäre von General Electric und Johnson & Johnson gab es viele weitere Faktoren, die zum fortgesetzten Erfolg dieser Unternehmen führten.

Im Jahr 1998 gaben Citibank und Travellers ihre Fusion bekannt und am folgenden Tag stieg der gemeinsame Marktwert der beiden Unternehmen um erstaunliche 14 Milliarden $, das ist soviel wie der damalige Marktwert so großer Unternehmen wie Kellog, Cigna oder BankBoston. Die Fusion wurde von den Vorstandsvorsitzenden beider Unternehmen als Wohltat für den Wettbewerb gerechtfertigt, woraus sich zahlreiche Gelegenheiten zu Gegengeschäften und wichtigen Synergie-Effekten ergeben könnten. Der Chor der Investmentbanker begrüßte die Fusion lautstark und auch die Claqueure aus dem Bereich der Consultants waren laut und deutlich zu vernehmen. Doch große Fusionen belebten den Wettbewerb nur sehr selten, Gegengeschäfte von Finanzprodukten waren selten, wenn überhaupt, erfolgreich, und Synergien waren bei den bisherigen Fusionen noch seltener aufgetreten. Kurz nachdem der Markt überreagiert hatte, wurde diese Zunahme des Marktwerts wieder völlig ausgewischt. Man fragt sich, was dies mit der Logik von Aktienkursen zu tun hat.

Natürlich sollten wir von Einzelfällen keine allgemein gültigen Regeln und Behauptungen ableiten. Dennoch bleibt es eine Tatsache, dass professionelle Investoren an mehreren deutlich spekulativen Bewegungen zwischen 1960 und Ende der 90er Jahre teilnahmen. In jedem dieser Fälle boten diese professionellen Anleger ganz aktiv für Aktien; nicht weil sie der Meinung waren, dass sie unterbewertet seien, sondern weil sie vorhersehen konnten, dass ihnen die „größeren Dummköpfe" die Aktien aus den Händen reißen würden, und das bei aufgebauschten Kursen. Weil diese spekulativen Bewegungen etwas mit den heutigen Märkten zu tun haben, glaube ich, dass dieser Rundgang durch die Institutionen sehr nützlich sein wird.

Die schwunghaften 6oer Jahre

Die „Neue Ära": Der Wahn um Wachstumsaktien und Erstimmissionen

Wir beginnen unsere Reise im Jahr 1959, als ich eben erst an die Wall Street gegangen war. Wachstum war das magische Wort dieser Tage, und es erhielt fast mystische Bedeutung. Wachstumsunternehmen wie IBM und Texas Instruments wurden mit einem Kurs-Gewinn-Verhältnis (KGV) von 80 gehandelt. (Ein Jahr später wurden sie lediglich zum 20- bis 30-fachen des Jahresgewinnes gehandelt.)

Die Angemessenheit solcher Bewertungen in Frage zu stellen, war wie schon in der Generation zuvor fast ketzerisch. Diese Kurse konnten entsprechend den Prinzipien der Theorie „der begründeten Annahmen" nicht gerechtfertigt werden. Doch die Investoren glaubten fest daran, dass später, in diesem wunderbaren Jahrzehnt der 60er Jahre, die Käufer bereitwillig höhere Kurse zahlen würden. Ich weiß zwar nicht, wohin Ökonomen kommen, wenn sie gestorben sind, aber von dort aus wird Lord Keynes sicherlich still vor sich hingelacht haben.

Ich erinnere mich noch sehr gut daran, dass einer der Seniorpartner meiner Firma den Kopf schüttelte und zugab, dass er niemanden kannte, der älter als 40 Jahre war, sich in irgendeiner Weise an die Ereignisse von 1929 bis 1939 erinnern konnte und solche teuren Wachstumsaktien kaufen und halten würde. Doch die jungen Heisssporne schwangen das Zepter. *Newsweek* zitierte einen Broker, der sagte, die Spekulanten hätten die Vorstellung, dass alles, was sie kaufen, seinen Wert über Nacht verdoppelt. Und das Schlimme daran ist: Genau das ist passiert.

Es sollte aber noch schlimmer kommen. Die Organisatoren waren bestrebt, den unstillbaren Durst der Investoren nach Weltraumaktien der blühenden 60er Jahre zu stillen, und machten Dutzende von neuen Angeboten. Zwischen 1959 und 1962 wurden mehr Emissionen angeboten als zu irgendeiner anderen Zeit. Die Manie mit den Emissionen kam der South Sea Bubble an Intensität gleich – und leider auch an betrügerischen Machenschaften, die aufgedeckt wurden.

Man nannte diesen Boom den „Tronics-Boom", weil die Aktien oft irgendeine Form des Wortes Electronics in ihrem Namen trugen, auch wenn die Unternehmen mit der Elektronikbranche nicht im entferntesten etwas zu tun hatten. Den Käufern dieser Papiere kam es überhaupt nicht darauf an, was die Unternehmen machten, solange es klang wie Electronic – mit einem kleinen Anstrich von Esoterik. American Music Guild beispielsweise, dessen Geschäft daraus bestand, dass Verkäufer von Tür zu Tür gingen und Schallplatten und Plattenspieler verkauften, änderten ihren Namen zu Space-Tone, bevor es an die Börse ging. Die Aktien wurden zu einem Preis von 2 $ ausgegeben und innerhalb von wenigen Wochen waren sie auf 14 $ angestiegen. Der Name spielte die große Rolle. Es gab eine ganze Menge von „Trons", beispielsweise Astron, Dutron, Vulcatron und Transitron und auch eine Reihe von „Onics", wie beispielsweise Circuitronics, Supronics, Videotronics und etliche Elektrosonics. Man überließ nichts dem Zufall und ein Unternehmen schuf eine Kombination dieser beiden Wörter – Powertron Ultrasonics.

Jack Dreyfus von Dreyfus und Company, kommentierte diesen Wahn wie folgt:

Nehmen wir ein nettes kleines Unternehmen, das 40 Jahre lang Schuhbänder herstellte, und dessen Aktien mit einem respektablen KGV von 6 gehandelt werden. Wir verändern den Namen von Shoelaces Inc. in Electronics and Silicon Furth Burners (Nachbrenner). Im heutigen Markt sind die Wörter Electronics und Silicon die 15-fachen Gewinne wert. Doch der große Hammer kommt mit dem Wort Nachbrenner, das kein Mensch versteht. Ein Wort, das niemand versteht, verdoppelt die ganze Geschichte noch einmal. Und deshalb haben wir die sechsfachen Jahresgewinne für das Geschäft mit den Schuhbändern, 15-fache Jahresgewinne für Electronic und Silicon, das macht insgesamt ein KGV von 21. Und dann multiplizieren wir das mit 2 wegen der Nachbrenner und kommen für das neue Unternehmen auf einen Kurs, der 42 Jahresgewinnen entspricht.

Bei einer späteren Untersuchung des Phänomens der Neuemissionen entdeckte die SEC (Securities and Exchange Commission) deutliche Hinweise auf Betrug und Manipulation im Markt. So hielten einige Investmentbanker, insbesondere diejenigen, die kleinere Erstausgaben managten, oft größere Aktienpakete vom Markt fern. Dadurch wurde der Markt am Anfang so eng, dass der Kurs schnell anstieg, sobald die Aktien gehandelt wurden. Bei einer heißen Erstausgabe, die an ihrem ersten Handelstag den Kurs fast verdoppelte, fand die SEC heraus, dass eine ansehnliche Portion der gesamten Emission an Broker verkauft wurde, von denen viele ihre Zuteilung eine ganze Zeit zurückhielten, bis sie zu wesentlich besseren Kursen verkaufen konnten. Außerdem entdeckte die SEC, dass viele Emissionshäuser große Pakete heißer Emissionen für Insider der Firma, beispielsweise für leitende Angestellte, Verwandte und Partner zurückhielt, und für andere Wertpapierhändler, denen man einen Gefallen schuldete. In einem Fall wurden 87 % einer Erstausgabe für Insider zurückgehalten, anstatt dass sie an die Allgemeinheit ausgegeben wurden, so wie es richtig gewesen wäre.

Die folgende Tabelle zeigt einige Erstemissionen aus dieser Zeit und gibt die Kursbewegungen an, nachdem die Aktien ausgegeben waren.

Security	Verkaufs-datum	Angebots-preis	Gebot am ersten Handelstag	Höchst-gebot 1961	Niedrigstes Gebot 1962
Boonton Electronics Corp.	6.3.1961	5,500*	12,250	24,500	1,625
Geographics Corp of America	8.12.1960	14	27	58	9
Hydro-Space Technology	19.7.1960	3	7	7	1
Mother´s Cookie Corp.	8.3.1961	15	23	25	7

* für 1 Aktie und 1 Optionsschein

Zumindest eine Zeitlang hatten die Käufer von Erstemissionen sehr viel Erfolg. Große Anstiege über den ohnehin schon übertriebenen Ausgabepreis wurden bei Unternehmen wie Boonton Electronics und Geophysics Corporation of America verzeichnet. Das spekulative Fieber war so groß, dass sogar Mother´s Cookie einen ansehnlichen Gewinn verzeichnen konnte. Stellen Sie sich nur einmal vor, dieses Unternehmen hätte sich Mothertron´s Cookietronics genannt! Doch zehn Jahre später waren die Aktien der meisten dieser Unternehmen fast wertlos.

Und wo war während dieser ganzen Zeit die SEC? Hatte sie ihre Grundregel von „Schutz dem Käufer" zu „Schutz dem Verkäufer" abgeändert? Sind die Emittenten nicht verpflichtet, ihre Angebote bei der SEC registrieren zu lassen? Können die Unternehmen (und ihre Emittenten) wegen falscher und irreführender Auskünfte nicht belangt werden?

Man kann all diese Fragen mit Ja beantworten und hinzufügen, es gab auch noch die SEC, aber das Gesetz verlangte, dass sie sich ruhig zu verhalten hatte. Solange ein Unternehmen einen ausreichenden Prospekt vorbereitet hatte (und ihn an Investoren ausgegeben hatte) konnte die SEC nichts tun, um die Käufer vor sich selbst zu schützen. Viele der Prospekte aus dieser Zeit enthielten die folgend aufgeführte Warnung in Großbuchstaben auf der Titelseite.

WARNUNG: DIESES UNTERNEHMEN HAT KEIN VERMÖGEN UND KEINE GEWINNE ZU VERZEICHNEN UND WIRD NICHT IN DER LAGE SEIN, IN DER NAHEN ZUKUNFT DIVIDENDEN AUSZUSCHÜTTEN. DIESE AKTIEN SIND HÖCHST RISKANT.

Doch ebenso, wie die Warnung auf den Zigarettenschachteln nicht viele vom Rauchen abhält, so kann auch die Warnung, dass ein Investment für das Vermögen gefährlich werden könnte, keinen Spekulanten davon abhalten, sein Geld aus dem Fenster zu werfen, wenn er dazu entschlossen ist. Die SEC kann einen Dummkopf warnen, aber ihn nicht daran hindern, sich von seinem Geld zu trennen. Und die Käufer von Erstausgaben waren so überzeugt davon, dass die Aktien im Kurs steigen würden (ganz gleich, wie hoch das Vermögen des Unternehmens war oder was es in der Vergangenheit geleistet hatte), dass die Emittenten kein Problem hatten, alle Aktien loszuwerden, sondern eher das Problem, wie sie sie unter den verrückt gewordenen Nachfragern verteilen sollten.

Betrug und Marktmanipulation sind eine andere Sache. Hier hat die SEC Zugriff und trat auch deutlich in Erscheinung. Und tatsächlich gerieten viele wenig bekannte Brokerhäuser, die verantwortlich für die meisten Erstausgaben waren, wegen Manipulation der Kurse an den Rand der Legalität und wurden aus verschiedenen Gründen suspendiert.

Doch hat die SEC nicht besonders viel Personal. Das größte Problem ist das Verhalten der Allgemeinheit. Wenn Investoren unbedingt schnell reich werden wollen und bereit sind, nach jedem Köder zu schnappen, dann kann alles passieren – und meistens passiert es auch. Ohne die Gier der Allgemeinheit hätten Manipulatoren keine Chance.

1962 kehrte der Tronicsboom wieder auf den Boden der Tatsachen zurück. Die ersten Anzeichen dafür gab es am Anfang des Jahres, fünf Monate später explodierten sie in einer überschäumenden Verkaufswelle. Wachstumsaktien, sogar die von höchster Qualität, wurden von dem Abschwung mitgerissen, und fielen weit tiefer als der Marktdurchschnitt. Die heiße Sache von gestern war heute kalter Kaffee.

Viele Profis weigerten sich, die Tatsache zu akzeptieren, dass sie rücksichtslos spekuliert hätten. Sie kreideten den Abschwung Präsident Kennedys harter Haltung der Stahlindustrie gegenüber an, die zu einer Rücknahme der bereits bekanntgegebenen Preissteigerungen geführt hatte. Andere erkannten, dass es sich hier um einen spekulativen Wahn handelte und sagten einfach, dass die Wachstumsaktien 1961 zu hoch bewertet worden waren. Und nur wenige betonten, dass es immer ganz leicht ist, in die Vergangenheit zu sehen, und dann zu sagen, die Kurse seien zu hoch oder zu niedrig gewesen. Und nur einzelne sagten, dass wahrscheinlich nie jemand den korrekten Preis einer Aktie angeben kann.

Synergie schafft Energie: Der Boom der Konglomerate

Ich sagte es schon: Das Geniale an den Finanzmärkten ist, dass die Nachfrage nach einem Produkt sofort befriedigt wird. Das, was alle Investoren wünschten, war erwartetes Wachstum bei den Gewinnen je Aktie. Und wenn man Wachstum nicht in einer Bezeichnung finden konnte, dann konnte man davon ausgehen, dass irgend jemand ein solches Wort erfinden würde. Mitte der 60er Jahre hatten kreative Unternehmer entdeckt, dass das Wort für Wachstum Synergie hieß. Synergie hat die Qualität von 2 + 2 = 5. Und deshalb hielt man es für ganz plausibel, dass zwei verschiedene Unternehmen mit einem Gewinnpotential von je 2 Millionen $ mit vereinten Kräften 5 Millionen $ schaffen könnten, würden sie zusammengelegt. Diese magische, mystische, bombensichere neue Kreation nannte man Konglomerat.

Obgleich die Antitrustgesetze es zu dieser Zeit großen Unternehmen unmöglich machten, kleinere Firmen der gleichen Branche zu „schlucken", war es eine Zeitlang möglich, Firmen anderer Branchen zu kaufen, ohne mit dem Justizministerium Schwierigkeiten zu bekommen. Die Konsolidierungen wurden im Namen der Synergie ausgetragen. Scheinbar gaben die Fusionen dem Konglomerat größere Finanzkraft (und deshalb auch einen größeren Kreditrahmen zu niedrigeren Zinsen); man konnte die Marketingmöglichkeiten durch den Vertrieb komplementärer Produktlinien besser nutzen; man konnte Management-Talenten wesentlich größeren Spielraum einräumen und man konnte konsolidieren, das heißt, Personal im operativen Bereich, beispielsweise in der Buchhaltung, effizienter einsetzen. All dies führte zu Synergie – eine Stimulation für Verkäufe und Gewinne für die Unternehmensgruppe, die bei den unabhängigen Teilen des Konglomerats allein nie aufgekommen wäre.

Tatsächlich jedoch war der Hauptgrund für die Bildung von Konglomeraten in den 60er Jahren, dass der Akquisitionsprozess selbst den Gewinn pro Aktie steigerte. Die wirklichen Talente der Manager von Konglomeraten lagen im finanziellen und nicht im operativen Bereich, was die Rentabilität der gekauften Unternehmen eher hätte verbessern können. Mit Hilfe eines einfachen Taschenspielertricks konnten sie eine Gruppe von Unternehmen zusammenbauen, die selbst kein eigenes Potential hatten, und dennoch ständig steigende Gewinne je Aktie produzierten. Das folgende Beispiel zeigt, wie solche Scheingeschäfte liefen.

Sagen wir, wir haben zwei Unternehmen – die Able Circuits Smasher Company, ein Elektronikunternehmen und Baker Candy Company, einen Hersteller von Schokoladenriegeln. Jedes der beiden Unternehmen hat 200.000 Aktien ausgegeben. Es ist 1965 und beide Unternehmen haben einen Jahresgewinn von 1 Million $ oder 5 $ je Aktie. Gehen wir weiterhin davon aus, dass bei keinem der beiden Unternehmen Wachstum zu verzeichnen ist, und dass, mit oder ohne Fusion, die Gewinne weiterhin in gleicher Höhe anfallen würden.

Dennoch werden die Aktien der beiden Firmen zu unterschiedlichen Kursen gehandelt. Weil Able Circuits Smasher Company im Elektronikgeschäft ist, belohnt der Markt dieses Unternehmen mit einem KGV von 20, und das bedeutet, wenn man es mit 5 $ Gewinn je Aktie multipliziert, einen Kurs von 100 $. Baker Candy Company, in einer weniger glanzvollen Branche, wird nur zum zehnfachen der Jahresgewinne gehandelt und konsequenterweise resultiert bei einem Gewinn von 5 $ je Aktie daraus ein Kurs von nur 50 $.

Das Management von Able Circuit würde gern ein Konglomerat bilden. Es bietet Baker an, durch einen Aktientausch im Verhältnis 2 zu 3, den Riegelhersteller zu übernehmen. Für drei Baker-Aktien mit einem Marktwert von 150 $ würden die Baker-Aktionäre zwei Able-Aktien erhalten – die einen Marktwert von 200 $ haben. Das ist schon ein sehr verführerischer Vorschlag und die Aktionäre von Baker werden dem auch gern zustimmen. Die Fusion wird genehmigt.

Wir haben ein Konglomerat, das nun Synergon heißt, bei dem 333.333 Aktien* im Umlauf sind und denen Gesamtgewinne von 2 Millionen $ oder 6 $ je Aktie entgegenstehen. Als die Fusion 1966 vollendet war, stellten wir fest, dass die Gewinne um 20 % von 5 $ auf 6 $ gestiegen waren. Dieses Wachstum scheint Ables vorheriges KGV von 20 zu rechtfertigen. Konsequenterweise steigen die Aktien von Synergon (geborene Able) von 100 auf 120 $, die Einschätzung aller wurde bestätigt und alle gehen reich und glücklich nach Hause. Außerdem brauchen die Aktionäre von Baker, die aufgekauft wurden, keine Steuern auf ihre Gewinne zu bezahlen, bis sie ihre Aktien der nun fusionierten Unternehmen verkaufen. Die ersten drei Zeilen der folgenden Tabelle verdeutlicht diese Transaktion bis dahin.

Ein Jahr später findet Synergon Charlie Company, das mit 100.000 ausgegebenen Aktien 10 $ pro Aktie oder 1 Million $ jährlich Gewinn macht. Charlie Company ist in der relativ risikoreichen Rüstungs-

---

* Die 200.000 Originalaktien von Able und zusätzlich weitere 133.333 Aktien, die gedruckt wurden, um sie gegen 200.000 Aktien von Baker einzutauschen, wie es den Vereinbarungen bei der Fusion entspricht.

	Unter-nehmen	Gewinne pro Jahr in $	Anzahl der aus-gegebenen Aktien	Gewinn je Aktie in $	KGV	Kurs in $
Vor der Fusion 1965	Able	1.000.000	200.000	5,00	20	100
	Baker	1.000.000	200.000	5,00	10	50
Nach der ersten Fusion 1966	Synergon (Able und Baker)	2.000.000	333.333	6,00	20	120
	Charlie	1.000.000	100.000	10,00	10	100
Nach der zweiten Fusion 1967	Synergon (Able, Baker und Charlie)	3.000.000	433.333	6,92	20	138,375

branche tätig. Deshalb wird es bei 100 $ je Aktie nur zum zehnfachen des Jahresgewinns gehandelt. Synergon bietet an, Charlie Company zu übernehmen und die Aktien im Verhältnis 1 zu 1 zu tauschen. Die Aktionäre von Charlie sind entzückt darüber, dass sie ihre 100 $-Aktien gegen die 120 $-Aktien des Konglomerats eintauschen können. Am Ende des Jahres 1967 verzeichnet die nun vereinte Gesellschaft Gewinne von 3 Millionen, die sich auf 433.333 ausgegebene Aktien beziehen, was einem Gewinn pro Aktie von 6,92 $ entspricht.

Hier haben wir nun den Fall, bei dem das Konglomerat buchstäblich Wachstum produziert hat. Keines der drei ursprünglichen Unternehmen war überhaupt gewachsen. Wenn der ahnungslose Investor in seinem Aktienführer nachliest, dann findet er, allein durch die Fusionen verursacht, die folgenden Zahlen aus der Vergangenheit: Es wird ganz deutlich, dass Synergon eine Wachstumsaktie darstellt und die hervorragende Performance der Vergangenheit scheint das hohe und möglicherweise noch weiter steigende Vielfache des Gewinns zu rechtfertigen.

Gewinne je Aktie

	1965	1966	1967
Synergon, Inc.	5,00 $	6,00 $	6,92 $

Der Trick, weshalb die ganze Sache funktioniert, ist die Fähigkeit des Elektronikunternehmens, seine Aktien mit einem hohen KGV gegen die Aktien anderer Unternehmen zu tauschen, die ein niedrigeres KGV haben. Die Schokoriegelfabrik kann ihre Gewinne nur mit einem KGV von 10 verkaufen. Aber wenn diese Gewinne mit denen der Elektronikfirma zusammengelegt werden, dann können die Gesamtgewinne (einschließlich derer aus dem Verkauf von Schokoladenriegeln) mit einem KGV von 20 verkauft werden. Umso mehr Akquisitionen Synergon tätigt, umso schneller werden die Gewinne je Aktie wachsen und umso attraktiver würde die Aktie aussehen, um dieses hohe KGV zu rechtfertigen.

Die ganze Sache ist wie ein Kettenbrief – niemand erleidet einen Schaden, solange die Akquisitionen exponentiell zunehmen. Natürlich kann man diesen Prozess nicht lange weiterführen, doch die Chancen waren für diejenigen, die schon am Anfang dabei waren, so gut, dass man schon Bedenken haben könnte. Es scheint unglaublich, dass Wall-Street-Profis so kurzsichtig sein können, dass sie auf dieses zweifelhafte Spielchen der Konglomerate hereinfallen. Dennoch machten sie einige Jahre lang mit. Oder vielleicht glaubten sie als Anhänger der „Theorie der Luftschlösser", dass andere auf diese Spielchen hereinfallen würden.

Diese Geschichte von Synergon beschreibt die „Standarderöffnung" bei dem Spiel mit den Gewinnen von Konglomeraten. Aber es wurden noch wesentlich mehr Streiche gespielt. Wandelanleihen (oder Vorzugsaktien mit Umtauschrecht) wurden oft als Ersatz für Aktien benutzt, wenn man Akquisitionen bezahlen musste. Eine Wandelanleihe ist ein Schuldschein des Unternehmens, für den ein fester Zins gezahlt wird, und der dem Besitzer die Möglichkeit einräumt, ihn gegen Stammaktien des Unternehmens einzutauschen. Solange die Gewinne des neu erworbenen Unternehmens größer waren als der relativ geringe Zinssatz, mit dem die Wandelanleihe ausgestattet war, war es möglich, sogar deutlichere Gewinne je Aktie auszuweisen, als im vorhergehenden Beispiel dargestellt. Das liegt daran, dass überhaupt keine neuen Stammaktien ausgegeben werden mussten, um die Fusion zu vollziehen, und so konnten die Gewinne auf weniger Aktien verteilt werden.

Ein Unternehmen war bei der Finanzierung seiner Akquisitionen besonders kreativ. Es benutzte konvertierbare Vorzugsaktien, die überhaupt keine Dividende zahlten.* Stattdessen wurden die Umtauschraten des Wertpapiers jährlich korrigiert, wobei vorgesehen war, dass gegen die Vorzugsaktien jedes Jahr mehr Stammaktien umgetauscht

---

* Konvertierbare Vorzugsaktien sind Wandelanleihen sehr ähnlich, weil die Vorzugsdividende eine feste Verpflichtung des Unternehmens darstellt. Doch weder die Kapitaleinlage noch die Vorzugsdividende werden als Schuld betrachtet, so dass das Unternehmen mehr Freiheiten hat, eine Zahlung auszusetzen. In dem Beispiel jedoch wurden auf die Aktien keinerlei Dividenden ausgeschüttet.

werden konnten. Die älteren Profis in der Wall Street schüttelten wegen dieses faulen Zaubers ungläubig ihre Häupter.

Es ist kaum zu glauben, dass die Investoren die Abschwächung des Potentials der neuen Stammaktien nicht in Betracht zogen, die ausgegeben werden sollten, wenn die Inhaber der Anleihen oder der konvertierbaren Vorzugsaktien ihre Wertpapiere gegen Stammaktien eintauschten. Wegen solcher Manipulationen müssen Aktiengesellschaften heute über ihre Gewinne auf bereinigter Basis berichten, um die neuen Stammaktien einzubeziehen, die für potentielle Umtauschaktionen zurückgestellt werden müssen. Doch die meisten Investoren ignorierten Mitte der 60er Jahre solche Kleinigkeiten und waren schon zufrieden, ständig und schnell wachsende Gewinne zu sehen.

Automatic Sprinkler Corporation (später ATO Inc. und noch später, auf Drängen des scheidenden Vorstandsvorsitzenden Mister Figgie, Figgie International) ist ein gutes Beispiel dafür, wie das Spiel des hausgemachten Wachstums während der 60er Jahre wirklich gespielt wurde. Zwischen 1963 und 1968 stieg der Umsatz des Unternehmens um mehr als 1.400 %.

Dieser phänomenale Rekord war ausschließlich auf Akquisitionen zurückzuführen. 1967 wurden innerhalb von 25 Tagen vier Fusionen durchgeführt. Diese neu erworbenen Unternehmen wurden zu relativ niedrigen KGVs gehandelt. Das trug dazu bei, dass bei den Gewinnen je Aktie ein steiler Anstieg verzeichnet werden konnte. Der Markt reagierte auf dieses „Wachstum", indem das KGV auf mehr als das 50-fache der Gewinne des Jahres 1967 gesteigert wurde. Dies trieb den Kurs der Aktie des Unternehmens von etwa 8 $ im Jahr 1963 auf 73,625 $ im Jahr 1967.

Mister Figgie, der Vorstandsvorsitzende von Automatic Sprinkler, übernahm die PR-Arbeit, die Voraussetzung dafür war, dass die Wall Street ihr Luftschloss bauen konnte. Automatisch sprenkelte er seine Gespräche mit zauberhaften Sätzen über die Kraft des Unternehmens und sein Image von Wandel und Technologie. Er stellte immer sehr deutlich heraus, dass er bei jedem Unternehmen, das er kaufte, die Auswahl aus 20 bis 30 Firmen traf. Die Wall Street glaubte und liebte jedes Wort.

Doch nicht nur Mister Figgie zog die Wall Street über den Tisch. Die Manager anderer Konglomerate erfanden eine fast neue Sprache, um die Gemeinde der Kapitalanleger zu verwirren. Sie sprachen über Marktmatritzen, Technologiestützpunkte, modulare Bausteine und die kometenhafte Wachstumstheorie.

Auf der Wall Street wusste niemand, was diese Worte wirklich zu bedeuten hatten, aber man hat das hübsche warme Gefühl, im technologischen Mainstream mitzuschwimmen.

Die Manager der Konglomerate fanden auch eine neue Art, die Unternehmen zu beschreiben, die sie gekauft hatten. Die Schiffsbaubranche wurde zu Marinen Systemen. Abbau von Zink wurde „Abteilungen für weltraumtaugliche Mineralien", Stahlfabriken wurden „Abteilungen für Materialtechnologie". Ein Unternehmen, das Beleuchtung oder Schlösser herstellte, wurde ein Teil der „Abteilung für Sicherheitsdienste" und für den Fall, dass einer der unverfrorenen Wertpapieranalysten (meist jemand, der das City College in New York absolviert hatte, weniger diejenigen, die von der Harvard Business School kamen) den Nerv hatte zu fragen, wie man mit einer Gießerei oder einem Unternehmen, das Fleisch verpackt, 15 bis 20 % Wachstum erzielen kann, dann wiesen die typischen Konglomeratsmanager darauf hin, dass ihre Experten Einsparmöglichkeiten in Höhe von mehreren Millionen Dollar ausgemacht hätten, dass ihre Marktforscher einige neue, noch freie Märkte gefunden hätten und dass das Ziel verdreifachter Gewinnspannen innerhalb von zwei Jahren leicht erreicht werden könnte. Außerdem erzählte man, dass man sich zum Frühstück und an Sonntagen mit seinem Stab zu Konferenzen träfe. Damit war das Image einer hart arbeitenden, kompetenten Gogo-Atmosphäre vollkommen.

Die KGVs jedoch (man würde erwarten, dass sie mit den Fusionen sinken würden) stiegen bei den Aktien der Konglomerate höher und höher. In der folgenden Tabelle finden Sie die Kurse und KGVs einiger Konglomerate aus dem Jahr 1967. Am 19. Januar 1968 war es aber mit der Herrlichkeit der Konglomerate vorbei. An diesen Tag gab der Urvater der Konglomerate (Litton Industries) bekannt, dass die Gewinne für das zweite Quartal des Jahres deutlich geringer ausfallen würden, als man angenommen hatte. Fast ein Jahrzehnt lang waren die Gewinne jährlich um 20 % gestiegen. Der Markt hatte so sehr an die Alchemie geglaubt, dass diese Ankündigung mit Unglauben und Schock aufgenommen wurde. In der darauffolgenden Verkaufswelle gaben die Aktien von Konglomeraten um rund 40 % nach, bevor eine vorsichtige Erholung einsetzte.

Aktie	1967		1969	
	Höchstkurs in $	KGV	Tiefstkurs in $	KGV
Automatic Sprinkler	73,625	51,0	10,875	13,4
Litton Industries	120,500	44,1	55,000	14,4
Teledyne	71,500*	55,8	28,250	14,2

* um nachfolgenden Split korrigiert

Doch es sollte noch schlimmer kommen. Im Juli gab die Federal Trade Commission bekannt, sie würde mit einer gründlichen Untersuchung der Konglomeratfusionen beginnen. Und wieder fielen die Aktienkurse deutlich. Die SEC und die Wirtschaftsprüfer wachten endlich auf und begannen, die Art und Weise zu klären, wie die Berichte über Fusionen und Akquisitionen erstellt wurden. Vielleicht wird aus vielen schwachen Teilen doch kein starkes Ganzes. Die Verkaufsorders überfluteten den Markt. Kurz danach folgten neue Bekanntmachungen der SEC und des Generalstaatsanwalts, der die Einhaltung der Anti-Trust-Gesetze überwachte, in denen deutlich Besorgnis über die schnell zunehmenden Unternehmenszusammenlegungen ausgedrückt wurde. Die Nachwirkungen dieser spekulativen Phase enthüllten zwei besorgniserregende Faktoren:

1. Konglomerate waren sterblich und nicht immer in der Lage, ihre weitgestreuten Imperien zu kontrollieren. Und wirklich wurden die Investoren von der neuen Mathematik der Konglomerate desillusioniert; 2 plus 2 ist ganz sicher nicht gleich 5 und einige Investoren rätselten, ob es überhaupt 4 werden würde.
2. Die Regierung und die Wirtschaftsprüfer sorgten sich über die Geschwindigkeit der Fusionen und über mögliche Missbräuche.

Diese Bedenken der Investoren und der Regierung reduzierten – und in manchen Fällen eliminierten – die hervorragenden KGVs, die bezahlt wurden, weil man die Gewinne aus dem Akquisitionsprozess schon einrechnete. Allein dieses Ergebnis macht das Spiel mit der Alchemie fast unmöglich, denn das akquirierende Unternehmen muss ein höheres KGV haben als das akquirierte Unternehmen, wenn die Sache überhaupt funktionieren soll.
Die Kombination von geringeren Gewinnen und niedrigen KGVs führte zu einem drastischen Abschwung bei den Kursen dieser Mischkonzerne, wie die obige Tabelle zeigt. Die professionellen Investoren

wurden in diesem wilden Gerenne um ihre Sessel am meisten verletzt. Nur wenige Investmentfonds oder Pensionsfonds hatten keine großen Beteiligungen an den Aktien dieser Mischkonzerne. Luftschlösser waren nicht ausschließlich für Privatinvestoren reserviert; auch institutionelle Anleger bauen Luftschlösser. Eine interessante Fußnote zu dieser Episode ist, dass während der 80er und 90er Jahre die Entflechtung dieser Mischkonzerne in Mode kam. Viele der alten Konglomerate begannen die Unternehmensteile abzustoßen, die mit ihren Kerngeschäften nichts zu tun hatten, und kaum Gewinne abwarfen, um die Gewinnrate wieder zu erhöhen.

Viele dieser Verkäufe wurden durch eine sehr beliebte Innovation der 80er Jahre ermöglicht: Der Kaufpreis wurde durch Kredite finanziert. Bei einem „Leveraged Buyout", so der Fachausdruck, bezahlt der Käufer, vertreten durch das Management und professionelle Vermittler, nur einen kleinen Teil der Kaufsumme aus eigenen Mitteln und nimmt dann 90 % der Kaufsumme oder mehr als Darlehen auf. Das Finanzamt erlaubt es, dass der gesamte Kaufpreis abgeschrieben werden kann. Die Kombination aus hohen Zinszahlungen und verbesserten Abschreibungsmöglichkeiten stellt sicher, dass die Steuern für das neue Unternehmen niedrig bleiben oder für einige Zeit überhaupt nicht anfallen. Wenn alles gut läuft, können die Besitzer Windfallprofits mitnehmen. William Simon, ein früherer Finanzminister, machte bei einem der ersten Leveraged Buyouts der 80er Jahre, bei Gibson Greeting Cards, einen Millionengewinn. Eine Reihe früher LBOs (Leveraged Buyouts) der 80er Jahre erwiesen sich als sehr erfolgreich. Gegen Ende der 80er Jahre, als die Welle der LBOs überschwappte und die Preise, die für die Unternehmen bezahlt wurden, immer höher wurden (aber auch die damit verbundenen Schulden), erfüllten immer weniger dieser Transaktionen die Erwartungen. Als Ende der 80er und Anfang der 90er Jahre die Konjunktur nicht mehr so stark war, kamen die durch die hohen Zinskosten bis über die Ohren verschuldeten Unternehmen in enorme finanzielle Schwierigkeiten. Der finanzielle Schaden der Explosionen einiger der schlechtesten Buyouts Anfang der 90er Jahre beschädigte nicht nur viele Privatinvestoren, sondern auch viele Banken und Versicherungsgesellschaften.

Leistung beherrscht den Markt: Seifenblasen bei „Konzeptaktien"

Als die Mischkonzerne um sie herum zusammenbrachen, suchten die
Manager der Investmentfonds nach anderen magischen Wörtern. Sie
wandten sich von der neumodischen und nunmehr diskreditierten Idee
der Synergie ab und dem grundlegenden, altmodischen Konzept der
Leistung zu. Offensichtlich ist es einfacher, Fondsanteile zu verkaufen,
wenn im Fonds Aktien enthalten sind, die in ihrem Wert schneller steigen als die Aktien in den Portfolios der Konkurrenz.

Und einige Fonds erbrachten tatsächlich hervorragende Leistungen –
zumindest über kurze Zeit hinweg. Der Enterprise Fund von Fred Carr,
über den oft geschrieben wurde, erbrachte im Jahr 1967 einen Gesamtgewinn von 117 % (Dividenden und Kapitalgewinn) und 1968 waren es
immerhin noch 44 %. Die entsprechenden Zahlen des Standard & Poors
500 lagen bei 25 % und 11 %. Diese Performance brachte viel neues
Geld in den Fonds und auch in andere Fonds, die ebenfalls hervorragende Leistungen bieten konnten. Die Öffentlichkeit setzte nun nicht
mehr auf das Pferd, sondern vielmehr auf den Jockey.

Und wie arbeiteten diese Jockeys? Sie legten den Schwerpunkt des
Portfolios auf dynamische Aktien, die eine gute Story hatten und beim
ersten Anzeichen einer besseren Story wurde sofort gewechselt. Eine
Zeitlang funktionierte diese Strategie hervorragend, aber das führte
auch zu vielen Imitatoren. Das Lager der Nachahmer erhielt schnell den
Beinamen „Gogo-Fonds" und die Fondsmanager nannte man oft
„jugendliche Revolverhelden". „Nichts ist so erfolgreich wie der Erfolg",
stellte Talleyrand einmal fest, und anfangs flossen die Dollars nur so in
diese Hochleistungsfonds.

Das Spiel mit der Performance verbreitete sich bei allen Arten der
Kapitalanlage. So wie einige Strategen der späten 90er Jahre die Kapitalanlage in Aktien als eine Möglichkeit anboten, die Rente zu verbessern, so fragten Manager in den späten 60er Jahren, ob man die augenblicklichen Ausgaben für den Ruhestand nicht verringern könnte, wenn
man von Anleihen auf Aktien mit enormen Wachstumsmöglichkeiten
umschwenkte.

Auch die Manager der Universitäts-Stiftungen wurden zur Leistung
gedrängt. McGeorge Bundy von der Ford-Foundation tadelte die Portfoliomanager der Universitäten:

„Die Vermögensverwalter an den Colleges sind weit entfernt davon, auf ihre
Leistungen bei der Kapitalanlage für ihre Colleges stolz sein zu dürfen. Wir sehen

die Risiken unkonventioneller Kapitalanlage, aber der wirkliche Leistungstest bei der Kapitalanlage ist das, was erreicht wird, und nicht die Meinung der Honoratioren. Wir haben den Eindruck, dass Vorsicht unsere Colleges und Universitäten mehr gekostet hat als Kühnheit oder hohes Risiko."

Und so sah man Ende der 60er Jahre an der Wall Street in erster Linie auf die Performance der Aktien. Die Vorschriften für die Fondsmanager waren einfach. Konzentrieren Sie Ihre Beteiligungen auf relativ wenige Aktien und zögern Sie nicht, das Portfolio häufiger umzuschichten, wenn eine bessere Anlage möglich ist.

Und weil die kurzfristige Performance besonders wichtig war (Investmentgesellschaften veröffentlichten monatlich ihre Performance), war es am besten, Aktien mit einem spannenden Konzept und einer ansprechenden und glaubwürdigen Story zu kaufen. Man musste sicher sein, dass der Markt die Schönheit dieser Aktie jetzt erkennen würde – und nicht erst in der Zukunft. Und das war die Geburtsstunde der sogenannten „Konzeptaktie".

Doch auch wenn die Story nicht zu 100 % glaubwürdig war: Solange der Investmentmanager überzeugt war, dass die Allgemeinheit die Story glauben würde, dann reichte das schon aus. Die „jugendlichen Revolverhelden" wurden von den normalen Aktienanalysten entzaubert, die wussten, wie viele Gleisschwellen Penn Central hatte, aber sie konnten nicht sagen, wann das Unternehmen in Konkurs gehen würde. „Ich habe keine Lust, auf diese Art von Aktienanalysten zu hören", erzählte mir einer dieser „Revolverhelden" von der Wall Street. „Ich möchte nur eine gute Story oder ein gutes Konzept." Der Autor Martin Mayer zitierte einen Fondsmanager wie folgt: „Da wir die Storys schon sehr früh hören, können wir uns ausrechnen, dass viele Leute sie in den nächsten Tagen hören werden, um dem Aktienkurs einen Anschub zu geben, auch wenn sich die Story nicht bewahrheitet." Viele an der Wall Street sahen dies als radikal neue Investmentstrategie an, doch John Maynard Keynes hatte das alles schon 1936 entdeckt.

Schließlich kam man an einen Punkt, an dem jedes Konzept recht war. Und dann trat Cortess W. Randell auf. Sein Konzept bestand in einem jungen Unternehmen für den jungen Markt. Er wurde Gründer, Vorstandsvorsitzender und Hauptaktionär von National Student Marketing. Zuerst verkaufte er ein Image – eines von Einfluss und Erfolg. Er besaß einen weißen privaten Learjet, den er „Snoopy" nannte, ein Appartement in New Yorks Waldorf Tower, eine Burg mit einem künstlichen Drachen in Virginia und eine Yacht mit zwölf Kabinen. Außerdem polierte er sein Image mit einem Satz teurer Golfschläger auf, die er neben der Tür in seinem Büro stehen hatte. Wahrscheinlich wurden die Schläger nur dann bewegt, wenn nachts die Putzkolonne die Müllsäcke über den Teppich zog.

Die meiste Zeit verbrachte er damit, seine Anhänger zu besuchen oder sie von seinem Learjet aus anzurufen. Er verkaufte das Konzept National Student Marketing in der Tradition eines South-Sea-Bubble-Organisators. Randells wirkliches Metier war die Predigt. Das Konzept, das Randell der Wall Street verkaufte, war die Versprechung, ein einzelnes Unternehmen könne sich auf die Befriedigung der Bedürfnisse junger Leute spezialisieren. NSM baute sein frühes Wachstum auf Fusionen, wie die normalen Mischkonzerne der 60er Jahre. Der Unterschied war, dass jedes beteiligte Unternehmen etwas mit jungen Leuten zu tun hatte. Die Tochtergesellschaften verkauften Zeitschriftenabos, Bücher und Schallplatten, Poster, Kleider aus Papier, Handbücher für Aushilfsjobs in den Ferien, Nachschlagewerke für Studenten. Man betrieb einen Dating-Service per Computer, verkaufte Flugtickets für Jugendliche, Sweatshirts, Unterhaltungsprogramme und verschiedene andere Konsumgüter. Was könnte für einen „jugendlichen Revolverhelden" attraktiver sein als eine auf die Jugend gerichtete Konzeptaktie – ein Unternehmen, das einen Fullserivce bietet, um die jugendliche Subkultur auszubeuten? Jugend war „in" – das war unübersehbar. Begeisternde Pressemitteilungen kamen aus dem Hauptquartier des Unternehmens und Randells Gewinnvorhersagen wurden immer optimistischer.

Obwohl es unter solchen Rosen auch einige Disteln gab (das Gewinnwachstum wurde lediglich durch das alte Spiel der Konglomerate erwirtschaftet und durch die großzügige Unterstützung „kreativer Bilanztechniken"), die Konzeptinvestoren stiegen begeistert bei diesem Unternehmen ein und ignorierten fröhlich alle Zweifel. Als Gerry Tsais Manhattan Fund 120.000 Aktien für 5 Millionen $ kaufte, wurde deutlich, dass Randell die Zustimmung der Performance-Investoren der Wall Street erhalten hatte. Sogar einige der ehrwürdigsten und konservativsten Firmen, zu denen Bankers Trust, Morgan Guaranty und Bostons Venerable State Street Fund gehörten, kauften die Aktien. Pensionsfonds, unter ihnen United States Trust Company (die größte Vermögensverwaltung des Landes) kauften die Aktie für viele ihrer Kunden. Die Stiftungsmanager der Universitäten beachteten die mahnenden Worte von McGeorge Bundy und kauften sich ebenfalls in dieses verrückte Rennen nach Leistung ein. Pakete von NSM wurden von Harvard, Cornell und der University of Chicago gekauft. Bundy selbst praktizierte, was er predigte, und die zuvor so konservativ gemanagte Ford-Foundation kaufte ebenfalls ein großes Paket.

Die folgende Tabelle zeigt die Höchstkurse und die enormen KGVs für National Student Marketing und einer kleinen Gruppe anderer Konzeptaktien. Ich habe bei jedem Wertpapier auch die Anzahl der institutionellen Anleger angegeben (wahrscheinlich ein wenig zu niedrig). Es wird deutlich, dass institutionelle Anleger mindestens ebenso gern Luftschlösser bauen wie die Allgemeinheit.

Aktie	Höchstkurs 1968–69	KGV beim Höchst- kurs	Anzahl der institutio- nellen Anleger Ende 1969	Tiefst- kurs 1970	Abschwung in %
Four Seasons Nursing Centers of America	90,750	113,4	24	0,20	99
National Student Marketing	35,250	117,7	21	0,875	98
Performance Systems	23,000	∞	13	0,125	99

Es gab aber auch andere Konzepte. Das Gesundheitswesen beispielsweise zog etliche Investoren an. Bedenkt man die zunehmende Zahl älterer Leute und die vielen staatlichen und privaten Krankenversicherungen, dann muss es jemanden geben, der damit viel Geld verdient. Four Seasons Nursing Centers of America hätte das ganz gut sein können. Hier kauften sich die größten und aggressivsten Investmentfonds ein.

Das Unternehmen expandierte mit einer geradezu fieberhaften Geschwindigkeit und finanzierte sich weitestgehend durch die Ausgabe von Anleihen. Diese wurden jedoch durch sogenannte „Equity Kickers" versüßt. Das bedeutete, dass mit jeder Anleihe Bezugsrechte für Stammaktien von Four Seasons zu einem festen Kurs verbunden waren. Wenn der Aktienkurs weiterhin anstieg, konnten die Besitzer der Anleihen ihre Bezugsrechte ausüben und zusätzliche Gewinne einstreichen. Als sich die Schulden anhäuften, schien sich niemand über die alten Vorstellungen hoher Verschuldungsraten Sorgen zu machen, denn dies war ein neues Konzept und die Spielregeln hatten sich verändert. Am 26. Juni 1970 reichte das Unternehmen eine Petition zur Umorganisation nach Kapitel 10 des Konkursgesetzes ein.

Das Konzept von Minnie Pearl ist das letzte Beispiel aus dieser Zeit. Minnie Perl war ein Fast-Food-Franchise-Unternehmen, das so anpas-

sungsfähig war, dass es alle Angebote frei Haus lieferte. Um die Finanz-
branche zufrieden zu stellen, wurde aus den Hühnchen bei Minnie Pearl
„Performance Systems". Immerhin, welchen besseren Namen hätte man
für an Performance orientierte Investoren wählen können? Auf der Wall
Street duftete keine andere Rose so süß. Das Unendlich-Zeichen in der
Tabelle unter dem KGV weist darauf hin, dass dieser Faktor unendlich
war. Performance Systems hatte keine Gewinne, durch die man den
Aktienkurs hätte teilen können, als der Kurs 1968 seinen Höchststand
erreichte. Wie aus der Tabelle ersichtlich ist, legte Minnie Pearl ein Ei –
und zwar ein ganz faules Ei. Die folgende Performance dieser und der
anderen Aktien war wirklich sehr bemerkenswert – jedoch nicht ganz
das, was die Käufer erwartet hatten.

Weshalb aber war die anschließende Performance so schlecht? Eine
ganz allgemeine Antwort könnte sein, dass ihr KGV unvernünftig hoch
war. Wenn ein KGV von 100 in den normalen Bereich von 20 zurückfällt,
dann hat man an dieser Stelle 80 % des Investments verloren. Außerdem
hatten die meisten Konzept-Unternehmen zu dieser Zeit ernsthafte
operative Schwierigkeiten. Die Gründe waren sehr unterschiedlich:
Zu schnelle Expansion, zu viele Schulden, das Management verlor die
Kontrolle und so weiter. Diese Unternehmen wurden von Vorsitzenden
geführt, die in erster Linie Werbeleute waren und keine scharf kalkulie-
renden Manager. Auch betrügerische Machenschaften waren üblich. Die
SEC nannte beispielsweise die Jahresberichte von Performance Systems
falsch und irreführend. Cortess Randell von NSM bekannte sich des
Aktienbetrugs schuldig und verbrachte acht Monate im Knast.

Als dann zwischen 1969 und 1971 der Markt in einen Bärenmarkt
überging, fielen die Kurse der Konzeptaktien so schnell, wie sie gestiegen waren. Am Ende waren die Profis diejenigen, die am meisten verloren hatten. Obwohl es sicherlich nicht falsch ist, nach guten Leistungen
zu suchen, hatte dieses wahnsinnige Rennen, die Konkurrenz all-
wöchentlich zu besiegen, verheerende Konsequenzen.

Die sauren 70er Jahre:

Die Nifty Fifty

In den 70er Jahren schworen sich die Profis an der Wall Street, zu gesunden Prinzipien zurückzukehren. Die Konzeptaktien waren „out"
und Blue Chips waren „in". Dies waren Unternehmen, so dachte man,

die niemals so sehr eingehen könnten, wie die spekulativen Favoriten der 60er Jahre. Nichts wäre vernünftiger, als die Aktien dieser Unternehmen zu kaufen und sich dann auf dem Golfplatz zu entspannen, während sich die langfristigen Gewinne materialisierten.

Es gab aber nur etwa vier Dutzend dieser erstklassigen Wachstumsaktien, die die institutionellen Anleger so begeisterten. Ihre Namen waren allen vertraut – IBM, Xerox, Avon Products, Kodak, McDonald´s, Polaroid und Disney – und die nannte man die „Nifty Fifty". Es waren Aktien mit hoher Marktkapitalisierung, das bedeutet, dass ein institutioneller Anleger ein gehöriges Paket kaufen konnte, ohne dadurch den Markt durcheinander zu bringen. Weil die meisten Profis feststellten, dass es sehr schwierig ist, genau den richtigen Zeitpunkt für den Kauf zu erwischen, wenn nicht sogar unmöglich, schienen diese Aktien sehr sinnvoll zu sein. Es war also nicht weiter schlimm, wenn man einen Preis bezahlt hatte, der im Augenblick ein wenig zu hoch war. Diese Aktien waren erwiesenermaßen Wachstumsaktien und früher oder später würde der Kurs, den man bezahlt hatte, gerechtfertigt sein. Außerdem waren dies Aktien, die – einem Familienerbe gleich – nie verkauft würden. Deshalb nannte man sie auch „Aktien, für die man sich nur einmal entscheiden musste". Man traf einmal die Entscheidung, sie zu kaufen, und dann waren die Probleme des Portfoliomanagements vorbei.

Diese Aktien boten institutionellen Anlegern auch noch in anderer Hinsicht ein Sicherheitsnetz. Sie waren sehr angesehen. Die Kollegen würden nie ihre Klugheit in Zweifel ziehen, weil sie bei IBM investiert hatten. Richtig, man konnte zwar Geld verlieren, wenn IBM im Kurs nachgab, aber das wurde nicht als ein Zeichen für Dummheit betrachtet (sehr wohl galt es jedoch als Dummheit, bei Performance Systems oder National Student Marketing Geld zu verlieren). Wie Windhunde auf der Jagd nach dem mechanischen Hasen, hechelten die großen Pensionsfonds, Versicherungsgesellschaften und Vermögensverwaltungen der Banken nach den Nifty-Fifty-Wachstumsaktien, für die man sich nur einmal entscheiden musste. Es ist kaum zu glauben, aber die institutionellen Anleger hatten begonnen, mit Blue Chips zu spekulieren. In der folgende Tabelle habe ich das KGV aufgeführt, das von einigen dieser Aktien 1972 erzielt wurde und auch das KGV Anfang der 80er Jahre. Die Manager bei institutionellen Anlegern ignorierten munter die Tatsache, dass kein großes Unternehmen so schnell wachsen könnte, um ein KGV von 80 oder 90 zu rechtfertigen. Wiederum wurde der Beweis für die Regel angetreten, dass Dummheit, wenn sie gut verpackt ist, aussehen kann wie Weisheit.

Aktie	KGV 1972	KGV 1980
Sony	92	17
Polaroid	90	16
McDonald´s	83	9
Intl. Flavors	81	12
Walt Disney	76	11
Hewlett-Packard	65	18

Man könnte vielleicht sagen, dass dieser Wahn Ende 1972 ganz einfach eine Manifestation des neuen Vertrauens war. Richard Nixon wurde durch einen Erdrutsch-Wahlsieg wiedergewählt, der Friede in Vietnam stand kurz bevor, die Preiskontrollen sollten abgeschafft werden, die Inflation war offensichtlich unter Kontrolle und niemand wusste, was OPEC überhaupt bedeutete. Doch tatsächlich hatte der Markt schon Anfang 1972 begonnen, flacher zu werden, und als das geschah, wurde der Nifty-Fifty-Wahn geradezu pathologisch. Denn als der Markt als Ganzes zusammenbrach, erzielten die Nifty Fifty weiterhin hohe KGVs, doch auf relativer Basis waren sie weit überteuert. Es schien, als gäbe es zwei Märkte. Die Zeitschrift *Forbes* kommentierte das Geschehen wie folgt:

„Die Nifty Fifty schienen dem Meer zu entsteigen; es war als ob die ganzen Vereinigten Staaten außer Nebraska ins Meer versunken seien. Die beiden Ebenen des Marktes bestanden in Wirklichkeit aus nur einer Ebene und einer Unmenge Schrott darunter.

Was hielt die Nifty Fifty oben? Das gleiche, was auch die Tulpenzwiebelpreise vor langer Zeit in Holland hochgehalten hatte – verbreitete Wahnvorstellungen und der Wahnsinn der Massen. Die Wahnvorstellung war, dass diese Unternehmen so gut waren, dass es keine Rolle spielte, wieviel man für sie bezahlte; ihr unerbittliches Wachstum würde es schon richten."

Das Ende war unausweichlich. Der Nifty-Fifty-Wahn endete wie alle anderen spekulativen Manien. Die Nifty Fifty wurden – mit den Worten des *Forbes*-Kolumnisten Martin Sosnoff – „eine nach der anderen abgeschossen". Das Ölembargo und die daraus resultierenden Schwierigkeiten, Benzin zu bekommen, trafen Disney und deren große Anteile an Disneyland und Disneyworld. Bei Polaroid gab es Produktionsprobleme bei neuen Kameras. Die Aktien fielen wie Steine ins Meer. Eine sehr kritische Titelgeschichte in dem angesehenen Magazin *Forbes* schickte Avon Products innerhalb von sechs Monaten um fast 50 % nach unten. Das echte Problem war niemals die einzelne Nadel, die jede einzelne

Seifenblase zum Platzen brachte. Das Problem war ganz einfach, dass die Aktien überteuert waren. Früher oder später entschlossen sich die gleichen Geldmanager, die die Nifty Fifty geradezu angebetet hatten, eine zweite Entscheidung zu treffen: zu verkaufen. In dem folgenden Debakel fielen die erstklassigen Wachstumsaktien völlig aus der Gunst. Um fair zu sein, sollte ich jedoch betonen, dass das Problem nicht bei den Unternehmen selbst lag. Investoren, die die gleichen Aktien 1980 kauften, machten hübsche Gewinne (weit über dem Marktdurchschnitt) und wenn sie nicht verkauft haben, auch bis zum Ende des Jahrhunderts.

Die wilden Achtziger

Auch die wilden 80er Jahre hatten ihren Anteil an spekulativen Exzessen. Und wieder waren es unvorsichtige Investoren, die den Preis zahlen mussten, weil sie Luftschlösser bauten. Das Jahrzehnt begann mit einem weiteren Boom von Erstemissionen.

Die triumphale Rückkehr der Erstemissionen

Der Boom der Erstausgaben von Hochtechnologieaktien in der ersten Hälfte 1983 war eine fast vollkommene Replik der Episoden aus den 60er Jahren, bei denen die Namen ein wenig verändert waren, um die neuen Bereiche der Biotechnologie und der Mikroelektronik einzubeziehen. Der Wahn von 1983 ließ die Organisatoren der 60er Jahre aussehen wie Anfänger. Der Gesamtwert der Neuemissionen im Jahr 1983 war größer als der der gesamten Neuemissionen im vorhergehenden Jahrzehnt. Für Investoren waren die Börsengänge von Unternehmen das heißeste Spiel. Wenn man nur ein Päckchen einer Erstemission bekam, dann wurde man automatisch zum Gewinner, so schien es jedenfalls, da die Kurse an der Börse abgingen wie eine Rakete.

Typisch für diese Periode war ein vielversprechendes neues Unternehmen im Bereich der Automatentechnologie. Doch waren auch die betreffenden Automaten bereit für diese Aufgabe? Nun, nicht ganz. Das Unternehmen, Androbot, plante eine Linie persönlicher Roboter herzustellen. Das wichtigste Produkt des Unternehmens, B.O.B (ein Akronym für Brains on Board) war fast serienreif; es gab nur noch einige kleinere Probleme. Offensichtlich war die Produktentwicklung noch nicht vollständig und es war nicht klar, dass die signifikanten technologischen Hürden, die im Aktienprospekt erwähnt wurden, bewältigt werden könnten. Weiterhin waren die Softwareapplikationen noch nicht entwickelt und im Prospekt war zu lesen, dass die ersten Prototypen noch nicht, um in der Computersprache zu bleiben, benutzerfreundlich waren. Und schließlich war es auch noch nicht klar, ob eines der Produkte von Androbot jemals in Serie gehen würde oder dass es für diese Produkte überhaupt einen Markt geben würde, insbesondere bei den Preisen, die man verlangen müsste. Doch die vorgesehene Marktkapitalisierung von Androbot lag bei etwas weniger als 100 Millionen $ (und das für ein Unternehmen ohne Umsätze, ohne Gewinne und ohne Kapital) und das war nicht besonders viel im hitzigen Markt der Erstemissionen von 1983. Zufälligerweise war der Emittent der vorgesehenen Emission nicht eine der kleinen Klitschen am Rande der Solidität, sondern der Anführer der Meute selbst, Merrill Lynch.

Die Flut der Erstimmissionen enthielt Namen wie Fortune Systems, Spectravideo und Whirlyball International. Wie auch schon in den früheren Booms der Erstemissionen wurden sogar Unternehmen aus sehr weltlichen Branchen im Markt favorisiert. Eine Kette von drei Restaurants in New Jersey, Stuff Your Face, Inc., wurde bei der SEC eingetragen. Tatsächlich reichte der Enthusiasmus bis zu so hochqualitativen Emissionen wie beispielsweise Fine Art Acquisitions Ltd. Dies war nicht etwa eine spießbürgerliche Einrichtung, die mit Billigkleidung oder Computerhardware hausieren ging. Dies war ein wirklich ästhetisches Vorhaben. Fine Art Acquisitions, so sagt uns der Prospekt, erwarb und vertrieb Kunstdrucke und Repliken von Art-Deco-Skulpturen. Einer der größten Werte des Unternehmens bestand aus einer Sammlung von Nacktfotografien von Brooke Shields, die etwa zwischen der Zeit, als sie noch im Laufstall herumlief und ihrer Immatrikulation in Princeton aufgenommen wurden. Offensichtlich gab es aber einige rechtliche Probleme, beispielsweise eine Klage von Mutter Shields, die etwas dagegen einzuwenden hatte, dass die Bilder der pubertierenden 11-jährigen Brooke vermarktet würden. Aber immerhin war dies ja Kunst und offensichtlich war dies ein erstklassiges Unternehmen.

Wahrscheinlich hat das Angebot von Muhammed Ali Arcades International die Seifenblase zum Platzen gebracht. Dieses Angebot war nicht besonders bemerkenswert, wenn man all den anderen Schrott bedenkt, der zu dieser Zeit auf den Markt kam. Dennoch war dieses Angebot einmalig, weil es zeigte, dass man mit einem Penny immer noch ziemlich viel kaufen konnte. Das Unternehmen hatte vor, eine Aktie und zwei Bezugsrechte zum bescheidenen Preis von 1 Penny anzubieten. Natürlich war dies das 333-fache von dem, was Insider zuvor für ihre eigenen Anteile bezahlten, was auch nicht ungewöhnlich war. Aber als entdeckt wurde, dass der Champion selbst der Versuchung widerstanden hatte, Aktien der Gesellschaft zu kaufen, der er seinen Namen gegeben hatte, schauten die Investoren etwas genauer hin. Den meisten gefiel nicht, was sie sahen. Das Ergebnis war ein dramatischer Wertrückgang bei Aktien kleinerer Unternehmen im allgemeinen und insbesondere der Marktpreise für Erstemissionen. Im Verlauf von einem Jahr verloren Investoren fast 80 bis 90 % ihres Geldes.

Auf dem Umschlag des Prospekts von Muhammed Ali Arcades International sah man ein Bild des früheren Champions, der über einem am Boden liegenden Gegner stand. In seinen besten Tagen behauptete Ali, er könne flattern wie ein Schmetterling und stechen wie eine Biene. Es stellte sich heraus, dass die Ali-Arcades-Angebote (ebenso wie das Angebot von Androbot, das für Juli 1983 anberaumt war) nie flott wurde. Bei anderen war es jedoch der Fall, insbesondere bei Aktien von Unternehmen, die etwas mit Technologie zu tun hatten. Doch wie immer, waren es die Investoren, die Schaden nahmen.

Konzeptaktien auf Eroberungskurs: Die Seifenblase der Biotechnologie

Was in den 60er Jahren die Elektronik war, wurde in den 80er Jahren die Biotechnologie. Diese Technologie versprach, Produkte herzustellen, deren Nutzen von der Krebsbehandlung bis zu genveränderten Nahrungsmitteln reicht, die saftiger und nahrhafter sein sollten. In seiner Titelgeschichte „Biotech wird erwachsen" vom Januar 1984 gab die Zeitschrift *Business Week* dem Boom ihre Zustimmung. „Die grundsätzliche Frage – Ist die Technologie echt? – wurde beantwortet", berichtete das Magazin. Die Revolution in der Biotechnologie wurde mit der der Computer verglichen. Das Magazin berichtete, dass der Fortschritt bei der Erforschung von Genen schon weiter vorangeschritten ist, als die meisten optimistischen Vorhersagen es angenommen hatten, und *Business Week* sah dramatische Zunahmen im Verkauf biotechnologischer Produkte voraus.

Dieser Optimismus spiegelte sich in den Kursen der Aktien von Biotech-Unternehmen wider. Genetech, das bedeutendste Unternehmen in dieser Branche, ging 1980 an die Börse. Während der ersten zwanzig Minuten am ersten Handelstag verdreifachte die Aktie ihren Wert fast, da die Investoren glaubten, sie jagten dem nächsten IBM bei seiner Markteinführung hinterher. Auch andere Erstemissionen von Biotech-Unternehmen wurden von den hungrigen Investoren aufgesaugt, die eine Möglichkeit sahen, in eine Multimilliarden-Dollar-Branche schon bei Beginn einzusteigen. Das Schlüsselprodukt, das die erste Welle des Biotech-Wahns antrieb, war Interferon, ein Medikament, das gegen Krebs eingesetzt wurde. Analysten sagten vorher, dass die Umsätze bei Interferon 1982 schon über 1 Milliarde $ liegen würden. (Tatsächlich jedoch lag der Umsatz bei diesem erfolgreichen Produkt im Jahr 1989 bei kaum 200 Millionen $, aber damals konnte man niemanden davon abhalten, von Luftschlössern zu träumen.) Ständig sagten die Analysten eine Explosion der Gewinne der Biotech-Unternehmen vorher, spätestens in zwei Jahren sollte es jeweils so weit sein. Die Analysten wurden jedoch ständig enttäuscht. Doch die technologische Revolution war echt und Hoffnungen wird es immer geben. Auch schwache Unternehmen profitierten unter dem großen Schirm des technologischen Potentials.

Die Bewertung der Biotechnologie-Aktien erreichte Höhen, die Investoren bisher unbekannt waren. In den 60er Jahren erreichten spekulative Wachstumsaktien ein KGV von 50. In den 80er Jahren wurden einige Biotech-Aktien zum 50-fachen des Umsatzes gehandelt. Ich war fasziniert zu lesen, wie Aktienanalysten diese Kurse rechtfertigten. Weil Biotech-Unternehmen im Augenblick noch keine Gewinne ausweisen konnten (und realistischerweise in den nächsten Jahren keine positiven Gewinne zu erwarten waren) und auch geringe Umsätze hatten, mussten neue Bewertungsmethoden erfunden werden. Mein Favorit war die „Product Asset Valuation-Methode", die von einem der führenden Broker an der Wall Street empfohlen wurde. Man kann sagen, dass diese Methode den Wert der Produkte einzuschätzen versuchte, die das Biotech-Unternehmen in Vorbereitung hatte. Auch wenn von dem geplanten Produkt nicht mehr als eine Zeichnung eines Genetikers vorlag, wurde auf dieser Grundlage schon ein Umsatzvolumen und eine Gewinnspanne geschätzt, auch wenn es sich dabei nur um das Glitzern im Auge eines Wissenschaftlers handelte. Die Umsätze wurden geschätzt, indem man die erwarteten klinischen Anwendungsbereiche für das künftige Medikament schätzte. Man schätzte, wieviele mögliche Patienten dieses Medikament einnehmen würden, und unterstellte dem Medikament einen wohlbemessenen Preis. Der Gesamtwert des „Vorratslagers" sollte dann den Analysten einen Anhaltspunkt für den Kurs geben, zu dem die Aktie des Unternehmens gehandelt werden sollte.

Keines der potentiellen Probleme schien den Optimisten realistisch zu sein. Möglicherweise könnte die Zustimmung der U.S. Food and Drug Administration verspätet eintreffen. (Interferon wurde erst nach mehreren Jahren freigegeben.) Würde der Markt die geplanten Preise für die Medikamente annehmen? Würde ein Patent angemeldet werden können, da fast jedes Produkt in der Biotechnologie gleichzeitig von mehreren Unternehmen entwickelt wurde, oder waren Patentstreitereien unausweichlich? Würde ein Großteil des möglichen Gewinns eines erfolgreichen Medikaments von einem der Marketingpartner des Biotech-Unternehmens abgeschöpft werden, normalerweise einem der großen pharmazeutischen Unternehmen? Mitte der 80er Jahre schien keines dieser möglichen Probleme realistisch zu sein. Tatsächlich wurden die Biotech-Aktien von einem Analysten als weniger riskant betrachtet als die Aktien der konventionellen Pharmahersteller, weil dies keine alten Produkte seien, die aus dem Verkehr genommen würden, wenn die Gewinne schrumpften. Nun hatte sich der Kreis geschlossen – eine positive Umsatz- und Gewinnentwicklung wurde tatsächlich als Rückschritt betrachtet, weil diese Gewinne in der Zukunft vielleicht rückläufig sein könnten.

Von Mitte der 80er Jahre bis zum Ende des Jahrzehnts verloren die meisten Biotechnologie-Aktien drei Viertel ihres Kurses. Sie gingen im Crash 1987 unter und fielen auch dann noch weiter, als sich der Markt 1988 wieder erholte. Das Gefühl an der Börse hatte sich geändert: Wurden zunächst eine aufregende Story und KGVs so hoch wie die Stratosphäre akzeptiert, so wünschte man sich nun, mit beiden Füßen auf der Erde zu bleiben: bei Aktien mit niedrigerem KGV, die jedoch Dividenden zahlten. Auch das Schicksal der Biotechnologie-Branche besserte sich in den 90er Jahren nicht. Obwohl die Aktienkurse am Anfang des Jahrzehnts stiegen, hatten sie Mitte der 90er Jahre eine deutliche Schwäche, bei der der beliebte Biotech-Index, der an der American Stock Exchange gehandelt wird, zwischen 1992 und 1994 um mehr als 50 % zurückfiel. Mitte der 90er Jahre verlor die Branche jährlich 4 Milliarden $. Ein Branchenprofi, Richard M. Beleson von Capital Research, ließ sich dazu hinreißen, eine Biotech-Bear-Market-Ballade zu komponieren. Eine der Strophen lautete:

> *Those were the days my friend.*
> *We thought they'd never end.*
> *We'd clone a gene and from a company.*
> *We'd raise some venture cash*
> *And do our IPO in an flash.*
> *Cause selling dreams*
> *Requires no P/E.*

Die chinesische Romanze mit Lycoris

Wie sich doch die Geschichte wiederholt. Eine fast perfekte Wiederholung des Tulpenzwiebel-Wahns ereignete sich Mitte der 80er Jahre in China. Als die chinesische Regierung wirtschaftliche Reformen einleitete, stürzte sich der Markt auf alle Produkte, auch auf Zimmerpflanzen. Eine besonders beliebte blühende Pflanze war Jun Zi Lan (übersetzt „Gentleman Blue"), eine Art der Lycoris radiata, die der Familie der Clivien angehört. Die Pflanze kommt ursprünglich aus Afrika und wurde während der 30er Jahre nach Changchun im Norden von China gebracht. Ursprünglich wurde die Pflanze nur von der königlichen Familie gezogen, doch bald wurde sie ein Zeichen von Rang, Würde und gutem Geschmack. Prominente Familien besaßen mehrere verschiedene Variationen dieser Pflanze. Später machte die Stadt Changchun die „Lycoris" zur „Pflanze der Stadt", und Anfang der 80er Jahre züchtete die Hälfte aller Familien dieser Stadt diese Pflanze.

Als sich die Nachrichten über diese Blume über die anderen Teile des nordöstlichen Chinas verbreitete, nahm die Nachfrage deutlich zu. Weil es mehrere Jahre lang dauert, bis eine neue Pflanze gezüchtet wird, konnte der Bedarf nicht sofort gedeckt werden. So begannen die Preise zu steigen und viele chinesische Spekulanten versuchten, aus der Popularität der Pflanze Gewinn zu schlagen, indem sie alles aufkauften, was sie bekommen konnten. Wie im Tulpenzwiebel-Wahn schuf Optimismus neuen Optimismus. Die Spekulation erzeugte Träume von Luftschlössern in Technicolor, die von Lycorispflanzen umhüllt waren. Die Preise der Pflanzen erreichten schwindelnde Höhen. Anfang der 80er Jahre wurde eine typische Pflanze für schätzungsweise 100 Yuan (ungefähr 30 $) gehandelt. 1985 waren die Preise auf das 2.000-fache, auf 200.000 Yuan (ungefähr 60.000 $) gestiegen, allerdings nur für besonders attraktive Pflanzen. Um diese Zahl in ein richtiges Licht zu rücken, der Preis für eine Pflanze entsprach in etwa 300 Jahresgehältern eines Collegeabsolventen in China.

Doch wie es schon immer der Fall war: Seifenblasen platzen leicht. Offensichtlich war der Grund für den Zusammenbruch, dass im Sommer 1985 einige Presseberichte erschienen, die den Wahnsinn dieses Phänomens beschrieben. Als es deutlich wurde, dass diese Party nun ihr Ende erreicht hatte, überrollte eine Lawine von Verkäufen den Markt. Die Preise der Lycoris fielen um 99 % oder gar noch mehr. Anfang 1986 wirkten einige dieser chinesischen „Gentleman-Spekulanten" tatsächlich arg niedergeschlagen.

Einige weitere Seifenblasen der 80er Jahre

Auch Ende der 80er Jahre gab es eine Reihe von spektakulären Booms und Zusammenbrüchen bei ansonsten eher nüchternen Unternehmen, deren Konzepte die Phantasie der Wall Street in Bewegung versetzt hatten. Während viele Investoren immerhin 75 % des ursprünglichen Kaufpreises im Biotech-Boom verloren hatten, mussten andere zusehen, wie sich mehr als 90 % des ursprünglichen Einsatzes in Luft auflösten, während sie diesen Konzepten hinterher jagten. Zwei weitere Beispiele sollen dies verdeutlichen.

Alfin Fragrances   Alfin Fragrances, ein Kosmetikunternehmen, geriet Ende 1985 ins Rampenlicht, als es Glycel, eine neue Gesichtscreme ankündigte: Glycel sollte den Alterungsprozess der Haut verlangsamen und Hautschäden rückgängig machen können. Glycels Glaubwürdigkeit wurde dadurch gestützt, dass es Inhaltsstoffe enthielt, die in der Schweiz von Christian Barnard entwickelt wurden, dem Arzt, der die erste erfolgreiche Herztransplantation durchgeführt hatte. Das Image war perfekt. Barnard, damals 63 Jahre alt, präsentierte sich als moderner Ponce de Léon.

Er wurde immer gemeinsam mit seiner netten 22-jährigen Freundin gesehen. Sogar in der übertreibenden Welt der Kosmetikbranche schienen Barnards Behauptungen, Glycel könnte in die Haut eindringen und den Alterungsprozess umkehren, doch sehr unwahrscheinlich. Doch eine Zeitlang waren sowohl die Öffentlichkeit als auch die Wall Street davon überzeugt.

Bei einem Preis von 195 $ war das Produkt bei Neiman Marcus und anderen noblen Kaufhäusern ständig ausverkauft. Außerordentliches Wachstum schien gewährleistet und der Aktienkurs verdreifachte sich innerhalb eines Monats nach Ankündigung von Glycel. Sogar die angesehene Brokerfirma Morgan Stanley sprang auf diesen Zug auf, rechtfertigte das himmelhohe KGV der Aktie und deutete an, dass der Kurs noch weiter steigen würde.

Doch Alfins Schönheit war leider nur hauchdünn. Alfins Behauptung, Glycel würde in die Hautzellen eindringen, um den Zellen das Gedächtnis zurückzubringen, legte bei vielen Wissenschaftlern die Stirn in Falten. Ein Dermatologe sagte: „Es wäre so, als gäbe man jemandem eine Bluttransfusion, indem man ihm Blut auf die Haut reibt." Das Produkt erhielt von der FDA (Food and Drug Administration) den Todesstoß, weil man dort darauf bestand, dass ein Produkt, das eine nor-

male Körperfunktion veränderte, wie beispielsweise einen Alterungsprozess, ein Medikament und kein kosmetisches Produkt sei, und die
Behörde benötigte einen Beweis für die Wirksamkeit. Doch anstatt sein
Produkt einer solchen Untersuchung zu unterziehen, zog Alfin Glycel
zurück. Die Aktie, die Anfang 1986 zu fast 40 $ gehandelt wurde, fiel
1989 auf fast 2 $ zurück. Investoren, die von Luftschlössern träumen,
wachen oft sehr unsanft auf.

ZZZZBest Mein Lieblingsbeispiel für Boom und Untergang der späten 80er Jahre ist die Geschichte von ZZZZBest. Hier war es eine
unglaubliche Horatio Alger Story, die die Investoren in ihren Bann
schlug. In der schnelllebigen Welt der Unternehmensgründer, die reich
werden, bevor sie sich rasieren müssen, war Barry Minkow die Legende
der 80er Jahre. Minkows Karriere begann schon, als er neun Jahre alt
war. Seine Familie konnte sich keinen Babysitter leisten, deshalb ging
Barry oft in die Teppichreinigung, die von seiner Mutter gemanagt
wurde, um dort zu arbeiten. Dort begann er, per Telefon Aufträge zu
akquirieren. Im Alter von zehn Jahren reinigte er tatsächlich Teppiche.
Er arbeitete am Abend und in den Sommerferien und sparte innerhalb
der nächsten vier Jahre 6.000 $ zusammen. Als er fünfzehn Jahre alt
war, kaufte er eine Ausrüstung zur Dampfreinigung und gründete in der
Garage des Hauses seiner Eltern seine eigene Teppichreinigung. Er
nannte sein Unternehmen ZZZZBest.

Er war immer noch auf der High School und zu jung für einen Führer-
schein und deshalb engagierte Minkow eine Crew, die Teppiche abholte
und reinigte, während er in der Schule saß und sich ständig über die
Lohnzahlungen in dieser Woche aufregte. Weil Minkow wie ein Ver-
rückter arbeitete (und Freunde hatte, die ihn zu Verabredungen chauf-
fierten), blühte das Geschäft auf. Er war stolz darauf, dass er seinen
Vater und seine Mutter einstellen konnte. Im Alter von achtzehn Jahren
war Minkow Millionär.

Minkows unersättlicher Appetit auf Arbeit weitete sich auch auf seine
Selbstdarstellung aus. Er lief in alle möglichen Fallen des Erfolgs. Er fuhr
einen roten Ferrari und wohnte in einem 700.000 $-Haus mit einem
großen Swimmingpool, auf dessen Boden ein großes schwarzes Z
gemalt war. Zudem entwickelte er altmodische amerikanische Tugenden. Er schrieb ein Buch mit dem Titel *Making it in America*, in dem er
behauptete, dass Teenager nicht hart genug arbeiteten. Er spendete sehr
großzügig an wohltätige Einrichtungen und trat in Anti-Drogen-Wer-
bespots auf. Sein Slogan: „Meine Akte ist sauber, Ihre auch?" Zu dieser

Zeit hatte ZZZZBest 1.300 Angestellte und Niederlassungen in Kalifornien, Arizona und Nevada. War ein KGV von 100 zuviel für eine ganz normale Teppichreinigung? Natürlich nicht, wenn das Unternehmen von einem Genie geführt wurde, einem äußerst erfolgreichen Geschäftsmann, der auch Härte zeigen konnte. Minkows Lieblingsspruch seinen Angestellten gegenüber war: „My way, or the Highway" (sinngemäß: Es läuft so, wie ich es sage, oder Sie fliegen!). Einmal brüstete er sich sogar, er würde seine eigene Mutter rausschmeißen, wenn sie sich seinen Anordnungen nicht fügen würde. Als Minkow der Wall Street kundtat, sein Unternehmen sei besser geführt als IBM und es würde „das General Motors der Teppichreinigung" werden, hörten die Investoren das mit verzückter Aufmerksamkeit. Wie ein Aktienanalyst mir damals einmal sagte: „Der kann gar nichts falsch machen."

1987 platzte Minkows Seifenblase mit bemerkenswerter Abruptheit. Es stellte sich heraus, dass ZZZZBest mehr als nur Teppiche reinigte – auch Geld für die Mafia. ZZZZBest wurde angeklagt, als Strohgeschäft für Figuren aus dem organisierten Verbrechen gedient zu haben, die die Geschäftseinrichtung mit schmutzigem Geld kauften und ihr Investment durch sauberes Bares ersetzten, das sie aus den legalen Gewinnen von ZZZZBest-Teppichreinigung abzweigten. Tatsächlich jedoch war das spektakuläre Wachstum des Unternehmens hauptsächlich eine sehr klug gestrickte Phantasie: Scheinverträge, gefälschte Kreditkartenbelastungen und dergleichen. Die ganze Angelegenheit war ein riesiger Betrug, bei dem Geld von einem Investor genommen wurde, um andere bezahlen zu können. Außerdem wurde Minkow angeklagt, weil er Millionen aus dem Geschäftsvermögen abgezweigt hatte, um sie für seinen privaten Bedarf zu nutzen.

Das nächste Kapitel der Story ereignete sich 1989, als Minkow, damals 23 Jahre alt, wegen 57-fachen Betrugs verurteilt wurde und 25 Jahre im Gefängnis absitzen sollte, aber auch zu einem Schadenersatz von 26 Millionen $, die er aus dem Unternehmen gestohlen hatte. Der Bundesrichter wies die Bitte um Milde zurück und sagte zu Minkow: „Sie sind gefährlich, weil Sie ein gutes Mundwerk haben, weil Sie die Fähigkeit haben, hervorragend zu kommunizieren." Der Richter fügte hinzu: „Sie sind gewissenlos." Alan Abelson, von *Barron's*, der den Zusammenbruch schon lange vorhergesehen hatte, merkte an: „ZZZZBest wird sich für die Investoren als ZZZZWorst herausstellen." Dem werden die meisten Investoren, die ihren gesamten Einsatz bei diesem Unternehmen verloren, wohl zustimmen.

Doch die Geschichte ist hier noch nicht zu Ende. Minkow verbrachte

54 Monate in Lampoc Federal Prison, wo er sich taufen ließ, und an der Liberty University, einer von Jerry Falwell gegründeten Fernuniversität, ein Bachelors- und ein Masters-Diplom machte. Nach seiner Entlassung im Dezember 1994 wurde er Pastor der Community Bible Church in California, wo er bei den Gottesdiensten durch seinen missionierenden Stil größte Aufmerksamkeit erlangte. Außerdem wurde er ein One-Man-Medien-Mischkonzern, als er seine einzigartigen Talente als Kommunikator nutzte und erzählte, wie er mit seinen Betrügereien davonkam. Er schrieb zwei Bücher, *Clean Sweep* und *Fraud from A to Z Best*, hat eine täglich landesweit ausgestrahlte Radiosendung und benutzt seine charismatischen Talente als gefragter Vortragsredner. Und so sagt sein Manager in New York: „Wir glauben alle, dass er noch eine phantastische Zukunft in der Welt des Fernsehens und der Bücher vor sich hat."

Was hat das alles zu bedeuten?

Die Lehren der Börsengeschichte sind klar und deutlich. Die Art und Weise, wie Investoren die Aktien bewerten, spielt bei der Einschätzung der Aktienkurse eine entscheidende Rolle. Die Börse schließt sich sehr oft der Theorie der Luftschlösser an. Aus diesem Grund kann Kapitalanlage äußerst gefährlich sein.

Eine weitere Lehre, die nach Aufmerksamkeit schreit ist, dass Investoren sehr vorsichtig sein sollten, wenn sie eine brandheiße Erstemission kaufen. Eine Studie der Investmentfirma Kidder Peabody untersuchte die Performance von mehr als 1.000 Erstemissionen zwischen 1983 und Mitte 1988. Das bemerkenswerte Ergebnis war, dass zwei Drittel schlechter liefen als der Dow Jones Industrial Average. Es ist zwar richtig, dass kleinere Aktien langfristig bessere Leistungen erbringen als große, doch treffen diese Ergebnisse eher auf etablierte Unternehmen zu, die im zweiten Markt gehandelt werden – nicht auf börsennotierte Erstemissionen. Da nur eine Chance von 1 zu 3 besteht, besser zu sein als der Dow Jones, sind Investoren gut beraten, neue Emissionen mit gesunder Skepsis zu betrachten.

Es ist sicher, dass Investoren bei Erstemissionen in der Vergangenheit viele Luftschlösser gebaut haben. Bedenken Sie aber, dass die größten Verkäufer der Aktien bei Erstemissionen die Manager und die Unternehmen selbst sind. Sie versuchen, an einem Höhepunkt der Prosperität ihrer Unternehmen oder auf dem Gipfel der Begeisterung von Investoren über irgendeine momentan gefragte Firma zu verkaufen. Die Erstemissionen von Biotech-Aktien, die gegen Ende der 80er Jahre geradezu wucherten, stellen dafür ein gutes Beispiel dar. In diesen Fällen schuf der Drang dabei zu sein – auch in schnell wachsenden Branchen – für Investoren eine Blüte ohne Gewinne.

Die nervigen Neunziger

Der japanische Yen für Land und Aktien
Den vielleicht spektakulärsten Aufstieg und Fall des ausgehenden 20. Jahrhunderts erlebte der japanische Immobilien- und Aktienmarkt. Von 1955 bis 1990 stieg der Wert japanischer Immobilien um mehr als das 75-fache.

1990 schätzte man den Gesamtwert des japanischen Vermögens auf fast 20 Billionen $ – das waren mehr als 20 % des Vermögens der ganzen Welt und etwa doppelt so viel wie der Gesamtwert aller Aktien auf der Welt. Amerika ist 25 mal größer als Japan, wenn man von der Fläche ausgeht, und dennoch war das japanische Vermögen 1990 fünfmal höher, als das amerikanische Vermögen. Theoretisch hätte Japan das amerikanische Vermögen kaufen können, wenn man Tokio verkauft hätte. Schon der Verkauf des kaiserlichen Palastes und der zugehörigen Grundstücke würde ausgereicht haben, ganz Kalifornien zu kaufen. Die Tulpen rund um Japans Golfplätze standen in voller Blüte. 1990 lag der Gesamtwert aller Golfplätze in Japan bei 500 Milliarden $, ein Betrag, der doppelt so hoch ist wie alle Wertpapiere, die an der australischen Börse gehandelt wurden.

Die Börse reagierte darauf, indem sie wie ein Heliumballon an einem windstillen Tag nach oben stieg. Die Aktienkurse verhundertfachten sich zwischen 1955 und 1990. Auf ihrem Gipfel im Dezember 1989 hatten die japanischen Aktien einen Gesamtmarktwert von etwa 4 Billionen $, fast 1,5 mal den Wert aller amerikanischen Wertpapiere und fast 45 % der Marktkapitalisierung der Aktien auf der ganzen Welt. Die Anhänger der Theorie der „begründeten Annahmen" wandten sich mit Abscheu ab. Sie nahmen mit Missfallen zur Kenntnis, dass japanische Aktien zu einem KGV von 60 und mehr gehandelt wurden, fast zum fünffachen Buchwert und weit zum 200-fachen der Dividenden. Amerikanische Aktien hingegen wurden mit einem KGV von 15 gehandelt und in London zum zwölffachen Jahresgewinn. Die hohen Kurse der japanischen Aktien waren noch dramatischer, wenn man die Unternehmen miteinander vergleicht. Der Wert von NTT Corporation, Japans Telefongiganten, der während dieses Booms privatisiert wurde, war höher als der Wert von AT&T, IBM, Exxon, General Electric und General Motors zusammen. Die Dai Ichi Kangyo Bank wurde zum 56-fachen ihrer Gewinne gehandelt, wohingegen die entsprechende U.S.-Bank, Citycorp, mit einem KGV von 5,6 gehandelt wurde. Nomura Securities, Japans größter Aktienbroker, wurde zu einem Marktwert gehandelt, der höher war als der Gesamtwert aller amerikanischen Brokerfirmen zusammengenommen.

Es waren zwei Mythen, die den Immobilien- und Aktienmarkt antrieben. Der erste Mythos war, dass die Immobilienpreise in Japan nie sinken würden, und der zweite war, dass Aktienkurse nur steigen konnten. Diese Mythen wurden von den großen Geldmengen genährt, die aus der Tradition des fast zwanghaften japanischen Sparens kamen und durch extrem niedrige Gewinne aus normalen Sparkonten, bei denen es weniger als 1 % Zinsen gab. An der Börse anzulegen wurde in Japan zur nationalen Hauptbeschäftigung. Fast über Nacht tauschten die männlichen Pendler ihre pornografischen Comics gegen unheimliche Geschichten über harte Kämpfe an der Börse aus. Man sagt, in England gäbe es an jeder Ecke ein Wettbüro. In Japan gab es an jeder Ecke einen Aktienbroker. Nomura Securities erreichte die intellektuellen Kunden über ihre Anzeigen, in denen man Kopernikus und Ptolemäus präsentierte. Diese Anzeigen verglichen Nomuras optimistische Einschätzungen über den Aktienmarkt mit der aufgeklärten Ansicht von Kopernikus, dass sich die Erde und die Planeten um die Sonne drehten. Die miesmachenden Ansichten, dass Aktien- und Immobilienmärkte gefährlich hoch seien, wurde mit Ptolemäus´ Überzeugung verglichen, dass sich die Sonne um die Erde drehte. Ein anderer Verkaufsprospekt, der von einem japanischen Aktienbroker herausgegeben wurde, zeigte eine Hausfrau, deren Hand von einer Wolke eingehüllt war, und einem Pfeil, der immer nur nach oben fliegen sollte. Das war wirklich eine Zeit, in der Luftschlösser gebaut wurden.

Die japanischen Unternehmen spielten im Börsenwahn eine wichtige Rolle. Unternehmen war es erlaubt, steuerbegünstigte spekulative Tradingkonten zu eröffnen, um an der Börse mit dabei zu sein (diese Konten nannte man Toklein Konten). Während des Booms machten die Firmen mit dem Aktienhandel oft mehr Geld als mit der Herstellung von Gütern. Diese Party war zu gut, als dass man dabei fehlen durfte. Außerdem war es möglich, zu geringen Zinsen Geld zu leihen, um mit noch mehr Kapital an der Börse einzusteigen. Tatsächlich überfluteten japanische Unternehmen die europäischen Märkte mit Anleihen, die nur mit

1 % verzinst wurden, jedoch mit Bezugsrechten für Aktien des Unternehmens ausgestattet waren, die natürlich sehr wertvoll sein konnten, wenn sich der Bullenmarkt fortsetzte. Optimismus schafft neuen Optimismus, und es sah so aus, als könnte die Party ewig dauern.

Die Börsianer hatten Antworten auf alle logischen Einwände, die erhoben werden konnten. Waren die KGVs in der Stratosphäre? „Nein", sagten die Verkäufer auf Kabuto-cho (Japans Wall Street). „Im Vergleich zu den Gewinnen in den USA sind die japanischen Gewinne eher untertrieben, weil die Abschreibungen zu hoch sind, und die Gewinne von Tochterfirmen oder Firmen, an denen man zu einem gewissen Teil beteiligt ist, nicht berücksichtigt wurden." Die um diese Effekte bereinigten KGVs wären viel niedriger. Waren die Dividenden von etwa 0,5 % des Kurses nicht skrupellos niedrig? Die Antwort gebe lediglich die geringen Zinsen in Japan wieder, die damals geboten wurden. War es nicht gefährlich, dass die Aktienkurse fünfmal höher waren als das Vermögen? Überhaupt nicht. Der Buchwert konnte die dramatische Bewertung der Immobilien, die den japanischen Unternehmen gehörten, nicht reflektieren. Und der hohe Wert japanischer Immobilien werde durch die Dichte der japanischen Bevölkerung und verschiedene Regelungen und Steuergesetze erklärt, die die Nutzung bewohnbaren Landes restriktiv regelten.

Doch keine dieser „Erklärungen" zu den hohen Preisen japanischer Immobilien und Aktien war wasserdicht. Auch wenn die Gewinne und Dividenden korrigiert würden, waren die KGVs immer noch weitaus höher als in anderen Ländern und höher als je zuvor in Japans Geschichte. Weiterhin war die Rentabilität in Japan gefallen und der starke Yen machte japanische Exporte schwieriger. Obwohl Land in Japan knapp war, fanden die Fabriken, wie beispielsweise Autohersteller, zu attraktiven Preisen genügend Land für neue Fabriken im Ausland. Die Einnahmen aus Mieten waren wesentlich langsamer gestiegen als der Wert der Immobilien. Das deutete auf fallende Gewinne aus Immobilien hin, wenn die Preise nicht weiterhin bis in den Himmel stiegen. Und schließlich begannen die niedrigen Zinsen, eine wichtige Stütze des Aktienmarkts, schon 1989 wieder zu steigen.

Die vielleicht klügste „Erklärung" für die galoppierenden japanischen Immobilien- und Aktienmärkte war, dass „Japan anders ist". Jeder Profi, mit dem ich Ende der 80er Jahre sprach, war überzeugt, dass das mächtige Finanzministerium irgendeinen Weg finden würde, Unannehmlichkeiten zu vermeiden. Es könnte beispielsweise das für die Entwicklung verfügbare Land beschränken, wenn die Preise zu fallen beginnen. Es könnte hier und dort ein Gesetz ändern oder eine neue Regelung einführen, die irgendwelche „Krankheiten" im Aktienmarkt heilen würden. An den Finanzmärkten der Welt war die Meinung verbreitet, dass der japanische Markt manipuliert sei und bleiben würde, weil es Regierungspolitik war, die hohen Aktienkurse und das preisgünstige Kapital für wirtschaftliches Wachstum zu fördern. Wie oft schon haben wir ungeheuerliche Fehler gemacht, als wir die Geschichte und die wirtschaftlichen Grundlagen ignorierten und glaubten, dieses Mal sei alles anders. Und so wurde die Seifenblase immer größer. Optimismus gebar weiteren Optimismus. Spekulanten benutzten ihre Aktien als Sicherheit, um Kredite zum Kauf von Grundstücken aufzunehmen, die dann als Sicherheit dienen sollten, um weitere Aktien zu kaufen.

Zum Verdruss der Spekulanten, die glaubten, dass die Grundregeln der finanziellen Schwerkraft nicht auf Japan anwendbar seien, kam Isaac Newton 1990 auch im Land der aufgehenden Sonne an. Interessanterweise war es die Regierung selbst, die den Startschuss gab. Die Bank von Japan (Japans Notenbank) erkannte das hässliche Bild einer allgemeinen Inflation, das zwischen dem Wahnsinn der Kredite und dem Liquiditätsboom, der den Anstieg der Immobilien- und Aktienpreise stützte, viel Wirbel verursachen konnte. Es ist ein Vorteil, die Kredite vor einem größeren Anstieg der allgemeinen Inflation zu begrenzen, weil die möglichen Schmerzen, was verlorene Wirtschaftlichkeit und steigende Arbeitslosigkeit anbelangt, später umso stärker sind, je länger diese Maßnahme hinausgezögert wird. Und so begrenzte die Zentralbank die Kredite und bewirkte dadurch einen Anstieg der Zinsraten. Man hoffte, dass weitere Anstiege der Immobilienpreise abgewendet werden könnten und der Aktienmarkt sich beruhigen würde.

Die schon 1989 erhöhten Zinssätze stiegen 1990 deutlich an. Allerdings beruhigte sich der Aktienmarkt nicht, sondern er brach zusammen. Der Absturz war fast so extrem, wie der Crash des amerikanischen Aktienmarkts von Ende 1929 bis Mitte 1932. Der japanische Aktienindex (Nikkei) erreichte am letzten Handelstag der 80er Jahre fast 40.000 Punkte. Bis Mitte August 1992 war er auf 14.309 Punkte gefallen, was einem Rückgang von etwa 63 % entspricht. Zum Vergleich: Der Dow Jones Industrial Average fiel von Dezember 1929 bis zu seinem Tiefstpunkt im Sommer 1932 um 66 % (doch ist zu berücksichtigen, dass der Abschwung vom Level des September 1929 77 % ausmachte). Trotz eines Rückgangs der Zinssätze blieb der japanische Aktienmarkt während der 90er Jahre in niederen Gefilden und Japans kraftvolle Wirtschaft erlitt während der späten 90er Jahre eine krasse Rezession. Die folgende Grafik zeigt sehr dramatisch, dass der Anstieg der Aktienkurse Mitte und Ende der 80er Jahre eine Veränderung bei der Bewertung ausdrückt. Der Absturz der Kurse von 1990 reflektierte lediglich eine Rückkehr zur Bewertung nach dem Buchwert, die für die frühen 80er Jahre typisch war.

Die japanische „Börsen-Seifenblase"
Japanische Aktienkurse in Relation zu den entsprechenden Buchwerten

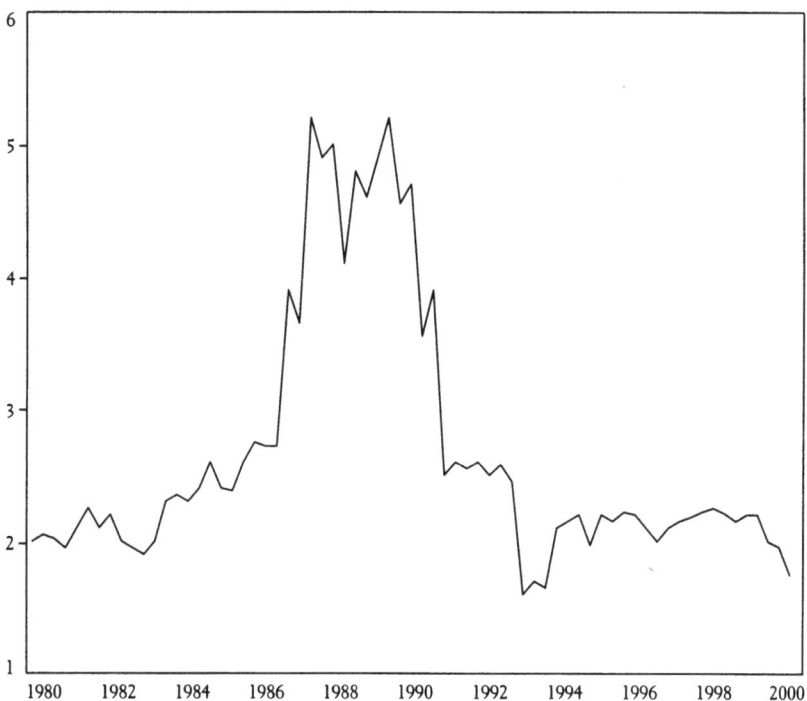

Source: Morgan Stanley Research and author's estimates.

Wesentlich schwieriger ist es, den Zusammenbruch des Immobilienmarktes zeitlich einzugrenzen und zu messen, weil Immobilien kaum gehandelt wurden. Dennoch platzte auch die „Seifenblase" der Immobilien während der frühen 90er Jahre. Die unterschiedlichen Bewertungen der Land- und Grundstückspreise wiesen auf einen Abschwung hin, der in etwa so ernsthaft war wie der des Aktienmarktes. Das Platzen der Seifenblase zerstörte den Mythos, dass Japan anders sei und dass der Preis der Vermögenswerte ständig ansteigen würde. Die Gesetze der finanziellen Schwerkraft kennen keine geographischen Trends .

Der Internet-Wahn der späten 90er Jahre

Was Elektronik für die 60er und 70er Jahre und Biotechnologie für die 80er Jahre war, war das Internet für die Investoren der späten 90er Jahre. Aktien von Unternehmen wie beispielsweise Amazon.com und Yahoo! legten in einem einzigen Jahr um das Zehnfache zu und die Faszination der Investoren für Internetaktien schien kein Ende zu nehmen. Ganz sicher, der Internetboom war echt. Die Anzahl der Internetnutzer verdoppelte sich während der späten 90er Jahre jährlich. Doch in der Branche herrschte harte Konkurrenz und die Investoren konzentrierten sich nicht auf die großen Risiken, denen sich kleine Unternehmen in jungen, dynamischen und volatilen Branchen ausgesetzt sahen. Nicht alle Unternehmen waren erfolgreich und dennoch wurden alle vorhergehenden Bewertungsregeln als irrelevant betrachtet.

Niemand errechnete noch die KGVs (denn normalerweise gab es keine Gewinne). Auch die Kurs/Umsatz-Verhältnisse wurden missachtet. Doch die Wachstumsmöglichkeiten waren verblüffend, und die Luftschlösser, die von Investoren gebaut werden konnten, waren wirklich eindrucksvoll. Der Run auf Aktien, die nur entfernt mit dem Internet zu tun hatten, war außerordentlich, als die Leute blind begannen in alles zu investieren, was eine Verbindung mit der neuen Branche zu haben schien.

Das Unternehmen Netcom bietet ein hervorragendes Beispiel dafür, wie Investoren deutliche Verluste erleiden können, auch wenn sie auf einen Branchenpionier gesetzt haben. Netcom war das erste Internetunternehmen, das Mitte der 90er Jahre an die Börse ging. Innerhalb eines Jahres trieben in einem Kaufrausch befindliche Käufer den Kurs von 16 $ bei der Emission bis auf 92 $, was für Netcom eine Marktkapitalisierung von mehr als 1 Milliarde $ bedeutete. 1996 war Netcom der größte Internetserviceprovider der Vereinigten Staaten, der mehr als einer halben Million Kunden die Verbindung zum Cyberspace anbot. Obwohl das Unternehmen keine Gewinne machte, vermuteten die Investoren, dass der Branchenführer an der Börse bestimmt Gewinne einbringen würde.

Die wirkliche Frage war, ob Netcom, wie andere Internetprovider, jemals in der Lage sein würde, ebenso hohe Gewinne einzufahren, wie

man sich versprochen hatte. Telefongesellschaften wie AT&T und
Worldcom waren bereits in den Markt eingetreten und auch regionale
Unternehmen hielten sich bereit zuzuschlagen. Die Telecom-Gesell-
schaften haben ausreichend Geld zur Verfügung, können unterschiedliche Dienstleitungen als Paket anbieten und alles auf einer einzigen
Rechnung. Diese Konkurrenz drohte den Internetzugang zu einer für
die Anwender preisgünstigen Sache zu machen. Und tatsächlich, so wie
der Internetmarkt sich entwickelte, schienen die Unternehmen, die den
Zugang zum Internet zur Verfügung stellten, weitaus geringere Schlag-
kraft zu haben, als die Unternehmen, die den Content bereitstellten.

Außerdem unternahm Netcom selbst einiges, was zu ernsthaften Pro-
blemen führte. Netcom war das Unternehmen, das einen Pauschalpreis
anbot: unbegrenzter Zugang zum Netz für 19,95 $ pro Monat. Wie es
jeder Student der Wirtschaftswissenschaften vorhergesagt haben
könnte, werden dann, wenn die zusätzliche Nutzung kostenfrei ist, die
Kapazitäten des Systems von Hobbyisten überlastet, und tatsächlich
stürzte das Netzwerk an einem Punkt total ab. Netcoms Vorstandsvorsitzender lachte darüber, dass Kunden, die nicht online gehen konnten,
stattdessen im Fernsehen die TV-Serie *Seinfeld* sehen müssten. Doch
Netcom vernachlässigte die günstige Preisstruktur und begann, sich auf
Geschäftskunden zu konzentrieren. Das Unternehmen verlor jedoch
weiterhin Geld, und die selbstzerstörerische Preisgestaltung ließ Fragen
über Netcoms Überlebensfähigkeit aufkommen. Die Aktie fiel auf 8 $
zurück. Zum Glück für die Netcom-Aktionäre wurde das Unternehmen
von einer Telefongesellschaft für 23 $ je Aktie aufgekauft und die Verlu-
ste der Investoren, die in der Nähe des Höchststandes gekauft hatten,
wurden damit wenigstens gemildert. Dennoch war diese Erfahrung für
die Bauherren von Luftschlössern im Cyberspace keinesfalls besonders
angenehm.

Entlang des Informations-Superhighways gab es noch viele andere
Verluste, und ohne Zweifel werden im 21. Jahrhundert noch viele weitere hinzukommen. Mein Lieblingsbeispiel für den Wahnsinn, der den
Markt in den späten 90er Jahren ergriff, ist die Geschichte von K-tel,
einem schlafmützigen Unternehmen, das Pop-Oldies auf CDs über eine
kostenfreie Telefonnummer verkaufte, die spät abends im Fernsehen
beworben wurde. Die Aktie des Unternehmens wurde zu etwa 2,50 $
gehandelt (wegen eines Splits korrigiert). Dann gab das Unternehmen
bekannt, es würde die gleichen CDs über das Internet verkaufen und
plötzlich war die Aktie fast 40 $ wert. Auf diese Weise erhöhte ein klei-
ner Plattenverkäufer seinen Marktwert um fast 250 Millionen $, nur weil

er sich nunmehr Internetunternehmen nennen konnte. Eigenartig an diesem Wahnsinn war, dass auf der Höhe der Verrücktheit der tägliche Trading-Umsatz regelmäßig höher war als die im Umlauf befindlichen Aktien – die Anzahl der ausgegebenen Aktien minus derer, die beim Unternehmensgründer verblieben. Innerhalb von sechs Tagen wurden die frei verfügbaren Aktien 37 mal umgeschlagen. Ende 1998 fiel der Kurs der Aktie auf 10 $ zurück.

Bei einer solchen Begeisterung über Internetaktien brodelte der Markt der Erstemissionen vor noch nie dagewesener Begeisterung. Nehmen wir ein kleines Unternehmen, das sich Audionet nannte und seit seiner Gründung Mitte der 90er Jahre nur Geld verloren hatte. Das Unternehmen „sammelte" Sendungen verschiedener Radio- und Fernsehstationen, und verschickte sie dann über das Internet. Im Sommer 1998 änderte das Unternehmen seinen Namen in Broadcast.com und die vornehme Brokerfirma Morgan Stanley Dean Witter brachte es an die Börse – zu einem Kurs von 18 $. Investoren boten den Kurs bis auf 74 $ hoch, wodurch das Unternehmen innerhalb von wenigen Minuten um mehr als 1 Milliarde $ an Wert gewann. Wenn man die Emissionen von „Penny Stocks" nicht mitzählt, dann war dies der stärkste Kursanstieg einer Erstemission, die es je an einem Emissionstag gegeben hatte. Wie schon im Tronics-Boom der 60er Jahre: Es war alles schon einmal da.

Mitte November 1998 wurde der Schnellstartrekord von Broadcast.com deutlich überboten. Der neue Spitzenreiter für den größten Kursgewinn am ersten Handelstag war der Web-Page-Provider Theglobe.com, ein zweit- oder drittklassiger Wettbewerber in seinem Sektor, der weder Gewinne noch „einen diskutablen Unternehmensplan" hatte, wie Robertson Stephens von BancBoston sagte. Die Aktie wurde zu 9 $ angeboten, und schon während des ersten Handelstages stieg der Kurs auf 79 $ und schloss dann bei 63,50 $. Legt man den Schlusskurs zugrunde, dann wurde die Aktie zum 357-fachen Vorjahresgewinn pro Aktie gehandelt. Der Wahnsinn der Internetbegeisterung schien grenzenlose Gewinne abzuwerfen.

Niemand wird leugnen, dass das Internet eine große Sache ist und Internet-Commerce sich explosiven Wachstums erfreuen wird. Aber in einer so hartumkämpften Branche, in der es kaum Eintrittsbarrieren gibt, macht es keinen Sinn, Unternehmen mit enormen KGVs potentieller Umsätze zu bewerten. Und obwohl es keinen Zweifel gibt, dass einige Internetunternehmen zu Beginn des 21. Jahrhunderts große Gewinner sein werden, verloren viele Unternehmen den größten Teil ihres Marktwerts, als Hoffnung, Übertreibung und heiße Luft in bittere Enttäuschung umschlugen.

Ein Wort zum Schluss

Mehr als jedes andere Kapitel in diesem Buch, scheint diese Übersicht über Aktienbewertungen nichts mit der Behauptung zu tun zu haben, dass die Börse rational und effizient sei. Aber mir scheint, dass man daraus nicht folgern kann, die Märkte seien zuweilen irrational, und wir sollten deshalb die Theorie der „begründeten Annahmen" nicht weiter verfolgen. Viel mehr ist das klare Resultat dieses Rückblicks, dass der Markt sich immer selbst korrigierte. Letzten Endes korrigiert der Markt jede Irrationalität – wenn auch auf langsame aber unerbittliche Art und Weise. Anomalien können auftauchen, Märkte können irrational optimistisch werden und oft ziehen sie unbedachte Investoren an. Aber schließlich erkennt der Markt den wahren Wert und das ist die wichtigste Lehre, die jeder Investor ziehen muss.

KAPITEL 4

Die „Theorie der begründeten Annahmen"

> *Die größte aller Begabungen ist die Kraft, den wahren Wert der Dinge erkennen zu können.*
>
> LA ROCHEFOUCAULD

Kapitalanleger können und sollten die Lehren der Börse aus zweiter Hand akzeptieren. Der historische Rückblick in Kapitel 3 sollte eigentlich ausreichende Warnung sein, um Sie vor den Fallen zu schützen, die Ihnen die Bauherren von Luftschlössern legen. Autopsien sind bei der Kapitalanlage ebenso nützlich wie in der Medizin. Gleichzeitig bedeutet vorgewarnt nicht auch gleich gewappnet zu sein, wenn man sich in der Welt der Kapitalanlage bewegt. Investoren brauchen auch einen Sinn für die Rechtfertigung von Marktpreisen – einen Standard, wenn auch nur einen sehr lockeren, mit dem man Kurse vergleichen kann. Gibt es so etwas? Ich denke schon – obwohl ich glaube, dass dies weder auf begründeten Annahmen beruht noch wie ein Luftschloss schwebt.

Die Anhänger der Theorie der begründeten Annahmen, zu denen unzählige vielbeschäftigte und hochbezahlte Aktienanalysten gehören, wissen sehr gut, dass schon psychologische Begründungen für Markteinschätzungen sich als höchst unzuverlässige Basis erwiesen haben, und Märkte, die wie eine Rakete abgingen, sich immer den finanziellen Gesetzen der Schwerkraft beugen mussten. Deshalb widmen viele Aktienanalysten ihre Energie einer begründeten Einschätzung des Werts einer Aktie. Wir wollen einmal sehen, was hinter diesen Schätzungen steckt.

Die „fundamentalen" Bestimmungsgrößen von Aktienkursen

Was ist es also, das den wirklichen oder intrinsischen Wert einer Aktie bestimmt? Was sind die sogenannten fundamentalen Daten, die Aktienanalysten beachten, wenn sie den Wert einer Aktie begründen?

Ich sagte schon im ersten Kapitel, dass die Anhänger der „Firm-Foundation"-Theorie (der Theorie der begründeten Annahmen) den Wert jeder Aktie als den gegenwärtigen Wert aller Gewinne sehen, die der Investor in der Zukunft erwartet. Sie erinnern sich, dass das Wort „gegenwärtig" darauf hinweist, dass die Dollars, die man sofort erwartet, sich von denen unterscheiden, die erst in der Zukunft anfallen werden, und die diskontiert werden müssen. Alle zukünftigen Einnahmen sind weniger wert als das Geld, das man in der Hand hat; denn hätte man das Geld jetzt, dann könnte man dieses mit guten Zinsen anlegen. In diesem ganz realen Sinn gilt der Satz: Zeit ist Geld.

Um zu ihren Einschätzungen zu kommen, nehmen die Anhänger der Firm-Foundation-Theorie normalerweise den Standpunkt eines sehr langfristigen Investors ein, der Aktien kauft, um sie zu behalten. Man könnte 100 Aktien von IBM zu einem Kurs von 100 $ kaufen und hoffen, dass irgendwann einmal jemand kommt, der sie für 150 $ kauft. Doch weit weniger spekulative Einschätzungen können getroffen werden, wenn man auf die langfristigen Dividendenausschüttungen von IBM achtet. Während des großen Bullenmarkts Ende der 90er Jahre schienen Dividenden jedoch weitaus weniger wichtig zu sein als Kapitalgewinne. Tatsächlich zogen es viele Unternehmen vor, ihre Aktien zurückzukaufen, anstatt ihre Dividenden zu erhöhen. Wenn ein Unternehmen eigene Aktien zurückkauft, dann sind weniger Anteile im Umlauf. Deshalb ist der Gewinn je Aktie, beziehungsweise der Kurs der Aktie, wahrscheinlich höher. Und deshalb erhöhen Rückkäufe sowohl Kapitalgewinne und Wachstumsrate der Unternehmensgewinne als auch den Aktienkurs. Manager, die einen großen Teil ihres Gehalts über Aktienoptionen erhalten, favorisieren natürlich die Rückkäufe, weil ihre Optionen dadurch wertvoller werden. Wir werden in der folgenden Diskussion sehen, wie diese Praxis bei der Schätzung des intrinsischen Werts berücksichtigt werden kann. Wir beginnen allerdings beim Strom der Bardividenden, die das Unternehmen ausschüttet. Der Wert einer Aktie ist dann der gegenwärtige diskontierte Wert aller künftigen Dividenden, die das Unternehmen ausschütten wird.

Natürlich ist der Kurs einer Aktie von verschiedenen Faktoren abhängig. Meiner Meinung nach gibt es vier Determinanten, die den Wert einer Aktie beeinflussen, und ich werde sie gleich beschreiben. Für jede Determinante gebe ich Ihnen eine allgemeine Regel, die Ihnen behilflich sein wird, den Wert jeder Aktie zu bestimmen, die Sie für einen Kauf in Betracht ziehen. Wenn Sie diese Regeln immer befolgen, dann glauben die Anhänger der Firm-Foundation-Theorie, dass Sie vor diesem spekulativen Wahn sicher sind, den ich eben beschrieben habe.

Determinante 1: Die angenommene Wachstumsrate Die meisten Menschen beziehen die Wirkung des Wachstums durch Zinseszins bei finanziellen Entscheidungen nicht in ihre Überlegungen ein. Albert Einstein beschrieb den Zinseszins einmal als die „größte mathematische Entdeckung aller Zeiten". Es wird oft gesagt, dass der Indianer, der im Jahr 1626 Manhattan Island für 24 $ verkauft hatte, vom weißen Mann über den Tisch gezogen wurde. Wäre er jedoch ein sehr cleverer Verkäufer gewesen, hätte er die 24 $ zu 6 % Zinsen zur Sparkasse gebracht, wo die Zinsen halbjährlich gutgeschrieben worden wären, dann wären es bis heute mehr als 50 Milliarden Dollar. Damit könnten seine Nachfolger einen großen Teil des aufgewerteten Landes zurückkaufen. Das ist der Zauber des Kapitalwachstums mit Zinseszins!

Dividenden- wachstum	gegenwärtige Dividende in $	Dividende in 5 Jahren in $	Dividende in 10 Jahren in $	Dividende in 25 Jahren in $
5 Prozent	1,00	1,28	1,63	3,39
15 Prozent	1,00	2,01	4,05	32,92
25 Prozent	1,00	3,05	9,31	264,70

Die Einwirkungen verschiedener Wachstumsraten auf die Höhe künftiger Dividenden mögen für viele Leser überraschend sein. Wie die Tabelle oben zeigt, bedeutet ein Wachstum von 15 %, dass sich die Dividenden alle fünf Jahre verdoppeln. (Als Faustregel, um zu errechnen, wie viele Jahre es dauert, bis sich Dividenden verdoppeln, dividiert man 72 durch die langfristige Wachstumsrate. Wenn also Dividenden mit 15 % pro Jahr wachsen, dann werden sie sich in weniger als fünf Jahren verdoppelt haben, 72 :15.) In der Tabelle sind auch andere Wachstumsraten enthalten. Der Haken an der Sache ist, dass das Dividendenwachstum nicht immer weiter geht. Unternehmen und Branchen haben Lebenszyklen, ähnlich wie die meisten Lebewesen. Insbesondere bei Unternehmen gibt es schon bei der Geburt eine hohe Mortalitätsrate. Die Überlebenden können sich auf schnelles Wachstum freuen, auf das

Erwachsensein und dann auf eine Periode der Stabilität. Später im Lebenszyklus werden die Unternehmen schwächer – entweder sterben sie, oder sie unterziehen sich einer einschneidenden Metamorphose. Betrachten wir einmal die führenden Unternehmen der Vereinigten Staaten von vor 100 Jahren. Da sind Namen wie Eastern Buggy Whip Company, La Crosse und Minnesota Steam Packet Company, Lobdell Car Wheel Company, Savanna and St. Paul Steamboat Line und Hazard Powder Company. Das sind Unternehmen, die zu dieser Zeit schon erwachsen waren und auf der Fortune Top 500-Liste dieser Zeit ganz weit vorn gelegen hätten. Nun sind sie alle dahingeschieden.

Schauen wir uns nun die Branchen an. Eisenbahngesellschaften, vor einem Jahrhundert die dynamischste Wachstumsbranche, wurden schließlich erwachsen und erfreuten sich einer langen Blütezeit, bevor sie seit kurzem im Niedergang begriffen sind. Die Papier- und die Aluminiumbranche bieten neuere Beispiele der Beendigung schnellen Wachstums und des Beginns einer stabileren und reiferen Periode im Lebenszyklus. Diese Branchen wuchsen in den Vereinigten Staaten während der 40er und Anfang der 50er Jahre am schnellsten. In den 60er Jahren konnten sie nicht mehr schneller wachsen als die Wirtschaft als Ganzes. Ähnlich war es bei den am schnellsten wachsenden Branchen der späten 50er und 60er Jahre, den Elektrogeräten, die in den 70er und 80er Jahren nur noch krochen. Die Hersteller von Personalcomputern und ihrer Komponenten, die während der späten 80er und 90er Jahre sehr schnell wuchsen, müssen zusehen, wie die Wachstumsraten seit Ende der 90er Jahre abnehmen. Und auch wenn der natürliche Lebenszyklus ein Unternehmen nicht ereilt, bleibt doch die Tatsache, dass es immer schwieriger wird, in gleichem Maße weiter zu wachsen. Ein Unternehmen, das 1 Million $ im Jahr Gewinn macht, muss seine Gewinne lediglich um 100.000 Dollar steigern, um eine Wachstumsrate von 10 % zu erzielen, während ein Unternehmen, das von einer Basis von 10 Millionen $ ausgeht, eine Million Dollar zusätzlicher Gewinne benötigt, um das gleiche Ergebnis zu erzielen.

Der Unsinn, sich auf sehr hohe langfristige Wachstumsraten zu verlassen, wird deutlich, wenn man die voraussichtliche Entwicklung der Bevölkerung der Vereinigten Staaten zum Vergleich heranzieht. Wenn die Wachstumsraten der Bevölkerung der USA und die von Kalifornien wie bisher weiter wachsen, dann werden im Jahr 2035 120 % der Bevölkerung der Vereinigten Staaten in Kalifornien leben! Auf Grund solcher Vorhersagen kann man auch schätzen, dass 240 % der Menschen der

USA mit Geschlechtskrankheiten in Kalifornien leben werden. Und wie mir ein Kalifornier sagte, als er diese Vorhersagen hörte: „Nur die ersten Vorhersagen können die zweiten überhaupt plausibel erscheinen lassen." So verwegen solche Vorhersagen sein mögen, Aktienkurse müssen die Unterschiede bei den Wachstumsaussichten reflektieren, wenn Marktbewertungen überhaupt einen Sinn haben sollen. Und deshalb ist auch die voraussichtliche Dauer der Wachstumsphase sehr wichtig. Wenn ein Unternehmen erwartet, sich zehn Jahre lang eines 20-prozentigen Wachstums erfreuen zu können und ein anderes Wachstumsunternehmen erwartet, dass es das gleiche Wachstum nur fünf Jahre aufrecht erhalten kann, dann ist das erste Unternehmen, wenn sonst alles gleich ist, für den Investor wesentlich wertvoller als das zweite. Das Wichtige daran ist, dass Wachstumsraten allgemeiner gehalten sind als Aussagen des Evangeliums. Und dies bringt uns zur ersten Regel der Anhänger der Firm-Foundation-Theorie, wenn es darum geht, Wertpapiere zu bewerten:

Regel 1: Ein vernünftiger Investor sollte bereit sein, für eine Aktie einen höheren Kurs zu bezahlen, wenn die Wachstumsrate der Dividenden und Gewinne höher ist.

Hierzu noch ein wichtiger Zusatz:

Zusatz zur Regel 1: Ein vernünftiger Investor sollte bereit sein, einen umso höheren Kurs für eine Aktie zu bezahlen, je länger eine außergewöhnlich hohe Wachstumsrate voraussichtlich andauern wird.

Determinante 2: Die erwarteten Dividendenzahlungen Die Höhe der Dividenden, die Sie bei jeder Auszahlung erhalten – im Vergleich zu ihrer Wachstumsrate – ist verständlicherweise ein wichtiger Faktor, um einen Aktienkurs zu bestimmen. Je höher die Dividendenzahlung ist, umso höher ist der Wert einer Aktie, wenn alles andere gleich ist. Der Haken hierbei ist die Aussage: „Wenn alles andere gleich ist". Aktien, die einen hohen Prozentsatz der Gewinne als Dividenden auszahlen, können dann schlechte Anlagen sein, wenn ihre Wachstumsaussichten eher schlecht sind. Umgekehrt schütten viele Unternehmen in ihrer dynamischsten Wachstumsphase oft sehr wenig oder nichts von ihren Gewinnen als Dividende aus. Wie oben schon erwähnt, neigen viele Unternehmen dazu, ihre Aktien zurückzukaufen, statt die Dividenden zu erhöhen. Bei zwei Unternehmen, deren Wachstumsraten gleich sind, sind Sie bei dem Unternehmen besser bedient, das höhere Dividenden ausschüttet.

Vorsicht bei Dividenden. Dividenden an sich bieten noch keine Vorteile. Es gibt nämlich die Praxis, dass das Unternehmen Barmittel für Expansion zurückbehält, während es Dividenden in der Form zusätzlicher Aktien ausschüttet. Aktionäre erhalten anscheinend gern neues Papier – das gibt ihnen das wohlige Gefühl, dass die Manager des Unternehmens an ihrem Wohlergehen interessiert sind. Manche Anleger glauben sogar, dass durch irgendeinen Zauber diese Aktiendividende den Wert ihrer Beteiligung erhöht.

Tatsächlich profitiert lediglich die Druckerei von der als Aktien ausgeschütteten Dividende. Um eine 100-prozentige Aktiendividende auszuschütten, muss ein Unternehmen für jede ausgegebene Aktie eine weitere drucken lassen. Wenn dann jedoch doppelt so viele Aktien ausgegeben sind, dann repräsentiert jede Aktie nur die Hälfte des Unternehmensgewinns, den sie zuvor darstellte. Die Gewinne je Aktie und alle anderen relevanten Aktienstatistiken des Unternehmens werden nun halbiert. Die Veränderung dieser Einheit ist das einzige Ergebnis einer Dividendenausschüttung per Aktien. Aktionäre sollten sich über eine Ankündigung von Aktiensplits oder Aktienausgaben als Dividenden nicht freuen – außer wenn dies von höheren Barausschüttungen oder Nachrichten über höhere Gewinne begleitet wird.

Der einzige Vorteil eines Aktiensplits (oder einer hohen Aktiendividende) ist der, dass dann, wenn der Kurslevel der Aktien gesenkt wird, vielleicht mehr Investoren diese Aktie kaufen. Man kauft gern in Paketen zu 100 Aktien, und wenn der Kurs sehr hoch liegt, fühlen sich viele Investoren ausgeschlossen. Doch Aktiendividenden von 2 bis 3 %, die sehr häufig vorkommen, machen überhaupt keinen Sinn.

Die Ausgabe von neuen Zertifikaten für Aktiendividenden stellt das ganze Konzept der Namensaktien zur Diskussion. Dies ist ein unglaublich lästiges und archaisches System und sollte eigentlich eliminiert werden. Die Listen der Eigentümer von Aktien könnten leicht auf den Festplatten von großen Computern registriert werden. Die meisten Anleihen und einige Aktien werden tatsächlich schon auf diese Weise registriert. Wenn Aktionäre sich von ihrer unzeitgemäßen Sehnsucht nach hübsch verzierten Zertifikaten trennen könnten, könnte die Wall Street die Last des Papierkrams verringern, die Provisionen könnten reduziert werden und die Umweltschützer könnten sich zu einem weiteren Sieg gratulieren.

Da ich mir das nun von der Seele geschrieben habe, möchte ich es nun in der zweiten Regel festhalten:

Regel 2: Ein vernünftiger Investor sollte bereit sein, für eine Aktie einen höheren Preis zu bezahlen, wenn ein höherer Teil der Unternehmensgewinne als Bardividende ausgeschüttet wird, und sonst alles gleich ist.

Determinante 3: Der Grad des Risikos Risiken spielen an der Börse eine wichtige Rolle, ganz gleich, was Ihr übereifriger Broker Ihnen sagen mag. Es gibt immer ein Risiko – und das macht die Sache so faszinierend. Risiko berührt auch die Bewertung einer Aktie. Doch einige Leute glauben, Risiko sei der einzige Aspekt, den man bei einer Aktie untersuchen sollte.

Je angesehener eine Aktie ist – das heißt, umso weniger Risiko sie trägt – umso höher ist ihre Qualität. Aktien der sogenannten Blue-Chip-Unternehmen haben beispielsweise einen Qualitätsaufschlag. (Weshalb aber diese qualitativ hochwertigen Aktien einen Beinamen erhalten haben, der eigentlich vom Broker stammt, ist etwas, das nur die Wall Street selbst erklären kann.) Die meisten Investoren bevorzugen weniger riskante Aktien. Deshalb erreichen diese Aktien höhere KGVs als ihre riskanteren, qualitativ schwächeren Gegenstücke.

Obwohl man sich allgemein darin einig ist, dass der Lohn für höheres Risiko in höheren künftigen Gewinnen liegt (und deshalb in niedrigeren aktuellen Kursen), muss man davon ausgehen, dass die Bestimmung der Höhe des Risikos nahezu unmöglich ist. Davon ließen sich die Ökonomen jedoch noch nie einschüchtern. Sowohl akademische Wirtschaftswissenschaftler als auch Praktiker widmeten dem Risiko sehr viel Aufmerksamkeit. Tatsächlich ist die Risikoeinschätzung so wichtig, dass ich diesem Thema das Kapitel 9 weitestgehend gewidmet habe.

Entsprechend einer bekannten Theorie ist das Risiko umso größer, je höher die Kursschwankungen – relativ zum Markt als Ganzem – bei einem einzelnen Aktienkurs sind (oder bei seinen gesamten Jahresgewinnen, einschließlich der Dividenden). Eine Aktie wie AT&T, die kaum Schwankungen unterliegt, erhält das Gütesiegel „für Witwen und Waisen". Der Grund dafür liegt darin, dass die Gewinne während Rezessionen kaum, wenn überhaupt, schwanken und die Dividenden noch nie gekürzt wurden. Wenn der Gesamtmarkt beispielsweise um 20 % rückläufig ist, dann verzeichnet AT&T normalerweise einen Kursrückgang von 10 %. AT&T ist heute wahrscheinlich nicht so sicher, wie es beispielsweise vor der Entflechtung und Deregulation im Jahr 1983 war, die zu verschärftem Wettbewerb in der Telekommunikationsbranche führte. Dennoch gilt AT&T als Aktie mit unterdurchschnittlichem Risiko. Cisco

Systems andererseits war in der Vergangenheit sehr volatil und fällt normalerweise um 40 % oder mehr, wenn der Markt als Ganzes um 20 % fällt. Diese Aktie nennt man einen „Flyer" oder ein Investment, das ein gewisses Geschäftsrisiko birgt. Bei solch einem Unternehmen ist der Aktienbesitz ein Glücksspiel, insbesondere dann, wenn man gezwungen ist, in einer Zeit schlechter Marktbedingungen zu verkaufen.

Wenn die Geschäfte gut laufen und der Markt in einen Aufwärtstrend übergeht, kann man von Cisco jedoch erwarten, dass seine Aktie AT&T weit hinter sich lässt. Denken Sie jedoch wie die meisten Investoren, setzen Sie stabile Gewinne über spekulative Hoffnungen, dann werden Sie es schätzen, dass Sie sich in schlaflosen Nächten nicht um Ihr Portfolio sorgen müssen und ziehen ein begrenztes Verlustrisiko der Möglichkeit einer Talfahrt wie auf einer Achterbahn vor. Sie schätzen die stabilere Aktie höher ein, wenn alles andere gleich ist. Dies führt uns zu einer dritten Grundregel bei der Bewertung von Aktien.

Regel 3: Ein vernünftiger (und risikoscheuer Investor) sollte dann eher bereit sein, einen höheren Kurs zu bezahlen, umso weniger risikobehaftet die Aktie eines Unternehmens ist, wenn alles andere gleich ist.

An dieser Stelle sollte ich die Leser warnen, dass eine – zum Gesamtmarkt betrachtete – „relative Volatilität" das Risiko eines Unternehmens nicht umfassend beschreibt. In Kapitel 9 diskutieren wir dieses wichtige Risikoelement bei der Aktienbewertung.

Determinante 4: Die Höhe der Zinssätze auf dem Markt Der Aktienmarkt, ganz gleich, wie sehr man davon überzeugt ist, ist keine Welt für sich. Investoren sollten überlegen, welchen Gewinn sie anderweitig erzielen könnten. Wenn sie hoch genug sind, können Zinsen eine stabile und rentable Alternative zur Börse sein. Denken Sie an Zeiten wie beispielsweise die frühen 80er Jahre, als die Zinsen auf erstklassige Anleihen bis auf fast 15 % stiegen. Langfristige Anleihen von etwas geringerer Qualität wurden zu noch höheren Zinssätzen angeboten. Die erwarteten Gewinne aus Aktien hatten Schwierigkeiten, hier mitzuhalten; das Geld floss in Anleihen, während die Aktienkurse deutlich zurückfielen. Schließlich erreichten die Aktienkurse einen solch niedrigen Stand, dass ausreichend viele Investoren es attraktiv fanden, den weiteren Abschwung aufzuhalten. Auch 1987 stiegen die Zinssätze deutlich an, und bereiteten so den großen Börsencrash vom 19. Oktober vor. Anders gesagt: Um Investoren von hochverzinslichen Anleihen abzuwerben, müssen Aktien Schnäppchenkurse anbieten.*

Wenn andererseits die Zinsen sehr niedrig sind, dann stellen festverzinsliche Wertpapiere kaum eine Konkurrenz für Aktien dar und die Kurse werden relativ hoch sein. Während der 90er Jahre, als die Bankzinsen für Sparkonten auf 4 % oder weniger fielen und die langfristigen Zinssätze der U.S. Schatzbriefe auf weniger als 6 % fielen, floss das Geld aus den Banken und den Anleihenmärkten an die Börse. Dies drückte die Aktienkurse nach oben und rechtfertigte damit die letzte Regel der Firm-Foundation-Theorie:

Regel 4: Ein vernünftiger Investor sollte bereit sein, einen höheren Kurs für eine Aktie zu bezahlen, umso niedriger die Zinsen sind, wenn alles andere gleich ist.

Zwei wichtige Warnungen

Die vier Regeln zur Aktienbewertung gehen davon aus, dass der Firm-Foundation-Wert eines Wertpapiers (und sein KGV) umso höher sein werden, je höher die Wachstumsrate des Unternehmens ist und je länger dieses Wachstum anhält; je höher die Dividendenausschüttung des Unternehmens ist; je geringeres Risiko die Aktie des Unternehmens trägt und umso geringer das allgemeine Zinsniveau ist.

---

* Man kann es auch so sagen: Weil höhere Zinssätze uns in die Lage versetzen, jetzt mehr zu verdienen, müssen künftige Einnahmen mit einem deutlicheren Abschlag bewertet werden. Deshalb ist der gegenwärtige Wert von künftigen Gewinnen aus Dividenden niedriger, wenn die aktuellen Zinssätze relativ hoch sind. Die Relation zwischen Zinssätzen und Aktienkursen ist ein wenig komplizierter, als dies zunächst erscheinen mag. Gehen Sie einmal davon aus, Investoren würden erwarten, dass die Inflationsrate von 5 auf 10 % steigt. Eine solche Erwartung wird wahrscheinlich auch die Zinssätze um 5 % steigen lassen, um Investoren dafür zu entschädigen, dass sie festverzinsliche Anleihen halten, deren Kaufkraft von einer höheren Inflation negativ beeinflusst wird. Wenn alles andere gleich ist, dann sollte dies bewirken, dass die Aktienkurse fallen. Doch bei einer erwarteten höheren Inflationsrate können Investoren vernünftigerweise auch annehmen, dass die Gewinne des Unternehmens und die Dividenden ebenfalls schneller steigen, wodurch auch die Aktienkurse nach oben gedrückt werden. (Eine ausführliche Diskussion über Inflation, Zinssätze und Aktienkurse finden Sie im Kapitel 12.)

Wie ich schon anmerkte, haben Wirtschaftswissenschaftler auf der Basis solcher Regeln mathematische Formeln erstellt, die versuchen, den genauen Kurs auszuweisen, zu denen die Aktien gehandelt werden sollten (den gegenwärtigen Wert). Im Grundsatz sind solche Theorien sehr nützlich, um zu einer vernünftigen Basis für Aktienkurse zu kommen und Investoren einen Wertbegriff zu vermitteln. Natürlich müssen diese Regeln mit den Fakten verglichen werden, um zu überprüfen, ob sie mit der Wirklichkeit übereinstimmen. Das werden wir gleich tun. Aber bevor wir diese Regeln anwenden und überprüfen, muss man zwei wichtige Warnungen beherzigen.

Warnung 1: Erwartungen an die Zukunft können in der Gegenwart nicht bewiesen werden. Berücksichtigen Sie, niemand kann die Zukunft genau vorhersagen. Dennoch gibt es Menschen, die den Einschätzungen der Aktienanalysten über die langfristigen Wachstumserwartungen eines Unternehmens und die Dauer dieses Wachstums absolut glauben.

Künftige Gewinne und Dividenden vorherzusagen, ist ein sehr gewagtes Unterfangen. Hierfür ist nämlich nicht nur das Wissen und das Geschick eines Wirtschaftswissenschaftlers erforderlich, sondern auch der Scharfsinn eines Psychologen. Außerdem ist es äußerst schwierig, objektiv zu sein. Wilder Optimismus und extremer Pessimismus liegen in einer ständigen Fehde. Während der frühen 60er Jahre, als die wirtschaftlichen Bedingungen und die weltpolitische Situation relativ stabil waren, hatten Investoren keine Schwierigkeiten, sich selbst zu überzeugen, dass das kommende Jahrzehnt aufstrebend und ertragreich werden würde. Das Ergebnis davon war, dass für viele Unternehmen ein sehr hohes Wachstum vorhergesagt wurde. Jahre später, in den 80er Jahren, litt die Wirtschaft unter einer ernsten „Stagflation" (Kurzwort aus Stagnation und Inflation, Anm. d. Red.) und einer instabilen internationalen Lage. Das beste, was Investoren in diesem Jahr tun konnten, war, für die meisten Unternehmen nur bescheidenes Wachstum anzunehmen. Während der späten 90er Jahre waren die Investoren in den Vereinigten Staaten davon überzeugt, dass ein neues Zeitalter hohen Wachstums und unbegrenzter Prosperität angebrochen war.

Denken Sie daran, dass, ganz gleich welche Formel für die Vorhersage der Zukunft Sie benutzen, diese immer auf teilweise unbestätigten Annahmen beruht. Obwohl viele an der Wall Street behaupten, in die Zukunft sehen zu können, machen sie ebenso viele Fehler, wie wir. Wie

Samuel Goldwyn einmal sagte: „Vorhersagen sind sehr schwierig anzu-stellen – insbesondere die über die Zukunft."

Warnung 2: Aus unbestimmten Daten können keine genauen Zahlen errechnet werden. Es ist einsichtig, dass man, wenn man für eine Kalkulation ungenaue Faktoren benutzt, keine genauen Ergebnisse erhalten kann. Um jedoch die erwünschten Hinweise zu erhalten, tun dies Investoren und Aktienanalysten jedoch die ganze Zeit. Und so geht das:

Nehmen wir einmal ein Unternehmen, über das Sie schon viele gute Dinge gehört haben. Sie studieren die Prospekte des Unternehmens, und – nehmen wir an – Sie schließen daraus, dass es eine hohe Wachs-tumsrate für lange Zeit aufrechterhalten kann. Wie lange? Nun, weshalb nicht zehn Jahre?

Und dann errechnen Sie, was die Aktie unter Berücksichtigung der gegenwärtigen Dividendenausschüttung, des erwarteten künftigen Dividendenwachstums und dem aktuellen Zinssatz wert sein könnte. Vielleicht machen Sie einen kleinen Abschlag wegen des Risikos der Aktien. Zu Ihrem großen Ärger stellt sich jedoch heraus, dass die Aktie im Augenblick ein klein wenig weniger wert ist, als der Kurs, zu dem sie gerade gehandelt wird.

Sie haben nun zwei Wahlmöglichkeiten. Sie könnten die Aktie als überteuert betrachten und sie nicht kaufen, oder Sie könnten sagen: „Vielleicht könnte die Aktie die hohe Wachstumsrate nicht nur zehn sondern elf Jahre aufrechterhalten. Nun ja, die zehn Jahre waren ja ohnehin nur eine Schätzung und weshalb sollten es nicht auch elf Jahre sein?" Und so gehen Sie wieder an ihren Computer und mit Hängen und Würgen kommen Sie nun zu einem Wert, der höher ist als der gegen-wärtige Kurs. Gerüstet mit diesem „genauen" Wissen geben Sie eine Kauforder.

Der Grund, weshalb diese Spielchen funktionieren, ist der, dass je länger man das Wachstum prognostiziert, umso größer auch der Strom der künftigen Dividenden ist. Und so liegt der gegenwärtige Wert einer Aktie in der Willkür des Berechnenden. Wenn elf Jahre nicht ausrei-chen, damit die Rechnung aufgeht, werden vielleicht zwölf oder 13 Jahre ausreichen.

Es gibt immer eine Kombination von Wachstumsrate und Wachs-tumszeitraum, die spezielle Kurse rechtfertigt. In diesem Sinn ist es int-rinsisch unmöglich, den intrinsischen Wert einer Aktie zu berechnen, weil Menschen so sind wie sie sind.

J. Peter Williamson, der Autor eines hervorragenden Lehrbuchs für Finanzanalysten mit dem Titel *Investments*, bietet ein anderes Beispiel. In diesem Buch schätzte Williamson den gegenwärtigen Wert von IBM-Aktien, indem er die gleichen Grundregeln der Bewertung benutzte, die ich oben beschrieb. Das bedeutet, er schätzte, wie schnell IBMs Dividenden wachsen würden und über welchen Zeitraum hinweg. Damals war IBM eine der ersten Wachstumsaktien, und Williamson nahm vernünftigerweise an, dass IBM für einige Jahre mit einer sehr hohen Rate wachsen würde, bevor sie auf eine wesentlich geringere, „erwachsene" Wachstumsrate zurückfallen würde. Als er seine Schätzung vorstellte, wurde IBM zu einem Kurs (vor einem Aktiensplit) von 320 $ gehandelt.

> „Ich begann die Vorhersage des Gewinnwachstums mit 16%. Das war ein wenig unter dem Durchschnitt der vorhergehenden zehn Jahre... ich nahm also 16 % Wachstum für zehn Jahre an, denen ein ständiges Wachstum von 2 % folgen sollte ... Als ich diese Zahlen in die Formel einsetzte, erhielt ich einen intrinsischen Wert von 172,94 $, etwa die Hälfte des gegenwärtigen Kurses."

Da der intrinsische Wert und der Marktwert der IBM-Aktien so weit auseinander lagen, entschied Williamson, dass möglicherweise seine Einschätzung der Zukunft nicht genau war. Und deshalb experimentierte er weiter:

> „Es schien mir wenig sinnvoll, nur 10 Jahre überdurchschnittliches Wachstum für IBM zu prognostizieren, und deshalb weitete ich den Zeitraum des Wachstums von 16 % auf 20 Jahre aus. Und nun lag der intrinsische Wert bei 432,66 $, weit über dem Marktpreis."

Hätte Williamson sich entschieden, ein 30-jähriges überdurchschnittliches Wachstum anzunehmen, dann hätte er die künftigen Umsätze von IBM auf die Hälfte des damaligen Bruttosozialproduktes der Vereinigten Staaten geschätzt. Wir wissen jedoch, dass das Wachstum von IBM Mitte der 80er Jahre stoppte und Anfang der 90er Jahre über enorme Verluste berichtet wurde, bevor unter einem neuen Management 1994 eine kräftige Erholung begann.

Man sollte immer beachten, dass solche Beispiele einer mathematischen Präzision über begründeten Wert auf unsicherem Boden stehen: Man versucht, die Zukunft vorherzusehen. Die wichtigsten fundamentalen Daten für diese Kalkulationen kennt man nie mit Sicherheit. Es sind immer nur grobe Schätzungen – vielleicht sollte man eher sagen Vermutungen – über das, was in der Zukunft geschehen könnte. Und abhängig davon, was Sie gerade annehmen, können Sie sich selbst jeden Preis bestätigen, den Sie zu bezahlen bereit sind, wenn Sie eine Aktie unbedingt haben wollen.

Ich glaube, es gibt im Grundsatz keine Möglichkeit, den Wert von Aktien genau festzulegen. Selbst Gott der Allmächtige kennt nicht das genaue KGV einer Aktie.

Wir testen die Regeln

Wir beachten nun die Regeln und Warnungen und wollen die Aktienkurse ein wenig näher betrachten und untersuchen, ob die Regeln mit dem tatsächlichen Geschehen übereinstimmen. Beginnen wir mit der Regel 1 – je höher die angenommene Wachstumsrate, umso höher ist der Kurs einer Aktie.

Gleich zu Beginn wollen wir die Frage umformulieren, nicht was die Kurse selbst betrifft, sondern eher, was das KGV anbelangt. Dies gibt uns einen guten Maßstab, wenn wir verschiedene Aktien vergleichen – die unterschiedliche Kurse und Gewinne verzeichnen. Eine Aktie, die zu 100 $ gehandelt wird und 10 $ Jahresgewinn einbringt, hätte dann das gleiche KGV (10) wie eine Aktie, die zu 40 $ gehandelt wird und 4 $ Gewinn bringt. Es ist also das KGV und nicht der Kurs, das angibt, wie eine Aktie vom Markt bewertet wird.

Nun heißt unsere umformulierte Frage: Sind die aktuellen KGVs bei Aktien mit hoher Gewinnerwartung höher? Eine umfangreiche Studie, die John Cragg und ich selbst durchführten, weist auf ein deutliches Ja hin.

Es war ganz einfach, die erste Hälfte der erforderlichen Daten zu sammeln. Die KGVs sind täglich in den Zeitungen wie *New York Times* und *Wall Street Journal* abgedruckt. Um Informationen über das erwartete langfristige Wachstum zu erhalten, beobachteten wir 18 führende Investmentfirmen, deren Geschäft es ist, Vorhersagen zu erstellen, aufgrund derer Kauf- und Verkaufsempfehlungen gegeben werden. (Wie diese Vorhersagen zustande kommen, erkläre ich später.) Die Schätzungen entnahmen wir den Wachstumserwartungen jeder Firma für die nächsten fünf Jahre.

Ich möchte Sie nicht mit Einzelheiten über die statistischen Auswirkungen der Studie langweilen. Für einige repräsentative Aktien habe ich

Hohe langfristige Wachstumserwartungen drücken KGVs nach oben (Die Daten gelten für 1998)

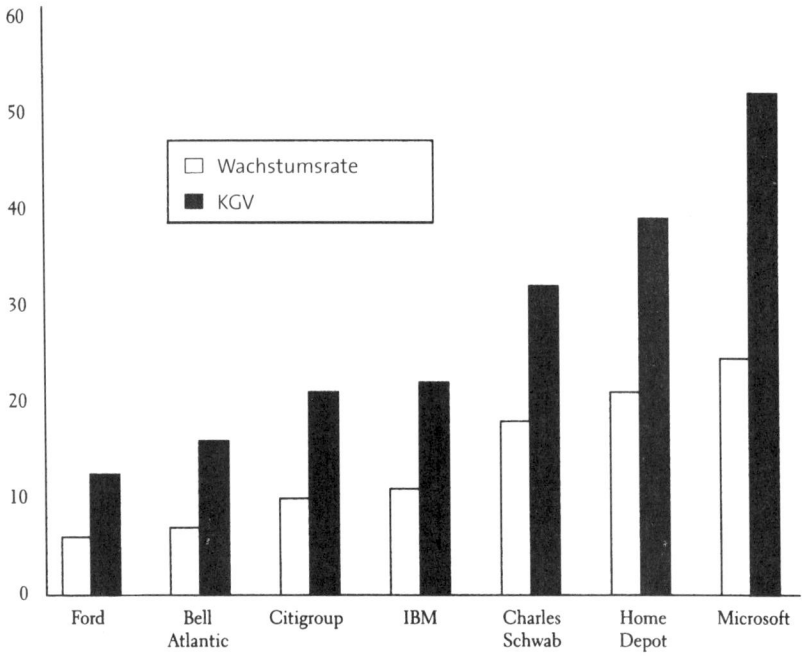

die Ergebnisse von 1998 im vorangehenden Chart dargestellt. Es wird deutlich, wie schon die Regel 1 erklärt, dass hohe KGVs mit hohen Wachstumserwartungen einhergehen. Dieses allgemeine Muster bestätigte sich in jedem Jahr seit 1961, als wir die Studie begannen.

Doch der Chart demonstriert nicht nur, wie der Markt unterschiedliche Wachstumsraten bewertet, sondern er kann auch als praktischer Anlageführer benutzt werden.

Nehmen wir einmal an, Sie beabsichtigten den Kauf einer Aktie mit einer angenommenen Wachstumsrate von 10 % und Sie wüssten, dass Aktien mit 10-prozentigem Wachstum, wie beispielsweise Citycorp, im Durchschnitt mit einem KGV von 21 gehandelt werden. Wenn die Aktie, die Sie zu kaufen beabsichtigen, mit einem KGV von 25 gehandelt wird, dann könnten Sie überlegen, anstatt dieser eine andere zu kaufen, die innerhalb der aktuellen Marktnormen gehandelt wird. Wenn aber andererseits Ihre Aktie mit einem KGV bei gleicher Wachstumsrate unterhalb des Durchschnitts gehandelt wird, dann sagt man, dass diese Aktie preisgünstig sei. Ich werde auf den praktischen Nutzen solcher Techniken, aber auch auf die Fallen, zurückkommen.

Wie steht es um die Regeln 2, 3 und 4? Ebenso wie es möglich ist, eine Beziehung zwischen dem KGV und den Wachstumserwartungen zu überprüfen, so kann man die erforderlichen Daten sammeln und Möglichkeiten finden, in denen nicht nur Wachstum, sondern auch Dividendenausschüttung, Risiko und Zinssätze in die Überlegungen einbezogen werden, wie das KGV beeinflusst wird. Mit diesen speziellen Techniken brauchen wir uns im Augenblick nicht zu beschäftigen. Wichtig ist, dass wir feststellen, dass es bei der Marktbewertung eine Logik zu geben scheint.

Die Kurse scheinen sich so zu verhalten, wie die von den Firm-Foundation-Theoretikern entwickelten 4 Regeln uns annehmen lassen. Es ist beruhigend zu wissen, dass es zumindest in diesem Ausmaß etwas Rationalität an der Börse gibt.

Eine weitere Warnung

Deswegen haben die Kurse, so scheint es wenigstens, eine inhärente Logik. In vielen Jahren korrelierten die Aktienkurse sehr eng mit charakteristischen Mustern von erwartetem Wachstum, aber auch mit anderen fundamentalen Einflüssen, die für die Verfechter der Firm-Foundation-Theorie so wichtig sind. Ja, es scheint, als gäbe es für die Bewertung doch eine feste Grundlage, und einige Witzbolde an der Wall Street glauben, man könne Geld verdienen, wenn man weiß, wie es geht.

Warnung 3: Was für die Gans Wachstum ist, ist es für den Gänserich noch lange nicht. Schwierigkeiten kommen dann auf, wenn es darum geht, den Wert zu bestimmen, den der Markt bestimmten fundamentalen Daten zumisst. Es ist immer richtig, dass der Markt Wachstum bewertet und dass höhere Wachstumsraten und höhere KGVs miteinander Hand in Hand gehen. Doch die entscheidende Frage ist: Wieviel mehr sollte man für höheres Wachstum bezahlen?

Hier gibt es keine schlüssige Antwort. Zu einigen Zeiten, beispielsweise Anfang der 60er und 70er Jahre, als man Wachstum für besonders wünschenswert hielt, war der Markt bereit, für Aktien, die hohes Wachstum aufwiesen, enorme Preise zu bezahlen. Zu anderen Zeiten, beispielsweise Ende der 80er und in den 90er Jahren, erzielten Aktien mit hohem Wachstum nur einen bescheidenen Aufschlag auf die KGVs von Aktien im Allgemeinen.

Dieser Punkt wird in der folgenden Tabelle verdeutlicht. IBM wurde während seiner schnellen Wachstumsphase ständig zu einem wesentlich höheren KGV gehandelt als der Markt. Doch der Unterschied bei den KGVs war ziemlich volatil. Im Dezember 1961 lag das KGV von IBM mehr als dreimal so hoch wie das des Marktes. Fünf Monate später war es nicht einmal doppelt so hoch. An den Tiefpunkten im Markt im Jahr 1970 und insbesondere im Jahr 1980 wurde IBM nur mit einem sehr kleinen Aufschlag im KGV gegenüber dem Gesamtmarkt gehandelt. Es ist zwar richtig, dass die Wachstumsaussichten bei IBM in den 80er und 90er Jahren wesentlich schlechter waren als in den 60er Jahren, doch können die großen Veränderungen in der relativen Bewertung zwischen 1961 und 1962 und zwischen 1968 und 1970 durch die veränderten Wachstumserwartungen von IBM nicht erklärt werden.

KGVs von IBM und dem Markt im Allgemeinen*

	KGV		
	IBM	S&P-Index	KGV von IBM in % vom KGV des S&P
Markt-Höchststand 1961	64	20	320
Markt-Tiefststand 1962	29	16	181
Markt-Höchststand 1968	50	18	278
Markt-Tiefststand 1970	25	16	156
Markt-Höchststand 1972	44	17	259
Markt-Tiefststand 1980	9	7	129
Markt-Höchststand 1998	22	25	88

* gemessen am S&P Industrial Index (S&P 425 bis 1972, S&P 400 für die Zahlen von 1980 und 1998)

Ganz ähnlich kann man die Aufschläge, die für Wachstumsaktien gezahlt werden, im folgenden Chart sehen, der die Aufschläge für Aktien im Smith Barney Index of Emerging Growth Stocks mit den Aktien des Standard & Poors 500 Stock Index vergleicht. Der Chart enttäuscht alle, die nach einer schlüssigen langfristigen Bewertungsrelation suchen. Wachstum kann so in Mode sein wie Tulpenzwiebeln, was Investoren in Wachstumsaktien schmerzvoll erfahren mussten. Während der frühen 80er Jahre erreichten Wachstumsaktien im Vergleich zum Gesamtmarkt extrem hohe Bewertungen. Während der späten 90er Jahre war der Wachstumsbonus geringer als während der gesamten 20 Jahre zuvor.

Der Aufschlag für Wachstum
KGV des Smith, Barney Emerging Growth Index relativ zum S&P 500

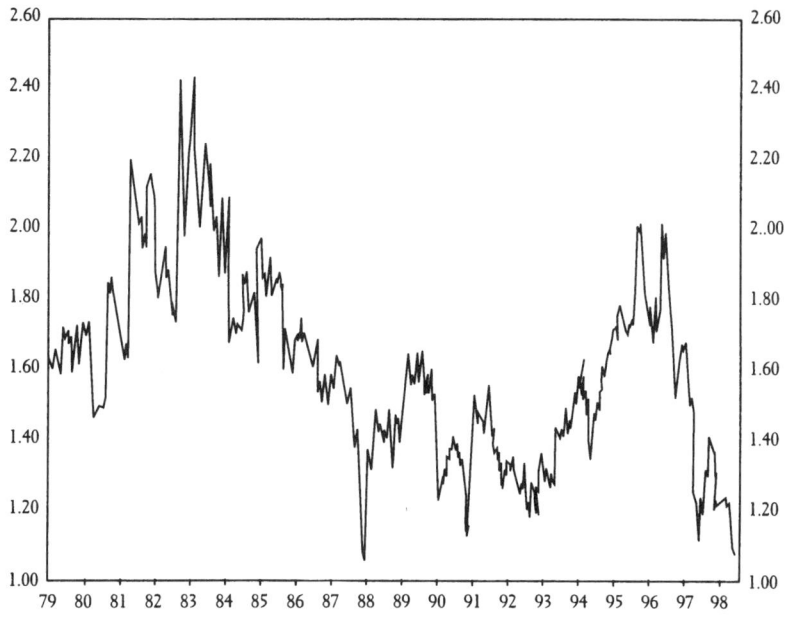

Ganz praktisch gesehen, lassen es die schnellen Wechsel der Markt-bewertung, die es immer gegeben hat, gefährlich erscheinen, die Bewertungsrelationen eines Jahres als Indikator für Marktnormen anzusetzen. Wenn man jedoch vergleicht, wie Wachstumsaktien heute und früher bewertet wurden, dann sollten Investoren zumindest in der Lage sein, diejenigen Perioden zu erkennen, wann der Tulpenvirus die Investoren ergriffen hatte. Als die erste Auflage dieses Buches im Jahr 1973 veröffentlicht wurde, warnte ich, dass Wachstumsaktien außerordentlich hoch im Kurs standen und dass Investoren diese Aktien mit größter Vorsicht behandeln sollten. Der oben stehende Chart zeigt, dass die KGVs der Wachstumsaktien sehr bescheiden sind, und Wachstumsunternehmen deshalb für das neue Millennium, verglichen mit dem Gesamtmarkt, attraktive Werte bieten.

Was bleibt von „begründeten Annahmen" übrig?

Ein wohlgeschätzter Rabbiner, dessen Ruhm wegen seines besonderen Talents, Streitigkeiten schlichten zu können, ihm die Reputation eines modernen Salomon eingebracht hatte, wurde gebeten, einen langen Streit zwischen zwei Philosophen zu schlichten. Der Rabbiner hörte genau zu, als der erste Streithahn leidenschaftlich seine Thesen vortrug. Der Rabbiner dachte lange nach und sagte schließlich: „Ja, du hast recht." Dann stellte der zweite Philosoph seine Thesen mit der gleichen Begeisterung und Überzeugungskraft vor und argumentierte sprachlich sehr geschickt, dass der erste Philosoph nicht recht haben könne. Der Rabbiner stimmte ihm zu und sagte: „Ja, du hast recht." Ein Zuhörer, den das ganze ein wenig verwirrt hatte, beschwerte sich beim Rabbiner: „Du hast beiden Philosophen gesagt, sie hätten recht, aber ihre Argumente widersprachen sich. Sie können nicht beide recht haben." Der Rabbiner brauchte nur einen kleinen Augenblick, um seine Antwort zu formulieren: „Ja, in der Tat, du hast recht."

Wenn ich versuche, den Streit zwischen den Firm-Foundation-Theoretikern und jenen, die die Börse dazu benutzen, Luftschlösser zu bauen, zu schlichten, dann fühle ich mich ein wenig wie der Rabbiner. Es scheint ganz klar, dass die sogenannten fundamentalen Größen einen deutlichen Einfluss auf die Kurse haben. Wir haben gesehen, dass die KGVs im Markt vom erwarteten Wachstum, von Dividendenausschüttungen, Risiken und den Zinsen beeinflusst werden. Höhere Erwartungen an das Gewinnwachstum und höhere Dividendenzahlungen erhöhen im Allgemeinen die KGVs. Es gibt an der Börse also eine Logik, genau wie es die Anhänger der Firm-Foundation-Theorie versichern.

Und deshalb, wenn alles gesagt und getan ist, dann scheint es, als gäbe es einen Maßstab für Wert, aber einen der sehr flexibel und unverlässlich ist. Um den Vergleich ein klein wenig zu verändern, Aktienkurse sind in gewissem Sinn an bestimmten fundamentalen Daten verankert, aber der Anker kann leicht hochgezogen und an anderer Stelle wieder fallengelassen werden. Weil wir herausgefunden haben, dass die Standards für Wert nicht die festen und unumstößlichen Standards sind, die die Gesetze der Physik charakterisieren, sondern eher flexible und unbeständige Relationen, die mit einer Börse bestehen, die ständig von der Massenpsychologie beeinflusst wird.

Nicht nur, dass der Markt die Werte verändert, die er auf verschiedene fundamentale Bestimmungsgrößen der Aktienkurse legt, sondern die wichtigsten dieser fundamentalen Größen sind selbst Veränderungen unterworfen, die von der Marktpsychologie abhängen. Aktien werden aufgrund von Hoffnungen und Erwartungen gekauft – nicht aufgrund von Fakten.

Der wichtigste fundamentale Einfluss auf Aktienkurse ist die Höhe und die Dauer des zukünftigen Wachstums der Unternehmensgewinne und der ausgeschütteten Dividenden. Doch, wie ich schon vorher betont habe, kann man das Wachstum künftiger Gewinne nicht leicht schätzen, auch Börsenprofis können das nicht. In optimistischen Zeiten ist es für Investoren sehr einfach, sich selbst davon zu überzeugen, dass ihr Lieblingsunternehmen deutliches und andauerndes Wachstum über lange Zeit verzeichnen könnte. Wenn er seine Wachstumserwartungen erhöht, kann sich selbst der nüchternste Firm-Foundation-Theoretiker dazu bringen, jeden Preis für eine Aktie zu bezahlen.

In Zeiten von extremem Pessimismus werden viele Aktienanalysten kein Wachstum vorhersagen, das für sie innerhalb kurzer Zeit nicht „sichtbar" ist und sie werden deshalb bei den Unternehmen, die sie beobachten, nur sehr bescheidene Wachstumsraten prognostizieren. Aber wenn die erwarteten Wachstumsraten selbst und der Kurs, den der Markt für dieses Wachstum zu zahlen bereit ist, sich aufgrund der Marktpsychologie sehr schnell ändern können, dann ist es klar, dass die Vorstellung eines festen intrinsischen Wertes für Aktien ein schwer fassbares Irrlicht ist. Wie schon ein altes Sprichwort der Wall Street sagt: Für einen Bullen ist kein Kurs zu hoch und für einen Bären ist kein Kurs zu niedrig.

Illusionen von Luftschlössern und Träume, schnell reich werden zu können, spielen bei der Aktienbewertung eine wichtige Rolle. Selbst Investoren, die an die Firm-Foundation-Theorie glauben, könnten aus dem Grund eine Aktie kaufen, weil sie glauben, dass die Allgemeinheit in der Zukunft eine höhere Wachstumsrate erwartet. Und dann gibt es Investoren, die mit einem Schnellstart außerordentliche Gewinne einfahren und dann künftige Veränderungen im intrinsischen Wert von Aktien erahnen wollen.

Dennoch verdeutlicht diese Analyse auch, dass die Börse sich nicht ständig im Tulpenzwiebel-Wahn befindet. Grundsätzlich akzeptierte Regeln der Bewertung bieten einen gewissen Ausgleich. Der Investor, der gern Luftschlösser baut, könnte sich sehr wohl überlegen, dass dann, wenn die Kurse zu weit von den normalen Bewertungsmaßstäben abweichen, die allgemeine Meinung sein könnte, dass andere Anleger eine Veränderung vorausahnen. Diese Wertmaßstäbe sind jedoch außerordentlich locker und sehr schwierig einzuschätzen. Doch früher

oder später könnte es sein, dass einige Investoren in einem äußerst optimistischen Markt die Wachstumsraten, die in aktuellen Kursen enthalten sind, mit realistischeren Wachstumserwartungen zu vergleichen
beginnen.

Es scheint mir außerordentlich vernünftig zu sein, dass uns beide
Ansichten über die Kurse von Aktien etwas über das wirkliche Markt-
verhalten sagen. Die wichtige Frage ist jedoch, wie man die Theorien
nutzen kann, um sinnvolle Investmentstrategien in die Tat umzusetzen.
Mehr darüber lesen Sie in Teil 2, wo wir einmal genau beobachten wollen, wie die Profis diese beiden Theorien bei ihren Kapitalanlagen
anwenden, und in Teil 3, wo ich den akademischen Weg der Kapitalanlage untersuchen werde.

TEIL 2

Wie die Profis das große Spiel spielen

KAPITEL 5

Die Technische und die Fundamentale Analyse

> *Ein Bild sagt mehr als 1.000 Worte.*
> ALTES CHINESISCHES SPRICHWORT

Am 28. Oktober 1997 wurden mehr als 1,2 Milliarden Aktien mit einem Marktwert von schätzungsweise 50 Milliarden Dollar an der New York Stock Exchange gehandelt. Umsätze im Wert von 25 Milliarden $ sind an einem Handelstag inzwischen zur Routine geworden. Und dies ist nur der eine Teil der Geschichte. Wesentlich mehr Umsatz wird auf dem NASDAQ-Markt getätigt, und auch an der American Stock Exchange und einer Reihe von regionalen Börsen beobachtet man ansehnliche Umsätze. Professionelle Investmentanalysten und Anlageberater sind Teil des ganz großen Spiels.

Wenn der Einsatz hoch ist, dann ist auch der Gewinn hoch. Trainees, die gerade von der Harvard Business School kommen, kassieren Gehälter von weit über 125.000 $ im Jahr. Erfahrene Aktienanalysten und erfolgreiche Verkäufer, beschönigend Verkaufsrepräsentanten genannt, verdienen deutlich mehr. An der Spitze der Rangliste stehen die Geldmanager selbst – die Männer und Frauen, die die großen Investmentfonds, Pensionsfonds und Stiftungsvermögen managen. „Adam Smith" prahlte, nachdem er seinen Bestseller *The Money Game* geschrieben hatte, dass er mit diesem Buch eine Viertelmillion Dollar machen würde. Seine Freunde von der Wall Street erwiederten schlagfertig: „Damit verdienst du nicht mehr als ein zweitklassiger institutioneller Verkäufer." Man kann davon ausgehen, dass die Hochfinanz, obwohl sie nicht zu den ältesten Berufen zählt, sicherlich mit die besten Gehälter bezieht. Der zweite Teil dieses Buchs konzentriert sich auf die Methoden und Ergebnisse der Profis der Wall Street, LaSalle Street, Montgomery Street und der verschiedenen Finanzzentren auf der ganzen Welt. Dann erläutert dieser Teil, wie Akademiker in Städten wie Princeton und Berkeley die Ergebnisse der Profis analysierten und zum Schluss kamen, dass die professionellen Anleger nicht das Geld wert sind, das man ihnen bezahlt.

Akademiker waren schon immer kleinliche Pfennigfuchser. Nach ihrem Motto „Schreibe oder sterbe", beschäftigen sie sich ständig damit, Arbeiten zu schreiben, in denen sie die Theorien anderer zerstören, ihre eigene Arbeit verteidigen, oder kunstvolle Verzierungen allgemein anerkannter Ideen verfassen.

Die Random-Walk-Theorie oder Efficient-Market-Theorie ist so ein Fall. Zur Zeit gibt es drei Versionen dieser Theorie: Die milde, die halbstrenge und die strenge Version. Alle drei Theorien stützen die Idee, dass außer in lang andauernden Trends die Aktienkurse schwierig, wenn nicht sogar unmöglich vorherzusagen sind. Die milde Version sagt, man kann künftige Aktienkurse nicht auf der Basis vergangener Aktienkurse vorhersagen. Die halbstrenge Version sagt, man kann nicht einmal veröffentlichte Informationen zur Vorhersage künftiger Kurse einsetzen. Die strenge Version ist sehr radikal und sagt, dass nichts – nicht einmal unveröffentlichte Entwicklungen – dazu beitragen könnten, die künftigen Kurse vorherzusagen. Alles, was bekannt ist oder bekannt sein könnte, wird bereits in den aktuellen Kursen reflektiert. Die milde Version dieser Theorie greift die technische Analyse an, die mittelstrenge und die strenge Form argumentieren gegen viele Glaubenssätze, die von jenen hochgehalten werden, die der Fundamentalanalyse anhängen.

Technische Analyse versus Fundamentalanalyse

Der Versuch, den künftigen Weg eines Aktienkurses genau vorherzusagen, und damit auch die günstigste Zeit, eine Aktie zu kaufen oder zu verkaufen, gilt als ständige Herausforderung für Investoren. Die Suche nach dem goldenen Ei hat eine Reihe von Methoden hervorgebracht, die man zwischen wissenschaftlich und Kult ansiedeln kann. Es gibt heute Leute, die die künftigen Aktienkurse anhand der Sonnenflecken bestimmen, die Mondphasen betrachten oder die Vibrationen entlang des Sankt-Andreas-Grabens messen. Die meisten jedoch entscheiden sich für eine der beiden folgenden Methoden: die Technische Analyse oder die Fundamentalanalyse.

Diese alternativen Techniken, die von den Investmentprofis benutzt werden, haben etwas mit den beiden Theorien des Aktienmarktes zu tun, die ich im ersten Teil des Buches besprochen habe. Die Technische Analyse ist die Methode, die richtige Zeit zum Kauf oder Verkauf einer Aktie vorherzusagen, die von denen angewendet wird, die an die Theorie der Luftschlösser glauben. Die Fundamentalanalyse ist die Technik, die zur Auswahl bestimmter Aktien die Lehren und Grundsätze der Theorie der begründeten Annahmen (firm foundation) anwendet.

Die Technische Analyse ist im Wesentlichen die Erstellung und Interpretation von Aktiencharts. Deshalb nennt man diejenigen, die die Technische Analyse bevorzugen, eine kleine, jedoch verschworene Gemeinschaft, Chartisten. Sie studieren die Vergangenheit – sowohl die Bewegungen der Aktienkurse als auch des Umsatzvolumens – um einen Anhaltspunkt für die Richtung künftiger Veränderungen zu erhalten. Die meisten Chartisten glauben, der Markt sei nur zu 10 % logisch und zu 90 % psychologisch. Im Allgemeinen kann man sie der Schule der Luftschlossarchitekten zurechnen, denn sie verstehen das Investmentspiel als das Vorhersehen, wie andere Mitspieler sich verhalten werden. Die Charts können allerdings nur das aussagen, was die anderen Mitspieler in der Vergangenheit getan haben. Die Hoffnung der Chartisten jedoch ist, dass eine sorgfältige Studie von dem, was die anderen Mitspieler getan haben, ein Licht darauf wirft, was die große Menge voraussichtlich in der Zukunft tun wird.

Fundamentalanalysten nehmen die Gegenposition ein und glauben, der Markt sei zu 90 % logisch und nur zu 10 % psychologisch. Sie kümmern sich wenig um bestimmte Muster der vergangenen Kursentwicklung, sondern versuchen, den korrekten Wert eines Wertpapiers zu bestimmen. In diesem Fall ist der Wert an Wachstum, Dividendenausschüttung, Zinssätze und Risiko gebunden, entsprechend den Regeln der Firm-Foundation-Theorie, die ich im letzten Kapitel beschrieben habe. Indem sie für jedes Unternehmen die relevanten Faktoren, wie beispielsweise Wachstum, einzuschätzen versuchen, erhalten die Fundamentalisten eine Meinung über den intrinsischen Wert einer Aktie. Wenn dieser über dem Marktpreis liegt, dann wird dem Investor geraten zu kaufen. Fundamentalisten glauben, dass der Markt letztendlich genau den wirklichen Wert einer Aktie widerspiegeln wird. Etwa 90 % der Aktienanalysten an der Wall Street rechnen sich den Fundamentalisten zu. Viele von ihnen glauben, dass es den Chartisten an Ernsthaftigkeit und Professionalismus fehlt.

Was können die Charts Ihnen sagen?

Die erste Grundlage der Technischen Analyse ist, dass alle Informationen über Gewinne, Dividenden und die künftige Performance eines Unternehmens automatisch in die vergangenen Kurse der Aktien des Unternehmens eingeflossen sind. Ein Chart, der diese Kurse und das Umsatzvolumen zeigt, enthält alle fundamentalen Informationen, gut oder schlecht, die ein Aktienanalyst je erhalten könnte. Die zweite Grundregel ist, dass die Kurse dazu neigen, sich in Trends zu bewegen: Eine Aktie deren Wert steigt, neigt dazu, weiterhin zu steigen, während eine Aktie, die eine Pause einlegt, auch weiterhin pausiert.

Ein echter Chartist kümmert sich nicht einmal darum, um welches Unternehmen oder um welche Branche es sich handelt, solange er die Möglichkeit hat, den Chart der Aktie zu studieren. Ein Chart mit dem Muster einer umgekehrten Untertasse oder eines Wimpels hat für Microsoft die gleiche Bedeutung wie für Coca Cola. Fundamentale Informationen über Gewinne und Dividenden werden als bestenfalls nutzlos angesehen – schlimmstenfalls als eine Ablenkung. Es ist entweder belanglos für die Bewertung der Aktie, oder, wenn es wichtig ist, dann hat es der Markt bereits Tage, Wochen oder sogar Monate bevor die Neuigkeiten veröffentlicht wurden, in den Kursen reflektiert. Aus diesem Grund lesen Chartisten nicht einmal die Zeitung, außer vielleicht um die täglichen Kursnotierungen zu verfolgen.

Einer der ersten Chartisten, John Magee, arbeitete in einem kleinen Büro in Springfield, Massachusetts, indem er sogar die Fenster verhängt hatte, um sich von allen äußeren Einflüssen abzuschirmen, die ihn von seiner Analyse hätten ablenken können. Magee soll einmal gesagt haben: „Wenn ich in dieses Büro gehe, dann lasse ich den Rest der Welt draußen, um mich nur auf meine Charts zu konzentrieren. Dieser Raum ist in einem Schneesturm der gleiche wie in einer Mondscheinnacht im Juli. In diesem Raum kann ich nicht dazu verleitet werden, mir und meinen Klienten eine Kaufempfehlung zu geben, nur weil die Sonne scheint, oder eine Verkaufsempfehlung, weil es gerade regnet."

Wie Sie in den folgenden Abbildungen sehen, können Sie selbst ganz leicht einen Chart zeichnen. Sie zeichnen ganz einfach für jeden Handelstag eine senkrechte Linie, deren unteres Ende den Tagestiefstpunkt

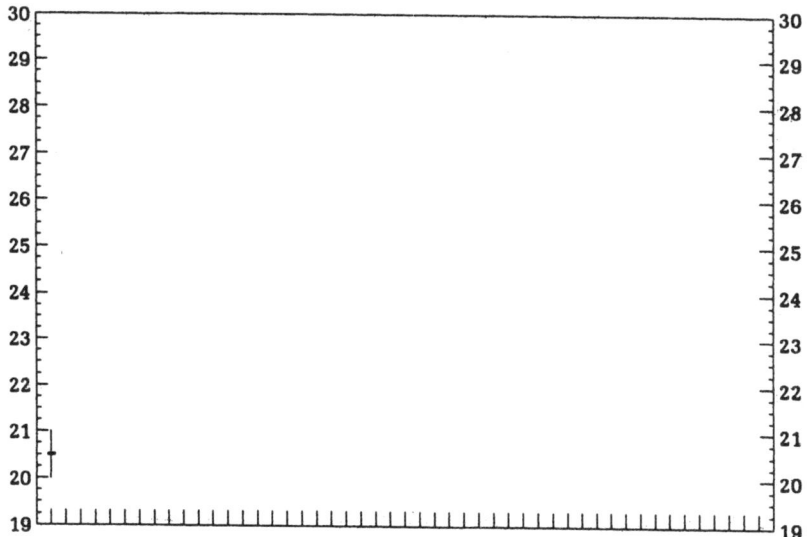

und deren oberes Ende den Tageshöchststand eines Aktienkurses darstellt. Diese Linie wird waagerecht durchkreuzt um den Schlusskurs dieses Tages zu bezeichnen. Die Aktie in der Abbildung hatte an diesem
Tag eine Bandbreite zwischen 20 und 21 und einen Schlusskurs von
20,5. Das kann an jedem Handelstag wiederholt werden. Es kann für
einzelne Aktien oder für einen der Aktienindices benutzt werden, die

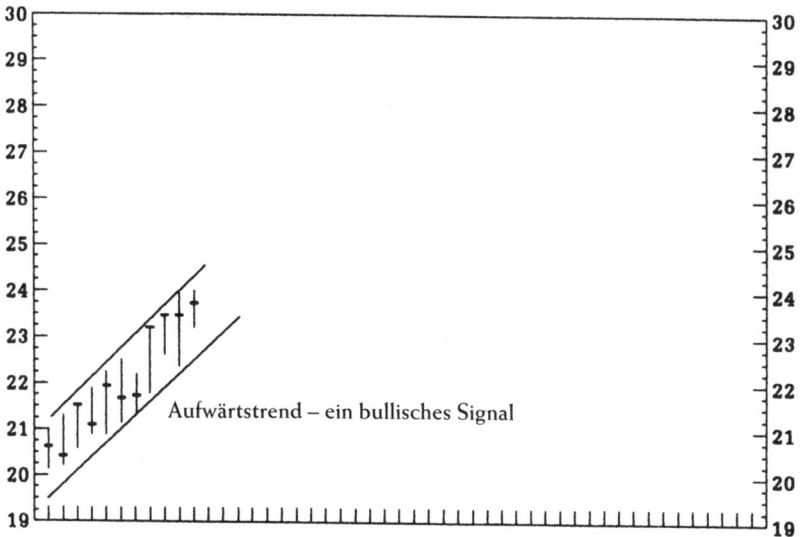

Aufwärtstrend – ein bullisches Signal

Sie auf den Finanzseiten der meisten Zeitungen finden. Oft zeichnen Chartisten den Umsatz der gehandelten Aktien während eines Tages durch eine weitere vertikale Linie am unteren Ende des Charts. Langsam bewegen sich die Hoch- und Tiefstände auf dem Chart einer bestimmten Aktie auf und ab und zeichnen bestimmte Muster. Für den Chartisten haben diese Muster die gleiche Bedeutung wie Röntgenbilder für einen Chirurgen.

Zuerst sucht ein Chartist nach einem Trend. Die folgende Abbildung zeigt, wie ein Chart entsteht. Es ist die Aufzeichnung über Kursveränderungen einer Aktie über einige Tage hinweg – und offensichtlich sind die Kurse in einer Aufwärtsbewegung. Der Chartist zieht zwei Linien, die die Höchststände und die Tiefststände verbinden, wodurch ein „Kanal" entsteht, der den Aufwärtstrend eingrenzt. Weil man davon ausgeht, dass das Momentum im Markt sich selbst weiterentwickelt, interpretiert der Chartist ein solches Muster als ein bullisches Signal – man kann erwarten, dass der Kurs dieser Aktie weiterhin steigt. Wie Magee in der Bibel des Charting, *Technical Analysis of Stock Trends*, schreibt: „Kurse bewegen sich in Trends und Trends neigen dazu, sich fortzusetzen, bis etwas geschieht, das das Gleichgewicht zwischen Angebot und Nachfrage verändert."

Nehmen wir jedoch einmal an, dass die Aktie bei etwa 24 Punkten in Schwierigkeiten gerät und nicht mehr in der Lage ist, weiteren Boden gutzumachen. Dies nennt man eine Widerstandslinie. Die Aktie könnte

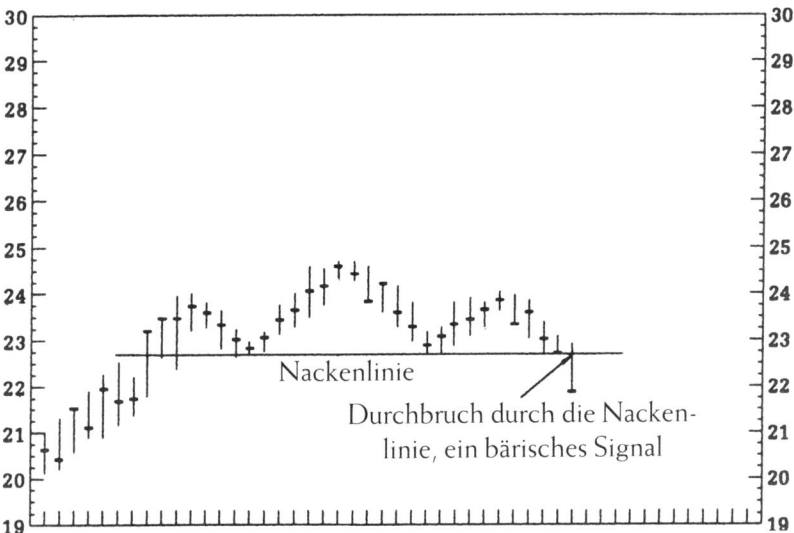

Nackenlinie

Durchbruch durch die Nackenlinie, ein bärisches Signal

dann ein wenig auf und ab zittern und sich dann wieder abwärts wenden. Ein Muster, von dem die Chartisten behaupten, es gäbe ein deutliches Signal, dass der Markt an einem Höhepunkt angekommen sei, ist eine Kopf-Schulter-Formation. Dieses Muster finden Sie in der untenstehenden Abbildung.

Der Kurs steigt zunächst, fällt dann leicht ab und bildet eine gerundete Schulter aus. Er steigt wieder an, steigt ein wenig höher, bevor er sich noch einmal zurückzieht und einen Kopf ausbildet. Schließlich wird die rechte Schulter gezeichnet, und die Chartisten warten mit angehaltenem Atem auf das Verkaufssignal, das laut und deutlich erklingt, wenn der Kurs die Nackenlinie verletzt. Mit dem Frohlocken, mit dem Graf Dracula eines seines Opfer beobachtet, steigen die Chartisten schnell aus und verkaufen, weil sie glauben, dass ein längerer Abschwung folgen wird, wie es schon in der Vergangenheit häufig geschehen ist. Natürlich kommt es manchmal vor, dass der Markt die Chartisten überrascht. Wie man beispielsweise im folgenden Chart sehen kann, kann die Aktie auch bis auf 30 ansteigen, nachdem der Chart zuvor ein Ausstiegssignal gegeben hat. Das nennt man eine „Bärenfalle", Chartisten nennen es die Ausnahme, die die Regel bestätigt.

Diese Technik deutet darauf hin, dass der Chartist eher ein Trader als ein langfristig orientierter Anleger ist. Der Chartist kauft, wenn die Vorhersagen günstig aussehen und verkauft bei schlechten Vorzeichen. Er

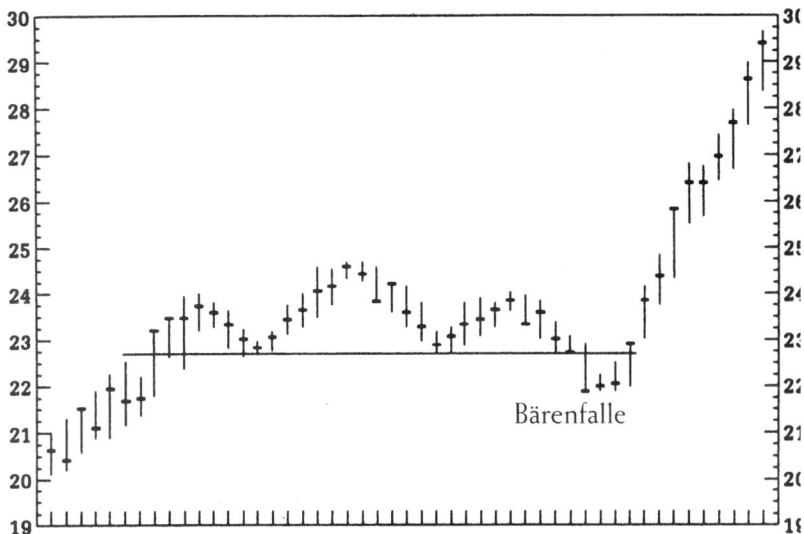

Bärenfalle

flirtet mit Aktien, wie andere mit dem anderen Geschlecht flirten, und bei schnellen Trades kann er durchaus erfolgreich sein, während langfristige Engagements nicht belohnt werden. Tatsächlich geht der Psychiater Don D. Jackson, der zusammen mit Albert Hass Jr. das Buch *Bulls, Bears and Dr. Freud* schrieb, dass ein Chartist ein Spiel mit deutlich sexuellen Untertönen spielt.

Wenn ein Chartist eine Aktie für ein potentielles Investment auswählt, dann beobachtet er sie typischerweise eine Zeitlang und „flirtet" mit ihr, bevor er sich engagiert, weil für den Chartisten – wie bei einer Romanze und einer sexuellen Eroberung, das Timing wesentlich ist. Wenn ein Aktienkurs die Grundformation durchbricht und höher steigt, dann steigt auch die Erregung des Chartisten. Und schließlich, wenn die Affäre erfolgreich war, dann gibt es den Augenblick der Erfüllung – die Gewinnmitnahme, und danach folgen Erleichterung und Entspannung. Zum Vokabular der Chartisten gehören Begriffe wie Doppelböden, Durchbruch, Verletzung der Tiefs, Bestätigung, ansteigende Höhepunkte und Verkauf auf dem Gipfel. Und all dies findet unter dem Wahrzeichen des großen Symbols der Sexualität statt: dem Bullen.

Das Grundprinzip der Chartanalyse

Am schwierigsten ist die Frage zu beantworten, weshalb die Chartanalyse funktionieren soll. Einige meiner besten Freunde sind Chartisten und ich habe ihren Erklärungen sehr sorgfältig zugehört. Aber bisher habe ich sie noch nicht verstanden. Tatsächlich gibt es viele Chartisten, die offen zugeben, dass sie nicht wissen, weshalb die Chartanalyse funktionieren sollte – die Geschichte wiederholt sich eben immer wieder. Sogar Magee, der Seher unter den Chartisten, ging so weit zu sagen, dass wir niemals darauf hoffen dürften zu wissen, weshalb der Markt sich so verhält, wie er es tut, wir könnten immer nur zu verstehen versuchen, wie er sich verhält.

Wenn man Magee glauben darf, dann gleicht die Situation an der Börse in etwa der eines Schweines in einem Gatter. Das Gatter ist am Boden völlig geschlossen, doch darüber liegt ein Heuboden mit einer großen, offenen Tür. Das Schwein hat ein Geschirr um seinen Körper, das mit einer langen Fahnenstange verbunden ist, deren Spitze deutlich durch die Tür des Heubodens zu sehen ist. Wenn das Schwein herumläuft, dann bewegt sich auch der Fahnenmast. Magee sagt, dass wir auf einem nahegelegenen Baum sitzen und die Bewegungen der Mastspitze beobachten, und das sei alles, was wir sehen können. Aus den Bewegungen des Fahnenmastes müssen wir schließen, was unten passiert, so wie die Marktteilnehmer aus den Kursbewegungen, die sie sehen können, ableiten müssen, was auf dem Markt geschieht. Weiterhin sagte Magee, dass es nicht wichtig sei, welche Farbe oder welche Größe das Schwein habe, oder ob es überhaupt ein Schwein ist. Es sei nur wichtig, die nächste Bewegung des Fahnenmastes vorhersagen zu können.

„Einige Beobachter, die sich mit den höchst abstrakten Symbolen nicht wohl fühlen, geben den Bewegungen der Fahnenstange Bedeutungen. Sie versuchen, diese Bewegungen zu interpretieren, und ordnen diese Bewegungen verschiedenen sich anpassenden, streitsüchtige, kopulierenden … Aktionen des Schweins zu. Andere (wie Magee, der Autor), die sich selbst als reine Techniker sehen, beobachten nur die Spitze der Fahnenstange und arbeiten völlig auf der Basis dessen, was die Spitze der Fahnenstange getan hat, tut oder – entsprechend Trends, sich wiederholenden Bewegungen, Extrapolationen und so weiter – möglicherweise tun wird."

Und dennoch liegt es in unserer Natur, nach dem Warum zu fragen. Mir erscheinen die folgenden Erklärungen der Technischen Analyse am plausibelsten. Trends setzen sich selbst aus einem von zwei Gründen fort.

Erstens wurde behauptet, dass der Masseninstinkt aus der Massenpsychologie dafür verantwortlich sei. Wenn Investoren den Kurs eines spekulativen Favoriten immer höher ansteigen sehen, wollen sie auf den Zug aufspringen und an dem Aufschwung teilnehmen. Tatsächlich trägt der Kursanstieg selbst dazu bei, den Enthusiasmus in einer sich selbst erfüllenden Prophezeiung zu nähren. Jeder Kursanstieg erregt den Appetit der Investoren und läßt sie einen weiteren Anstieg erwarten.

Zweitens könnte es sein, dass es manchen Investoren möglich ist, fundamentale Informationen über ein Unternehmen zu erhalten. Wenn solche günstigen Nachrichten bekannt werden, beispielsweise die Entdeckung eines großen Minerallagers, dann kann man davon ausgehen, dass die Insider die ersten sind, die es erfahren. Indem sie handeln, indem sie die Aktie kaufen, verursachen sie einen Kursanstieg. Danach erzählen die Insider es ihren Freunden, die danach handeln. Später finden die Profis heraus, dass es gute Nachrichten gegeben hat, und die großen Institutionen legen größere Aktienpakete in ihre Portfolios. Schließlich erhalten arme Schlucker wie Sie und ich die Information und kaufen, und drücken den Kurs noch höher.

Dieser Vorgang sollte dazu führen, dass es bei guten Nachrichten einen leichten Anstieg im Kurs gibt, und einen leichten Abschwung, wenn die Nachrichten schlecht sind. Chartisten sind überzeugt, dass sie, auch wenn sie keinen Zugang zu Insiderinformationen haben, allein durch die Beobachtung der Kursbewegungen in der Lage sind, die Fährte des „klugen Geldes" aufzunehmen und lange vor der Allgemeinheit einzusteigen.

Chartisten glauben, es gäbe einen weiteren Grund dafür, dass ihre Techniken Bestand haben. Die Menschen haben die hässliche Angewohnheit, sich daran zu erinnern, was sie für eine Aktie gezahlt haben, oder daran, welchen Kurs sie gerne bezahlt hätten. Gehen wir beispielsweise einmal davon aus, eine Aktie sei lange Zeit zu 50 $ gehandelt worden, in der viele Investoren eingestiegen waren. Und dann stellen Sie sich vor, dass der Kurs auf 40 $ fällt.

Chartisten behaupten, dass die meisten Leute die Aktien wieder verkaufen würden, wenn der Kurs zum Einstiegspreis zurückkehrt, um ohne Schaden aus dem Trade zu kommen. Konsequenterweise wird der Kurs von 50 $, zu dem die Aktie ursprünglich gehandelt wurde, zu einem Widerstandsbereich. Immer wenn diese Widerstandslinie erreicht wird und die Aktie im Kurs wieder sinkt, dann geht die Theorie davon aus, dass die Widerstandslinie immer schwieriger zu überschreiten sein wird, weil immer mehr Investoren davon ausgehen, dass der Markt oder eine bestimmte Aktie nicht höher steigen könne.

Eine ähnliche Begründung gibt es für die Unterstützungslinie. Chartisten sagen, dass viele Investoren, die es versäumt haben zu kaufen, als der Markt auf einem relativ niedrigen Kursniveau war, das Gefühl haben, sie hätten den Zug verpasst, wenn die Kurse steigen. Es ist anzunehmen, dass solche Investoren die Gelegenheit zum Kauf ergreifen, wenn die Kurse auf den ursprünglichen niedrigen Level zurückfallen.

Chartisten glauben auch, Investoren, die Aktien verkauften, als der Markt niedrig war und dann zusehen mussten, wie die Kurse stiegen, seien bemüht, diese Aktien zurückzukaufen, wenn sie wieder auf dem Niveau eintreffen, bei dem sie verkauft haben. Außerdem sagt man, das Niveau des ursprünglich niedrigen Kurses werde eine Unterstützungszone, weil Investoren glauben würden, dass die Kurse wieder über dieses Niveau ansteigen werden. In der Charttheorie wird eine Unterstützungszone, die eine Reihe von Abschwüngen aufhalten kann, immer stärker. Wenn also eine Aktie bis zu einer Unterstützungszone abrutscht und dann im Kurs wieder zuzulegt, dann werden die Trader aufspringen, weil sie glauben, die Aktie komme gerade aus den Startlöchern. Ein weiteres bullisches Signal ist es, wenn eine Aktie schließlich eine Widerstandslinie durchbricht. Nach dem Lexikon der Chartisten wird die ehemalige Widerstandslinie nun zur Unterstützungslinie und die Aktie sollte keine Schwierigkeiten haben, weiteren Boden gutzumachen.

Weshalb könnte die Chartanalyse versagen?

Für mich ist es einfacher, logische Argumente gegen die Chartanalyse anzuführen. Zunächst sollte festgehalten werden, dass der Chartist erst dann einsteigt, wenn sich Kurstrends bereits etabliert haben, und er nur dann verkauft, wenn diese gebrochen sind. Weil im Markt aber deutliche Umkehrbewegungen ganz plötzlich auftreten können, verpasst der Chartist oft den Absprung. Dann, wenn ein Aufwärtstrend angezeigt ist, kann er schon stattgefunden haben. Zweitens müssen solche Techniken letztendlich selbstzerstörerisch sein. Je mehr Leute sie benutzen, umso weniger wird jede Technik wert. Kein Kaufsignal kann wertvoll sein, wenn alle gleichzeitig darauf reagieren.

Außerdem neigen Trader dazu, technische Signale vorauszuahnen. Wenn sie bemerken, dass ein Kurs kurz davor ist, eine Widerstandslinie zu durchbrechen, neigen sie dazu, zuvor und nicht erst nach dem Durchbruch zu kaufen. Wenn solche Charttechniken jemals gewinnbringend waren, dann werden sie heute nur noch für diejenigen Gewinne bringen, die die Signale erahnen. Das lässt vermuten, dass andere versuchen werden, das Signal noch früher zu erkennen. Je früher Sie natürlich eine Annahme treffen, desto weniger können Sie sicher sein, dass dieses Signal auch eintreten wird, und in dieser Jagd nach dem frühzeitigen Erkennen von Signalen ist es zweifelhaft, dass irgendwelche gewinnbringenden technischen Tradingregeln entwickelt werden können.

Das vielleicht schlagendste Argument gegen die technischen Methoden kommt von den logischen Implikationen des profitmaximierenden Verhaltens seitens der Investoren. Nehmen Sie beispielsweise einmal an, Universal Polymers werde zu etwa 20 gehandelt, als Sam, der Chef der chemischen Forschungsabteilung, eine neue Produktionstechnik entdeckt, die verspricht, die Gewinne des Unternehmens und damit auch den Aktienkurs zu verdoppeln. Nun ist Sam davon überzeugt, dass der Kurs von Universal bis auf 40 ansteigen wird, wenn sich die Neuigkeiten über seine Entdeckung verbreiten. Weil alle Käufe unterhalb von 40 einen netten Gewinn bedeuten, könnte es durchaus sein, dass er so viele Aktien wie nur möglich kauft, bis der Kurs auf 40 angestiegen ist, ein Vorgang, der nur ein paar Minuten dauern könnte.

Auch wenn Sam nicht genügend Geld hat, um selbst den Kurs nach oben zu treiben, haben wahrscheinlich seine Freunde und die Finanzinstitutionen ausreichend Mittel zur Verfügung, um den Kurs so schnell zu bewegen, dass kein Chartist in Aktion treten könnte, bevor das ganze Spiel schon wieder vorbei ist. Tatsache ist, der Markt selbst ist ein höchst effizienter Mechanismus. Wenn einige Leute wissen, dass der Kurs morgen bis auf 40 steigen wird, wird er auch heute schon auf 40 ansteigen. Natürlich, wenn Sam eine öffentliche Bekanntmachung seiner Entdeckung veranlasst, wie es das Gesetz verlangt, dann ist dieses Argument sogar noch stärker. Kurse können so schnell auf neue Informationen reagieren, dass der ganze Vorgang der Technischen Analyse zu einem vergeblichen Unterfangen wird. Im nächsten Kapitel werde ich untersuchen, ob die Tatsachen diese pessimistische Ansicht über das Charting unterstützen.

Vom Chartisten zum Techniker

Auch wenn die Chartisten an der Wall Street keinen besonders guten Ruf haben, gewannen ihre farbenfrohen Methoden viele Anhänger, weil sie einen vermeintlich einfachen Weg zu schnellem Reichtum versprechen. Die Unternehmen, die Aktiencharts herstellen und vertreiben, und die Computerprogrammierer, die Chartsoftware für Privatanleger entwickeln, Brokerfirmen und Finanznachrichtenagenturen wie CNBC, Bloomberg und CNN verzeichnen Rekordumsätze, und Chartisten finden hervorragend bezahlte Anstellungen bei Investmentfonds und Brokerfirmen.

In der Zeit vor dem Computer wurde die mühevolle Arbeit, einen Kurs im Markt aufzuzeichnen, von Hand erledigt. Chartisten wurden oft als eigenartige Menschen angesehen, mit grünen Augenringen und Carbon an ihren Fingern, die in einem kleinen Hinterzimmer ganz hinten im Büro untergebracht wurden. Heute haben Chartisten die wunderbaren PCs zur Verfügung, die in verschiedene Datennetzwerke eingebunden sind und auf einem großen Monitor mit einem Tastendruck jeden nur denkbaren Chart produzieren können, den jemand sehen will. Der Chartist (heute nennt man ihn Techniker) kann mit der Begeisterung eines kleinen Kindes, das mit seiner neuen elektrischen Eisenbahn spielt, einen kompletten Chart der Performance einer Aktie herstellen, einschließlich der Umsätze, einem Durchschnitt der Kurse der vergangenen 200 Tage, der jeden Tag neu berechnet wird, die Stärke der Aktie in Relation zum Gesamtmarkt und in Relation zu ihrer Branche und buchstäblich Hunderte anderer Durchschnitte, Verhältnisse, Oszillatoren und Indikatoren. Außerdem können Einzelinvestoren über Internetseiten wie beispielsweise Yahoo! an verschiedene Charts für verschiedene Zeiträume kommen.

Die Technik der Fundamentalanalyse

Fred Schwed Jr. erzählt in seinem charmanten und witzigen Exposé der Finanzgemeinde der 30er Jahre, *Where Are the Customers' Yachts?*, von einem Broker in Texas, der an einen Kunden Aktien zum Kurs von 760 $ verkauft hatte, als die Aktie überall für 730 $ zu haben war. Als der wütende Kunde herausfand, was geschehen war, beschwerte er sich bei seinem Broker bitterlich. Der Texaner fiel ihm ins Wort: „Klar", dröhnte er, „ihr wisst die Politik unserer Firma einfach nicht zu schätzen. Wir wählen die Investments für unsere Kunden nicht auf der Basis des Kurses aus, sondern auf der Basis des Wertes."

In gewisser Weise verdeutlicht diese kleine Geschichte den Unterschied zwischen dem Techniker und dem Fundamentalisten. Der Techniker interessiert sich ausschließlich für die Kurse der Aktie, während der Fundamentalist in erster Linie darauf achtet, was eine Aktie wirklich wert ist. Der Fundamentalist strebt danach, gegenüber Optimismus und Pessimismus der Massen relativ immun zu sein und unterscheidet strikt zwischen dem gegenwärtigen Kurs einer Aktie und ihrem wahren Wert.

Wenn er den Wert einer Aktie bestimmt, ist es die wichtigste Aufgabe des Fundamentalisten, die künftigen Gewinne und Dividendenausschüttungen eines Unternehmens zu schätzen. Um dies zu erreichen, muss er den Umsatz des Unternehmens, die operativen Kosten, die Steuern, die Abschreibungspolitik und die Quellen und Kosten der Kapitalbeschaffung berücksichtigen.

Grundsätzlich wird von einem Aktienanalysten verlangt, ein Prophet ohne den Vorteil göttlicher Inspiration zu sein. Statt göttlicher Eingebung stehen dem Analysten die Studien über die Performance des Unternehmens in der Vergangenheit zur Verfügung, eine Übersicht der Geschäftsberichte, Bilanzen und Investitionspläne und manchmal ein

Besuch beim Management des Unternehmens, von dem er Prognosen über die Geschäftszahlen erhält. Damit steht ihm ein Schatz von Daten zur Verfügung. Dann muss der Analyst die wichtigen von den unbedeutenden Fakten trennen. Wie Benjamin Graham in seinem Buch *The Intelligent Investor* schon sagte: „Manchmal erinnert er (der Fundamentalist) uns ein wenig an den belesenen Generalmajor in *The Pirates of Penzance*, der sehr viel über das Quadrat über der Hypotenuse zu erzählen wusste."

Weil die allgemeinen Perspektiven eines Unternehmens stark von der wirtschaftlichen Situation der Branche beeinflusst werden, beginnt der Aktienanalyst die Branchenaussichten zu studieren. Tatsächlich spezialisieren sich Aktienanalysten in fast allen professionellen Investmentfirmen auf bestimmte Branchen. Der Fundamentalist hofft, dass ihm ein gründliches Studium der Situation einer Branche wertvolle Einsichten in Faktoren vermittelt, die in der Zukunft wirksam werden, aber in den Kursen noch nicht reflektiert werden.

Ein kurzes, aber „tödliches" Beispiel soll dazu beitragen, dieses Vorgehen zu verdeutlichen. Es hat mit einer Studie zu tun, die Ende 1980 von der Investmentfirma Smith, Barney & Co. (heute Salomon Smith Barney) vorgenommen wurde. Die Analyse betraf die Bestattungsbranche und die Aussichten von Service Corporation International.

Der Bericht zeichnete zuerst ein breites Bild der gesamten Bestattungsbranche. Die Nachfrage nach den Diensten dieser Branche wird von einer nicht zu diskutierenden Tatsache bestimmt: Wir alle sterben. Dank der Fülle von Daten, die aus dem Zensus der Vereinigten Staaten stammen, ist es leicht, den potentiellen Markt der Branche zu bestimmen. Man betrachtet lediglich die Anzahl von Menschen in bestimmten Altersstufen und multipliziert diese Zahl mit der Mortalitätsrate jeder Altersgruppe. Der Bericht von Smith, Barney & Co enthielt zwei Tabellen, die auf den Daten des Zensus beruhten und verdeutlichten, dass die Mortalitätsrate im 21. Jahrhundert ansteigt. Es ist eine schreckliche Tatsache, dass Bestattungsunternehmen einer Wachstumsbranche angehören. Der Bericht verdeutlichte aber auch, dass die Branche höchst zerstückelt war, und aus kleinen, in Familienbesitz befindlichen Unternehmen bestand, die jährlich etwa 150.000 Dollar Gewinn machten. Wegen ihrer geringen Größe konnten die wenigsten Firmen wirtschaftliche Vorteile nutzen und waren für professionelle Managementtechniken nicht gerüstet.

Dann wandte sich der Bericht einer Analyse von Service Corporation International zu, das zu dieser Zeit 189 Friedhöfe betrieb. Das Unternehmen war nicht nur die größte Organisation der Branche, die

Gewinne von 550.000 Dollar je Einheit waren mehr als dreimal so hoch wie der Landesdurchschnitt. Natürlich ist gutes Management der Schlüssel zur Rentabilität eines Unternehmens, und in diesem Fall hatten die Manager entschieden, das Unternehmen zum Branchenführer zu machen, indem es andere Unternehmen aufkaufte und professionelle Managementtechniken einführte. Diese Entscheidung wurde aber nicht wie mit einem Vorschlaghammer betrieben. Stattdessen ermutigten großzügige finanzielle Anreize die Eigentümer der aufgekauften Unternehmen zum Bleiben. Weiterhin sollte jedes Bestattungsunternehmen seinen Namen behalten und ein dezentralisiertes Managementsystem wurde eingesetzt. Service Corporation International glaubte, dass dieser fortschrittliche Schachzug in der Branche einmalig war, und der Bericht von Smith, Barney & Co widersprach dieser Annahme nicht.

Weiterhin erwähnte der Bericht spezielle Innovationen, die vom Management von Service Corporation International eingerichtet wurden. Die relative Größe ermöglichte es, Vorteile aus zentralisiertem Training, der Einbalsamierung und dem Kauf aller Artikel von Särgen bis zu Blumenarrangements zu ziehen. Gerade der letzte Gesichtspunkt dieses Geschäfts war besonders rentabel. Service Corporation eröffnete an allen seinen größeren Friedhöfen Blumenläden. Weil fast die Hälfte aller Umsätze in den Blumenläden im Zusammenhang mit Beerdigungen standen, boten diese Geschäfte dem Unternehmen einen sehr sicheren Markt. Außerdem war das Unternehmen einer der Pioniere beim Marketing von „vorbereiteten" Beerdigungen, bei denen die Kunden im voraus für die künftigen Bestattungsdienstleistungen bezahlten, die nach ihrem Ableben geleistet würden. Diese vorzeitigen Umsätze hatten für Service Corporation zwei wichtige Vorteile. Erstens sicherten sie eine ständige Umsatzstabilität und künftiges Gewinnwachstum, und zweitens warfen die Vorauszahlungen Zinsgewinne ab, die deutlich zum Unternehmensgewinn beitrugen.

Im vorangehenden Jahrzehnt waren die Umsätze und die Gewinne je Aktie von Service Corporation um mehr als 15 % gewachsen. Der Bericht von Smith, Barney & Co ging davon aus, dass das künftige Wachstum mindestens ebenso hoch sein würde, weil das Management Service Corporation so positioniert hatte, dass das Unternehmen seinen Marktanteil vergrößern sollte. Dies, und die Tatsache, dass die Aktie des Unternehmens zu einem KGV gehandelt wurde, das 40 % unter dem des S&P 500 lag, wies darauf hin, dass der Kurs weit hinter seinem wahren Wert zurückblieb.

Sie erinnern sich an die erste Grundregel der Bewertung im Rahmen der Firm-Foundation-Theorie: Eine Aktie ist mehr wert – sollte also zu einem höheren KGV gehandelt werden – umso größer die angenommene Wachstumsrate ist. Ende 1980 wurde Service Corporation International zu einem KGV von 5 gehandelt, während das des Gesamtmarkts bei etwa 9 lag. Die erwartete Wachstumsrate der Gewinne und Dividenden für den Gesamtmarkt lag 1980 bei weniger als 10 %, doch Service Corporation sollte mit einer Rate von mehr als 15 % wachsen. Deshalb sollte diese Aktie, entsprechend der ersten Grundregel der Bewertung, zu einem höheren KGV gehandelt werden, als der Gesamtmarkt. Weil die Aktie tatsächlich zu einem geringeren KGV gehandelt wurde (5 gegen 9), konnte man diese Aktie als unterbewertet betrachten.

Natürlich waren auch die anderen Bewertungsgrundregeln, die in Kapitel 4 erwähnt wurden, relevant. Entsprechend der zweiten Grundregel sind Aktien für Investoren wertvoller, wenn alles andere gleich ist, wenn das Unternehmen sein Wachstum finanzieren und dennoch einen nennenswerten Anteil seiner Gewinne als Dividenden ausschütten kann. Entsprechend dieser Maßgabe konnte man für Service Corporation einen geringfügigen Abschlag machen, weil die Dividende (auf der Basis der geschätzten Dividende für 1980) nur etwa die Hälfte des Wertes ausmachte, den der Gesamtmarkt durchschnittlich ausschüttete. Dennoch sollte das außerordentliche Wachstumspotential des Unternehmens ein beherrschender Faktor bei der Bewertung sein.

Die Firm-Foundation-Theorie sagt auch, dass eine Aktie dann zu einem geringeren KGV gehandelt werden sollte, wenn sie als riskant gilt. Zwar ist es richtig, dass Service Corporation damals ein kleines Unternehmen und deshalb riskanter war, als einige etabliertere Blue-Chip-Unternehmen, doch andere Aspekte der Branche machten sie weniger riskant als den Gesamtmarkt. Service Corporation konnte einem Konjunktureinbruch sehr viel Widerstand entgegensetzen, weil die Menschen während Rezessionen nicht plötzlich aufhören zu sterben. Außerdem befand sich Service Corporation in einem Markt, in dem die Wachstumsparameter relativ genau bestimmt werden konnten. Deshalb verdiente Service Corporation in dieser Hinsicht einen Bonus auf das KGV gegenüber dem Markt.

Es ist auch möglich, die empirischen Beziehungen, die wir im Kapitel 4 schon besprochen haben, ins Feld zu führen, um festzustellen, dass Service Corporation einen sehr guten Wert darstellte. 1980, als die Analyse erstellt wurde, wurden Aktien, von denen ein 15-prozentiges Wachstum erwartet wurde, im Durchschnitt zu einem KGV von 15 gehandelt; das von Service Corporation lag nur bei einem Drittel davon. Dies verbesserte die Attraktivität von Service Corporation weiter und machte das Unternehmen zu einem exzellenten Kandidaten für eine Verbesserung des KGV. Aus diesen Gründen empfahlen Smith, Barney & Co den Kauf der Aktien von Service Corporation International.

Dieser Bericht verdeutlicht die Technik der Fundamentalanalysten hervorragend. Alle, die dieser Kaufempfehlung folgten, konnten feststellen, das Service Corporation während der 80er und 90er Jahre weitaus besser abschnitt als der Gesamtmarkt.

Wie kann es sein, dass die Fundamentalanalyse nicht funktioniert?

Trotz der Plausibilität und eines wissenschaftlichen Anstrichs, gibt es drei mögliche Schwächen in dieser Analyse.

1. Die Informationen und die Analyse könnten falsch sein.
2. Der Aktienanalyst könnte den Wert der Aktie falsch einschätzen.
3. Der Markt könnte seinen Fehler nicht korrigieren, und der Kurs könnte nicht zum geschätzten Wert ansteigen.

Ein Aktienanalyst, der von Unternehmen zu Unternehmen reist und sich mit Branchenspezialisten unterhält, wird sicher sehr viele fundamentale Informationen erhalten. Einige Kritiker sagen, dass diese Informationen, insgesamt gesehen, wertlos sind. Was Investoren aufgrund richtiger Neuigkeiten gut machen (in der Annahme, dass diese vom Markt noch nicht erkannt wurden), das verlieren sie aufgrund falscher Informationen. Außerdem verschwendet der Analyst sehr viel Energie für das Sammeln der Informationen, und Investoren zahlen hohe Transaktionsgebühren, wenn sie daraufhin tätig werden. Noch schlimmer: Der Aktienanalyst könnte die richtigen Fakten nicht in genaue Gewinnschätzungen umsetzen, die Jahre in die Zukunft hineinreichen. Eine fehlerhafte Analyse korrekter Informationen könnte die Schätzung des Gewinn- und Dividendenwachstums weit vom richtigen Kurs abbringen.

Das zweite Problem ist, dass auch dann, wenn die Informationen stimmen und die Auswirkungen für das künftige Wachstum richtig eingeschätzt wurden, der Analyst bei der Einschätzung des derzeitigen Wertes noch Fehler machen kann. Wir haben bereits gesehen, wie schwierig es ist, spezielle Wachstumsprognosen und andere Bewertungsfaktoren bei der Bestimmung des intrinsischen Wertes umzusetzen. Erinnern Sie sich nur an die äußerst unterschiedlichen Angaben für IBM aus dem 4. Kapitel. Ich habe schon gesagt, dass der Versuch, den genauen intrinsischen Wert einer Aktie festzustellen, eine müßige Suche nach einem Irrlicht ist. Auch wenn die Schätzungen des Aktienanalysten über das Wachstum richtig sind, könnte diese Information vom Markt bereits genau reflektiert worden sein, und jeder Unterschied zwischen dem Kurs und dem Wert einer Aktie könnte aus einer fehlerhafte Wertschätzung resultieren.

Das letzte Problem ist, dass auch bei korrekten Informationen und Wertschätzungen eine Aktie, die Sie kaufen, in ihrem Wert fallen könnte. Gehen wir beispielsweise einmal davon aus, dass Biodegradable Bottling Company zum KGV von 20 gehandelt wird, und der Analyst schätzt, dass es ein langfristiges Wachstum von 25 % erzielen könnte. Wenn im Durchschnitt Aktien mit 25 % Wachstumserwartung mit einem KGV von 30 gehandelt werden, könnte der Fundamentalist daraus schließen, dass Biodegradable Bottling eine „günstige Aktie" sei und eine Kaufempfehlung geben.

Doch dann werden Aktien mit einer 25-prozentigen Wachstumsrate einige Monate später im Markt nur noch mit einem KGV von 20 gehandelt. Auch wenn der Analyst mit seiner Wachstumsschätzung völlig richtig lag, könnte es sein, dass seine Kunden keine Gewinne machen, weil der Markt sein Schätzungen über den Wert von Wachstumsaktien im Allgemeinen korrigiert hat. Der Markt könnte seine „Fehler" korrigieren, indem er alle Aktien abwertet, anstatt den Kurs von Biodegradable Bottling anzuheben.

Und wie der Chart in Kapitel 4 zeigte, sind solche Veränderungen bei der Bewertung nicht selten – das sind ganz normale Fluktuationen im Markt, die es auch schon in der Vergangenheit gegeben hat. Und dann können sich nicht nur die Durchschnitts-KGVs für alle Aktien ändern, sondern der Markt kann auch den Bonus dramatisch verändern, den er für Wachstum gewährte, so wie es nach dem „Nifty Fifty"-Anstieg beim KGV in den 70er Jahren geschah. Es wird also deutlich, dass man den Erfolg der Fundamentalanalyse nicht als gesichert annehmen darf.

Die Kombination von Fundamentalanalyse und Technischer Analyse

Viele Analysten benutzen eine Kombination dieser Techniken, um zu beurteilen, ob eine bestimmte Aktie zum Kauf empfohlen werden kann. Eine der höchst sensiblen Prozeduren kann ganz leicht durch die folgenden drei Regeln zusammengefasst werden. Der aufmerksame und geduldige Leser wird erkennen, dass die Regeln auf den Prinzipien beruhen, die ich in den vorangehenden Kapiteln entwickelt habe.

Regel 1: Kaufen Sie nur Unternehmen, von denen man erwartet, dass sie in den nächsten fünf oder mehr Jahren überdurchschnittliches Gewinnwachstum haben werden. Ein außerordentlich langfristiges Gewinnwachstum ist das wichtigste Element, das zum Erfolg der Kapitalanlage in Aktien führt. Merck, Microsoft, Service Corporation International und praktisch alle anderen wirklich hervorragenden Aktien der Vergangenheit waren Wachstumsaktien. So schwierig es sein mag, die Aktien herauszufinden, deren Gewinne wachsen – doch genau darum geht es. Ständiges Wachstum vermehrt nicht nur die Gewinne und die Dividenden des Unternehmens, sondern kann auch das KGV erhöhen, das der Markt bereit ist, für diese Gewinne zu bezahlen. Der Käufer einer Aktie, deren Gewinne schnell wachsen, hat die Möglichkeit, doppelt zu profitieren – sowohl die Gewinne als auch das KGV können sich erhöhen.

Regel 2: Zahlen Sie nie mehr für eine Aktie als den Firm-Foundation-Wert. Zwar habe ich gesagt, und ich hoffe, dass es überzeugend genug war, dass man nie den genauen intrinsischen Wert einer Aktie bestimmen kann, doch viele Analysten glauben, dass man grob ermessen kann, wann eine Aktie den „richtigen" Kurs zu haben scheint. Ganz allgemein kann man sagen, dass das KGV für den Markt als ganzen eine sehr hilfreiche Messlatte ist. Wachstumsaktien, die zu einem KGV gehandelt werden, das so hoch oder nicht wesentlich höher ist als das des Gesamtmarkts, stellen oft einen sehr guten Wert dar. Service Corporation ist, wie wir in der Studie gesehen haben, ein gutes Beispiel. Dessen KGV lag tatsächlich unterhalb dem des Marktes.

Es gibt deutliche Vorteile, wenn man Wachstumsaktien zu sehr vernünftigen KGVs kauft. Wenn Ihre Wachstumsschätzung richtig ist, dann kann es sein, dass Sie doppelt profitieren, wie ich schon der Regel 1 sagte: Der Kurs wird wahrscheinlich steigen, weil die Gewinne steigen, doch auch das KGV wird höher, wenn sich die Wachstumsrate bestätigt. Daher also der doppelte Profit. Nehmen wir beispielsweise an, Sie kaufen eine Aktie, die 1 $ Gewinn pro Jahr ausweist und zu 7,50 $ gehandelt wird. Wenn die Gewinne auf 2 $ je Aktie ansteigen und das KGV von 7,5 auf 15 ansteigt (in Anerkennung dessen, dass das Unternehmen nun als Wachstumsunternehmen bezeichnet werden kann) verdoppelt sich Ihr Geld nicht, es vervierfacht sich. Denn nun ist die Aktie, die Sie für 7,50 $ gekauft haben, 30 $ wert (15, das KGV, mal 2 $, der Gewinn).

Nun betrachten wir die andere Seite der Medaille. Beim Kauf von Wachstumsaktien gibt es besondere Risiken, wenn der Markt das Wachstum bereits berücksichtigt und das KGV schon mit einem deutlichen Bonus gegenüber den durchschnittlichen Aktien bewertet hat. Aktien wie International Flavors and Fragrances, Avon Products und anderer anerkannter Wachstumsunternehmen hatten KGVs von weit über 50, als die erste Auflage dieses Buchs erschien. Schon damals warnte ich sehr eindringlich, dass die Risiken von Aktien mit sehr hohem KGV auch entsprechend hoch sind.

Das Problem dabei ist, dass die sehr hohen KGVs bereits das angenommene Wachstum reflektieren. Wenn das Wachstum nun nicht eintritt und die Gewinne rückläufig sind (oder langsamer wachsen als erwartet), dann steht man plötzlich im Regen. Der doppelte Profit, der möglich ist, wenn die Gewinne von Aktien mit geringem KGV wachsen, kann zu doppelten Verlusten führen, wenn die Gewinne von Aktien mit hohem KGV im Kurs fallen. Wenn die Gewinne rückläufig sind, dann wird wahrscheinlich auch das KGV zusammenbrechen. Doch der Zusammenbruch wird nicht so heftig sein, wenn das KGV nicht von Anfang an so hoch ist.

Lesen Sie noch einmal die Geschichte von National Student Marketing oder der Nifty-Fifty-Wachstumsaktien oder des Zusammenbruchs der japanischen Blue-Chip-Aktien in Kapitel 3, wenn Sie weitere Beweise für die enormen Risiken benötigen, die mit Aktien mit sehr hohem KGV einhergehen.

Anzuraten ist also ein Strategie, mit der man bisher unerkannte Wachstumsaktien kauft, deren KGV keinen deutlichen Bonus gegenüber denen des Markts aufweisen. Natürlich ist es sehr schwierig, Wachstum vorherzusehen. Doch auch dann, wenn das Wachstum nicht eintritt und die Gewinne zurückgehen, ist der Schaden nicht allzu groß, wenn das KGV schon am Anfang niedrig ist, während der Profit sich verdoppeln kann, wenn alles so läuft, wie Sie erwartet haben. Dies ist eine zusätzliche Möglichkeit, die Chancen zu Ihren Gunsten auszurichten.

Peter Lynch, der äußerst erfolgreiche, aber nun im Ruhestand befindliche Manager des Magellan Fonds benutzte diese Technik in den ersten Jahren, nachdem der Fonds aufgelegt wurde, sehr erfolgreich. Lynch berechnete immer das potentielle Wachstum einer Aktie zu ihrem KGV und kaufte für sein Portfolio nur solche Aktien, die im Verhältnis zu ihrem KGV sehr hohes Wachstumspotential aufwiesen. Dies war nicht nur eine Strategie, Aktien mit geringem KGV zu kaufen, weil eine Aktie mit einer Wachstumsrate von 50 % und einem KGV von 25 (Wachstum zu KGV ist 2) wesentlich besser aussah, als eine Aktie mit 20 % Wachstum und einem KGV von 20 (Wachstum zu KGV ist 1). Wenn jemand bei den Gewinnvorhersagen richtig liegt, und Lynch lag eine ganze Zeit lang richtig, kann diese Strategie höchst erstaunliche Gewinne produzieren.

Wir können die bisherigen Überlegungen zusammenfassen, indem wir die ersten beiden Regeln noch einmal wiederholen: Achten Sie auf Wachstumssituationen bei geringem KGV. Wenn das Wachstum tatsächlich eintritt, gibt es oft einen doppelten Profit – Gewinne und KGV steigen, und produzieren damit hohe Kursgewinne. Hüten Sie sich vor Aktien mit sehr hohem KGV, bei denen das zukünftige Wachstum bereits reflektiert wird. Wenn das Wachstum nicht eintritt, dann sind die Verluste doppelt schwer – sowohl Gewinne als auch KGV sinken.

Regel 3: Suchen Sie nach Aktien, deren Wachstumsaussichten so aussehen, dass Investoren damit Luftschlösser bauen könnten.   Ich habe die Bedeutung psychologischer Elemente bei der Entstehung von Aktienkursen schon betont. Private und institutionelle Investoren sind keine Computer, die ständig garantierte KGVs errechnen und Kauf- und Verkaufsentscheidungen ausdrucken. Es sind emotionale Menschen – getrieben von Gier, Spielinstinkt, Hoffnung und Angst, was sich in ihren Anlageentscheidungen widerspiegelt. Deshalb erfordert erfolgreiche Kapitalanlage sowohl intellektuellen als auch psychologischen Scharfsinn.

Aktien, die den Investoren ein gutes Gefühl vermitteln, können über lange Zeit mit höherem KGV gehandelt werden, auch wenn die Wachstumsrate nur durchschnittlich ist. Die Aktien, die dieses Gefühl nicht vermitteln können, werden lange Zeit zu geringen KGVs gehandelt, auch wenn ihre Wachstumsrate überdurchschnittlich ist. Sicher, wenn eine Wachstumsrate etabliert erscheint, dann kann man davon ausgehen, dass die Aktie im Kurs folgt. Der Markt ist nicht irrational. Doch Aktien sind wie Menschen – was eine stimuliert, kann andere kalt lassen, und die Verbesserung des KGV kann kleiner und langsamer realisiert werden, wenn die Story nicht greift.

Und so sagt die Regel 3, Sie sollten sich selbst fragen, ob die Story über ihre Aktie so gut ist, dass sie die Phantasie der Massen anregen kann. Ist es eine Geschichte, aus der die Träume sind? Ist es eine Story, mit der Investoren Luftschlösser bauen können – allerdings Luftschlösser, die auf einem festen Fundament stehen?

Um die Regel 3 nun zu befolgen, müssen Sie kein Techniker sein. Sie können sich durchaus auf Ihre Intuition oder Ihren spekulativen Sinn verlassen, um zu beurteilen ob die Story ihrer Aktie die Phantasie der Massen bewegen – insbesondere die Aufmerksamkeit der institutionellen Anleger erregen wird. Technische Analysten jedoch würden nach konkreten Beweisen suchen, bevor sie sich davon überzeugen ließen, dass eine Investmentidee tatsächlich greift. Dieser konkrete Beweis ist, natürlich, der Beginn eines Aufwärtstrends oder ein technisches Signal, das „verlässlich" signalisiert, dass sich ein Aufwärtstrend entwickelt.

Auch wenn die Regeln, die ich hier besprochen habe, vernünftig erscheinen, ist die wichtige Frage, ob sie wirklich funktionieren. Immerhin mischen viele andere im großen Spiel mit, und es ist noch nicht offensichtlich geworden, dass es jemanden gibt, der ständig gewinnt.

In den nächsten beiden Kapiteln werde ich die harten Fakten betrachten. Kapitel 6 stellt die Frage: Funktioniert die technische Analyse? Kapitel 7 betrachtet die Erfolge der Fundamentalisten. Diese beiden Kapitel sollten uns genügend Einsichten vermitteln, damit wir einschätzen können, wie gut professionelle Anleger ihren Job machen und welchen Wert wir auf ihren Rat legen sollten.

KAPITEL 6

Die Technische Analyse und die Random-Walk-Theorie

Die Dinge sind nur selten das, als was sie erscheinen.
Dünne Milch verkleidet sich als Sahne.
GILBERT AND SULLIVAN, H.M.S. PINAFORE

Weder Gewinne noch Dividenden noch Risiken noch der Schein der höchsten Zinssätze halten die Chartisten von ihrer Aufgabe ab: Sie studieren die Kursbewegungen der Aktien. Eine so einseitige Ergebenheit Zahlen gegenüber brachte die buntesten Theorien und Redewendungen der Wall Street hervor:

„Halte die Gewinner, verkaufe die Verlierer", „Steige bei den starken Aktien ein", „Verkaufe diese Aktie, sie ist ganz schlimm", „Kämpfe nicht gegen den Ticker". Das alles sind Rezepte technischer Analysten, wenn sie fröhlich ihre Gebühren einstecken und Ihr Konto plündern.

Technische Analysten bauen ihre Strategien auf den Träumen von Luftschlössern und erwarten, dass ihre Werkzeuge ihnen sagen, welches Schloss gerade gebaut wird, und wie man im Erdgeschoss einsteigt. Die Frage ist: Funktioniert das?

Löcher in den Schuhen und Zweideutigkeit bei den Vorhersagen

Universitätsprofessoren werden manchmal von ihren Studenten gefragt: „Wenn Sie so klug sind, weshalb sind Sie dann nicht reich?" Diese Frage nagt normalerweise an den Professoren, die von sich glauben, dass sie auf weltliche Reichtümer verzichten, um sich in etwas so wertvollem wie der Lehre zu engagieren. Die gleiche Frage könnte man passenderweise auch den Technikern stellen. Denn immerhin geht es bei der Technischen Analyse darum, Geld zu verdienen. Man würde normalerweise annehmen, dass diejenigen, die etwas predigen, das auch erfolgreich bei ihren eigenen Kapitalanlagen durchführen.

Wenn man genauer hinsieht, dann erkennt man, dass die Techniker Löcher in ihren Schuhen haben und ihre Hemdkragen verschlissen sind. Ich persönlich habe noch nie einen erfolgreichen Techniker kennengelernt, aber ich habe viele Analysten-Wracks gesehen, die keinen Erfolg hatten. (Das bezieht sich natürlich darauf, dass sie ihren eigenen technischen Rat befolgen. Die Honorare, die sie von ihren Kunden verlangen, damit diese ihren Empfehlungen folgen, sind hingegen sehr lukrativ.) Eigenartigerweise jedoch sind die mittellosen Techniker nie besonders kleinlaut. Wenn man den großen Fehler begeht und einen Techniker fragt, weshalb er kein Geld hat, dann wird er Ihnen ganz einfach sagen, dass er den allzu menschlichen Irrtum beging, seinen eigenen Charts nicht zu glauben. Es war mir sehr peinlich, ich hätte mich beinahe verschluckt, als ich bei einem Abendessen meines Freundes, einem Chartisten, hörte, wie er diesen Kommentar abgab. Seither mache ich es mir zur Regel, nie mit einem Chartisten zu essen. Das ist schlecht für die Verdauung.

Als Joseph Granville, wahrscheinlich der bekannteste Chartist der frühen 80er Jahre, gefragt wurde, wie sein „narrensicheres" System ihn dazu geführt hätte, während der 70er Jahre solch außerordentlich große Irrtümer zu begehen, antwortete er ganz ruhig, dass er in dieser Zeit Drogen nahm und seine Charts nicht richtig beachtet hatte. In seinem Fall war die Droge das Golfspiel und Granville war überzeugt, dass sein Beitritt zum Club der anonymen Golfer ihn zu einem wiedergeborenen Retter gemacht hatte. Er glaubte, dass er nie wieder in seinem Leben an der Börse einen ernsthaften Fehler begehen würde. Als er gefragt wurde, warum er mit seinem System nicht selbst an der Börse traden und dabei ein Vermögen machen würde, rief er aus, seine Mission im Leben sei es, andere zu bereichern und nicht sich selbst: „Jeden, den ich berühre, den mache ich reich."*

---

* Granville sagte nicht nur Aktienbeben sondern auch Erdbeben vorher. 1980 meinte er, dass Los Angeles im Mai 1981 durch ein Erdbeben von 8,3 oder mehr auf der Richterskala zerstört werden würde. 13 Jahre später, 1994, gab es in der Gegend von Los Angeles tatsächlich ein schweres Erdbeben, doch glücklicherweise zerstörte es die Stadt nicht.)

Obwohl die Techniker nicht reich würden, folgten sie ihren eigenen Ratschlägen, ist ihr Vorrat an Worten doch sehr kostbar. Denken Sie einmal über diesen Ratschlag nach, den ein Chartservice erteilte:

„Der Anstieg des Marktes nach einer Periode der Konsolidierung ist ein bullisches Zeichen. Dennoch sind die wichtigen Charakteristika noch nicht deutlich zu erkennen. Etwa 45 Punkte höher liegt eine Widerstandszone im Dow, und so ist es immer noch zu früh zu sagen, dass der nächste Bullenmarkt beginnen könnte. Wenn in den nächsten Wochen die Tiefs Bestand haben und der Markt aus seiner Wimpelformation ausbricht, könnte ein weiterer Anstieg angesagt sein. Sollten die Tiefs aber durchbrochen werden, dann sollte sich der gegenwärtige Abwärtstrend fortsetzen. In Anbetracht der aktuellen Situation sehen wir die Möglichkeit, dass die Trader in den Startlöchern sitzen und darauf warten, dass sich ein Trend erkennen läßt, und dann wird sich der Markt innerhalb einer engen Tradingrange bewegen."

Wenn Sie mich fragen, was das genau zu bedeuten hat, dann fürchte ich, dass ich es Ihnen nicht sagen kann. Aber ich glaube, der Techniker wollte vermutlich folgendes sagen: „Wenn der Markt weder ansteigt noch fällt, dann wird er unverändert bleiben." Sogar ein Meteorologe ist bei seinen Vorhersagen besser.

Offensichtlich habe ich etwas gegen Chartisten. Dies ist jedoch nicht nur eine persönliche Voreingenommenheit, sondern auch eine professionelle Haltung. Die Technische Analyse wurde von der akademischen Welt mit einem Bannstrahl belegt. Wir lieben es, auf ihr herumzuhacken. Unsere einschüchternden Taktiken, werden durch zwei Überlegungen gestützt:

1. Nachdem die Transaktionskosten bezahlt sind, bringt diese Methode keine besseren Ergebnisse als eine Kaufen-und-Halten-Strategie.
2. Man kann so herrlich leicht darauf herumhacken.

Zwar scheint es ein wenig unfair zu sein, immer auf ein bemitleidenswertes Angriffsziel einzuschlagen, doch dürfen Sie nicht vergessen: Wir versuchen lediglich Ihr Geld zu retten.

Auch wenn die Verwendung des Computers die Situation des Technikers eine Zeit lang verbessert hat, führt das letztlich zu seinem Verderben. Genau so schnell, wie der Techniker Charts erstellt, um zu zeigen, wohin der Markt geht, kann der Akademiker Charts erstellen, die zeigen, wo der Techniker war. Weil es so einfach ist, all die technischen Tradingregeln auf dem Computer zu testen, wurde es zu einem beliebten Zeitvertreib der Akademiker, nachzuprüfen, ob sie wirklich funktionieren.

Gibt es im Aktienmarkt ein Momentum?

Der Techniker glaubt, dass das Wissen um das Verhalten einer Aktie in der Vergangenheit ihm helfen kann, das voraussichtliche künftige Verhalten vorherzusagen. Mit anderen Worten, die Folge der Kursänderungen vor einem bestimmten Tag sei wichtig dafür, die Kursveränderungen an diesem Tag vorherzusagen. Das könnte man auch das Tapeten-Prinzip nennen. Der technische Analyst versucht, die künftigen Aktienkurse vorherzusagen, so als ob das Muster der Tapeten hinter dem Spiegel das gleiche ist, wie das über dem Spiegel. Der Grundgedanke ist, dass es in Raum und Zeit wiederholbare Muster gibt.

Statistiker glauben, dass es im Markt ein Momentum gibt. Man geht davon aus, dass Aktien, die im Kurs gestiegen sind, dies auch weiterhin tun werden und dass diejenigen, deren Kurs gefallen ist, auch weiterhin sinken werden. Deshalb sollten Investoren Aktien kaufen, die anfangen in ihrem Kurs zu steigen und die starken Aktien halten. Sollte der Aktienkurs anfangen zu fallen, oder eine armselige Performance aufweisen, dann wird Investoren der Verkauf angeraten.

Diese technischen Regeln wurden ausgiebig getestet, indem man die Aktienkurse an den großen Börsen bis zum Beginn des 20. Jahrhunderts zurückverfolgte. Die Ergebnisse weisen aus, dass Kursbewegungen in der Vergangenheit nicht verlässlich zur Vorhersage künftiger Entwicklungen genutzt werden können. Die Börse hat nur ein kurzes Gedächtnis – wenn sie überhaupt eines hat. Die zentrale Aussage der Chartanalyse ist falsch, und Investoren, die den Anweisungen folgen, werden nichts erreichen, sondern lediglich die Brokergebühren deutlich erhöhen.

Einer der Tests, vielleicht der einfachste von allen, vergleicht die Kursveränderungen einer Aktie in einer bestimmten Periode mit den Kursveränderungen in einer darauffolgenden Periode. Beispielsweise sagen die Techniker, dass dann, wenn der Kurs einer Aktie gestern gestiegen ist, es wahrscheinlicher ist, dass er auch heute steigt. Es stellte sich heraus, dass die Korrelation vergangener Kursbewegungen mit gegenwärtigen und künftigen Kursbewegungen zwar leicht positiv aber doch nahe Null ist. Die Kursbewegungen der vergangenen Woche haben nur wenig mit den Kursbewegungen dieser Woche zu tun. Ganz gleich, welche geringfügigen Abhängigkeiten zwischen Kursbewegungen in unterschiedlichen Zeiträumen gefunden wurden, sie sind geringfügig und deswegen ökonomisch unbedeutend. Auch wenn es an der Börse ein kurzfristiges Momentum gibt, wie ich auch im Kapitel 10 ausführlicher beschreibe, kann kein Investor, der Transaktionskosten bezahlen muss, davon profitieren.

Wirtschaftswissenschaftler haben auch die These der Techniker überprüft, dass es oft Sequenzen von Kursveränderungen in der gleichen Richtung gibt, und dies mehrere Tage (oder mehrere Wochen oder Monate) anhält. Aktien werden mit Verteidigern im Football verglichen, die, wenn sie ein gewisses Momentum aufgenommen haben, soviel Kraft haben, dass sie einen größeren Raumgewinn erzielen können. Es stellte sich heraus, dass dies ganz einfach nicht der Fall ist. Manchmal erhält man positive Kursveränderungen (steigende Kurse) in mehreren Tagen hintereinander. Aber manchmal, wenn man eine Münze wirft, erhält man auch eine Reihe an „Köpfen" hintereinander und Sequenzen von positiven (oder negativen) Kursveränderungen erhält man nicht häufiger, als man erwarten kann, zufällig beim Münzwurf Sequenzen von Kopf oder Zahl zu erhalten. Was man an der Börse oft „ausgeprägte Muster" nennt, kommt nicht häufiger vor, als eine Glückssträhne eines Glücksspielers. Das meinen Wirtschaftswissenschaftler, wenn sie sagen, bewegten sich Aktienkurse nach dem Zufallsprinzip.

Was genau ist Random Walk?

Für viele scheint dies absoluter Blödsinn zu sein. Auch der oberflächlichste Leser der Finanzseiten in der Zeitung kann ganz leicht Muster am Markt erkennen. Schauen Sie sich beispielsweise den folgenden Aktienchart an.

Ganz offensichtlich scheint dieser Chart bestimmte Muster aufzuweisen. Nach einem anfänglichen Anstieg fiel der Kurs. Und als der Abschwung einmal ausgeprägt war, blieb die Aktie in der Abwärtsbewegung. Zum Glück für die Bullen wurde der Abschwung angehalten, und die Aktie startete wieder in eine deutliche Aufwärtsbewegung. Man kann keinen Aktienchart wie diesen betrachten, ohne die Beweiskraft dieser Aussagen anzuerkennen. Wie kann also ein Wirtschaftswissenschaftler so blind sein und nicht erkennen, was dem bloßen Auge so deutlich erscheint?

Der hartnäckige Glaube an diese sich wiederholenden Muster am Aktienmarkt ist auf statistische Illusionen zurückzuführen. Um dies zu verdeutlichen, möchte ich ein Experiment beschreiben, an dem meine Studenten teilnahmen. Die Studenten wurden gebeten, einen normalen

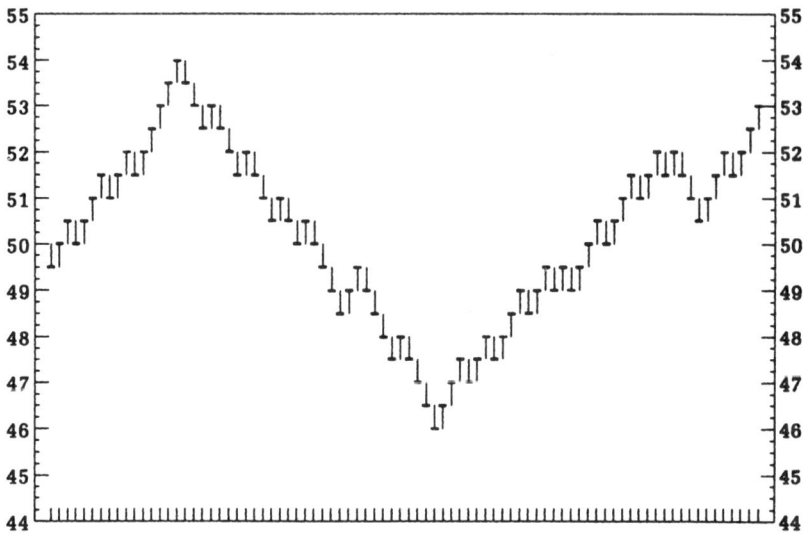

Aktienchart zu zeichnen, der die Bewegungen einer hypothetischen Aktie beschreibt, die anfangs mit 50 $ gehandelt wurde. Für jeden folgenden Handelstag wurde der Schlusskurs durch einen Münzwurf bestimmt. Wenn der Wurf „Kopf" zeigte, dann gingen die Studenten davon aus, dass die Aktie um einen halben Punkt höher als am Vortag geschlossen hat. Wenn der Münzwurf „Zahl" zeigte, ging man davon aus, dass der Kurs um einen halben Punkt gesunken sei. Und tatsächlich ist der Chart, den Sie sehen, der Chart der hypothetischen Aktie, der aus einem dieser Experimente entstand.

Der Chart, der aus diesen zufälligen Münzwürfen resultiert, ähnelt erstaunlich einem normalen Aktienchart und scheint ebenfalls Zyklen aufzuweisen. Natürlich kommen die deutlichen „Zyklen", die wir bei den Münzwürfen beobachten können, nicht in regelmäßigen Intervallen vor, wie es bei wirklichen Zyklen der Fall ist, aber das gilt auch für das Auf und Ab im Aktienmarkt.

Und genau diese Unregelmäßigkeit ist entscheidend. Die „Zyklen" in Aktiencharts sind ebenso wenig echte Zyklen wie die Glücks- oder Pechsträhnen eines ganz normalen Glücksspielers. Und die Tatsache, dass Aktien sich in einem Aufwärtstrend zu befinden scheinen, der genauso aussieht, wie eine Aufwärtsbewegung in einer früheren Periode, bietet keine nützlichen Informationen über Zuverlässigkeit oder Dauer eines aktuellen Aufwärtstrends. Ja, die Geschichte scheint sich im Aktienmarkt zu wiederholen, aber in einer erstaunlichen Vielfalt, die alle

Versuche zunichte macht, von dem Wissen über Kursmuster der Vergangenheit zu profitieren. In anderen simulierten Aktiencharts, auf der Basis der Münzwürfe von Studenten, gab es Kopf-Schulter-Formationen, Dreifachspitzen und Dreifachtäler und andere esoterische Chartmuster. Einer der Charts zeigt einen wunderbaren Aufwärtsdurchbruch aus einer invertierten Kopf-Schulter-Formation (eine sehr bullische Formation). Ich zeigte diesen Chart einem Freund von mir, einem Chartisten, der daraufhin fast aus der Haut fuhr. „Was ist das für ein Unternehmen?" rief er aus. „Die Aktie müssen wir sofort kaufen. Das ist ein klassisches Muster. Es gibt keinen Zweifel, dass diese Aktie in der nächsten Woche um 15 Punkte steigen wird." Als ich ihm eröffnete, dass dieser Chart entsprechend Münzwürfen erstellt wurde, war er nicht mehr besonders freundlich. Chartisten haben keinen Sinn für Humor. Ich erzielte viel Aufmerksamkeit, als *Business Week* einen Techniker engagierte, der die erste Ausgabe dieses Buches kritisch rezensieren sollte.

Meine Studenten benutzten ein Zufallsverfahren, um ihre Aktiencharts zu erstellen. Bei jedem Münzwurf, solange die Münzen nicht manipuliert waren, war die Chance bei jedem Wurf 50 % auf Kopf, und somit auf eine Aufwärtsbewegung der Aktie und eine Chance von 50 % auf Zahl und einen sinkenden Kurs. Auch dann, wenn zehnmal hintereinander Kopf geworfen wurde, ist die Chance, beim nächsten Mal wieder Kopf zu erzielen, immer noch 50 %. Mathematiker nennen eine Reihe von Zahlen, die durch einen Zufallsprozess erstellt wurden, (so wie bei unserem simulierten Aktienchart) einen Random Walk. Die nächste Bewegung auf dem Chart ist auf der Basis dessen, was zuvor geschah, nicht vorherzusagen.

Für einen Mathematiker verhält sich die Zahlensequenz, die auf einem Aktienchart aufgezeichnet wird, nicht anders, als die in den simulierten Aktiencharts – mit einer deutlichen Ausnahme: Bei den meisten Durchschnitten von Aktienkursen gibt es einen langen Aufwärtstrend, wenn dies mit langfristigem Wachstum der Gewinne und der Dividendenausschüttungen verbunden ist. Wenn man diesen Trend außer Acht lässt, dann gibt es nur wenige Unterschiede. Die nächste Bewegung in einer Serie von Aktienkursen ist auf der Basis vergangener Kursbewegungen weitestgehend nicht vorherzusagen. Ganz gleich, wie sich die Kurse der Vergangenheit drehten und wanden, morgen stehen die Chancen wieder Fifty–Fifty. Die nächste Kursveränderung ist nicht konkreter vorherzusehen, als der Wurf einer Münze.

Tatsächlich jedoch entspricht der Aktienmarkt nicht ganz dem Ideal des Mathematikers. Es wurden bestimmte Abhängigkeiten gefunden, wie ich im Kapitel 10 noch ausführlicher darlegen werde. Doch die systematischen Beziehungen, die existieren, sind so geringfügig, dass sie für einen Investor nicht relevant sind. Wenn man versuchen würde, aus diesen Abhängigkeiten einen Vorteil zu erzielen, dann wären die Transaktionskosten für den Investor weitaus höher, als jeder Vorteil, den man ziehen könnte. Und deshalb stellt die Random-Walk-Theorie in ihrer „milden" Ausprägung folgende These auf:

Die Geschichte der Kursbewegung einer Aktie enthält keine nützlichen Informationen, die einen Investor in die Situation versetzen könnten, ständig besser zu sein, als beim Management eines Portfolios mittels einer Kaufen-und-Halten-Strategie.

Wenn die milde Form der Random-Walk-Theorie eine gültige Beschreibung des Aktienmarktes ist, dann ist die Technische Analyse, wie meine Kollege Richard Quandt sagt, „in unmittelbarer Nachbarschaft zur Astrologie zu sehen und ebenso wissenschaftlich."

Ich sage ausdrücklich nicht, dass man mit technischen Strategien nie Geld verdienen kann. Sehr oft erzielt man damit hohe Profite. Der Punkt ist aber, dass eine einfache Kaufen-und-Halten-Strategie (das bedeutet, eine Aktie oder eine Gruppe von Aktien zu kaufen und sie über eine lange Zeit zu halten) typischerweise genauso viel oder sogar noch mehr Geld erzielt.

Wenn Wissenschaftler die Wirkung eines neuen Medikaments testen wollen, dann führen sie ein Experiment durch, in dem Patienten in zwei Gruppen eingeteilt werden und Medikamente erhalten – eine Pille enthält das fragliche Medikament, während die andere Tablette ein Placebo darstellt. Die Ergebnisse nach der Verabreichung der Tabletten an die beiden Gruppen werden verglichen und das Medikament wird nur dann als effektiv betrachtet, wenn die Gruppe, die das Medikament erhielt, bessere Ergebnisse aufweist, als die Gruppe, die nur den Placebo erhielt. Und wenn beide Gruppen in der gleichen Zeit die gleiche Verbesserung aufweisen, dann kann das Medikament nicht dafür verantwortlich sein, auch wenn die Patienten gesunden.

Bei den Experimenten im Aktienmarkt ist die Kaufen-und-Halten-Strategie der Placebo. Technische Strategien bringen ihren Anwendern oft Profite, aber das schafft auch eine Kaufen-und-Halten-Strategie. Tatsächlich ist, wie wir später noch sehen werden, eine naive Kaufen-und-Halten-Strategie eines Portfolios, in dem alle Aktien eines breiten Aktienindex enthalten sind, so erfolgreich gewesen, dass sie den Investoren in den letzten 70 Jahren einen durchschnittlichen Jahresgewinn von 11 % beschert hat. Nur dann, wenn technische Strategien bessere Gewinne als der Markt als Ganzes abwerfen, können sie als effektiv betrachtet werden. Bis heute hat keine technische Strategie diesen Test langfristig bestanden.

Einige ausgefeiltere technische Systeme

Die Anhänger der Technischen Analyse können zu Recht behaupten, dass ich unfair war. Die einfachen Tests, die ich eben beschrieben habe, werden dem „Reichtum" der Technischen Analyse nicht gerecht. Doch zum großen Bedauern für den Techniker wurden auch einige ausgefeiltere Tradingregeln der wissenschaftlichen Überprüfung unterworfen. Viele getestete Systeme sind sehr verbreitet, deshalb wollen wir einige im Detail untersuchen.

Das Filtersystem

Nach dem verbreiteten Filter-System sagt man von einer Aktie, die einen Tiefpunkt erreicht und dann um 5 % (oder irgendeine andere Prozentzahl, die Sie hier einsetzen wollen) angestiegen ist, sie sei in einem Aufwärtstrend. Eine Aktie, die einen Gipfel erreichte und um 5 % fiel, ist dann in einem Abwärtstrend.

Man sollte also dann jede Aktie kaufen, die von ihrem Tiefpunkt um 5 % angestiegen ist und so lange halten, bis der Kurs um 5 % von seinem darauffolgenden Höchststand gesunken ist, dann die Aktie verkaufen – und vielleicht sogar leer verkaufen. Diese Position wird dann gehalten, bis der Kurs um mindestens 5 % vom folgenden Tiefpunkt angestiegen ist.

Dieses Schema ist bei Brokern sehr beliebt und bestimmte Formen davon wurden in sehr vielen Büchern über Kapitalanlage empfohlen. Diese Filtermethode steht auch hinter den verbreiteten Stop-Loss-Orders, die von Brokern empfohlen werden, und bei denen dem Kunden geraten wird, eine Aktie zu verkaufen, wenn sie um 5 % unter ihren Einstandskurs sinkt, um potentielle Verluste zu begrenzen. Der Grund dafür ist, dass eine Aktie, die um 5 % gefallen ist, in einem Abwärtstrend weiterhin fallen wird.

Auf der Basis von Kursverläufen der Vergangenheit wurden die verschiedenen Filterregeln ausgiebigen Tests unterzogen. Der Prozentsatz, bei dem Kauf- und Verkaufskandidaten „herausgefiltert" wurden, wurde von 1 bis 50 % variiert. Die Tests umfassten unterschiedliche Zeiträume von 1897 bis in die Gegenwart und hatten einzelne Aktien, aber auch bestimmte Aktienindizes zum Gegenstand. Und wiederum waren die Ergebnisse erstaunlich übereinstimmend. Wenn die höheren Transaktionskosten, die unter der Berücksichtigung der Filterregeln anfallen, in Betracht gezogen werden, dann können diese Techniken nicht besser sein, als wenn man ganz einfach eine einzelne Aktie kauft (oder einen Aktienindex) und sie über die Zeit hält, in der der Test durchgeführt wird. Der Einzelinvestor wäre gut beraten, alle Filterregeln zu meiden und, das möchte ich hinzufügen, jeden Broker, der diese empfiehlt.

Die Dow-Theorie

Die Dow-Theorie ist ein großes Tauziehen zwischen Widerstand und Unterstützung. Wenn der Markt an einem Höhepunkt angekommen ist und sich wieder nach unten bewegt, dann stellt der vorhergehende Gipfel eine Widerstandszone dar, weil die Leute, die es versäumt haben, am Gipfel zu verkaufen, darauf aus sind, es nicht wieder zu versäumen, wenn sie noch einmal die Gelegenheit dazu bekommen. Wenn der Markt wieder ansteigt und sich dem vorhergehenden Gipfel nähert, so sagt man, er teste die Widerstandslinie. Und nun kommt der Moment der Wahrheit: Wenn der Markt die Widerstandszone durchbricht, dann wird er wahrscheinlich noch weiter steigen, und die vorhergehende Widerstandszone wird nun zu einer Unterstützungszone. Wenn es dem Markt andererseits nicht gelingt, die Widerstandszone zu durchbrechen, und stattdessen unter das vorhergehende Tief zurückfällt, das als Unterstützungszone galt, ist dies das Signal für einen Bärenmarkt – der Investor sollte verkaufen.

Die Grundregel der Dow-Theorie geht davon aus, dass man kauft, wenn der Markt über den letzten Gipfel ansteigt, und verkauft, wenn er unter das vorhergehende Tief zurückfällt. Es gibt bei dieser Theorie noch einige Abarten, beispielsweise gilt der Durchbruch über eine Doppel- oder Dreifachspitze als besonders bullisch, doch die Grundidee wird von vielen Chartisten berücksichtigt und ist Bestandteil des Chart-Evangeliums.

Doch leider haben die Signale, die vom Dow-Mechanismus erzeugt werden, für die Vorhersage künftiger Kursbewegungen keinerlei Bedeutung. Die Performance des Marktes ist nach Verkaufssignalen kein bisschen anders als nach Kaufsignalen. Im Vergleich dazu, wenn man ganz einfach eine repräsentative Liste von Aktien, die dem Marktdurchschnitt entspricht, kauft und hält, schneidet ein Anhänger der Dow

Theorie sogar ein wenig schlechter ab. Denn diese Strategie beschert eine Reihe von zusätzlichen Brokerkosten, weil der Investor kauft und verkauft, sobald es angezeigt ist.

Das Relative-Stärke-System

Nach dem Relative-Stärke-System kauft und hält ein Investor die Aktien, die eine gute Performance aufweisen. Das bedeutet, dass sie besser sind, als der Marktindex. Andererseits werden Aktien, die im Vergleich zum Markt schlecht abschneiden, gemieden oder sogar leer verkauft. Zwar gibt es einige Zeiträume, in denen eine Relative-Stärke-Strategie besser gewesen wäre, als eine Strategie des Kaufens und Haltens, doch gibt es keine Beweise, dass dies immer so ist. Ich habe schon darauf hingewiesen, es gibt Beweise für ein Momentum im Aktienmarkt. Dennoch zeigt ein Computertest für die Relative-Stärke-Regel in einem Zeitraum von 25 Jahren, dass diese Regeln, wenn man die Brokerkosten einrechnet, keine bessere Ergebnisse erbringen, als der Placebo Kaufen und Halten.

Das Kurs-Umsatz-System

Das Kurs-Umsatz-System geht davon aus, dass dann, wenn eine Aktie (oder der Gesamtmarkt) bei hohen oder zunehmenden Umsätzen Kursgewinne verzeichnet, eine unbefriedigte Kaufnachfrage besteht und man davon ausgehen kann, dass die Aktie weiterhin im Wert steigt. Wenn hingegen eine Aktie bei hohem Umsatz an Wert verliert, dann wird ein Verkaufsdruck sichtbar, was wiederum ein Verkaufssignal darstellt.

Auch hier wird der Investor, der diesem System folgt, von den Ergebnissen höchstwahrscheinlich enttäuscht sein. Die Kauf- und Verkaufssignale, die von dieser Strategie erzeugt werden, enthalten keine Informationen, die für die Vorhersage künftiger Kursbewegungen von Nutzen sind. Wie bei allen technischen Strategien wird der Investor verpflichtet, sehr häufig zu kaufen und zu verkaufen. Deshalb liegen die Transaktionskosten weit höher als diejenigen, die bei einer Kaufen-und-Halten-Strategie anfallen. Wenn man diese Kosten in Betracht zieht, dann schneidet ein Investor schlechter ab, als ob er ganz einfach eine bestimmte Gruppe von Aktien gekauft und gehalten hatte.

Wie man Chartmuster liest

Vielleicht können kompliziertere Chartmuster, so wie sie im vorangehenden Kapitel beschrieben wurden, die künftige Entwicklung der Aktienkurse vorhersagen. Ist beispielsweise der Abwärtsdurchbruch einer Kopf-Schulter-Formation ein verlässliches bärisches Omen? Ein „Evangelium" der Chartanalyse, die Technische Analyse, sagt es so: „Ein schweres Auto, das mit 70 Meilen pro Stunde fährt, kann man nicht sofort anhalten, wenden und wieder in die gleiche Richtung zurückfahren lassen." Bevor ein Aktienkurs sich wendet, sollten die Kursbewegungen eine Reihe von Umkehrmustern ausbilden, wenn die Trader langsam ihre Aktien an die Öffentlichkeit verteilen. Natürlich wissen wir, dass es einige Aktien gibt, die ihre Richtungsänderungen sehr schnell vornahmen (dies nennt man dann die V-Formation), aber vielleicht können diese Umkehrmuster oder andere Chartkonfigurationen wie römische Wahrsager die Zukunft tatsächlich vorhersagen. Doch der Computer hat auch diese geheimnisvollen Charttechniken getestet und wiederum versagte das Werkzeug der Techniker (der Zauberstab des Magiers). In einer sehr umfangreichen Studie wurde der Computer programmiert, die Kursverläufe von 548 Aktien, die an der New York Stock Exchange gehandelt werden, über einen Zeitraum von fünf Jahren auszudrucken.

Er wurde so programmiert, alle Charts zu scannen und einige der 32 populärsten Chartmuster zu identifizieren. Der Computer sollte nach Köpfen und Schultern, nach Dreifachspitzen und Dreifachtiefs, nach Kanälen, Wimpeln, Diamanten und anderen Ausschau halten. Weil die Maschine ein sehr gründlicher (und doch ziemlich stumpfsinniger) Arbeiter ist, können wir sicher sein, dass ihm keine signifikanten Chartmuster entgehen.

Als die Maschine herausfand, dass eines der bärischen Chartmuster, wie beispielsweise eine Formation von Kopf und Schultern, von einer Abwärtsbewegung über den Hals hinunter bis zum Dekollete (ein sehr bärisches Signal) gefolgt wurde, zeigte er ein Verkaufssignal an. Wenn andererseits eine Dreifachspitze von einem Durchbruch nach oben gefolgt wurde (ein sehr günstiges Omen), wurde ein Kaufsignal gegeben. Der Computer folgte dann der Performance der Aktie, für die er Kauf- und Verkaufssignale gegeben hatte, und verglich sie mit der Performance des Gesamtmarkts.

Und wiederum schien es keine Verbindung zwischen dem technischen Signal und der folgenden Performance zu geben. Hätte man nur die Aktien mit Kaufsignalen gekauft und bei einem Verkaufssignal verkauft, dann wäre die Performance nach Berücksichtigung der Brokerkosten um keinen Deut besser gewesen, als die Performance, die man mit einer Kaufen-und-Halten-Strategie erzielt hätte. Tatsächlich jedoch erzielte die Strategie, gleich nach bärischen Signalen zu kaufen, am ehesten zu überdurchschnittlichen Gewinnen (wenn man die Kosten für den Broker nicht berücksichtigt).

Zufall ist schwierig zu akzeptieren

Die menschliche Natur liebt Ordnung. Menschen finden es schwierig, den Zufall zu akzeptieren. Ganz gleich, was uns die Gesetze der Wahrscheinlichkeit sagen: Wir suchen in zufälligen Ereignissen nach Mustern, wo immer dies möglich scheint – nicht nur im Aktienmarkt, sondern auch, indem man Phänomene im Sport interpretiert.

Wenn die Reporter und Zuschauer eine gute Form eines Basketballspielers beschreiben, dann benutzen sie häufig Redewendungen wie „Shaquille O'Neill hat die heiße Hand" oder „Reggie Miller ist ein sicherer Schütze". Diejenigen, die Basketball spielen, Basketballer als Coach betreuen oder Basketballspiele als Zuschauer verfolgen, sind im Allgemeinen davon überzeugt, dass ein Spieler, dessen letzte Würfe erfolgreich waren, auch mit dem nächsten Wurf treffen würde. Eine Studie einer Gruppe von Psychologen stellt jedoch klar, dass das Phänomen der „heißen Hand" in den Bereich der Mythen gehört. Die Psychologen notierten in ihrer Studie jeden Wurf der Philadelphia 76ers in eineinhalb Spielzeiten.

Sie fanden keine Beweise für eine positive Korrelation zwischen den Ursachen erfolgreicher Korbwürfe. Tatsächlich fand man heraus, ein Treffer folgte eher einem Fehlwurf, als dass zwei Treffer hintereinander erzielt wurden. Weiterhin suchten die Forscher nach Serien von mehr als zwei erfolgreichen Korbwürfen. Und wieder fanden sie heraus, dass die Anzahl von längeren Strähnen (mehrere Körbe hintereinander) nicht größer war, als man in zufällig erworbenen Daten gefunden hätte (so etwa, indem man Münzen geworfen hätte, bei dem jedes Ergebnis von seinem Vorgänger unabhängig ist). Obwohl die Tatsache, dass ein Spieler seine letzten zwei oder drei Würfe im Korb versenkte, die Vermutung des Spielers, er werde seinen nächsten Wurf versenken, beeinflusste, zeigten die harten Fakten, dass es keine Wirkung gab.

Die Forscher untermauerten ihre Studie, indem sie die Freiwürfe der Boston Celtics untersuchten und indem sie zusätzlich kontrollierte Wurfexperimente mit Männern und Frauen der Basketballteams der

Cornell University durchführten. Die Ergebnisse der vorhergehenden Würfe beeinflussten zwar die Vorhersagen der Spieler über das Ergebnis der Würfe, nicht aber ihre Performance.

Die Ergebnisse der Tests legen nicht nahe, dass Basketball ein Glücksspiel ist, sondern ein Geschicklichkeitsspiel. Offenbar gibt es Spieler, die genauer werfen als andere. Der Punkt jedoch ist, dass die Wahrscheinlichkeit, einen Ball im Korb zu versenken, unabhängig davon ist, ob die vorhergehenden Würfe den Korb trafen oder nicht. Die Psychologen vermuten, dass der Glaube an die „heiße Hand" auf das Gedächtnis zurückzuführen sei. Wenn man sich an lange Serien von Treffern oder Fehlwürfen leichter erinnern kann als an alternierende Reihen, dann überschätzen Beobachter die Korrelation zwischen erfolgreichen Würfen. Wenn bestimmte Ereignisse in Häufungen oder in Serien eintreffen, dann suchen die Menschen nach Erklärungen und Mustern. Sie weigern sich zu glauben, das alles sei Zufall, auch wenn solche Häufungen und Strähnen oft auch bei Zufallsdaten vorkommen, wie beispielsweise beim Münzwurf. Und am Aktienmarkt ist es genauso.

Ein paar andere technische Theorien, die Ihnen helfen, Geld zu verlieren

Als die akademische Welt die meisten technischen Tradingregeln ausgelöscht hatte, wandte sie ihre Aufmerksamkeit einigen besonders phantasievollen Systemen zu. Die Welt der Finanzanalyse wäre wesentlich ruhiger und langweiliger ohne die Statistiker, wie die folgenden Techniken deutlich demonstrieren.

Der Rocksaum-Indikator

Als die Techniker nicht mehr damit zufrieden waren, Kursbewegungen zu untersuchen, verbreiterten einige technische Analysten ihre Untersuchungen und schlossen andere Bewegungen in ihre Überlegungen ein. Eines der charmantesten Systeme wurde von Ira Gobleigh die Theorie des „Bullenmarkts und dem bloßen Knie" genannt. Kontrollieren Sie die Säume der Kleider der Frauen in irgendeinem Jahr und dann werden Sie eine Vorstellung vom Niveau der Aktienkurse haben. Es scheint eine Tendenz zu geben, dass es dann, wenn Knie gezeigt wird, einen Bullenmarkt gibt, und dass schwache Märkte schlechte Zeiten für Voyeure bedeuten, wie der Chart auf Seite 151 enthüllt.

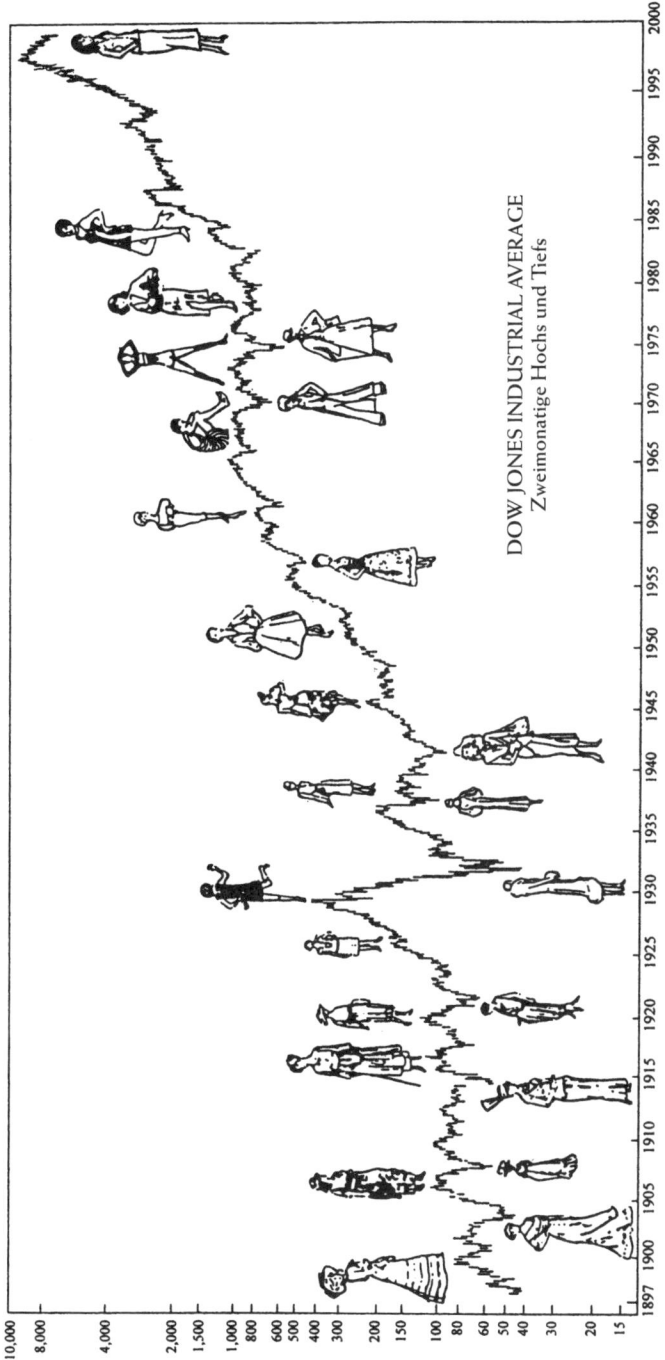

DOW JONES INDUSTRIAL AVERAGE
Zweimonatige Hochs und Tiefs

Beispielsweise war der Aktienmarkt Ende des 19. und Anfang des 20. Jahrhunderts ziemlich flau, und so waren es auch die Säume der Kleider. Aber dann rutschten die Säume höher und der große Bullenmarkt der 20er Jahre begann, der von langen Röcken und dem Crash der 30er Jahre gefolgt wurde. (Tatsächlich schummelt dieser Chart ein wenig: Die Säume der Kleider fielen 1927, kurz vor der dynamischsten Phase des Bullenmarktes.)

Leider stimmt die Sache in der Zeit nach dem 2. Weltkrieg nicht mehr. Der Markt fiel im Sommer 1946 deutlich, lange bevor der New Look mit den längeren Röcken 1947 begann. Gleichermaßen fiel der Einbruch des Aktienmarkts zum Ende des Jahres 1968 genau in die erste Phase der Miniröcke, die 1969 und besonders 1970 höchst modisch waren.

Und wie funktionierte diese Theorie im Crash von 1987? Wenn man den Chart betrachtet, könnte man annehmen, dass der Rocksaum-Indikator versagte. Immerhin wurden im Frühjahr 1987 mit der Auslieferung der Herbstkollektion der Designer sehr kurze Röcke als letzter Schrei der Mode verschickt. Doch Anfang Oktober, als die ersten kalten Winde durch das Land wehten, passierte etwas Eigenartiges: Die meisten Frauen entschieden, dass Miniröcke nichts für sie seien. Als sich die Frauen wieder langen Röcken zuwandten, änderten auch die Designer schnell ihre Meinung: „Kurze Röcke erscheinen mir heute lächerlich", erklärte Bill Blass. Der Rest ist Börsengeschichte. Und nun kennen wir also den wirklichen Grund für den Börsencrash von 1987. Und wie steht es um den Börsenabschwung im Spätsommer 1998? Sie haben es wahrscheinlich erraten! Die Modebranche ordnete für den Herbst 1998 lange Röcke an, und so schien diese Theorie wieder zu stimmen. Seien Sie allerdings nicht zu optimistisch, dass Sie dann, wenn Sie den Rocksaum-Indikator benutzen, einen Vorteil haben, wenn Sie den richtigen Zeitpunkt abpassen wollen. Für diejenigen, die diese Beziehungen tatsächlich ernsthaft in die Zukunft projezieren wollten, gibt es ein Problem. Während es für die Aktienkurse keine theoretische Obergrenze gibt, gibt es diese für die Länge, oder vielmehr Kürze, von Kleidern. Vielleicht verdeutlichen die Mikro-Miniskirts und Hot Pants während der 70er Jahre, dass diese Theorie eine Grenze erreicht hatte. Aber wie wir wissen, neigen Aktienkurse dazu, langfristig noch höher zu steigen.

Der Super-Bowl-Indikator

Weshalb stieg der Markt 1997 an? Das ist für die technischen Analysten einfacher zu beantworten, wenn sie den Super-Bowl-Indikator anwenden. Der Super-Bowl-Indikator sagt voraus, wie der Aktienmarkt sich verhalten wird, und zwar auf der Grundlage, welches Team den Super Bowl gewinnt. Ein Sieg eines NFL-Teams sagt bei den Aktien einen Bullenmarkt vorher, während ein Sieg eines früheren AFL-Teams für den Aktienmarkt eine schlechte Nachricht darstellt. Weil 1997 die Green Bay Packers die New England Patriots besiegten, waren die Aussichten für einen Anstieg des Aktienmarkts gut; tatsächlich reagierte der Markt richtig, indem er ein klein wenig anstieg. Und 1998 gewannen die Denver Bronkos aus der AFL den Super Bowl. Und tatsächlich, der Aktienmarkt erlitt einen deutlichen (aber nur zeitweiligen) Abschwung während des Spätsommers. In den Jahren, die dem ersten Super Bowl folgten, irrte sich dieser Indikator nur ein oder zwei Mal.

Er lag 1970 daneben, als die Kansas City Chiefs (AFL) gewannen und danach bei den Aktien ein Bullenmarkt folgte und im Jahr 1987, als dem Sieg der New York Giants (NFL) der Börsencrash folgte (obwohl der Markt Ende 1987 höher stand, als er begann, und deshalb lag der Indikator, rein technisch gesehen, nicht daneben). Natürlich macht es keinen Sinn, dass die Ergebnisse des Super-Bowl als Vorhersage für den Aktienmarkt dienen könnten. Dennoch wird es immer wieder zufällige Korrelationen geben. Der Erfolg des Super-Bowl-Indikators zeigt ganz einfach, dass es manchmal möglich ist, zwei Ereignisse, die überhaupt nichts miteinander zu tun haben, miteinander in Verbindung zu bringen.

Die Odd-Lot-Theorie

Die Odd-Lot-Theorie besagt, dass außer dem Investor, der immer recht hat, niemand eine erfolgreichere Investmentstrategie haben könnte, als ein Investor, der immer falsch liegt. Der Odd-Lotter liegt entsprechend verbreiteter Überzeugung immer falsch. Deshalb ist der Erfolg dann gesichert, wenn man dann kauft, wenn die Odd-Lotter verkaufen, und dann verkauft, wenn die Odd-Lotter kaufen.

Odd-Lotter sind solche Anleger, die Aktien in kleinerer Anzahl als in Hunderterpaketen traden (also ein Kleinanleger). Die meisten Amateure an der Börse können sich kein Investment von 5.000 $ leisten, um ein Hunderterpaket von Aktien zu kaufen, die zu 50 $ gehandelt werden.

Wenn man das Verhältnis der Odd-Lot-Käufe (die Anzahl der Aktien, die diese Amateure an einem bestimmten Tag gekauft haben) zu den Odd-Lot-Verkäufen (der Anzahl der Aktien, die sie verkauften) betrachtet und darauf achtet, welche speziellen Aktien Odd-Lotter kaufen und verkaufen, kann man angeblich Geld verdienen. Diese uninformierten Amateure, die vermutlich ausschließlich aus dem Gefühl heraus handeln und nicht aus einem professionellen Verständnis, sind die Lämmer in der Wall Street, die zum Schlachter geführt werden. Dem Hörensagen nach liegen sie immer falsch.

Es stellt sich aber heraus, dass die Odd-Lotter gar kein so dummes Volk sind. Ein wenig dumm? Vielleicht. Es gibt Hinweise darauf, dass die Performance der Odd-Lotter ein wenig schlechter ist als der Durchschnitt.

Die verfügbaren Informationen jedoch (die zugegebenermaßen nicht so umfangreich sind wie das, was über die anderen technische Strategien angesammelt wurde), weisen darauf hin, dass die Kenntnis der Aktionen der Odd-Lotter für die Ausformulierung von Investmentstrategien keinen Nutzen hat.

Eine Studie untersucht die Theorie, dass ein Investor die Daten der Odd-Lot-Verkäufe und Odd-Lot-Käufe für die Aktienauswahl nutzen kann. Man geht davon aus, dass dann, wenn mehr Odd-Lots verkauft als gekauft werden, ein Kaufsignal gegeben ist, weil die Trottel, die Odd-Lots verkaufen, offensichtlich nicht wissen, was sie tun. Die Fakten konnten diese Annahme nicht stützen. Tatsächlich konnten nach dieser Regel keine größeren Umkehrpunkte einzelner Aktien oder des Markts als Ganzem erkannt werden. Außerdem war der Odd-Lot-Index sehr volatil, und ständig wechselte er zwischen höheren Kaufzahlen von Odd-Lots und höheren Verkaufszahlen von Odd-Lots. Das sagt aber auch aus, dass ein Investor, der dieser Strategie folgt, bei den Transaktionskosten enorm zur Kasse gebeten würde, was seinem Tradingkonto großen Schaden zufügen würde.

Mit Ausnahme einiger weniger Techniker, die ihre Dienste der Öffentlichkeit verkaufen, glauben nur wenige professionelle Anleger an die Odd-Lot-Theorie. Tatsächlich haben einige professionelle Anleger ernsthaft behauptet, am heutigen, von Institutionen dominierten Markt, gelte eine neue Odd-Lot-Theorie. Anstatt das Verhalten des kleinen Mannes im Markt zu beobachten, sollte man sehen, was diejenigen tun, die die großen Investmentfonds und Pensionsfonds betreuen, denn sie sind die heutigen Odd-Lotters. Investoren sollten beachten, was diese tun, und dann das Gegenteil davon machen.

Einige weitere Systeme

Wenn ich diese technischen Systeme weiter vorstellen würde, käme ich zu immer geringeren Gewinnen. Offensichtlich glauben nur wenige Menschen ernsthaft daran, dass die Beobachtung der Sonnenflecken ihnen an der Börse viel Geld einbringen könnte. Aber glauben Sie, dass Sie dann, wenn Sie das Verhältnis der Aktien, die Kursgewinne zu verzeichnen haben, zu denen, die Kursverluste verzeichnen, kennen, einen verlässlichen Indikator haben, der auf allgemeine Aktienhochstände hinweist? Eine sorgfältige Computerstudie sagt nein. Glauben Sie, dass ein Anstieg der Leerverkäufe ein bullisches Signal ist (Weil die Aktien schließlich durch den Leerverkäufer zurückgekauft werden, um seine Position zu schützen)? Umfassende Überprüfungen haben ergeben, dass es weder für den Gesamtmarkt noch für einzelne Papiere Relationen gibt. Glauben Sie, dass ein System mit gleitenden Durchschnitten, wie es von einigen Finanzfernsehsendern gezeigt wird (beispielsweise eine Aktie dann zu kaufen, wenn der Kurs höher liegt als der Durchschnittskurs der letzten 200 Tage und dann zu verkaufen, wenn er unter diesen Durchschnitt fällt) zu außerordentlichen Börsengewinnen führen kann? Nein, nicht wenn Sie beim Kauf und Verkauf Gebühren entrichten müssen!

Technische Börsen-Gurus

Ich habe schon Joseph Granville erwähnt, den Propheten der frühen 80er Jahre. Ende der 70er Jahre trafen seine Vorhersagen sehr häufig ein, und zu seiner Blütezeit hatte er die Macht, ganze Märkte zu bewegen. Am 6. Januar 1981 um 6.30 Uhr verschickte Granville die folgende Nachricht an seine 3.000 Abonnenten auf der ganzen Welt: „Verkaufen Sie – Verkaufen Sie alles." Am nächsten Morgen wurden die Brokerhäuser mit Verkaufsaufträgen überschüttet und der Dow Jones Industrial Average erlitt deutliche Verluste, im Gegenwert von etwa 40 Milliarden $, das ist dreimal mehr als der Betrag, der am schwarzen Donnerstag 1929 verloren wurde. Und sein Verkaufssignal im September 1981 verursachte an den Finanzmärkten der Welt fast eine Panik. Die öffentliche Anbetung von Granville glich der, die Rockstars erzielten. Seine Seminare waren ständig ausgebucht.

Als er einmal bei einem Seminar gefragt wurde, wie er bei seinen Reisen den Markt verfolgen könnte, ließ er seine Hosen fallen und zeigte, dass auf seinen Shorts verschiedene Aktienkurse aufgedruckt waren.

Wenn Joseph Granville sprach, dann hörten die Investoren tatsächlich zu – zumindest eine Zeitlang.

Leider ließ die Genauigkeit der Vorhersagen Granvilles während der 80er Jahre viel zu wünschen übrig. Der Granville-Börsenbrief warnte während der frühen 80er Jahre ständig vor einem Börsendesaster. Als der Dow Jones Industrial Average bei 800 lag, sagte Granville seinen Abonnenten, man sei in einem Börsencrash. Er empfahl seinen Investoren nicht nur, ihre Aktien zu verkaufen, sondern auch leer zu verkaufen, um vom kommenden finanziellen Armageddon zu profitieren. Der Markt antwortete damit, dass er bis auf 1.200 Punkte anstieg. „Der Bullenmarkt war nur eine Seifenblase", merkte Granville 1984 an und warnte nunmehr eine geringere Anzahl von Fans davor, dass ein Crash unmittelbar bevorstehe. Granvilles Anhänger verpassten den spektakulären Bullenmarkt der 80er Jahre. Seine Reputation als Seher und einer, der Märkte bewegen kann, war ernsthaft beschädigt.

Als einer der einflussreichsten Börsengurus während der 80er Jahre war Robert Prechter der Nachfolger von Granville. In seinen ersten Semestern an der University of Yale interessierte sich Prechter für Parallelen zwischen Sozialpsychologie und Börse. Nach dem College, während Granville seinen Ruhm erwarb, verbrachte Prechter vier Jahre damit, in einer Band das Schlagzeug zu bedienen, und danach ging er als technischer Analyst zu Merrill Lynch. Dort stolperte Prechter über die Arbeit eines unbekannten Buchhalters, R. M. Elliott, der eine geheimnisvolle Theorie entwickelt hatte, die er bescheiden die Elliott-Wave-Theorie nannte. Elliott ging davon aus, dass es vorhersehbare Wellen in der Psyche von Investoren gibt, und dass diese den Markt mittels natürlicher Ebbe und Flut steuerten. Elliott glaubte, dass man, wenn man diese beobachtet, größere Wechsel im Markt vorhersagen könne. Prechter war von dieser Entdeckung so begeistert, dass er 1979 Merrill Lynch verließ und von Gainesville, Georgia, aus einen Newsletter für Investoren verfasste.

Prechters erste Vorhersagen waren geradezu unheimlich genau. Am Anfang der 80er Jahre sagte er einen größeren Bullenmarkt voraus, bei dem er erwartete, dass der Dow, nach einem kurzen Stop bei 2.700, auf 3.600 Punkte steigen würde. Gerade zu diesem Zeitpunkt, als Granvilles Vorhersagen sich als falsch erwiesen, wurde Prechter der goldene Ritter des Tages, und er bewirkte, dass seine Anhänger bis zum Oktober 1987 ständig investierten.

Die ersten Macken setzten nach dem Oktober 1987 ein. Man muss Prechter zugute halten, dass er sagte, es gäbe ein 50/50-Risiko, dass der

Markt um 10 % absinken würde, als der Dow am 5. Oktober 1987 immer noch über 2.600 stand. Er riet den Tradern und Investoren in einem kurzfristigen Ausblick zum Verkauf. Institutionellen Anlegern jedoch riet er, bis zum Kursziel von 3.668 auszuhalten. Nach dem Crash, als der Dow nur noch in der Nähe von 2.000 lag, wurde Prechter langfristig pessimistisch und empfahl, kurzfristig Schatzwechsel zu halten. Er sagte voraus, dass der große Bullenmarkt wahrscheinlich vorüber sei, und dass Anfang der 90er Jahre der Dow Jones Industrial Average bis auf unter 400 einbrechen würde. Dadurch, dass Prechter nicht geraten hatte, wieder in Aktien zu investieren, verpasste er eine Ralley der Blue Chips, die zwei Jahre später den Dow weit über seinen vorherigen Höchststand nach oben drückte. Dies war der Todesstoß für den „goldenen Guru".

Nach Prechter kam Elaine Garzarelli, eine leitende Angestellte der Investmentfirma Lehman Brothers. Garzarelli verließ sich nicht auf einen Indikator. Sie tauchte in den Ozean der Finanzdaten und benutzte nicht weniger als 13 verschiedene Indikatoren, um den Weg der Börse vorherzusagen. Garzarelli studierte schon immer gern lebenswichtige Details. Als Kind besorgte sie sich vom Metzger Organe von Tieren und sezierte sie.

Garzarelli war der Roger Babson des Crash von 1987. Im August wurde sie sehr pessimistisch und empfahl ihren Kunden am 1. September aus dem Aktienmarkt völlig auszusteigen. Am 11. Oktober war sie nahezu sicher, dass ein Crash bevorstehe. Zwei Tage später sagte sie *USA Today* in einer fast beängstigend genauen Vorhersage, dass ein Einbruch des Dow Jones um 500 Punkte unmittelbar bevorstehe. Innerhalb einer Woche bewahrheiteten sich ihre Vorhersagen.

Doch der Crash war auch schon Garzarellis letzter Treffer. Gerade als die Medien sie als „Guru des schwarzen Montags" krönten und in Zeitschriften von *Cosmopolitan* bis *Fortune* schmeichlerische Artikel über sie erschienen, ertrank sie in ihrer Hellsichtigkeit – oder an ihrem schlechten Ruf. Nach dem Crash sagte sie, sie würde nicht in den Markt gehen und prophezeite, dass der Dow um weitere 200 bis 400 Punkte fallen würde. Und so verpasste Garzarelli den Rückschwung des Marktes. Darüber hinaus waren alle, die ihr Geld in ihre Hände legten, außerordentlich enttäuscht. Der Investmentfonds, der im Sommer 1987 aufgelegt wurde, und von ihrem Ruhm und ihrem Talent profitieren sollte, hatte einen großartigen Start. Von 1988 an war sie jedoch deutlich schlechter als der Markt, bis sie das Management des Fonds 1994 aufgab. Als sie gebeten wurde, die fehlende Übereinstimmung ihrer Vorhersagen mit dem Marktgeschehen zu erklären, antwortete sie: „Ich habe meinen eigenen Charts nicht geglaubt." Das sagen alle Techniker. Ende 1994 trennten sich Garzarelli und Lehman.

Die vielleicht schillerndsten Anlagegurus Mitte der 90er Jahre waren die Beardstown Ladies, bodenständige Großmütter (Durchschnittsalter 70 Jahre). Publizisten nannten die Damen die „größten Investmenttalente unserer Generation". Diese berühmten Omas erzielten Gewinne und Begeisterung, als sie mehr als 1 Million Bücher verkauften und häufig in landesweit gesendeten Fernsehshows und Wochenmagazinen auftraten. Sie vermischten ihre Erklärungen ihres Anlageerfolges (ihre Tugenden waren harte Arbeit und der regelmäßige Kirchgang) mit prima Kochrezepten (beispielsweise Börsenmuffins – mit der Garantie, dass sie aufgehen). In ihrem Bestseller von 1995 *The Beardstown Ladies Common-Sense Investment Guide*, behaupteten sie, ihre Anlagegewinne lägen pro Jahr bei 23,9 % und damit weitaus höher als die 14,9 % Jahresgewinn des S&P 500. Sie behaupteten, dass auch ganz normale Menschen dies schaffen könnten, wenn sie ihrem Rat folgten. Welch großartige Geschichte: Kleine alte Damen aus dem Mittelwesten benutzten ihren gesunden Menschenverstand und konnten die überbezahlten Investmentprofis der Wall Street in den Schatten stellen, ja sogar Indexfonds beschämen.

Doch leider entdeckte man, dass die Ladies auch ihr Buch „gekocht" hatten. Offensichtlich hatte der Beardstown Investment Club seine Beiträge als Teil der Börsengewinne angesehen. Ein Beitrag in der Zeitschrift *Chicago* von Shane Tritsch nannte die spektakulären Gewinne der Omas Humbug. Die Wirtschaftsprüfer von Price Waterhouse wurden zu Rate gezogen und sie errechneten den wahren Investmentgewinn der Ladies im letzten Jahrzehnt mit 9,1 % pro Jahr – fast 6 Punkte unter dem Gesamtmarkt. Soviel zum Thema „reich werden", indem man Investmentidolen nacheifert.

Während der späten 90er Jahre war Abby Joseph Cohen von Goldman Sachs die bekannteste und erfolgreichste Marktstrategin, als sie den großen Bullenmarkt der 90er Jahre genau vorhersagte. Es kann durchaus sein, dass sie ihren bisher sehr erfolgreichen Weg bestätigt – aber das wird die Zeit erweisen. Ihre Techniken jedoch sind diametral entgegengesetzt den Techniken der technischen Gurus, die wir eben besprochen haben. Abby Cohen verlässt sich auf genaueste wirtschaftliche Analyse und ihr Erfolg resultierte aus der genauen Vorhersage des nichtinflationären Wachstums der US-Wirtschaft. Sie tätigte ihre Vorhersagen nie auf Grund der Lektüre von Aktiencharts und wird dies auch nie tun.

Die Moral dieser Geschichte ist offensichtlich. Da es sehr viele Techniker gibt, die den Weg des Markts vorhersagen, wird es immer einige geben, die den letzten entscheidenden Wendepunkt vorhersagen oder vielleicht sogar mehrere davon, aber keiner wird ständig genau sein können. Hier möchte ich die fast biblisch anmutende Warnung anbringen: „Alle, die auf die Vorhersagen von Börsengurus gehört haben, werden an ihren Gewissensbissen sterben."

Weshalb werden immer noch Techniker engagiert?

Es scheint deutlich geworden zu sein, dass unter wissenschaftlicher Betrachtung die Interpretation von Charts auf der gleichen Stufe wie Alchemie steht. Alle Studien, die sich mit der Technischen Analyse beschäftigt haben, kamen zu bemerkenswert gleichen Ergebnissen. Keine einzige Strategie war besser als das Placebo einer Kaufen-und-Halten-Strategie.

Technische Methoden können nicht angewendet werden, wenn man sinnvolle Anlagestrategien verfolgt. Dies ist der grundlegende Schluss der Random-Walk-Theorie.

Einer meiner früheren Kollegen, der glaubte, dass das kapitalistische System alle Auswüchse, wie beispielsweise die Techniker, ausmerzen würde, war überzeugt, dass der Technik-Kult nur eine vorübergehende Mode sei. „Die Tage dieser modernen Wahrsager an der Wall Street sind gezählt", sagte er. „Broker werden bald feststellen, dass sie auch ohne die Dienstleistungen der Techniker auskommen können."

Die Ausdauer der Statistiker und die Tatsache, dass sie über Jahre hinweg in zunehmenden Maß engagiert werden, läßt vermuten, das kapitalistische System gehe so vor, wie die meisten von uns. Wir mögen es, wenn wir sehen, dass unsere besten Pflanzen wachsen, aber im Verlauf des Sommers kommt es zuweilen vor, dass das Unkraut uns überwuchert. Und, wie ich meiner Frau oft sage, wenn sie sich über das Unkraut in unserem Garten beklagt: „Zumindest ist es auch grün."

Der Punkt ist, Techniker spielen oft eine bedeutende Rolle bei den Geschäften der Broker. Statisten empfehlen Trades – fast jedes technische System beinhaltet in einem bestimmten Umfang ein reges Kaufen und Verkaufen. Trading bringt Gebühren, und Gebühren sind das Blut im Geschäft der Broker. Die Techniker sind Kunden nicht dabei behilflich, das Geld für ihre Yachten zu verdienen, doch sind sie dabei behilflich, sie zum Traden zu verleiten, und das bringt den Brokern die Yachten. Techniker werden weiterhin gut im Geschäft sein, solange, bis die Öffentlichkeit diese Tricks durchschaut.

Eine Wertung des Gegenangriffs

Der wahrscheinlich häufigste Vorwurf gegenüber der Schwäche der Random-Walk-Theorie beruht auf einem Misstrauen gegenüber der Mathematik und einem falschen Verständnis dessen, was die Theorie überhaupt aussagt. „Der Markt beruht nicht auf Zufall", lautet der Vorwurf, „und kein Mathematiker kann mich davon überzeugen, dass dem so ist." Auch ein so scharfsinniger Kommentator wie Adam Smith zeigt, dass er die Theorie nicht verstanden hat, wenn er schreibt:

Ich habe den Verdacht, dass auch dann, wenn die Random Walker einen perfekten mathematischen Beweis des Zufalls liefern würden, ich weiterhin glauben würde, dass langfristig gesehen, künftige Gewinne den aktuellen Wert einer Aktie beeinflussen und dass kurzfristig gesehen, die Stimmung der Massen der dominante Faktor ist.

Selbstverständlich beeinflussen Gewinne und Dividenden die Kurse und auch die Stimmung der Massen. In vorhergehenden Kapiteln dieses Buchs habe ich dafür reichlich Beweise geliefert. Aber, auch wenn die Märkte in bestimmten Zeiten durch irrationales Verhalten der Massen bestimmt werden, kann die Börse durchaus mit einem zufälligen Schlendern verglichen werden. Die ursprüngliche bildhafte Analogie des Random Walk geht von einem betrunkenen Mann aus, der über ein leeres Feld stolpert. Er bewegt sich nicht von Vernunft bestimmt, seine Bewegungen sind auch nicht vorhersehbar.

Weiterhin sind auch fundamentale Informationen über ein Unternehmen nicht vorhersehbar, wie beispielsweise ein großer Streik oder der Tod des Vorstandsvorsitzenden. Langfristig gesehen treten solche Ereignisse zufällig ein. Und auch die Reihe der Neuigkeiten müssen zufällig sein. Wenn eine Neuigkeit nicht zufällig wäre, das heißt, wenn sie von einer vorhergehenden Neuigkeit abhängig wäre, dann wäre es keine Neuigkeit. Die milde Form der Random-Walk-Theorie besagt lediglich, Aktienkurse könnten auf der Basis vorangehender Kurse nicht vorhergesagt werden. Und deshalb sind kritische Anmerkungen wie diejenigen, die ich erwähnte, nicht stichhaltig.

Der technische Analyst wird auch ständig wiederholen, dass die akademische Welt ganz sicher nicht jedes technische System testete, das je ersonnen wurde. Das ist ganz richtig. Kein Wirtschaftswissenschaftler oder Mathematiker, ganz gleich wie geschickt er ist, kann schlüssig beweisen, dass technische Methoden nie funktionieren können. Alles was mit Sicherheit gesagt werden kann ist, dass der geringe Informationsgehalt, der in den Mustern der Aktienkurse enthalten ist, sich noch nie als ausreichend erwiesen hat, die Ausgaben für den Broker wettzumachen, die notwendig sind, um auf diese Informationen zu reagieren. Folglich habe ich eine Flut von Briefen erhalten, die mich gescholten haben, weil ich in den früheren Auflagen dieses Buchs nicht auch das technische System erwähnte, von dessen Funktionieren der Schreiber überzeugt ist.

Weil ich ein wenig unvorsichtig bin, möchte ich mich ein wenig vorwagen und behaupten, dass es kein technisches System gibt, das über eine längere Zeit hin funktionieren könnte. Zuerst behaupte ich, dass Methoden, von dessen Funktionieren die Leute überzeugt sind, noch nicht entsprechend getestet worden sind, und zweitens, wenn sie funktionieren, zerstören sich die Systeme selbst. Jedes Jahr besuchen viele Leute die Spielsäle von Las Vegas und Atlantic City und untersuchen die letzten hunderte Zahlen, die beim Roulette gefallen sind, um sich wiederholende Muster daraus erkennen zu können. Im Allgemeinen finden sie irgendwelche Muster. Und so bleiben sie, bis sie alles verloren haben, weil sie die Muster nicht noch einer Überprüfung unterziehen.* Das gleiche gilt auch für die Techniker.

Wenn man die Aktienkurse der Vergangenheit in irgendeinem Zeitabschnitt untersucht, dann wird man fast immer irgendeine Art von System finden, das in diesem Zeitabschnitt erfolgreich gewesen wäre. Wenn man ausreichend viele unterschiedliche Kriterien für die Aktienauswahl versucht hat, dann wird man schließlich ein System finden, das die besten Aktien in einer bestimmten Periode ausfindig machen kann.

Ich möchte das ein wenig erklären. Gehen wir davon aus, dass wir die Aktienkurse und das Umsatzvolumen innerhalb des Zeitraums von 1994 bis 1998 untersuchten und nach technischen Tradingregeln suchten, die innerhalb dieses Zeitraums funktioniert hätten. Wir werden feststellen, dass es immer möglich ist, eine technische Regel zu finden, die funktio-

---

* Edward O. Thorp fand tatsächlich eine Methode heraus, wie man beim Black Jack gewinnen kann. Thorp beschrieb diese Methode in dem Buch *Beat the Dealer*. Seither benutzen die Casinos mehrere Kartenspiele, um es den Kartenzählern schwerer zu machen und sie von den Spieltischen zu verbannen.

niert. Es könnte beispielsweise sein, dass man alle Aktien hätte kaufen müssen, deren Namen mit einem X oder einem D beginnen, und die mit einem Mindestvolumen von 3.000 Stück am Tag gehandelt wurden und deren Gewinne mit 10 % oder mehr im vorangehenden 5-Jahres-Zeitraum gewachsen sind. Der Punkt ist, dass es danach offensichtlich möglich ist zu beschreiben, welche Aktien die beste Performance hatten. Das wirkliche Problem ist jedoch, ob dieses System auch in einem anderen Zeitraum funktioniert hätte. Die meisten Fürsprecher der Technischen Analyse unterlassen es normalerweise, ihre Systeme mit den Marktdaten zu testen, die aus anderen Zeiten stammen als zu denen, in denen das System entwickelt wurde.

Auch wenn der Techniker meinem Rat folgt und sein System in vielen verschiedenen Zeitabschnitten testet und entdeckt, dass es einigermaßen verlässlich die Aktienkurse vorhersagen kann, dann glaube ich immer noch, dass die Technische Analyse letztendlich wertlos sein muss. Um diesen Punkt zu diskutieren, gehen wir einmal davon aus, ein Techniker habe eine verlässliche Jahresendrallye herausgefunden. Das bedeutet, dass jedes Jahr zwischen Weihnachten und Neujahr die Aktienkurse ansteigen. Das Problem dabei ist, dass dann, wenn eine solche Regelmäßigkeit den Marktteilnehmern bekannt wird, diese in einer Art und Weise agieren werden, dass dies in der Zukunft nicht mehr vorkommt.*

Demnach muss jedes erfolgreiche technische System sich schließlich selbst zerstören. In dem Moment, in dem ich feststelle, dass die Kurse nach Neujahr höher sind als vor Weihnachten, werde ich schon lange vor Weihnachten anfangen zu kaufen. Wenn die Leute wissen, dass eine Aktie morgen im Wert steigen wird, dann können Sie sicher sein, dass der Kurs auch schon heute steigen wird. Jede Regelmäßigkeit an der Börse, die entdeckt werden kann und auf die man rentabel reagieren kann, ist dazu verurteilt, sich selbst zu zerstören. Und das ist der Hauptgrund, weshalb ich davon überzeugt bin, dass niemand mit technischen Methoden so erfolgreich sein wird, dass er an der Börse überdurchschnittliche Gewinne erzielt.

---

* Wenn auch nur ein einziger Mensch diese Regelmäßigkeit kennen würde, dann würde er diese Technik einfach praktizieren, bis er ein Vermögen angesammelt hat. Ganz sicher gäbe es für ihn keinen Anreiz, ein wirklich funktionierendes System mit anderen zu teilen und es zur Verfügung zu stellen.

Konsequenzen für Investoren

Die Aktienkurse der Vergangenheit können also nicht dazu benutzt werden, die Zukunft in irgendeiner sinnvollen Art vorherzusagen. Technische Strategien sind normalerweise amüsant, oft beruhigend, aber nie von wirklichem Wert. Dies ist die milde Form der Random-Walk-Theorie und das ist der Schluss, den man aus Untersuchungen ziehen kann, die an den Universitäten von Chicago, Yale, Princeton und Stanford durchgeführt wurden. Sie wurden hauptsächlich in Investmentzeitschriften veröffentlicht, aber auch in eher esoterischen wie beispielsweise *Kyklos* und *Econometica*. Technische Theorien bereichern nur die Leute, die den technischen Service vorbereiten und ihn vertreiben, oder die Brokerfirmen, die Techniker in der Hoffnung anstellen, dass ihre Analysen dazu beitragen könnten, Investoren dazu zu bringen, häufiger zu traden und auf diese Weise dem Broker mehr Provisionen einzubringen.

Die Technische Analyse dafür zu benutzen, an der Börse das richtige Timing zu finden, ist höchst gefährlich. Weil es am Aktienmarkt einen langfristigen Aufwärtstrend gibt, kann es sehr risikoreich sein, viel Bares auf dem Konto zu haben. Ein Investor, der sehr oft große Barmittel auf seinem Tradingkonto hält, um Marktabschwünge zu vermeiden, wird wahrscheinlich auch dann nicht im Markt sein, wenn eine Ralley beginnt. Während der 80er Jahre bot der S&P 500-Index einen sehr ansehnlichen Gesamtgewinn (einschließlich Dividenden und Kapitalgewinnen) von 17 %. Ein Investor jedoch, der zufällig an den zehn besten Tagen dieses Jahrzehnts nicht im Markt war – an zehn von 2.528 Handelstagen – konnte nur 12,6 % Gewinn erzielen. Ähnliche Statistiken beschreiben die gesamte Periode von Anfang der 60er bis Ende der 90er Jahre. Der Punkt ist, dass diejenigen, die versuchen, immer nur zu Beginn einer Aufwärtsbewegung in den Markt zu gehen, es riskieren, die Sprints zu verpassen, die sehr viel zur Performance beitragen.

Die Konsequenzen aus dieser Analyse sind einfach. Wenn Kurse der Vergangenheit nur wenig oder keine nützlichen Informationen für die Vorhersage künftiger Kurse bieten, dann macht es keinen Sinn, irgendeine technische Tradingregel zu benutzen, um den richtigen Zeitpunkt für den Kauf oder Verkauf von Aktien abzupassen. Die ganz einfache Strategie des Kaufens und Haltens wird mindestens ebenso gut sein wie irgendein technisches Verfahren. Kündigen Sie Ihr Abonnement bei dem ohnehin wertlosen technischen Dienstleister, meiden Sie Broker, die Charts lesen und ständig den Kauf oder Verkauf von Aktien empfehlen.

Die Kaufen-und-Halten-Strategie hat noch einen weiteren großen Vorteil, den ich bisher noch nicht erwähnt habe. Wenn man in einem Umfang kauft und verkauft, der rentabel ist, dann erzielt man Kapitalgewinne, die versteuert werden müssen. Wenn Sie jedoch kaufen und halten, dann können Sie die Steuerzahlungen verzögern oder gar vermeiden. Wenn Sie einer technischen Strategie folgen, dann werden Sie wahrscheinlich den größten Teil Ihrer Kapitalgewinne realisieren und mehr Steuern zahlen (und auch früher), als Sie es bei einer Strategie des Kaufens und Haltens tun würden. Deshalb wird ein Portfolio, das Sie entsprechend Ihrer Anlageziele zusammenstellen, kaufen und halten, Ihnen viele Ausgaben wie Brokerhonorare und Steuern ersparen. Gleichzeitig erzielen Sie eine Performance, die mindestens ebenso gut ist, wie die, wenn Sie technische Methoden anwenden.

KAPITEL 7

Wie gut ist die Fundamentalanalyse?

Wie konnte ich nur den Fehler machen und den Experten trauen?
JOHN F. KENNEDY
(Nach dem Fiasko in der Schweinebucht)

Anfangs war er Statistiker. Er trug ein weißes, gestärktes Hemd und einen blauen Anzug ohne Streifen. Er setzte ruhig seinen grünen Lichtschutz auf, nahm an seinen Schreibtisch Platz und zeichnete minutiös die historischen Finanzinformationen über die Unternehmen auf, die er beobachtete. Das Ergebnis: Ein Krampf in seiner Schreibhand.

Doch dann setzte eine Metamorphose ein. Er stand von seinem Schreibtisch auf, kaufte ein blaues Button-down-Hemd und graue Flanellanzüge, warf seinen Lichtschutz weg und begann auf Geschäftsreisen die Unternehmen zu besuchen, die er zuvor nur als eine Sammlung von Finanzstatistiken kannte. Nun nannte er sich Aktienanalyst.

Mit der Zeit wuchs das Ansehen des Aktienanalysten, und zunehmend drängten auch Frauen in diesen Beruf. Portfoliomanager begannen sich auf die Berichte und Empfehlungen für den Kauf oder Verkauf von Aktien zu verlassen. Schließlich erreichten die Analysten ihren professionellen Höhepunkt und wurden von da an guten Glaubens Finanzanalysten genannt.

Die Aussichten von der Wall Street und von Academia

Es gibt einige Portfoliomanager an der Wall Street, die tatsächlich auf der Basis von Charts und verschiedener technischer Systeme investieren, die ich im letzten Kapitel beschrieben habe. Aber sogar an der Wall Street werden die Techniker als ein ziemlich eigenartiger Verein betrachtet, und ihren Empfehlungen wird nur wenig Glauben geschenkt. Deshalb wurden die Studien, die Zweifel an der Effizienz der Technischen Analyse äußerten, von den meisten Profis nicht mit großer Überraschung aufgenommen. Im Grunde ihres Herzens sind die Profis der Wall Street Fundamentalisten. Die wirklich wichtige Frage ist dann, ob die Fundamentalanalyse überhaupt etwas taugt.

Über die Effizienz der Fundamentalanalyse gibt es zwei extreme Ansichten. Die Ansicht vieler an der Wall Street ist, dass die Fundamentalanalyse immer stärker und ausgefeilter wird. Der private Investor hat gegen den professionellen Portfoliomanager und ein Team von Fundamentalanalysten kaum noch eine Chance.

Die gegensätzliche Ansicht wird von vielen Akademikern vertreten. Einige gingen sogar soweit, dass sie sagten, ein blinder Affe, der mit Dartpfeilen auf das *Wall Street Journal* wirft, könne die Aktien mit ebenso großem Erfolg auswählen, wie ein professioneller Portfoliomanager. Sie behaupteten, Fondsmanager und ihre Fundamentalanalysten seien bei der Aktienauswahl nicht besser als ein blutiger Amateur. Viele zogen daraus den Schluss, der Wert der professionellen Anlageberatung sei gleich Null.

Meine Ansicht ist nicht so extrem wie die vieler meiner akademischen Kollegen. Dennoch ist die Kenntnis der Forschungsergebnisse über diese Fragen für jeden intelligenten Investor von großer Bedeutung. In diesem Kapitel erzähle ich von der großen Schlacht in einem ständigen Krieg zwischen den Akademikern und Marktprofis, die die Wall Street bis in die Grundfesten erschütterte. Die aktuelle „Kriegsberichterstattung" teilt mit, dass sich die Akademiker schon über einen Sieg freuen und die Profis „Foul" schreien.

Sind Aktienanalysten grundsätzlich hellsichtig?

Die künftigen Gewinne vorherzusagen, ist die Daseinsberechtigung des Aktienanalysten. Ein Top-Profi der Wall Street sagte in der Zeitschrift seiner „Bruderschaft", *Institutional Investor*: „Die Erwartung von künftigen

Gewinnen ist immer noch der überragend wichtige Faktor, der den Aktienkurs beeinflusst." Wie wir gesehen haben, ist Wachstum (bei den
Gewinnen und deshalb auch bei der Fähigkeit, Dividenden auszuschütten oder Aktienrückkäufe zu tätigen) das Schlüsselelement, um den
Wert einer Aktie einzuschätzen. Der Analyst, der genaue Vorhersagen
über die Zukunft treffen kann, wird reich belohnt. „Wenn er aber falsch
liegt", schreibt *Institutional Investor*, „kann eine Aktie steil abstürzen, wie
wir es immer wieder erleben. „Gewinn" heißt das Spiel, und das wird
immer so sein."

Wenn Analysten die künftige Richtung einer Aktie beschreiben, dann
beginnen sie im Allgemeinen. Sie betrachten die Wege der Aktie in der
Vergangenheit. „Die Performance des Gewinnwachstums der Vergangenheit ist ein sehr verlässlicher Indikator für die künftigen Gewinne",
sagte mir ein Analyst. Wenn das Management wirklich geschickt ist,
dann gibt es keinen Grund anzunehmen, es werde seinen Midas-Touch
in der Zukunft verlieren. Wenn dieses fähige Management-Team am
Ruder bleibt, dann sollte sich das künftige Gewinnwachstum so verhalten, wie in der Vergangenheit – so wird behauptet.

Derartige Gedankengänge gelten in der akademischen Welt nicht.
Berechnungen des vergangenen Gewinnwachstums sind keine Hilfe,
wenn man künftiges Wachstum vorhersagen will. Hätte man die Wachstumsraten aller Unternehmen während der 80er Jahre gekannt, dann
hätte dies auch nicht bei der Vorhersage geholfen, wenn sie vorhersagen
wollten, welches Wachstum sie zwischen 1990 und 2000 erzielen würden. Selbst wenn die Analysten die schnell wachsenden Unternehmen
der 90er Jahre kennen, dann wird es ihnen nicht helfen, die schnell
wachsenden Unternehmen des frühen 21. Jahrhunderts herauszufinden.
Dieses überraschende Ergebnis wurde zuerst von britischen Forschern
in Großbritannien vorgestellt, das charmanterweise mit „Higgledy Pig-
gledy Growth" überschrieben war. Die gelehrten Akademiker in Princeton und Harvard übertrugen die ethische Studie auf amerikanische
Unternehmen – und welche Überraschung – diese Aussage galt auch
hier!

„IBM", wurde sofort gerufen, „vergesst IBM nicht." Ich erinnere mich
sehr gut an IBM: Ein Unternehmen, das mehrere Jahrzehnte lang regelmäßig mit hohen Wachstumsraten überzeugte. Eine Zeitlang war IBM
die strahlende Ausnahme. Aber nach Mitte der 80er Jahre konnte auch
das mächtige IBM sein bisher verlässliches Wachstum nicht fortsetzen,
bis es sich Ende der 80er Jahre unter einem neuen Management wieder
einfand. Ich erinnere mich aber auch an Polaroid, Apple Computer und

Dutzende anderer Unternehmen, die ständig hohe Wachstumsraten erzielten, bis ihnen das Dach auf den Kopf fiel. Ich hoffe, Sie denken nicht an die aktuellen Ausnahmen, beispielsweise an Microsoft, sondern eher an die Regel: Es gibt kein verlässliches Muster, das aus Leistungen der Vergangenheit abgeleitet werden kann, das Analysten helfen könnte, das künftige Wachstum vorherzusehen.

Ein guter Analyst wird jedoch behaupten, dass es, um Vorhersagen zu treffen, mehr bedarf, als nur die Leistungen der Vergangenheit zu untersuchen. Anstatt jeden einzelnen Faktor zu messen, der in den Bewertungsprozess eingeht, entschieden John Cragg und ich, uns auf das Endergebnis zu konzentrieren: Auf die Vorhersage selbst.

Unter dem Deckmantel akademischer Objektivität schrieben wir an 19 große Wall-Street-Firmen, die sich mit der Fundamentalanalyse beschäftigten. Die 19 Firmen, die baten anonym bleiben zu können. Zu ihnen gehörten auch einige große Brokerfirmen, Investmentfondsgesellschaften, Kapitalanlagegesellschaften und Banken, die sich in der Vermögensverwaltung engagierten – die angesehensten Namen der Investmentbranche.

Wir baten um Gewinnvorhersagen aus der Vergangenheit – und erhielten sie auch – die aussagen sollten, wie diese Firmen die Gewinne bestimmter Unternehmen in einem Zeitraum von ein Jahr und in einem Zeitraum von fünf Jahren einschätzten. Diese Gewinnschätzungen, die zu unterschiedlichen Zeiten gestellt wurden, wurden dann mit dem wirklichen Ergebnissen verglichen, um zu sehen, wie gut die Analysten die kurzfristigen und langfristigen Gewinnveränderungen vorhersagen konnten. Die Ergebnisse waren überraschend.

Ganz offen gesagt, die sorgfältigen Schätzungen der Aktienanalysten (auf der Basis von Branchenstudien, Besuchen bei Unternehmen usw.) sind nur wenig besser als diejenigen, die man erhalten hätte, wenn man die Trends der Vergangenheit hochgerechnet hätte, aber von denen wissen wir schon, dass sie keine Hilfe darstellen. Und tatsächlich waren die Schätzungen der Aktienanalysten für einen 5-Jahres-Zeitraum in Wirklichkeit schlechter als die Vorhersagen einiger naiver Prognosemodelle.

Das „Placebo", mit dem wir die Prognosen der Analysten verglichen, war die Annahme, dass jedes Unternehmen, das am Wirtschaftsprozess teilnimmt, eine Gewinnwachstumsrate etwa in der Höhe der langfristigen Wachstumsrate des Bruttosozialprodukts hätte. Oft stellte sich heraus, dass man, hätte man dieses einfache Vorhersagemodell benutzt, bei der Vorhersage langfristigen Gewinnwachstums kleinere Fehler gemacht hätte, als wenn man den professionellen Prognosen der Analysten gefolgt wäre.

Unsere Methode zur Bewertung der Effizienz der Aktienanalysten ist genau die gleiche, die wir schon zuvor benutzten, als wir die Rezepte der Techniker bewerteten. Wir verglichen die Ergebnisse, die wir erhielten, wenn wir den Ratschlägen der Experten gefolgt wären, mit den Ergebnissen einiger einfacher Mechanismen, bei denen keine Fachkenntnis erforderlich war. Manchmal funktionieren diese einfachen Prognoseinstrumente sehr gut. Wenn Sie beispielsweise das Wetter von morgen vorhersagen wollten, dann haben Sie ziemlich gute Chancen, wenn Sie sagen, es würde genau wie heute sein. Obgleich dieses System jeden Wetterumschwung vernachlässigt, ist es an den meisten Tagen ziemlich verlässlich. Was glauben Sie, wie viele Meteorologen besser sind?

Als die Aktienanalysten mit den schlechten Ergebnissen ihrer Wachstumsschätzungen für die nächsten fünf Jahre konfrontiert wurden, gaben sie ehrlich und doch ein wenig einfältig zu, dass fünf Jahre doch eine zu große Zeitspanne sind, um verlässliche Vorhersagen treffen zu können. Obwohl sie zugeben mussten, dass langfristige Vorhersagen sehr wichtig sind, wollten sie nur in ihrer Fähigkeit, die Gewinnveränderungen für ein Jahr vorhersagen zu können, beurteilt werden.

Ob Sie es glauben oder nicht, es stellte sich heraus, dass ihre Prognosen für ein Jahr noch schlechter waren, als die für fünf Jahre. Es war für sie tatsächlich schwieriger ein Jahr vorherzusagen als langfristige Veränderungen.

Die Analysten kämpften tapfer. Sie beschwerten sich, es sei unfair, ihre Leistungen in einem weiten Feld von Branchen zu beurteilen, weil die Gewinne der Elektronikunternehmen und verschiedener zyklischer Unternehmen immer sehr schwierig vorherzusagen seien. „Stellen Sie uns bei Versorgeraktien auf die Probe", forderte ein Analyst sehr zuversichtlich. Also probierten wir auch das aus und das Ergebnis gefiel ihnen nicht. Sogar die Prognosen für die sehr stabilen Versorgeraktien lagen weit daneben. Die Titel, die die Analysten zuversichtlich als Aktien mit hohem Wachstum bezeichneten, erwiesen sich genau so gut wie die Versorgeraktien, bei denen sie nur mäßiges oder geringes Wachstum vorhersagten. Dies führte zum zweiten wichtigen Ergebnis unserer Studie: Es gibt keine Branche, die einfach vorherzusagen ist.

Außerdem gab es keine Analysten, die anderen ständig überlegen waren. Natürlich gab es in jedem Jahr Analysten, die überdurchschnittlich gut waren, aber in ihrer Performance konnten wir keine Beständigkeit entdecken. Analysten, die in einem Jahr überdurchschnittlich gut waren, waren nicht prädestiniert, auch im nächsten Jahr besser zu sein als andere.

Die Ergebnisse, die ich mit Cragg erarbeitete, wurden durch verschiedene andere Forscher bestätigt. Beispielsweise erstellten Michael Sandretto von Harvard und Sudhir Milkrishnamurthi von M.I.T. eine umfangreiche Studie über die Jahresvorhersagen für die 1.000 am häufigsten beobachteten Unternehmen. Für jedes Unternehmen gab es Schätzungen von fünf oder sechs Analysten. Das erstaunliche Ergebnis dieser Studie war, dass die durchschnittliche jährliche Fehlerquote über einen Zeitraum von fünf Jahren hinweg bei 31,3 % lag. Die Fehlerquote war jedes Jahr bemerkenswert beständig – die geringste lag bei 27,6 %, die höchste bei 33,5 %. Prognosen im Finanzbereich scheinen eine Wissenschaft zu sein, die die Astrologie seriös erscheinen lässt.

Hinter all diesen Beschuldigungen und Gegenbehauptungen verbirgt sich eine sehr ernste Botschaft: Aktienanalysten haben enorme Schwierigkeiten, ihre Hauptaufgabe, die Gewinnaussichten der Unternehmen, die sie beobachten, zu bestimmen. Investoren, die mit blindem Vertrauen auf Grund dieser Vorhersagen ihre Investmententscheidungen treffen, müssen sich auf einige grobe Enttäuschungen gefasst machen.

Weshalb die Kristallkugel vernebelt ist

Es ist immer etwas verwirrend festzustellen, wenn hervorragend ausgebildete und hochbezahlte Profis in der Ausübung ihres Berufes nicht besonders erfolgreich sind. Leider ist auch dies nicht besonders ungewöhnlich. Ähnliche Ergebnisse könnte man in den meisten Berufsgruppen erzielen. Beispielsweise gibt es das klassische Beispiel in der Medizin. In einer Zeit, als die Entfernung der Mandeln „in" war, überprüfte die American Child Health Association eine Gruppe von 1.000 Kindern im Alter von elf Jahren aus öffentlichen Schulen in New York City und fand heraus, dass bei 611 Kindern die Mandeln operativ entfernt worden waren. Die verbleibenden 389 Kinder wurden von einem Ärzteteam untersucht, das aus diesen 174 Kinder für eine Tonsillectomie auswählte und erklärte, die anderen hätten keine Probleme mit den Mandeln. Die verbleibenden 215 Kinder wurden von einem anderen Ärzteteam noch einmal untersucht, das wiederum 99 Kinder einer Tonsillectomie unterziehen wollte. Als die verbleibenden 116 „gesunden" Kinder ein drittes

Mal untersucht wurden, wurde einem ähnlich hohen Prozentsatz empfohlen, sich die Mandeln entfernen zu lassen. Nach drei Untersuchungen blieben nur 65 Kinder übrig, bei denen keine Tonsellectomie empfohlen wurde. Der Rest der Kinder wurde nicht weiter untersucht, weil
es bald keine Ärzte mehr gab, die sie hätten untersuchen können.

Zahlreiche Studien haben ähnliche Ergebnisse gezeigt. Radiologen
erkannten auf 30 % der Röntgenbilder das Vorhandensein einer Lun-
genkrankheit nicht, obwohl die Krankheit auf dem Film deutlich zu
erkennen war. Ein weiteres Experiment bewies, dass Psychiater in Kli-
niken Geisteskranke nicht von Gesunden unterscheiden konnten. Ich
meine damit, dass wir die Verlässlichkeit und die Genauigkeit eines
Gutachters nicht als garantiert annehmen sollen, ganz gleich, wie fach-
kundig er ist. Wenn man also die geringe Verlässlichkeit so vieler Gut-
achten in Betracht zieht, dann ist es nicht überraschend, dass Irrtümer
von Aktienanalysten bei ihrer schwierigen Aufgabe keine Ausnahme
sind.

Ich denke, es gibt vier Faktoren, die erklären, weshalb Aktienanalysten so große Schwierigkeiten haben, die Zukunft zu prognostizieren.
Dies sind erstens der Einfluss zufälliger Ereignisse, zweitens zweifelhafte Gewinnberichte, die durch „kreative" Bilanzierungsmethoden entstehen, drittens die grundlegende Inkompetenz vieler Analysten selbst
und viertens der Abgang der besten Analysten in den Verkauf oder ins
Portfolio-Management. Wir sollten jeden dieser Faktoren einzeln diskutieren.

1. Der Einfluss zufälliger Ereignisse

Ein Unternehmen ist nicht allein auf dieser Welt. Viele wichtige Veränderungen, die die grundsätzlichen Aussichten der Unternehmensgewinne beeinflussen, sind reiner Zufall, das heißt, sie sind unvorhersehbar.

Nehmen wir einmal die Versorger, auf die ich schon einmal eingegangen bin. Man geht davon aus, dass diese Branche zu den stabilsten und
verlässlichsten Unternehmensgruppen zählt. Während der frühen 60er
Jahre erwartete fast jeder Analyst, der sich um Versorger kümmerte, Florida Power and Light sei der am schnellsten wachsende Versorger. Die
Analysten erkannten ein ständiges hohes Wachstum der Bevölkerung,
zunehmenden Bedarf an Elektrizität bei den bestehenden Kunden und
ein günstiges Klima, was die staatliche Aufsicht anbelangt.

Alles traf auch wie vorhergesagt ein, mit Ausnahme eines kleinen
Details: Das günstige Klima wurde deutlich ungünstiger, als sich die

60er Jahre dem Ende zuneigten. Die Florida Public Utilities Commission ordnete an, Florida Power and Light müsste deutliche Tarifsenkungen vornehmen, und das Versorgungsunternehmen war nicht in der Lage, die schnell wachsende Nachfrage nach Elektrizität in höhere Gewinne umzusetzen.

Das Ergebnis war, dass das Unternehmen am Ende des Jahrzehnts nur ein mittelmäßiges Wachstum aufzuweisen hatte, weit unter dem überschwänglichen Vorhersagen. In den 70er Jahren wurden ähnliche Fehler gemacht, als die Analysten die steigenden Benzinkosten nicht vorhersagen konnten, die aus den um das Zehnfache gestiegenen internationalen Rohölpreisen resultierten. Anfang der 80er Jahre konnten die Analysten bei der Performance der Versorger, deren Kernkraftwerke noch nicht fertiggestellt waren, die Auswirkungen des Unfalls vor Three Mile Island von 1979 nicht berücksichtigen. Und in den 90er Jahren konnten die Analysten das Ausmaß der Deregulation und des Wettbewerbs nicht ermessen, die die Gewinnspannen der Telefongesellschaften und der Elektrizitätswerke einschränkten. Und so stellte sich heraus, dass sogar die stabile Versorgerbranche außerordentlich schwierig zu prognostizieren ist.

Die Regierung kann wegen der Haushaltslage mit Verträgen, Gesetzen und regulierenden Eingriffen enorme Auswirkungen auf das Vermögen einzelner Unternehmen haben. Auswirkungen haben auch die Unfähigkeit wichtiger leitender Angestellter des Managements, die Entdeckung eines wichtigen neuen Produktes, Fehler bei einem aktuellen Produkt, eine größere Ölpest, Unfälle und Naturkatastrophen wie Hochwasser und Wirbelstürme. Die Storys, in denen unvorhersehbare Ereignisse Gewinne beeinflussten, sind zahllos.

2. Zweifelhafte Gewinnberichte durch „kreative" Bilanzierungstechniken

Der Geschäftsbericht eines Unternehmens kann mit einem Bikini verglichen werden – was er enthüllt ist interessant, doch was er verbirgt, ist entscheidend. National Student Marketing, eine der Modeaktien die ich in Kapitel 3 erwähnte, führte in dieser Hinsicht den Schönheitswettbewerb an. Andrew Tobias beschrieb alles in seinem Buch *The Funny Money Game*.

In der Steuererklärung von 1969 verwendete National Student Marketing sehr häufig Begriffe wie „Rückstellung für die Entwicklung neuer Produkte und Startkosten". Das war Geld, das 1969 ausgegeben wurde, aber nicht mit den Gewinnen dieses Jahres verrechnet wurde. „Noch nicht amortisierte Kosten für im Voraus finanzierte Verkaufsaktionen" war sogar noch listiger. Das waren Ausgaben für Print-Anzeigen, die mit den Gewinnen nicht verrechnet wurden, weil man die fadenscheinige Ausrede zur Begründung heranzog, diese Ausgaben würden Umsätze in der Zukunft bewirken.

Mit Verlusten bei Tochtergesellschaften wurde kurzer Prozess gemacht: Die Unternehmen wurden einfach verkauft, und dadurch wurden ihre schlechten Ergebnisse aus der konsolidierten Bilanz entfernt. In Wirklichkeit war es nicht ganz so einfach, weil die Verkäufe nach dem Ende des Fiskaljahres vollzogen wurden – doch die Buchhalter hatten keine Skrupel, die Verkäufe rückwirkend in die Bilanz einzubringen.

Wenn Ausgaben unberücksichtigt blieben, weshalb sollte man dann Verluste berücksichtigen? Gesagt, getan. Sie wurden bei den Umsätzen als nicht fakturierte Außenstände notiert. Als Begründung führte man an, dass die Fakturierung der Verkäufe in der Zukunft vorgenommen würde. Schließlich kam man zu einem Endergebnis von 3.754.103 $. Fast 4 Millionen $ wurden dem Reingewinn als Gewinne von Unternehmen hinzugefügt, deren Akquisition im Prinzip beschlossene Sache war und die baldigst abgeschlossen werden sollten, bis zum Ende des Fiskaljahres 1969.

Es stellte sich heraus, dass selbst, wenn man den Rest der kreativen Bilanzierung akzeptierte, also die Gewinne der Unternehmen, die 1969 legal noch nicht zu National Student Marketing gehörten, das Unternehmen kaum eine ausgeglichene Bilanz erreicht hatte. Natürlich trug die Bilanz die Billigung einer renommierten Wirtschaftsprüfungsgesellschaft, wobei der Öffentlichkeit versichert wurde, dass die Bilanz in Übereinstimmung mit den allgemein anerkannten Bilanzierungsgrundsätzen erstellt wurde. Ganz ähnlich war es mit Barry Minkows Teppichreinigungsunternehmen in den späten 80er Jahren, das ich in Kapitel 3 schon beschrieben habe. Diese Firma beruhte auf einem Mosaik von gefälschten Kreditkarten und fiktiven Verträgen.

Solche Bilanzmissbräuche sind keine historische Abartigkeit. Während der späten 90er Jahre gaben eine Reihe von großen Unternehmen zu, unter ihnen auch Cendant, Sunbeam (unter „Chainsaw Al" Dunlop) und Oxford Health Plans, dass ihre zunächst veröffentlichten Gewinne falsch waren. Dies führte zu deutlichen Kursverlusten der Aktien dieser Unternehmen. Immer häufiger wurden umstrittene Bilanztechniken wie Umstrukturierungskosten, kreative Akquisitionsverbuchung und verschiedene Rückstellungen benutzt, um die zurückliegenden Gewinne zu manipulieren und künftige Gewinne zu erhöhen.

Viele Manager haben die Bilanzierungsregeln so weit strapaziert, dass die Gewinne immer noch stiegen. Motorola nahm 1998 eine Abschreibung von 2 Milliarden $ vor und Eastman Kodak führte zwischen 1991 und 1998 sechs „außerordentliche" Abschreibungen im Gesamtwert von 4,5 Milliarden $ durch, was genau den Gesamtgewinnen des Unternehmens in den vorhergehenden acht Jahren entsprach. Natürlich sehen künftige Gewinne wesentlich besser aus, wenn man die Ausgaben von Jahren auf einmal abschreibt. Man könnte es damit vergleichen, dass jemand mehrere Jahre seine Hypothekenzahlungen im Voraus erledigt, und dann behauptet, sein zur Verfügung stehendes Einkommen sei gewachsen.

Andere Tricks werden im Zusammenhang mit Fusionen gespielt. Nachdem Worldcom 1998 MCI für 37 Milliarden $ erworben hatte, gab man bekannt, dass man für die Forschung bei MCI 6 bis 7 Milliarden $ als Sonderausgabe ausgewiesen habe. Statt die Forschungskosten als Firmenwert über 40 Jahre hinweg abzuschreiben, konnte Worldcom seine Gewinne in den kommenden Jahrzehnten um mindestens 100 Millionen $ jährlich nach oben puschen. Unternehmenswert ist ein Bilanzbegriff für den Aufschlag, den man in einer Fusion für das erworbene Unternehmen über den tatsächlichen Buchwert hinaus bezahlt. Später reduzierte Worldcom auf Druck der SEC die Belastung auf 3 Milliarden $. Arthur Levitt, Vorsitzender der SEC meinte dazu: „Häufiger als je zuvor beobachten wir heute solche Illusionen oder Tricks." Es nimmt deshalb nicht Wunder, dass Aktienanalysten Schwierigkeiten haben, die bekanntgegebenen künftigen Gewinnerwartungen einzuschätzen.

3. Die Inkompetenz vieler Analysten

Die Leistung der Analysten reflektiert in vielerlei Hinsicht die Grenzen ihrer Möglichkeiten. Dafür sind ihre Leistungen bei der Einschätzung von STP Corporation sicherlich ein gutes Beispiel.

In den frühen 70er Jahren war STP, ein Unternehmen des Rennfahrers Andy Granatelli, der Liebling der Wall-Street-Bruderschaft. Ein Bericht nach dem anderen wies darauf hin, weshalb dieses Unternehmen eine hohe und langfristige Wachstumsrate erwarten könnte. Nur wenige Analysten kümmerten sich um das Hauptprodukt des Unternehmens, den STP-Motorenöl-Zusatz, der maßgeblich für Einnahmen und Gewinne des Unternehmens verantwortlich war. Was konnte das Produkt eigentlich? Sollte wirklich jemand glauben, STP könne Autos im Winter schneller starten und ihre Motoren im Sommer länger ruhig und kühl laufen lassen?

Zugegeben, einige Analysten hatten ein komisches Gefühl, aber dies wurde sorgfältig verborgen. Beispielsweise wurde am 17. Mai 1971 in einer Ausgabe des *Wall Street Transcript* ein Analyst folgendermaßen zitiert: „Das Risiko ist, dass es schwierig zu beweisen ist, was genau dieses Produkt vollbringt, und die Leute befürchten, die FTC das Unternehmen könnte angreifen, wenn das Produkt wirkungslos ist. Wir glauben, dies wird voraussichtlich nicht der Fall sein. Und in der Zwischenzeit glauben die Verbraucher, dass das Produkt wirkt, und das allein zählt. Es ist eine Art Kosmetik für das Auto." Wenn es jemals Luftschlösser gegeben hat, dann hat sich STP ganz sicher dafür qualifiziert.

Während der Analyst zitiert wurde, beendete *Consumer Reports* seine Untersuchung über STP. Sie wurde im Juli 1971 veröffentlicht und bestätigte, STP sei ein wertloser Ölverdicker, keinesfalls aber ein Wundermittel, das defekte Motoren wieder heil machen könne. Tatsächlich berichtete das Verbrauchermagazin, „STP könne die Viskosität des Öls eines neuen Fahrzeugs wesentlich stärker eindicken, als bestimmte Autohersteller es empfehlen."

Die Zeitschrift berichtete weiter, die großen Autohersteller beurteilten die Anwendung solcher Additive negativ und gingen davon aus, STP könnte die Eigenschaften des Motoröls eines Autos so weit verändern, dass die Gewährleistungsbedingungen neuer Fahrzeuge davon berührt sein könnten.

Der Aktienkurs fiel abrupt zurück und das Gewinnwachstum des Unternehmens fand ein vorzeitiges Ende. Ein Analyst bekannte nach dem Debakel: „Ich glaube, wir haben die falschen Fragen gestellt."

Um es ganz deutlich zu sagen: Viele Aktienanalysten sind nicht besonders intelligent, kritisch oder kompetent. Dies lernte ich schon früh, als ich als Trainee an der Wall Street arbeitete. Als ich versuchte, die Techniken der Profis zu erlernen, wollte ich einige Analysen kopieren, die von einem Rohstoffspezialisten namens Louie verfasst wurden. (Louie hatte errechnet, dass die Gewinne eines bestimmten Kupferherstellers um 1 $ je Aktie wachsen würden, wenn der Rohstoffpreis um 1 Cent ansteigen würde. Weil er von einem Anstieg der Kupferpreise um 5 % ausging, schätzte er diese spezielle Aktie als höchst attraktiven Kaufkandidaten ein.

Als ich noch einmal nachrechnete, fand ich heraus, dass Louie ein Kommafehler unterlaufen war, 1 Cent Zuwachs im Kupferpreis sollte die Gewinne um 10 Cent und nicht um 1 $ erhöhen. Als ich Louie auf diesen Fehler hinwies (ich war ganz sicher, dass er sofort eine Korrektur vornehmen würde), zuckte er lediglich mit den Schultern und erklärte: „Nun, die Empfehlung liest sich wesentlich überzeugender, wenn wir den Bericht so lassen wie er ist." Detailgenauigkeit war ganz sicher nicht die Stärke dieses speziellen Analysten. Von da an nannte ich ihn immer Sloppy Louie (damit will ich das hervorragende Fischrestaurant mit gleichem Namen in der South Street Seaport in der Nähe des New Yorker Finanzdistrikts nicht beleidigen).

Zum Ausgleich dieser Schlamperei gibt es aber auch Analysten, die sehr gewissenhaft und detailliert arbeiten. Nehmen wir den Ölanalysten Doyle. Sein Wissen um die Raffineriekapazitäten gleicht dem eines Wörterbuches, aber ihm fehlt der kritische Scharfsinn, dies in nützliche Investmentbewertungen einzubringen. Er hat nicht die geringste Ahnung, wieviel die Ölgesellschaften im nächsten Jahr verdienen werden oder welche man zum Kauf empfehlen sollte.

Doch leider gibt es sehr viele Analysten, die so sind wie Louie. Sie sind im Allgemeinen zu faul, ihre eigenen Gewinnprognosen zu erstellen, und ziehen es vor, die anderer Analysten zu übernehmen oder die Prognosen zu schlucken, die vom Management der Unternehmen bekanntgegeben werden, und das ohne zu kauen. Und dann ist es auch sehr einfach, jemandem die Schuld zu geben, wenn etwas schief läuft. „Dieser ****!!!!-Finanzvorstand gab mir die falschen Zahlen." Und es ist auch viel einfacher falsch zu liegen, wenn auch alle Kollegen der gleichen Meinung waren. Keynes sagte einmal: „Die Erfahrung sagt uns, dass es für den Ruf besser ist, konventionell Fehler zu machen als unkonventionell erfolgreich zu sein."

Das Management unternimmt einiges, um die Aufgabe des Analysten, Voraussagen zu treffen, zu erleichtern. Ich möchte Ihnen ein Beispiel geben: Ein großes Unternehmen lud zu einer zweitägigen Veranstaltung ein, um eine Gruppe von Aktienanalysten der Wall Street über ihre Operationen und künftigen Vorhaben zu informieren.

Wir wurden am Morgen von einem Privatflugzeug abgeholt, besuchten drei Fabriken des Unternehmens und wurden dort informiert. Am Abend wurden wir in einem erstklassigen Hotel untergebracht und königlich bewirtet.

Nach zwei weiteren Betriebsbesichtigungen am nächsten Tag fand eine Informationsveranstaltung statt, bereichert durch eine Diashow, in der ein „sehr konservativer Fünfjahres-Ausblick" zu den stark wachsenden Gewinnen gegeben wurde.

In jeder Pause wurden wir mit Geschenken überschüttet – und nicht nur die üblichen Souvenirs zu den wichtigsten Produkten des Unternehmens. Wir erhielten verschiedene Schreibtischaccessoires für das Büro, je einen Füllhalter und Kugelschreiber, eine lederne Brieftasche, eine Krawattennadel, Manschettenknöpfe und ein geschmackvolles Schmuckstück, dass wir unserer Frau oder Freundin nach Hause mitnehmen sollten.

Den ganzen Tag lang flossen Schnaps und Wein im Überfluss. Ein Analyst bekannte am Ende des Ausfluges mit glasigen Augen: „Es ist sehr schwierig, dieses Unternehmen nicht zu mögen."

Damit will ich nicht behaupten, dass die meisten Analysten an der Wall Street bestochen werden, um für bestimmte Aktien zu werben. Aus meiner eigenen Erfahrung würde ich hingegen sagen, dass die Standards der Ethik an der Wall Street sehr hoch sind. Sicher, es gibt auch Gauner, aber ich möchte annehmen, weit weniger als in anderen Berufen, trotz einiger Fälle von Insider-Trading in den 80er und 90er Jahren.

Ich will aber sagen, dass der durchschnittliche Analyst genau das ist – ein gut bezahlter und im Allgemeinen hochintelligenter Mensch, der einen außerordentlich schwierigen Job hat und ihn in einer ziemlich mittelmäßigen Weise erledigt. Analysten werden oft fehlgeleitet, sind manchmal schlampig, vielleicht überschätzen sie sich und sie sind manchmal dem gleichen Druck ausgesetzt wie andere Leute. Kurz, es sind wirklich sehr menschliche Wesen.

4. Die besten Analysten gehen in den Verkauf oder übernehmen das Management eines Portfolios

Mein viertes Argument gegen diesen Berufsstand ist ein Paradoxon: Die besten Aktienanalysten werden nicht für Aktienanalysen bezahlt. Sie sind entweder sehr einflussreiche institutionelle Verkäufer oder effektive Akquisiteure, die sehr erfolgreich neue Emissionsgeschäfte in ihre Firmen bringen; oder sie werden in die angesehene Position eines Portfoliomanagers befördert.

Brokerhäuser, die auf eine gute Research-Abteilung verweisen können, verbreiten eine Aura der Respektabilität, wenn sie einen Aktienanalysten zur Begleitung eines Verkäufers zu einer Finanzinstitution schicken.

Institutionelle Anleger lieben es, über eine neue Investmentidee aus erster Hand zu erfahren und so lehnt sich der Verkäufer normalerweise zurück und läßt den Analysten das Gespräch führen. So verbringen die meisten beredten Analysten einen großen Teil ihrer Arbeitszeit bei institutionellen Kunden, und nicht damit, Finanzberichte zu erstellen und Finanzvorstände der Unternehmen zu besuchen. Es ist auch richtig, dass ihre Entlohnung sehr direkt von ihrer Fähigkeit abhängt, Provisionen in die Firma zu bringen.

Ein weiterer Magnet, der die Analysten vom Studium der Aktien abhält, ist die Fähigkeit einiger, ihren Firmen profitable Geschäfte mit Kunden zuzuführen, die Aktien ausgeben wollen. Das heißt, es geht um Kunden, die sich Geld leihen oder neue Aktien ausgeben müssen, um die Mittel für Expansionen aufzubringen. Der Analyst auf einer Geschäftsreise, der nach neuen kleinen und expandierenden Unternehmen sucht, die er möglicherweise als Investment empfehlen kann, hat die Gelegenheit, viel für das Investmentbanking seiner Firma zu tun. Ich habe viele Aktienanalysten gesehen, die ihr Ansehen dadurch erwarben, dass sie solche Kunden zu ihrer Firma brachten. Es kann sein, dass diese Analysten keine guten Gewinnvorhersagen anstellen oder nicht die richtigen Aktien für ein Investment auswählen, aber sie bringen den „Speck" mit nach Hause, und so läuft das Spiel.

Schließlich verführen sowohl die gute Bezahlung als auch das Prestige in der Wertpapierbranche viele Analysten dazu, ihre eigentliche Arbeit sein zu lassen und ins Portfoliomanagement zu gehen. Es ist wesentlich spannender und einträglicher, in der Position eines Portfoliomanagers Geld zu bewegen, als nur als Aktienanalyst zu beraten. Deshalb ist es kein Wunder, dass die angesehensten Aktienanalysten nicht lange in ihren Positionen bleiben.

Können Aktienanalysten Gewinner herausfinden? Die Performance der Investmentfonds

Fast schon kann ich den Chor im Hintergrund hören, da ich diese Worte schreibe. Es hört sich in etwa so an: Die Qualität eines Analysten erweist sich in der Performance der Aktien, die er empfiehlt. Mag sein, dass Sloppy Louie, der Kupferanalyst, seine Gewinnvorhersagen durch eine falsche Dezimalstelle durcheinander brachte, aber wenn die Aktien, die er seinen Kunden empfahl, Geld einbrachten, dann wird ihm seine mangelnde Detailliebe sicherlich vergeben werden. „Analysieren Sie die Performance der Investments", ruft der Chor, „und nicht die Gewinnvorhersagen."

Glücklicherweise sind die Leistungen einer Gruppe von Profis – die Investmentfonds – öffentlich einsehbar. Viele Männer und Frauen bei den Investmentfonds zählen zu den besten und bestbezahltesten Analysten-Portfoliomanager der Branche. Sie stehen auf dem Höhepunkt ihrer Karriere. Angeblich sind sie die ersten, die neue fundamentale Informationen erfahren und darauf reagieren. Sie geben selbst zu, dass sie weit überdurchschnittliche Gewinne erzielen können. Ein Investmentmanager sagte neulich: „Es wird viele Jahre dauern, bevor der allgemeine Kompetenzlevel hoch genug steigt, um die großen Vorteile der heutigen aggressiven Investmentmanager ausgleichen zu können." Auch Adam Smith macht eine ähnliche Aussage:

> „Alle Teilnehmer an diesem Spiel werden immer schneller und immer professioneller . . . Die wirklichen Profis in diesem Spiel – die professionellen Portfoliomanager – werden ständig besser. Auch sie sind Menschen und auch ihnen unterlaufen Fehler, aber wenn Sie ihr Geld von einem wirklich wachen Investmentfonds oder auch von einer besseren Bank managen lassen, dann werden Sie wahrscheinlich bessere Leistungen erhalten als je zuvor."

Aussagen wie diese, waren für die Hochmütigen in der akademischen Welt allzu verführerisch. Da man diesen Reichtum an Daten zur Verfügung hatte, ausreichend Zeit, um Untersuchungen anzustellen und unbedingt die Überlegenheit der Wissenschaft in dieser Angelegenheit beweisen wollte, war es nur natürlich, dass sich die Akademiker auf die Performance der Investmentfonds stürzen würden. Und wieder stimmten die Ergebnisse verschiedener Studien bemerkenswert überein. Investoren hätten mit einem durchschnittlichen Investmentfonds nicht besser abgeschnitten, als wenn sie einen ungemanagten breit angelegten Aktienindex erworben und gehalten hätten. Mit anderen Worten: über längere Zeiträume hinweg waren die Portfolios der Investmentfonds auch nicht besser als zufällig ausgewählte Aktien. Obwohl Fonds über eine kurze Zeit hinweg sehr gute Ergebnisse aufweisen können, bieten die Fonds, allgemein gesehen, keine überlegene Performance.

Die folgende Tabelle zeigt die Gewinne eines durchschnittlichen Aktienfonds über einen Zeitraum von zehn Jahren hinweg, von Ende der 80er bis Ende der 90er Jahre. Zum Vergleich zeigen wir den Standard & Poors 500-Index, der den Gesamtmarkt repräsentieren soll. Die Tabelle zeigt, dass der durchschnittliche Investmentfonds um mehr als drei Prozentpunkte pro Jahr schlechter war als der S&P-Index. Ähnliche Ergebnisse wurden in anderen Zeitabschnitten sowohl für Manager von Pensionsfonds als auch bei Managern von Investmentfonds gefunden. Ganz einfach Aktien eines großen Marktindex zu kaufen und zu halten ist eine Strategie, die von professionellen Portfoliomanagern nur schwer zu übertreffen ist.

Außer den wissenschaftlichen Beweisen, die gesammelt wurden, haben auch einige andere Tests diese Ergebnisse bestätigt. Provoziert durch die Ergebnisse wissenschaftlicher Studien wählten die Redakteure der Zeitschrift *Forbes* im Juli 1967 ein Portfolio von Aktien aus, indem sie Dartpfeile auf die Börsennotierungen in der *New York Times* warfen. Sie trafen 28 Namen und konstruierten ein simuliertes Portfolio, bei dem in jeder Aktie 1.000 $ angelegt wurden. 17 Jahre später, Mitte 1984 war das Portfolio, das ursprünglich einen Wert von 28.000 $ hatte, nunmehr (alle Dividendenzahlungen wurden reinvestiert) 131.697,61 $ wert. Dieser Gewinn von 370 % war deutlich besser als bei den breit angelegten Marktindizes. Weiterhin wurden die 9,5 % jährlicher Gewinn nur von einer sehr geringen Anzahl professioneller Geldmanager übertroffen. Anfang der 90er Jahre begann das *Wall Street Journal* einen Dartboard-Wettkampf, bei dem jeden Monat die Aktienauswahl von vier Experten der Auswahl von vier Treffern mit Dartpfeilen gegenüber stand. Das *Wall Street Journal* war so freundlich, mich die ersten vier Pfeile für den ersten Vergleich werfen zu lassen. Ende der 90er Jahre schien es, als lägen die Experten vor den Darts leicht in Führung. Wenn man jedoch die Performance der Experten vom Tag nach ihrer Auswahl bewertete, lagen die Dartpfeile ein wenig vorn. Bedeutet dies, dass das Handgelenk besser ist als das Gehirn? Vielleicht nicht, aber ich glaube, die Redakteure von *Forbes* warfen eine sehr wichtige Frage auf, als sie schrieben: „Es hat den Anschein, eine Kombination von Glück und Faulheit ist besser als der Verstand".*

Investmentfonds gegen Marktindex

	Gesamtgewinn am Ende eines Zehnjahreszeitraums. Letzter Bewertungstag war der 30.6.1998	
	kumulativ	Jahresrate
Standard & Poor's 500 Index	+ 448,88	18,56
Durchschnitt der Aktienfonds	+ 313,05	15,24

Wie kann das sein? Jedes Jahr kann man die Performance-Rangfolgen von Investmentfonds nachlesen. Sie zeigen immer, dass viele Fonds besser sind als der Durchschnitt der Aktien – einige um signifikante Span-

---

* *Forbes* zog den Dartboardfonds 1984 zurück weil die Wellen der Firmenzusammenlegungen und Übernahmen zu viele der Aktien eliminiert hatten; nur 15 der ursprünglich 28 Unternehmen blieben übrig.

nen. Das Problem ist, dass es bei der Performance keine Beständigkeit gibt, zumindest nicht für die späten 80er und 90er Jahre. Ein Manager, der in einem Jahr besser war als der Durchschnitt, hat nur eine Chance von 50 %, auch im nächsten Jahr besser als der Durchschnitt zu sein. Ebenso wenig wie Gewinnwachstum in der Vergangenheit nicht die Gewinne in der Zukunft vorhersagen kann, kann von der Performance eines Fonds in der Vergangenheit nicht auf künftige Ergebnisse geschlossen werden. Auch die Manager der Investmentfonds sehen sich zufälligen Ereignissen ausgesetzt – sie können zu dick oder zu faul werden, oder das Management trennt sich. Eine Investmentstrategie, die in einem bestimmten Zeitraum funktioniert, kann im nächsten Zeitraum versagen. Man ist versucht daraus zu schließen, die Glücksfee spiele beim Ranking der Performance von Fonds eine sehr wichtige Rolle.

Um dieses Thema noch ein wenig weiter zu beleuchten, zeigt die folgende Tabelle die besten zehn Fonds des Jahres 1968 (ebenso den an 19. Stelle geführten Fonds) und verfolgt ihre Leistungen über die nächsten sechs Jahre hinweg.

In Teil 1 habe ich schon erwähnt, dass die Anlage in Wachstumsaktien eine Erscheinung der 60er Jahre und während des starken Bullenmarktes von 1967 bis 1968 besonders beliebt war. Die Kapitalerhaltung musste der Kapitalvermehrung weichen. Die Fondsmanager, die in dieser Zeit die besten Ergebnisse erzielten, wurden in der Finanzpresse wie Sportheroen gefeiert. Als die Rankings mit der Performance 1967 und 1968 veröffentlicht wurden, waren die „Go-Go-Fonds" mit ihren jugendlichen „Revolverhelden" als Manager und Modeaktien als Investment ganz oben an der Spitze und ließen die gesamte Konkurrenz weit zurück.

Das Spiel endete jedoch eher unrühmlich, als 1969 der Bärenmarkt begann und bis 1971 andauerte. Die „Go-Go-Fonds" zogen sich plötzlich zurück. Bei den Performance-Fonds hieß es: Jetzt fliegen und später zahlen. Auch ihre Portfolios, die voller volatiler Modeaktien waren, konnten sich dem Gesetz der finanziellen Gravitation nicht widersetzen. Sie fielen genauso schnell wieder zurück, wie sie nach oben kamen. Die legendäre Brillanz der Fondsmanager stellte sich als Legende heraus, die diese selbst erfunden hatten. In den folgenden Jahren hatten die Spitzenfonds von 1968 eine verheerende Performance (ich konnte meine Tabelle nicht über 1974 hinaus erstellen, weil 1975 viele dieser Fonds nicht mehr im Geschäft waren).

Der Mates Fond stand beispielsweise 1968 an erster Stelle. Ende 1974 wurde er etwa zu einem Vierzehntel seines Wertes von 1968 gehandelt.

Einige Ergebnisse des Performance-Rennens

Rang 1968	Fonds	Rang 1969*	Rang 1970*	Rang 1971*	Rang 1972*	Rang 1973*	Rang 1974*	Wert je Anteil 1968**	Wert je Anteil 1974
1	Mates Investment Fund	312	424	512	465	531	400	15,51	1,12
2	Neuwirth Fund	263	360	104	477	397	232	15,29	6,24
3	Gibraltar Growth Fund***	172	456	481	-	-	-	17,27	-
4	Insurance Investors Fund***	77	106	317	417	224	-	7,45	-
5	Pennsylvania Mutual	333	459	480	486	519	521	11,92	1,09
6	Puerto Rican Investors Fund***	30	308	387	435	-	-	19,34	-
7	Crown Western Dallas	283	438	207	244	330	133	13,86	4,66
8	Franklin Dynatech Series	342	363	112	120	453	453	14,47	4,56
9	First Participating Fund	49	283	106	27	220	310	19,25	13,47
10	Connecticut Western Mutual Fund***	5	202	-	-	-	-	127,27	-
19	Templeton Growth Fund	1	241	163	1	81	84	4,00	6,23

Quelle: Lipper Analytical Division, Lipper Analytical Services, Inc

* Aus 381 Fonds, die 1969 beobachtet wurden, 463 im Jahr 1970, 526 im Jahr 1971, 537 im Jahr1972, 536 im Jahr 1973 und 527 im Jahr 1974
** Die Werte für 1968 wurden entsprechend aller folgenden Splits korrigiert
*** Diese Fonds wurden von Lipper nicht weiter beobachtet

Fred Mates warf schließlich das Handtuch. Daraufhin verließ er die Investment-Gemeinde und stieg in eine Branche ein, die eine neue Modeerscheinung bediente. In New York City eröffnete er eine Single-Bar, die er passenderweise Mates nannte.

Es scheint klar geworden zu sein, dass niemand auf die Beständigkeit einer Performance zählen kann. Anders als Martina Hingis, können Portfoliomanager ihre Rivalen nicht ständig hinter sich lassen. (Außerdem kommt es zuweilen vor, dass auch Martina zuweilen verliert.) Aber ich muss fair sein: Es gibt Ausnahmen von der Regel. Achten Sie auf den Portfoliomanager Nr. 19. Der Templeton Growth Fund hatte nicht nur in dem Zeitraum, der von der Tabelle erfasst wird, eine hervorragende Performance, sondern auch in den weiteren 6-Jahres-Zeiträumen. Er ist ein hervorragendes Gegenbeispiel zur Regel – aber solche Beispiele sind eher selten. Die Tabelle aus den späten 60er Jahren erschien schon in der ersten Ausgabe dieses Buchs. Ähnliche Beispiele finden sich auch in den folgenden Jahren. Die folgende Tabelle zeigt Ihnen das Ranking der 20 besten Fonds der Jahre 1970 bis 1980 für die Zeit von 1980 bis 1990. Wiederum können wir keine Beständigkeit erkennen. Viele der besten Fonds lagen im nächsten Jahrzehnt am Ende der Tabelle. Auch wenn die 20 besten Fonds während der 70er Jahre fast doppel soviel Gewinn einbrachten wie der Durchschnitt (19,0 % zu 10,4 %), schnitten die gleichen Fonds im nächsten Jahrzehnt schlechter als der Durchschnitt ab (11,1 % zu 11,7 %). Und auch hier gibt es eine auffällige Ausnahme.

Die Performance der 20 Spitzenfonds der 70er Jahre im folgenden Jahrzehnt

Fonds	Rang 1970 bis 1980	Rang 1980 bis 1990
Twentieth Century Growth	1	176
Templeton Growth	2	126
Quasar Associates	3	186
44 Wall Street	4	309
Pioneer II	5	136
Twentieth Century Select	6	20
Security Ultra	7	296
Mutual Shares corp.	8	35
Charter Fund	9	119
Magellan Fund	10	1
Over-the-Counter Securities	11	242
American Capital Growth	12	239
American Capital Venture	13	161
Putnam Voyager	14	78
Janus Fund	15	21

Weingarten Equity	16	36
Hartwell Leverage Fund	17	259
Pace Fund	18	60
Acorn Fund	19	172
Stein Roe Special Fund	20	57
Gewinne im Jahresdurchschnitt		
der 20 Spitzenfonds	+ 19,0 %	+ 11,1 %
aller Fonds	+ 10,4 %	+ 11,7 %
Anzahl der Fonds	177	309

Der zehntbeste Fonds der 70er Jahre war in den 80er Jahren an erster Stelle. Dieser Fonds war der Magellan Fonds, der von dem legendären Peter Lynch gemanagt wurde. Wenn Sie nun losstürmen und heute den Magellan Fonds kaufen wollen, dann muss ich Sie warnen, denn Lynch hat sich 1990 im „reifen Alter" von 46 Jahren zur Ruhe gesetzt. Weil er auf dem Höhepunkt seiner Performance ausstieg, sicherte er sich einen Platz in der Hall of Fame der Portfoliomanager. Leider können Privatanleger nicht mehr auf Lynch setzen, damit er weiterhin die Wall Street schlägt.

Für den Fall, dass Sie glauben, das Bild hätte sich in den 90er Jahren verändert, sollten Sie die folgende Tabelle betrachten, die die 20 besten Investmentfonds der Jahre 1978 bis 1987 zeigt und ihre Performance von 1988 bis 1997 verfolgt. Die Ergebnisse sind erschütternd ähnlich. Finanzzeitschriften und Tageszeitungen werden hingegen weiter das Loblied auf bestimmte Fonds-Manager singen, die in letzter Zeit überdurchschnittliche Gewinne erzielten. Solange es Durchschnitte gibt, solange wird es Manager geben, die besser sind als der Durchschnitt. Allerdings kann man nicht davon ausgehen, dass dann, wenn die Performance in einem bestimmten Zeitraum sehr gut war, sie auch im nächsten Zeitraum sehr gut sein wird.

Wie die 20 Spitzenfonds der Jahre 1978 bis 1987 zwischen 1988 und 1997 abschnitten

Fonds	Durchschnitts-gewinn 1978 bis 1987 in %	Durchschnitts-gewinn 1988 bis 1997 in %
Fidelity Magellan	30,93	18,88
Federated Capital Appreciation A	26,08	15,60
AIM Weingarten A	23,35	16,68
Van Kampen American Capital Pace A	22,24	15,30
Alliance Quasar A	22,08	15,83
AIM Constellation A	21,47	20,36

Spectra	21,08	21,78
IDS New Dimensions	20,62	18,66
Smith Barney Appreciation A	20,48	15,25
Growth Fund of America	20,00	16,65
MFS Growth Opportunities	19,94	14,79
Mutual Shares Z	19,93	17,37
American Capital	19,80	15,27
Janus Fund	19,65	18,34
Stein Roe Special	19,52	17,31
Van Kampen American Capital Comstock A	18,77	16,56
AIM Charter A	18,49	16,45
Van Kampen Capital Enterprise A	18,29	17,63
Fidelity Congress Street	18,27	17,40
Van Kampen American Capital Emerging Growth A	18,15	19,06
Durchschnitt	**20,95**	**17,26**
S&P 500-Stock-Index	**15,18**	**18,04**

Quelle: Fonds-Daten von Morningstar, Inc. Enthält alle diversifizierten US-Aktienfonds

Immer, wenn viele Menschen an einer Sache beteiligt sind, dann wird, obwohl der Durchschnitt dominieren wird, auch das Unerwartete eintreffen. Die wenigen wirklich Guten, die wir im Investmentmanagement finden, stehen in keinem Widerspruch zu den Gesetzen der Wahrscheinlichkeit. Wie ich schon erwähnte, ist die Tatsache, dass ein Investmentfonds in der Vergangenheit eine gute Performance aufwies, grundsätzlich keine Hilfe, die künftige Performance zu prognostizieren, sondern unterstützt nur meine Behauptung. Die Ihnen bereits bekannten Tabellen zeigen, wie instabil die Performance eines Fonds sein kann.

Vielleicht sollten wir die Gesetze der Wahrscheinlichkeit einmal genauer betrachten. Machen wir also einen Wettbewerb im Münzwurf. Diejenigen, die ständig Kopf werfen, sind die Sieger. Der Wettbewerb beginnt und 1.000 Teilnehmer werfen die Münzen. Wie nach den Gesetzen der Wahrscheinlichkeit erwartet werden kann, werden 500 von ihnen Kopf werfen, dürfen in die zweite Runde einziehen und noch einmal werfen. Nun können wir davon ausgehen, dass 250 von ihnen Kopf werfen. Nach den Gesetzen der Wahrscheinlichkeit wird es in der dritten Runde 125 Gewinner geben, 63 in der vierten, 31 in der fünften, 16 in der sechsten und acht Gewinner in der siebenten Runde.

Nun werden sich die Menschenmassen ansammeln, um Zeugen der überraschenden Fähigkeit dieser Münzwurf-Experten zu sein. Die Gewinner werden mit Lob überschüttet. Sie werden als Genie in der

Kunst des Münzwurfs gefeiert, man schreibt ihre Biographien und die Leute werden ihren Rat suchen. Immerhin gab es 1.000 Wettbewerber und nur acht von ihnen konnten immer Kopf werfen. Das Spiel geht weiter und einige Wettkämpfer werfen schließlich neun- oder zehnmal hintereinander Kopf.* Mit diesem Beispiel will ich nicht sagen, dass die Manager von Investmentfonds ihre Entscheidungen auf der Grundlage von Münzwürfen treffen sollten, doch die Gesetze der Wahrscheinlichkeit funktionieren und sie können einige erstaunliche Erfolgsgeschichten erklären.

Solange es Durchschnitte gibt, solange wird es Leute geben, die besser sind als der Durchschnitt. Weil so viele Leute an diesem Geldspiel teilnehmen, kann die Wahrscheinlichkeit – und sie tut es tatsächlich – einige Serien von Super-Performance erklären. Die enorme Publicity, die Erfolg bei der Aktienauswahl gelegentlich erhält, erinnert mich an die Geschichte des Arztes, der behauptete, er habe eine Heilmethode für Krebs bei Hühnern gefunden. Stolz verkündete er, dass in 33 % aller überprüften Fälle deutliche Verbesserungen des Gesundheitszustandes beobachtet wurden. Bei einem weiteren Drittel der Fälle, so musste er zugeben, schien es im Zustand keine Veränderungen zu geben. Und dann sagte er etwas Entlarvendes: „Und ich fürchte, das dritte Huhn ist weggelaufen."

Auch wenn sich die bisherige Diskussion auf Investmentfonds konzentrierte, sollte man nicht davon ausgehen, dass die Fonds die schlechtesten Investmentmanager beschäftigen. Tatsächlich hatten die Investmentfonds eine etwas bessere Performance als viele andere professionelle Investoren. Die Leistungen der Lebensversicherungen, Hausrats- und Unfallversicherungen, Pensionsfonds, Stiftungen, College-Vermögensverwaltungen, staatliche und kommunale Treuhandgesellschaften, privates Treuhandvermögen, das von Banken verwaltet wird, und private unbekannte Konten, die von Investmentberatern gemanagt werden, wurden studiert. Die Nachforschungen haben ergeben, dass es keine nennenswerten Unterschiede in der Performance dieser professionellen Investoren, oder zwischen diesen Gruppen und dem Gesamtmarkt gibt. Wie bei den Investmentfonds gibt es einige Ausnahmen, aber wiederum sind diese sehr selten. **Es gibt bisher keine wissenschaftlichen**

---

* Hätten wir die Verlierer auch weiterhin mitspielen lassen, (so wie es bei Investment-fonds-Managern der Fall ist, auch wenn sie einmal ein schlechtes Jahr hatten), dann hätten wir noch einige weitere Wettbewerber gefunden, die acht- oder neunmal Kopf geworfen hätten und deshalb als Experten im Münzwurf angesehen worden wären.

Beweise, die darauf verweisen können, dass die Investmentperformance von professionell gemanagten Portfolios als Gruppe in irgendeiner Weise besser war, als die von zufällig ausgewählten Portfolios.

Viele Leute fragen mich, wie diese These – die ich erstmals 1973 veröffentlichte – Bestand haben konnte. Die Antwort ist: „Sehr gut". Obwohl es immer einige Ausnahmen zu dieser These gibt, wie ich schon 1973 offen zugab, war die Geschichte den „Random Walkers" sehr freundlich gesonnen. Bis ins Jahr 1998 mussten sich mehr als zwei Drittel aller Profis, die Aktienfonds managen, dem ungemanagten S&P 500-Aktienindex geschlagen geben.

Kann ein fundamentales System Gewinner finden?

Es gab auch Untersuchungen darüber, ob überdurchschnittliche Gewinne erzielt werden können, wenn man Tradingsysteme benutzt, die auf Presseveröffentlichungen oder neuen fundamentalen Informationen basieren. Die Antwort scheint klar zu sein: „Nein".

Es wurden Systeme ersonnen, in denen Nachrichten wie beispielsweise die Ankündigung einer unerwartet hohen Gewinnzunahme oder eines Aktiensplits ein Kaufsignal auslösen. Doch die Tatsachen zeigen, dass die Effizienz des Marktes so schnell auf die neue Information reagiert, dass es unmöglich ist, eine erfolgreiche Tradingstrategie zu ersinnen, die auf solchen Veröffentlichungen basiert.* Die Untersuchungen haben ergeben, dass die Aktienkurse im Normalfall schon lange vor unerwartet guten oder unerwartet schlechten Gewinnberichten reagieren. Mit andern Worten: Der Markt ist normalerweise in der Vorwegnahme der veröffentlichten Gewinnberichte sehr effizient. Investmentstrategien, die auf Käufen oder Verkäufen von Aktien beruhen, die nach der Veröffentlichung dieser Bekanntmachungen getätigt werden, können dem durchschnittlichen Investor keine Hilfe sein können. Es ist zwar richtig, einige Studien haben ergeben, dass die Kursreaktionen auf Gewinnberichte nicht immer vollständig sind. Doch sind die Abwei-

---

* In diesen Tests geht es sehr oft um die mittlere Form der Random-Walk-Theorie. Wie schon früher erwähnt, geht die milde Theorie davon aus, Informationen über Kurse in der Vergangenheit könnten nicht dazu herangezogen werden, erfolgreiche Tradingstrategien zu entwickeln. Die mittlere Form sagt, veröffentlichte neue Ereignisse könnten nicht dazu dienen, dass Investoren daraus überdurchschnittliche Gewinne herleiten können.

chungen über längere Zeit hinweg nicht beständig und waren nur so gering, dass nur ein Profi außergewöhnliche Gewinne hätte erzielen können.

Auch aus Ankündigungen zu einem Aktiensplit kann man keine neue Informationen ableiten. Auch wenn es stimmt, dass Unternehmen, die einen Aktiensplitt ankündigen, sich in der Zeit vor der Ankündigung des Splits normalerweise steigender Kurse erfreuen können, stellte sich heraus, dass die relative Performance der Aktien nach der Ankündigung genau so verläuft wie die des Gesamtmarkts. Die Untersuchungen haben ergeben, Splits sind eine Konsequenz und nicht die Ursache steigender Kurse und auf Ankündigungen, die auf Aktiensplits verweisen, kann keine nützliche Investmentstrategie aufgebaut werden kann. Diese Studien stützen die alte Maxime der Wall Street: „Ein Kuchen wird nicht größer, wenn man ihn in Stücke schneidet."

Viele Untersuchungen beschäftigten sich auch mit der Zunahme von Dividendenausschüttungen als Grundlage für die Aktienauswahl, um eine überdurchschnittliche Performance zu erzielen. Es wird behauptet, eine Dividendenerhöhung sei ein Signal für das Management, künftig hohe Gewinne zu erwarten. Dividendenerhöhungen sind normalerweise ein genauer Indikator für die künftig erwarteten Gewinne. Außerdem gibt es tatsächlich eine Tendenz, dass Aktienkurse auf eine Dividendenerhöhung reagieren. Allerdings wurde der aus einer Dividendenerhöhung (auch wenn sie nicht sofort im Kurs reflektiert wurde) resultierende Kursanstieg spätestens am Ende des Monats, in dem die Ankündigung vorgenommen wurde, vollständig im Aktienkurs dargestellt.

Die Absage an das Market Timing

Viele professionelle Investoren bewegen ihre zu verwaltenden Werte von Barem in Aktien oder langfristige Schuldverschreibungen und verlassen sich dabei auf Vorhersagen über die fundamentalen wirtschaftlichen Rahmenbedingungen. Tatsächlich gibt es mehrere institutionelle Anleger, die ihren Service als Market Timer anbieten. Die Worte von John Bogle, dem Vorsitzenden der Vanguard Group of Investment Companies, kommen meinen Ansichten über das Market Timing am nächsten. Bogle sagte: „In den 30 Jahren, in denen ich im Geschäft bin, habe ich noch niemanden kennengelernt, der das Timing erfolgreich und beständig beherrschte, noch lernte ich irgend jemanden kennen, der jemanden kennt, dem dies gelungen ist. Tatsächlich habe ich den Eindruck, dass der

Anteil der Barmittel in Aktienfonds und der S&P 500

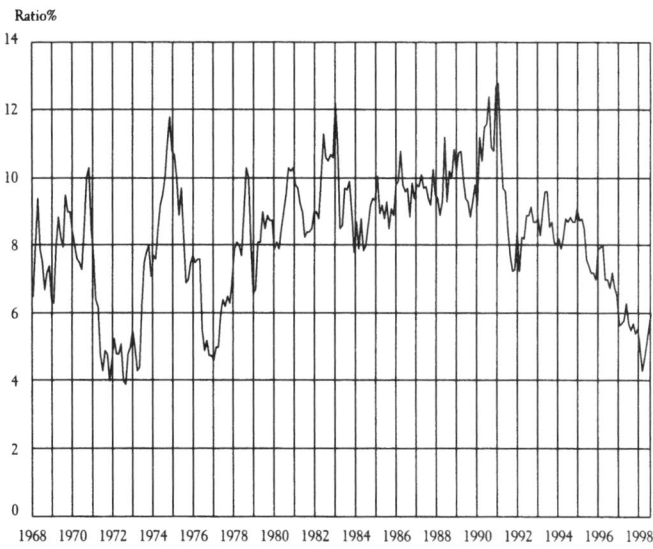

S&P 500*

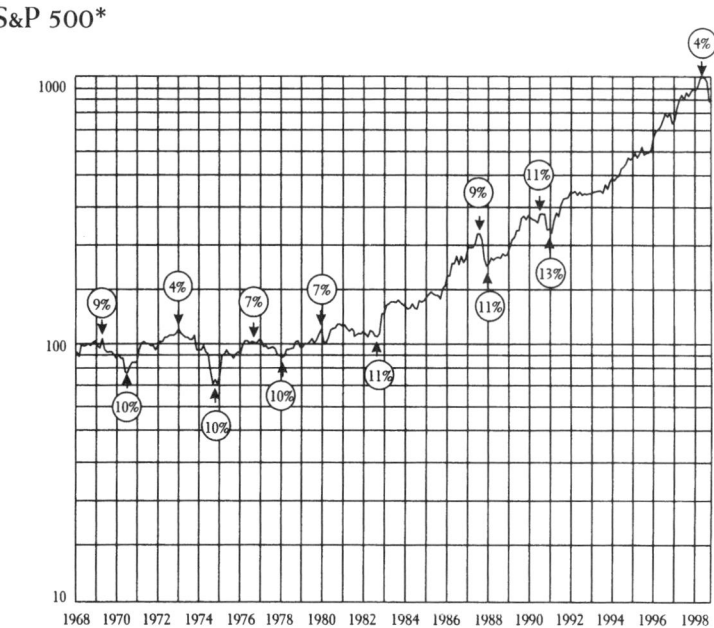

* Die Zahlen in den Kreisen stellen den Anteil an Barmitteln im Gesamtvermögen

Versuch des Market Timing wahrscheinlich nicht nur keinen Wert für die Kapitalanlage hat, sondern sogar kontraproduktiv ist."

Bogles Behauptung kann man sehr gut anhand einer Untersuchung des folgenden Charts darstellen. Der Chart zeigt den Anteil der Barmittel aller Aktienfonds zwischen 1970 und 1998 in Prozent. Daraus wird ersichtlich, dass die Manager der Investmentfonds Unrecht hatten, als sie in wirklich jedem Marktzyklus dieses Zeitraums einen bestimmten Betrag als Barmittel hielten. Sie bemerken, die Vorsicht der Fondsmanager (wie man an den sehr hohen Barmitteln erkennen kann) war an den Tiefständen im Markt besonders ausgeprägt. Die höchsten Barmittel hielten die Investmentfonds in den Tiefständen des Marktes während 1970, 1974, 1982 und Ende 1987 nach dem großen Börsencrash. Einen weiteren Höchststand bei den Barmitteln erkennen Sie Ende 1990, kurz bevor der Markt 1991 in eine Ralley überging, und 1994, kurz vor dem höchsten Anstieg der Aktienkurse innerhalb von drei Jahren in der Börsengeschichte. Im Gegensatz dazu waren die Barmittel der Fondsmanager fast immer auf einem Tiefstand, während der Markt neue Höhen erklomm. Beispielsweise hatten die Investmentfonds Anfang Juli 1998, kurz bevor die Kurse rutschten, die geringsten Barmittel. Daraus erkennen Sie deutlich, dass das Timing der Manager von Investmentfonds außerordentlich schwach war.

Es ist offensichtlich, dass man dann, wenn man während eines deutlichen Abschwungs, wie im Oktober 1987, nicht im Markt gewesen wäre, sich viel Sorgen und Geld hätte ersparen können. Wir alle hören von diesen wenigen Schlauen, die wussten, dass der Markt Anfang Oktober zu hoch stand, und die alles verkauften. Aber wenn diese klugen Köpfe nicht sofort nach den Tiefständen wieder in den Markt eingestiegen sind, dann waren Sie nicht erfolgreicher als Investoren, die einer Kaufen-und-Halten-Strategie folgten. Die Fakten belegen, erfolgreiches Market Timing ist nur außerordentlich schwierig zu bewerkstelligen.

Denken Sie daran, dass der Markt innerhalb der letzten 49 Jahren in 33 Jahren angestiegen, in drei Jahren gleich hoch geblieben und nur in 13 Jahren gefallen ist. Und so stehen die Chancen Erfolg zu haben, wenn Sie Barmittel statt Aktien halten, fast 3 zu 1 gegen Sie. Eine wissenschaftliche Studie der Professoren Richard Woodward und Jess Chua an der University of Calgary zeigt, dass es besser ist, Aktien als langfristige Investition zu halten, als zu traden, denn die Gewinne aus dem Aktienbesitz während Bullenmärkten überwiegen die Verluste in Bärenmärkten bei weitem. Die Professoren stellen fest, dass ein Market Timer in 70 % aller Fälle richtige Entscheidungen treffen müsste, um besser

190

abzuschneiden als ein Investor, der Aktien kauft und sie langfristig hält. Ich habe noch nie jemanden getroffen, der in 70 % aller Fälle die Umschwünge im Markt richtig erkannt hat.

Ein weiteres Beispiel für die Schwierigkeit des Market Timing findet man in zwei Titelgeschichten in *Business Week*, einer der angesehensten Wirtschaftszeitschriften. Am 13. August 1979, als der S&P 500 bei 105 stand, veröffentlichte *Business Week* eine Titelgeschichte über den „Tod der Aktien" und am 9. Mai 1983, nach einem sechzigprozentigen Anstieg des Marktes veröffentlichte man eine weitere Titelgeschichte unter der Headline „Die Wiedergeburt der Aktien". Vielleicht sollte man vorsichtig sein, wenn das *Wall Street Journal* in einem Beitrag von 1998 schreibt, ein KGV von 25 bis 30 sei wirklich sehr bescheiden. Die wirtschaftlichen Bedingungen der späten 90er Jahre rechtfertigten sehr wohl KGVs von 100. Der Wirtschaftswissenschaftler und höchst erfolgreiche Investor John Maynard Keynes fällte dazu schon vor etwa 60 Jahren das passende Urteil:

> „*Insgesamt gesehen, sind wir nicht in der Lage, in verschiedenen Phasen des Tradingzyklus aus systematischen Käufen und Verkäufen von Aktien große Vorteile zu ziehen ... Nach diesen Erfahrungen wurde mir klar, dass pauschale Umschichtungen aus verschiedenen Gründen nicht durchführbar und auch nicht wünschenswert sind. Viele, die das versuchen, verkaufen zu spät und kaufen zu spät, und beides tun sie viel zu oft, verursachen damit hohen Aufwand und entwickeln eine unruhige und spekulative Geisteshaltung, die, wenn sie auf viele Menschen übergreift, außerdem den schwerwiegenden Nachteil hat, dass die Volatilität deutlich erhöht wird.*"

Die mittlere und die starke Form der Random-Walk-Theorie

Die akademische Gemeinschaft hatte gesprochen. Die Fundamentalanalyse ist nicht besser als die Technische Analyse, wenn es darum geht, Investoren überdurchschnittliche Gewinne zu bringen. Da Akademiker jedoch zur Haarspalterei neigen, fiel man sehr schnell streitend über die genaue Definition fundamentaler Informationen her. Einige sagten, es sei die Information, die jetzt bekannt ist; andere sagten, man könne es auch auf die Zukunft ausweiten. An diesem Punkt spaltet sich das, was als strenge Form der Random-Walk-Theorie begann. Wie wir wissen, sagt die mittlere Form, dass veröffentlichte Informationen keinem Analysten helfen könnten, unterbewertete Aktien auszuwählen. Die Begründung hierfür ist, dass die Struktur der Aktienkurse schon alle Informationen, die aus Bilanzen, Geschäftsberichten, Dividenden, Ankündigungen herauszufiltern ist, bereits beinhaltet; deshalb sei die professionelle Analyse dieser Daten bestenfalls nutzlos. Die strenge Form der Random-Walk-Theorie sagt, dass absolut nichts, das über ein Unternehmen bekannt ist oder bekannt werden könnte, dem Fundamentalanalysten nutzen könnte. Nicht nur die veröffentlichten Berichte, sondern alle Informationen, die man über ein Unternehmen erhalten könnte, werden bereits im Kurs der Aktie reflektiert. Gemäß der strengen Form der Theorie können nicht einmal Insiderinformationen den Investoren helfen.

Die strenge Form der Theorie ist offensichtlich eine Übertreibung, wenn sie nicht einmal zulässt, von Insiderinformationen zu profitieren. Nathan Rothschild machte Millionen an der Börse, als ihm seine Brieftauben die ersten Nachrichten von Wellingtons Sieg bei Waterloo überbrachten, bevor andere Trader davon wussten. Heute hingegen werden die Nachrichten über das Internet weitaus schneller bewegt als mit Brieftauben. Am Morgen, nachdem im Januar 1991 die ersten Bomben auf den Irak gefallen waren und klar abzusehen war, dass ein schneller Sieg erreicht werden könnte, eröffnete der Dow Jones Industrial Average um 80 Punkte über dem Schlusskurs des Vortages. Die Kurse hatten sich sofort den Gegebenheiten angepasst. Weiterhin sind Insider, die aus dem Trading auf der Basis nichtöffentlicher Informationen Gewinne ziehen, Gesetzesbrecher. Deshalb gibt sich das Management der Unternehmen sehr große Mühe, jedes wichtige Ereignis, das entscheidenden Einfluss auf die Aktienkurse haben könnte, sofort zu veröffentlichen.

Grundsätzlich sagen beide Formen der Theorie, dass Aktienanalysten sehr gut darin sind, alle neuen Informationen, die erreichbar sind, zu interpretieren und schnell darauf zu reagieren. Informationen werden heute sehr schnell verbreitet und die Auswirkungen werden fast sofort in den Kursen sichtbar. Die Tatsache, dass alle so schnell reagieren, macht es für die Analysten extrem schwierig, auf der Basis der Fundamentalanalyse einen nennenswerten Gewinn an der Börse zu erzielen.* Der Nobelpreisträger Paul Samuelson fasst die Situation wie folgt zusammen:

---

* Tatsächlich könnte es professionellen Analysten sehr ungelegen kommen, wenn gezeigt werden könnte, sie könnten überdurchschnittliche Gewinne erzielen. Dies würde heißen, dass eine andere Gruppe (in der Regel die Öffentlichkeit) unterdurchschnittliche Gewinne erzielt. Denken Sie da nur an die Reformer, die darauf drängen würden, die Aktivitäten der Profis zu beschneiden, um so die Öffentlichkeit zu schützen.

„Wenn intelligente Menschen ständig nach guten Werten suchen und Aktien verkaufen, von denen sie glauben, sie seien überbewertet sind, und Aktien kaufen, von denen sie erwarten, sie seien unterbewertet sind, dann wird das Ergebnis dieser Geschäftigkeit der intelligenten Investoren sein, dass die bestehenden Aktienkurse bereits die künftigen Aussichten berücksichtigen. Und so bietet sich dem passiven Investor, der nicht ständig nach unter- und überbewerteten Situationen sucht, ein Muster von Aktienkursen, bei dem eine Aktie in etwa so gut oder schlecht ist wie die andere. Für diesen passiven Investor wäre allein die Wahrscheinlichkeitstheorie eine ebenso gute Auswahlmethode wie irgend etwas anderes."

Dies ist eine Aussage über die Random-Walk-Theorie oder Efficient-Market-Theorie. Die milde Form der Theorie besagt, dass die Technische Analyse – wenn man auf Kurse in der Vergangenheit blickt – einem Investor nicht helfen kann. Die breite oder mittlere und strenge Form der Theorie behaupten, dass die Fundamentalanalyse ebenfalls nicht hilfreich ist. Alles, was über das erwartete Wachstum der Gewinne eines Unternehmens und der Dividenden bekannt ist, alle möglichen günstigen und ungünstigen Entwicklungen, die auf das Unternehmen einen Einfluss nehmen und von Fundamentalanalysten untersucht werden können, sind bereits im Kurs der Aktien des Unternehmens enthalten.

Deshalb kann man dann, wenn man Dartpfeile auf die Kurstabelle wirft, ein Portfolio erstellen, von dem man erwarten kann, es würde immer so gut abschneiden wie eines, das von einem professionellen Aktienanalysten betreut wird. Die breite Form der Random-Walk-Theorie sagt also: Die Fundamentalanalyse kann keine Anlageempfehlungen geben, die einen Investor in die Lage versetzen, ständig besser zu sein als jemand, der Aktien kauft und hält.

Die Random-Walk-Theorie behauptet nicht, wie einige Kritiker sagen, dass sich Aktienkurse ziellos und unberechenbar bewegen und nicht auf fundamentale Informationen reagieren. Im Gegenteil, die Random-Walk-Theorie sagt: Der Markt ist so effizient – die Kurse bewegen sich so schnell, wenn es neue Informationen gibt, dass niemand ständig so schnell kaufen oder verkaufen kann, um aus den Veränderungen zu profitieren.

Sogar der legendäre Benjamin Graham, der als Vater der fundamentalen Aktienanalyse verehrt wird, kam schließlich zur Erkenntnis, die fundamentale Aktienanalyse sei nicht mehr in der Lage, bessere Anlagegewinne zu erbringen. Kurz bevor er im Jahr 1976 starb, wurde er in einem Interview in der Zeitschrift *Financial Analysts Journal* wie folgt zitiert:

„Ich bin kein Fürsprecher komplizierter Techniken der Aktienanalyse mehr, wenn es darum geht, bessere Anlagemöglichkeiten zu finden. Das war vor sagen wir einmal 40 Jahren eine lohnende Angelegenheit, als Graham und Dodd zum ersten mal veröffentlicht wurden; aber die Situation hat sich verändert . . . (Heute) zweifle ich daran, ob solche umfassenden Bemühungen eine so bessere Aktienauswahl bewirken würden, dass sie die Kosten dazu rechtfertigten. . . . Ich bin nunmehr auf der Seite der Efficient-Market-Schule."

Auch Peter Lynch, nachdem er sich vom Management des Magellan Fonds zurückgezogen hatte, und der legendäre Warren Buffet gaben zu, dass die meisten Investoren mit einem Indexfonds besser beraten wären, als mit einem aktiv gemanagten Aktienfonds.

Mitten auf der Straße: Meine persönliche Ansicht

Lassen Sie mich zuerst noch mal kurz die diametral entgegengesetzten Ansichten über die Abläufe an der Börse wiederholen. Die Ansicht der meisten Investmentmanager ist, Profis sind ganz sicher besser als alle Amateure und Gelegenheitsinvestoren, wenn es um das Geldmanagement geht. Viele Akademiker glauben andererseits, professionell gemanagte Investmentportfolios können nicht besser sein als zufällig ausgewählte Aktienportfolios mit entsprechenden Risikocharakteristika. „Random-Walker" behaupten, der Aktienmarkt assimiliert neue Informationen so schnell und perfekt, dass Amateure, wenn sie zu aktuellen Kursen kaufen, ebenso gut abschneiden können wie die Profis. Deshalb ist der Wert der professionellen Anlageberatung gleich null – zumindest insoweit, als es darum geht, ein Aktienportfolio zusammenzustellen.

Ich nehme hier eine Mittelstellung ein. Ich glaube, Investoren sollten ihr Vertrauen in professionelle Berater überprüfen, doch bin ich nicht so schnell bereit wie viele meiner akademischen Kollegen, die gesamte Branche zu verurteilen. Auch wenn es überdeutlich ist, dass Profis nicht ständig besser sind als der Durchschnitt, muss ich zugeben, dass es Ausnahmen von der Regel des effizienten Markts gibt. Obwohl das Übergewicht der statistischen Belege die Ansicht stützt, lauern immer noch einige Kobolde herum, die die Efficient-Market-Theorie quälen und es unmöglich machen zu sagen, die Theorie sei schlüssig bewiesen. In den späten 80er und den 90er Jahren wurde aus der Suche nach Unstimmigkeiten in der Efficient-Market-Theorie eine regelrechte Branche. Deshalb will ich den Anomalien des Marktes und den sogenannten vorhersehbaren Mustern, die bisher unentdeckt blieben, ein ganzes Kapitel widmen (Kapitel 10). Weiterhin habe ich Schwierigkeiten, alle Lehrsätze der Efficient-Market-Theorie zu akzeptieren, teilweise auch, weil die Theorie auf einigen fragilen Annahmen beruht. Die erste Annahme ist, dass es perfekte Kurse gibt. Wie das Zitat von Paul Samuelson schon sagt, geht die Theorie davon aus, dass Aktien zu jeder Zeit nach besten Wissen zu ihrem intrinsischen Wert gehandelt werden. Und so erhalten auch uninformierte Investoren, wenn sie zu aktuellen Kursen kaufen, den vollen Wert für ihr Geld, ganz gleich, welche Aktien sie erwerben.

Dieser Gedankengang kommt der „Theorie des größeren Trottels" bedenklich nahe. In Teil 1 haben wir viele Belege dafür gefunden, dass Aktien manchmal nicht auf der Basis einer Wertschätzung (so schwierig die zu erlangen ist) gehandelt werden – sondern die Käufer oft von Wellen der Begeisterung getragen werden. Die Marktprofis waren für mehrere spekulative Wellen der 60er bis in die 90er Jahre weitgehend verantwortlich. Die Existenz dieser Einflüsse auf die Marktpreise lässt zumindest die Möglichkeit offen, dass Investoren das aktuelle Niveau eines Kurses nicht akzeptieren wollen, das den intrinsischen Wert eines Papiers eigentlich am deutlichsten reflektiert.

Eine weitere sehr fragile Annahme ist, Neuigkeiten verbreiten sich blitzschnell. Ich zweifle daran, dass es jemals dazu kommen wird, dass alle nützlichen Insiderinformationen sofort an alle weitergegeben werden. Auch wenn man davon ausgehen kann, dass bei großen Aktien, die von den institutionellen Investoren beobachtet werden, alle wichtigen Neuigkeiten in ihrem Kurs reflektiert werden, kann es sehr gut sein, dass dies bei tausenden kleiner Unternehmen, die von den Profis nicht beobachtet werden, nicht der Fall ist. Weiterhin geht die Efficient-Market-Theorie davon aus, niemand habe ein Monopol über den Markt, und Aktienempfehlungen, die auf begründeten Annahmen beruhen, führten nicht zu großen Käufen. Doch Brokerfirmen, die sich auf Marktforschungen für Institutionen spezialisieren, entwickeln eine ansehnliche Marktmacht und können an der Börse enorme Geldbewegungen bewirken. Unter diesen Umständen ist es gut möglich, dass falsche Annahmen einiger Profis über eine Aktie sich über einen bestimmten Zeitraum hinweg selbst erfüllen.

Schließlich gibt es die enorme Schwierigkeit, die bekannten Informationen über eine Aktie in eine Einschätzung des wahren Werts umzusetzen. Wir haben gesehen, wie die wichtigen Detertimanten zur Bewertung einer Aktie das Ausmaß und die Dauer des Wachstums weit in die

Zukunft hinein betreffen. Dies einzuschätzen ist außerordentlich schwierig, und hier hat ein Privatanleger mit überlegenem Intellekt und Urteilsvermögen einen ansehnlichen Spielraum, um auch eine überlegene Performance zu erzielen.

Obwohl ich an die Möglichkeit einer überlegenen professionellen Investmentperformance glaube, muss ich betonen, dass die Beweise, die uns vorliegen, stützen keinesfalls die Ansicht, dass eine solche Kompetenz besteht. Selbst wenn ich vielleicht wegen meiner nur lauwarmen Unterstützung der mittleren und insbesondere der strengen Form der Efficient-Market-Theorie aus einigen akademischen Zirkeln exkommuniziert werde, strenge ich mich nicht besonders an, meine Häresie in der Glaubensgemeinschaft der Finanzwirtschaftler zu verbergen. Es gibt außerordentlich gute Finanzmanager, doch sie sind sehr selten. Dies ist eine Tatsache, mit der sowohl private als auch institutionelle Investoren zu leben haben.

TEIL 3

Die neue Investment- technologie

KAPITEL 8

Ein neuer Wanderschuh: Die moderne Portfolio-Theorie

> *Praktisch veranlagte Menschen, die glauben, sie seien frei von jeglichen intellektuellen Einflüssen, sind normalerweise dennoch Sklaven eines früheren Wirtschaftsweisen. Verrückte, die mit Autorität ausgestattet sind und Stimmen hören, beziehen ihren Wahn von irgendeinem akademischen Schreiberling, der möglicherweise vor einigen Jahren Bedeutung hatte.*
>
> J. M. KEYNES

In diesem Buch habe ich bisher versucht, die Theorien, die von den Profis zur Vorhersage der Entwicklung von Aktien verwendet werden, zu erklären – vereinfacht als die Theorie der begründeten Annahmen (Firm Foundation) und der Luftschlössertheorie. Wie wir gesehen haben, erwarben viele Akademiker ihren guten Ruf durch Angriffe auf diese Theorien. Obwohl ich nicht leugnen will, dass diese Theorien uns sehr viel darüber sagen, wie Aktien bewertet werden, bleiben die Akademiker bei ihrer Auffassung, man könne sich auf diese Theorien nicht verlassen, wenn man außergewöhnliche Gewinne erzielen möchte.

Weil die Universitäten ständig hervorragende junge Wirtschaftswissenschaftler und Statistiker hervorbringen, wurden die angreifenden Akademiker so zahlreich, dass es offensichtlich schien – sogar ihnen – dass eine neue Strategie benötigt würde. Also machten sich die Akademiker eifrig daran, ihre eigenen Theorien zur Bewertung des Aktienmarktes zu entwickeln. Davon handelt dieser Teil des Buches: Es geht um die verfeinerte Welt der „neuen Investmenttechnologie", die innerhalb des Elfenbeinturms der Wissenschaft entstand. Eine Einsicht – die moderne Portfolio-Theorie (MPT) – ist so grundlegend, dass sie heute an der Wall Street weitgehend befolgt wird. Die anderen sind noch so widersprüchlich, dass noch ausreichend Material für Diplomarbeiten und ein sattes Vorlesungshonorar für die Professoren übrig bleibt.

In diesem Kapitel beschreibe ich die Ursprünge und die Anwendungsbereiche der modernen Portfolio-Theorie. Mit diesen Erkenntnissen wird es Ihnen möglich sein, das Risiko zu reduzieren und möglicherweise höhere Gewinne zu erzielen. In Kapitel 9 beschreibe ich, wie einige Akademiker die Aufmerksamkeit der Presse erregten, indem sie sagten, Investoren könnten ihre Gewinne verbessern, wenn sie ein gewisses Risiko eingingen. Dann, in Kapitel 10, behandle ich die Aussagen einiger Akademiker und Praktiker, die erkennen lassen, dass es ein Random Walk nicht gibt: Sie behaupten, viele Anlagestrategien könnten verfolgt werden, um zu versuchen, besser zu sein als der Markt, und Kurse seien in bestimmtem Umfang durchaus vorhersehbar. Ich will am Ende zeigen, dass sie alle falsch liegen. Das versuche ich, indem ich das Musterbeispiel der Random-Walk-Theorie benutze – einen Indexfonds. Ich will verdeutlichen, dass trotz aller journalistischen Veröffentlichungen und Gelehrten-Konferenzen der Fonds der unangefochtene Champion bleibt, wenn es darum geht, den gewinnbringendsten Bummel über den Wertpapiermarkt zu machen.

Die Rolle des Risikos

Die Efficient-Market-Theorie erklärt, weshalb ein Random Walk möglich ist. Sie sagt, dass die Börse so gut ist, neue Informationen zu verarbeiten, dass niemand in der Lage ist, ihren künftigen Weg in überlegener Weise vorherzusagen. Wegen der Aktionen der Profis reflektieren die Kurse einzelner Aktien sehr schnell alle Neuigkeiten, derer man habhaft werden kann. Deshalb sind die Chancen, hervorragende Aktien auszuwählen oder die allgemeine Richtung der Börse vorauszusehen, gleichmäßig verteilt. Ihre Vermutung ist ebenso gut wie die eines Affen, Ihres Brokers oder sogar meine Vermutung.

Hmmm. „Ich rieche eine Ratte", so schrieb Samuel Butler vor langer Zeit. An der Börse wird Geld verdient; einige Aktien sind besser als andere. Der gesunde Menschenverstand sagt, einige Leute könnten besser sein als der Markt und sind es auch. Das ist keinesfalls Zufall. Hier stimmen manche Akademiker zu; aber die Methode, mit der man besser würde als der Markt, sagen sie, ist nicht die Hellseherei, sondern man müsse ein größeres Risiko eingehen. Risiko, und nur das Risiko, bestimmt das Maß, in welchem die Gewinne über oder unter dem Durchschnitt liegen, und deshalb entscheidet das Risiko über den Wert einer Aktie in Relation zum Gesamtmarkt.

Die Definition von Risiko: Die Verteilung der Gewinne

Risiko ist ein äußerst schwierig fassbarer Begriff. Für Investoren – erst recht für Wirtschaftswissenschaftler – ist es schwierig, sich auf eine genaue Definition zu einigen. *The American Heritage Dictionary* definiert Risiko als die Möglichkeit, Schaden oder Verlust zu erleiden. Wenn ich einen Schatzbrief mit 5 % Zins und einem Jahr Restlaufzeit kaufe und ihn bis zum Ablauf behalte, dann bin ich ganz sicher, dass ich, vor Steuern, einen fünfprozentigen Gewinn einstreichen kann. Die Möglichkeit des Verlustes ist so gering, dass man sie fast vernachlässigen kann. Wenn ich Aktien meines Elektrizitätswerkes ein Jahr lang halte, weil ich davon ausgehe, ich erhielte eine Dividende von 6 %, dann ist die Möglichkeit eines Verlustes schon größer. Die Dividende des Unternehmens kann gekürzt und, noch wichtiger, der Kurs kann am Ende des Jahres wesentlich niedriger liegen, und damit würde ich einen ernsthaften Verlust erleiden. Das Risiko einer Kapitalanlage ist also die Möglichkeit, dass die erwarteten Gewinne nicht realisiert werden, und insbesondere, dass die Wertpapiere, die Sie halten, im Kurs fallen.

Als die Akademiker einmal die Vorstellung akzeptiert hatten, Risiko werde von den Investoren mit der Wahrscheinlichkeit von Enttäuschungen in Verbindung gebracht, die erwarteten Gewinne aus Aktienbesitz nicht zu erzielen, drängte sich dafür ein ganz natürlicher Maßstab auf – die wahrscheinliche Unbeständigkeit oder Streuung der Gewinne. Und so wurde das finanzielle Risiko im Allgemeinen als Varianz oder Standardabweichung der Gewinne definiert.

Da wir einen langen Atem haben, nutzen wir das folgende Beispiel, um darzustellen, was wir meinen. Eine Aktie, bei der die Gewinne nicht weit, wenn überhaupt, von ihrem durchschnittlichen (oder erwarteten) Gewinn abweichen, tragen nur ein geringes oder kein Risiko. Eine Aktie, deren Gewinne von Jahr zu Jahr sehr volatil erscheinen (und bei denen in manchen Jahren deutliche Verluste typisch sind) hält man für risikoreich.

Beispiel – Erwartete Gewinne und Varianz: Der Maßstab für Chance und Risiko

Dieses einfache Beispiel wird das Konzept der erwarteten Gewinne und der Varianz zeigen und auch, wie sie gemessen werden. Nehmen wir einmal an, Sie kaufen eine Aktie, von der Sie die folgenden Gesamtge-

winne erwarten (sowohl Dividenden als auch Kursveränderungen); und
das unter unterschiedlichen wirtschaftlichen Bedingungen:

wirtschaftliche Bedingungen	Wahrschein-lichkeit	erwarteter Gewinn
„normale" wirtschaftliche Bedingungen	1 : 3	10 %
schnelles reales Wachstum ohne Inflation	1 : 3	30 %
Rezession mit Inflation (Stagflation)	1 : 3	- 10 %

Wenn im Durchschnitt 1/3 der vergangenen Jahre normal waren, ein
weiteres 1/3 durch schnelles Wachstum ohne Inflation gekennzeichnet
war und das verbleibende 1/3 durch Stagflation, dann erscheint es vernünftig, diese relativen Frequenzen vergangener Ereignisse anzunehmen und sie als unsere bestmöglichen Annahmen (Wahrscheinlichkeit)
zu sehen, wie die künftigen Geschäftsbedingungen sein könnten. Wir
könnten dann sagen, der erwartete Gewinn liegt für einen Investor bei
10 %. Ein Drittel der Zeit erhält der Investor 30 %, ein weiteres Drittel
der Zeit 10 % und den Rest der Zeit erleidet er einen Verlust von 10 %.
Das bedeutet, er wird im Durchschnitt jährlich 10 % gewinnen.

Erwarteter Gewinn ist gleich = 1/3 (0,30) + 1/3 (0,10) + 1/3 (-0,10) = 0,10.

Die jährlichen Gewinne werden allerdings ziemlich unterschiedlich
ausfallen, sie reichen von einem Gewinn von 30 % bis zu einem Verlust
von 10 %. Die Varianz ist ein Maßstab für die Verteilung oder Streuung
der Gewinne. Sie wird definiert als das Quadrat der durchschnittlichen
Abweichung aller möglichen Gewinne von seinem durchschnittlichen
(oder erwarteten) Wert, der, wie wir eben sahen, bei 10 % lag.

$$\text{Varianz} = 1/3 (0,30-0,20)^2 + 1/3 (0,10-0,10)^2 + 1/3 (-0,10-0,10)^2$$
$$= 1/3 (0,20)^2 + 1/3 (0,00)^2 + (-0,20)^2 = 0,0267.$$

Die Quadratwurzel der Varianz nennen wir die Standardabweichung. In
diesem Beispiel ist die Standardabweichung gleich 0,1634.

Die Verteilung von Risiko wie beispielsweise Varianz und Standardabweichung konnten niemanden zufrieden stellen. „Ganz sicher hängt das
Risiko nicht von der Varianz selbst ab", sagen die Kritiker. „Wenn die
Verteilung aus positiven Überraschungen resultiert, das heißt aus Ergebnissen, die besser als erwartet sind, dann würde kein Investor, der noch
recht bei Sinnen ist, dies ein Risiko nennen." Es ist natürlich richtig, dass
nur die Möglichkeit negativer Überraschungen ein Risiko darstellt.

Dennoch, ganz praktisch gesehen, solange die Verteilung der Gewinne symmetrisch ist – das heißt, solange die Chancen auf außerordentliche Gewinne in etwa genau so hoch sind wie die Wahrscheinlichkeit für enttäuschende Gewinne und Verluste – kann eine Verteilung oder Varianz als Maß für Risiko angesehen werden. Je größer die Streuung oder Varianz ist, um so größer sind auch die Möglichkeiten, enttäuscht zu werden.

Auch wenn das Muster der historischen Gewinne bestimmter Aktien im Allgemeinen nicht symmetrisch war, so scheinen die Gewinne aus gut diversifizierten Portfolios dennoch weitestgehend symmetrisch verteilt zu sein. Der folgende Chart zeigt die Verteilung der monatlichen Gewinne für ein Portfolio, bei dem über mehr als ein halbes Jahrhundert in den S&P 500-Aktienindex investiert wurde.

Verteilung der monatlichen Gewinne für ein Portfolio, das in den S&P 500-Aktienindex investiert wurde. (Januar 1940 bis Juli 1998)

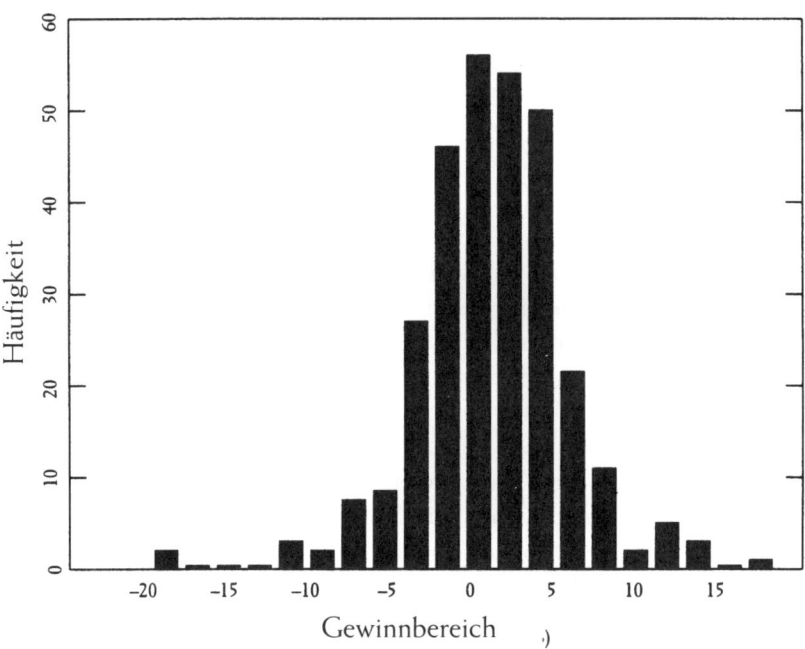

Dieser Chart wurde erstellt, indem der Gewinnbereich in gleich große Intervalle (von etwa 1,25 %) eingeteilt wurde. Dann wurde die Häufigkeit (die Anzahl der Monate), in denen diese Gewinne anfielen, innerhalb eines jeden Intervalls aufgetragen. Durchschnittlich erzielte dieses Portfolio ungefähr 1 % pro Monat oder etwa 11 % pro Jahr. In Zeiten, in denen es einen deutlichen Abschwung gab, fiel auch das Portfolio zurück und verlor in einem Monat bis zu 20 %.

Bei einigermaßen symmetrischen Verteilungen wie dieser, gibt es die hilfreiche Daumenregel, dass zwei Drittel der monatlichen Gewinne meist innerhalb einer Standardabweichung vom Durchschnittsgewinn liegen und 95 % der Gewinne liegen in zwei Standardabweichungen. Sie erinnern sich, dass der Durchschnittsgewinn dieser Verteilung bei ungefähr 1 % pro Monat lag. Die Standardabweichung (unser Maßstab für das Risiko des Portfolios) liegt dann bei 4,5 % pro Monat. So lagen die Gewinne aus diesem Portfolio in 2/3 aller Monate zwischen 5,5 % und −3,5 % und 95 % der Gewinne lagen zwischen 10 und −8 %. Es ist ganz offensichtlich, dass, je höher die Standardabweichung ist (um so weiter die Gewinne gestreut sind), es umso wahrscheinlicher ist (um so größer ist das Risiko) dass Sie, zumindest in einigen Monaten, an der Börse wirklich baden gehen können. Deshalb wird ein Maßstab der Variabilität wie beispielsweise eine Standardabweichung (* Die Standardabweichung und sein Quadrat, die Varianz, sind Maßstäbe für Risiko. Sie leisten das Gleiche und es ist nur eine Sache der Bequemlichkeit, welchen Maßstab man benutzt.) sehr oft genutzt und gilt als Risikoindikator.

Risiko-Dokumentation: Eine langfristige Studie

Eine der am besten dokumentierten Behauptungen im Bereich der Kapitalanlage ist, dass im Durchschnitt Investoren dann höhere Gewinne erzielten, wenn sie ein höheres Risiko eingingen. Die gründlichste Studie dazu stammt von Roger Ibbotson und Rex Sinquefield. Ihre Daten reichen von 1926 bis 1997. Die Ergebnisse sehen Sie in der folgenden Abbildung. Auch wenn es so aussieht, aber die Abbildung wurde nicht erstellt, um Ihnen die Skyline von Manhattan und eine Reihe von Eifeltürmen zu zeigen. Ibbotson und Sinquefield nahmen verschiedene Anlageformen – Aktien, Schuldverschreibungen und Schatzbriefe – aber auch den Index der Verbraucherpreise und maßen die Zunahme oder Abnahme in jedem Jahr in Prozent. Dann wurde eine Säule auf der Grundlinie errichtet, um anzuzeigen, in wie vielen Jahren die Gewinne zwischen 0 und 5 % fielen; eine andere Säule zeigt die Anzahl der Jahre, in denen die Gewinne zwischen 5 und 10 % fielen usw., das sowohl für positive als auch negative Ergebnisse. Das Ergebnis ist eine Reihe von

Ausgewählte Performance-Statistiken (1926 bis 1997)

	Geome- metrisches Mittel	Arithme- metrisches Mittel	Standard- abweichung	Verteilung
Aktien großer Unternehmen	11.0%	13.0%	20.3%	
Aktien kleiner Unternehmen	12.7	17.7	33.9	
Langfristige Industrieanleihen	5.7	6.1	8.7	
Langfristige Regierungsanleihen	5.2	5.6	9.2	
Mittelfristige Regierungsanleihen	5.3	5.4	5.7	
US-Schatzbriefe	3.8	3.8	3.2	
Inflation	3.1	3.2	4.5	

-90%   0%   90%

Source: Ibbotson Associates.

Säulen, die die Verteilung der Gewinne darstellen und aus denen die Standardabweichung berechnet werden kann.

Schon ein kurzer Blick zeigt, dass Aktien über einen längeren Zeitraum hinweg im Durchschnitt relativ hohe Gewinnraten erbrachten. Diese Gewinne, einschließlich Dividenden und Kursgewinn, übertrafen die Gewinne aus langfristigen Schuldverschreibungen bei weitem, auch Schatzbriefe und die Inflationsrate, die als Anstieg der Verbraucherpreise in Prozent angegeben wird. So bringen Aktien im Allgemeinen positive Realgewinne, das heißt Gewinne, die als inflationsbereinigt gelten können. (Ähnliche Ergebnisse wurden sogar noch über längere Zeiträume hinweg erzielt, als sie von Ibbotson und Sinquefield dokumentiert wurden. Beispielsweise fand Jeremy Siegel heraus, dass amerikanische Aktien zwischen 1871 und 1997 einen jährlichen Durchschnittsgewinn von 9,1 % erzielten. In diesen 127 Jahren lag die Inflationsrate bei lediglich

2,0 %) Diese Daten zeigen jedoch, dass die Gewinne aus Aktien sehr variabel sind, worauf auch die Standardabweichung und der Bereich der Jahresgewinne verweisen, die in der Abbildung ebenfalls notiert sind. Gewinne aus Aktien reichten von einem Gewinn von mehr als 50 % (im Jahr 1933) bis zu einem Verlust von fast der gleichen Höhe (im Jahr 1931). Es wird deutlich, dass die zusätzlichen Gewinne, die Investoren aus Aktien herleiten konnten, auf Kosten eines deutlich höheren Risikos erzielt wurden. Sie werden bemerken, dass Aktien von kleinen Unternehmen seit 1926 eine sogar noch höhere Gewinnrate erzielten, aber die Streuung (Standardabweichung) dieser Gewinne war auch größer, als für die Aktien im Allgemeinen. Und wiederum sehen wir: Höhere Gewinne sind mit höheren Risiken verbunden.

Es gab einige Zeiträume von fünf Jahren oder mehr, in denen Aktien tatsächlich negative Gewinnraten aufwiesen. Die frühen 30er Jahre waren für Aktienanleger außerordentlich dürftig. Auch in den frühen 70er Jahren wurden negative Erlöse erzielt. Der Abschwung um 1/3 in den Aktiendurchschnitten während des Oktobers 1987 stellt die dramatischste Veränderung der Aktienkurse innerhalb einer kurzen Zeit seit den 30er Jahren dar. Langfristig jedoch wurden die Investoren mit höheren Gewinnen dafür belohnt, dass sie ein höheres Risiko eingingen. Allerdings können Investoren, je nach der Gewinnrate, die sie anstreben, das Risiko auch reduzieren. Dies bringt uns zur Modernen Portfolio-Theorie, die das Anlagedenken der Profis revolutionierte.

Risikoreduzierung: Die Moderne Portfolio-Theorie (MPT)

Die Portfolio-Theorie setzt voraus, dass alle Investoren so sind wie meine Frau – sie sind risikoscheu. Sie wollen hohe Gewinne und garantierte Erlöse. Die Theorie sagt den Anlegern, wie man Aktien in Portfolios kombiniert, um bei einem möglichst geringen Risiko den Gewinn zu erzielen, den sie anstreben. Die Theorie gibt auch eine genaue mathematische Begründung für die längst bestätigte Anlageregel, dass Diversifikation eine vernünftige Strategie für Privatanleger ist, die ihre Risiken vermindern wollen. Diese Theorie wurde in den 50er Jahren von Harry Markowitz eingeführt, und für diesen Beitrag wurde ihm der Nobelpreis für Wirtschaft im Jahr 1990 verliehen. Sein Buch *Portfolio Selection* erwuchs aus dieser Dissertation an der University of Chicago. Markowitz ist ein sehr gelehrt wirkender Akademiker mit einem Hang zur Mathematik und einer sehr bewegten Biographie. Er lehrte an der UCLA, entwarf bei der

RAND Corporation eine Computersprache und half General Electric dabei, Produktionsprobleme zu lösen, indem er Computersimulationen einführte. Er war sogar im Geldmanagement und Präsident der Arbitrage Management Company, die einen Hedge Fonds unterhielt. (Genau genommen suchte Markowitz mit dem Computer nach Situationen, in denen eine Wandelanleihe zu einem Kurs gehandelt wurde, der von den zugehörigen Stammaktien abwich. Er gab jedoch zu, dass dies keine große Kunst war und viele seiner Konkurrenten auf seine Gedanken eingingen. „Dann, wenn wir übereinander stolpern, wenn wir die gleichen Anleihen fast gleichzeitig kaufen, dann wird das Spiel vorbei sein. Maximal in zwei bis drei Jahren." Ich sprach drei Jahre später mit Harry und er gab zu, dass Wandelanleihen im Markt nicht mehr effektiv seien. Konsequenterweise sei er auf Hedging-Operationen an der Chicago Board of Options Exchange umgestiegen.) Markowitz entdeckte, dass Portfolios mit riskanten (volatilen) Aktien auf eine Art und Weise zusammengestellt werden könnten, dass das Portfolio als ganzes tatsächlich weniger Risiko trägt als eine der Aktien, die darin enthalten ist.

Die Mathematik der Modernen Portfolio Theorie (wir nennen sie MPT) ist sehr tiefgründig und schwierig; sie füllt ganze Hefte und beschäftigt folglich eine ganze Schar von Akademikern. Das allein ist kein geringer Verdienst. Glücklicherweise ist es nicht erforderlich, Sie durch das Labyrinth der quadratischen Programmierung zu führen, damit Sie den Kern dieser Theorie verstehen. Eine einzige Erklärung wird Ihnen das ganz Spiel verdeutlichen.

Gehen wir einmal davon aus, wir haben einen Wirtschaftsbereich auf einer Insel, auf dem es lediglich zwei Unternehmen gibt. Das erste ist ein großes Erholungszentrum mit Strand, Tennisanlagen, einer Golfanlage und ähnlichem. Das zweite ist ein Hersteller von Regenschirmen. Das Wetter beeinflusst den Wohlstand der beiden Unternehmen. In sonnigen Jahreszeiten macht das Erholungszentrum großartige Geschäfte, und die Umsätze bei Regenschirmen gehen in den Keller. In Jahreszeiten mit viel Regen macht der Besitzer des Erholungszentrums schlechte Geschäfte, während der Hersteller von Regenschirmen sich hoher Umsätze und großer Gewinne erfreut. Die folgende Tabelle zeigt einige hypothetische Gewinne für die beiden Geschäftsbereiche während verschiedener Jahreszeiten:

	Regenschirmhersteller	Besitzer der Freizeitanlage
Regenwetter	50 %	- 25 %
Sonnenschein	- 25 %	50 %

Nehmen wir an, dass im Durchschnitt eine Hälfte des Jahres sonnig und die andere Hälfte regnerisch ist (dann ist die Wahrscheinlichkeit einer sonnigen oder einer regnerischen Zeit 1 : 2). Ein Aktionär des Regenschirmherstellers, würde in der Hälfte der Zeit einen Gewinn von 50 % erzielen und in der anderen Hälfte der Zeit 25 % seines Investments verlieren. Durchschnittlich würde er also 12,5 % gewinnen. Das nennen wir den erwarteten Gewinn des Investors. Ein Investment in das Freizeitzentrum würde die gleichen Ergebnisse erbringen. In nur eines der beiden Unternehmen zu investieren, wäre ziemlich riskant, weil die Ergebnisse sehr variabel sind und es könnte mehrere sonnige oder regnerische Perioden in Folge geben. Nehmen wir nun aber an, dass ein Investor diversifiziert, anstatt nur eine einzige Aktie zu kaufen, und einen seiner beiden Dollars auf den Regenschirmhersteller und den anderen auf das Freizeitzentrum setzt. In Schönwetterzeiten würde das 1-Dollar-Investment in das Freizeitzentrum 50 Cent Gewinn einbringen, während das 1-Dollar-Investment beim Regenschirmhersteller 25 Cent verlieren würde. Der Gesamtgewinn des Investors läge dann bei 25 Cents (50 Cent – 25 Cent), und das sind 12,5 % seines gesamten Investments von 2 $.

Sie werden feststellen, dass in regnerischen Zeiten genau das gleiche passiert – nur die Namen der Unternehmen ändern sich. Das Investment in den Regenschirmhersteller erbringt einen Gewinn von 50 %, während das Investment in das Ferienzentrum 25 % verliert. Und wiederum erzielt der diversifizierende Investor 12,5 % seines gesamten Investments als Gewinn.

Dieses kleine Beispiel stellt den grundlegenden Vorteil einer Diversifikation heraus. Ganz gleich, welches Wetter vorherrscht und wie es der Wirtschaft auf der Insel ergeht, wenn ein Investor sein Kapital auf beide Unternehmen verteilt, dann hat er ganz sicher 12,5 % Gewinn im Jahr. Der Trick bei der Sache ist, dass, obwohl beide Unternehmen sehr riskant sind (die Gewinne waren von Jahr zu Jahr sehr unterschiedlich), die Unternehmen von den vorherrschenden Witterungsbedingungen unterschiedlich beeinflusst werden. (Um mit der Sprache der Statistiker zu sprechen: Die beiden Unternehmen hatten eine negative Kovarianz.)*

---

* Statistiker benutzen den Begriff Kovarianz, um zu das zu messen, was ich den Grad der Parallelität zwischen den Gewinnen der beiden Aktien nannte. Wenn R für die aktuellen Gewinne aus dem Ferienzentrum steht und R dem erwarteten oder durchschnittlichen Gewinn entspricht, und U für die aktuellen Gewinne des Regenschirmherstellers und S den durchschnittlichen Gewinn darstellt, dann definieren wir die Kovarianz zwischen U und R (oder COV_{UR}) wie folgt:

So lange es im Vermögen der einzelnen Unternehmen in diesem Wirtschaftsbereich keine vollkommene Parallelität gibt, wird die Diversifikation immer das Risiko reduzieren. Im vorliegenden Fall, in dem wir ein vollkommen negatives Verhältnis zwischen den Erfolgen der Unternehmen beobachten (einem Unternehmen geht es immer dann gut, wenn es dem anderen schlecht geht), kann Diversifikation das Risiko völlig eliminieren.

Natürlich gibt es immer einen Haken; in diesem Fall, dass die Geschicke der meisten Unternehmen meist sehr gleichförmig verlaufen. Wenn es eine Rezession gibt und die Leute arbeitslos sind, dann kaufen sie womöglich keine Schirme und nehmen im Sommer auch keinen Urlaub. Deshalb kann man nicht erwarten, dass man in der Praxis eine so vollkommene Risikoelimination erhält, wie wir es eben dargestellt haben. Dennoch, weil die Geschicke von Unternehmen aber nicht immer parallel verlaufen, bietet ein Investment in ein diversifiziertes Aktienportfolio weniger Risiko als das Investment in ein oder zwei einzelne Titel.

Es ist sehr einfach, die Lehren dieses Beispiels in den Aufbau eines echten Portfolios zu übertragen. Nehmen wir an, Sie überlegten, General Motors und seinen größten Zulieferer von Reifen in einem Aktienportfolio zu kombinieren. Glauben Sie, diese Diversifikation würde Ihr Risiko stark reduzieren? Wahrscheinlich nicht. Es mag zwar nicht stimmen, wenn man sagt, „So wie es General Motors geht, so geht es dem ganzen Land", aber ganz sicher ist es so, dass dann, wenn die Umsätze bei General Motors zurückgehen, der Autohersteller weniger neue Reifen vom Reifenhersteller kaufen wird. Im Allgemeinen ist die Diversifikation dann nicht besonders hilfreich, wenn es eine hohe Kovarianz (eine hohe Korrelation) zwischen den Gewinnen von zwei Unternehmen gibt.

COV_{UR} = wahrscheinlich Regen (U, wenn es regnet – S) (R, wenn regnet – R) + wahrscheinlich Sonne (U, wenn Sonne – S) (R, wenn Sonne – R).

Aus der vorangehenden Tabelle der Gewinne und unterstellten Wahrscheinlichkeiten, entnehmen wir die relevanten Zahlen:

$$COV_{UR} = 1/2 \ (0{,}50 - 0{,}125) \ (-0{,}25 - 0{,}125) +$$
$$1/2 \ (-0{,}25 - 0{,}125) \ (0{,}50 - 0{,}125) = -0{,}141.$$

Wann immer die Gewinne zweier Aktien sich als Tandem bewegen (wenn ein Kurs steigt, dann steigt auch der andere immer), dann wird die Zahl, die die Kovarianz bestimmt, immer eine große positive Zahl sein. Wenn die Gewinne völlig gegenläufig sind, wie in diesem Beispiel, dann sagt man, die beiden Aktien haben eine negative Kovarianz.

Wenn man andererseits General Motors mit einem Unternehmen kombiniert, das Regierungsaufträge erhält und in einer wirtschaftlich schwachen Region angesiedelt ist, dann könnte diese Diversifikation das Risiko deutlich absenken. Normalerweise ist es richtig, wenn man sagt, so wie es dem Land ergeht, so ergeht es General Motors. Wenn die Verbraucher wenig ausgeben (oder wenn eine Ölkrise fast eine ganze Nation paralysiert), dann werden die Umsätze und Gewinne von General Motors deutlich zurückgehen, und die Arbeitslosigkeit im Land wird steigen. Wenn dann die Regierung während Zeiten hoher Arbeitslosigkeit Aufträge in wirtschaftlich schwache Regionen vergibt (um die durch Arbeitslosigkeit ausgelöste Not ein wenig zu lindern), dann könnte es durchaus sein, dass die Gewinne von General Motors und die des Vertragspartners der Regierung nicht gleichläufig sind. Die beiden Aktien hätten dann nur eine sehr geringe Kovarianz oder noch besser, eine negative Kovarianz.

Das Beispiel mag ein wenig an den Haaren herbeigezogen sein, und die meisten Investoren werden feststellen, dass dann, wenn ein Markt geprügelt wird, nahezu alle Aktienkurse sinken. Doch zumindest zu gewissen Zeiten bewegen sich einige Aktien und andere Wertpapiere in entgegengesetzte Richtungen; das heißt, sie haben eine negative Kovarianz oder, was das gleiche ist, sie sind miteinander negativ korreliert. (Der Korrelationskoeffizient ist der wichtigste Faktor bei der Bestimmung der Kovarianz.)

Und nun kommt die große Überraschung: Negative Korrelation ist nicht erforderlich, um von den Vorteilen der Risikominderung aus der Diversifikation zu profitieren. Der große Nutzen für die Brieftaschen der Investoren war Markowitz' Demonstration, dass alles, was nicht einer positiven Korrelation entspricht, möglicherweise das Risiko mindern kann. Seine Forschungen führten zu den Ergebnissen, die ich in der folgenden Tabelle darstelle. Wie Sie sehen, zeigt sie die entscheidende Rolle des Korrelationskoeffizienten bei der Bestimmung, ob eine weitere Aktie oder ein anderes Wertpapier das Risiko reduzieren kann.

Korrelationskoeffizient	Auswirkung der Diversifikation auf das Risiko
+ 1,0	Es ist keine Risikoreduzierung möglich.
+ 0,5	Eine mäßige Risikoreduzierung ist möglich.
0	Eine deutliche Risikoreduzierung ist möglich.
- 0,5	Der größte Teil des Risikos kann ausgeschlossen werden.
- 1,0	Alle Risiken können ausgeschlossen werden.

Korrelationskoeffizienten bestimmen das Ausmaß, in welchem unterschiedliche Märkte ihre Hochs und Tiefs zu verschiedenen Zeiten erreichen. Sie sind das Schlüsselelement in Markowitz' Analyse. Eine vollkommene positive Korrelation (ein Korrelationskoeffizient von +1) zeigt, dass zwei Märkte im Gleichschritt marschieren, sich genau gleichzeitig aufwärts und abwärts bewegen. Eine vollkommen negative Korrelation (ein Korrelationskoeffizient von –1 bedeutet, dass sich zwei Märkte immer in Gegenrichtung bewegen. Wenn zwei Märkte eine vollkommene negative Korrelation aufweisen – wie es bei unseren beiden Unternehmen auf der Insel der Fall war – kann ein Investor das Risiko völlig ausschließen, indem er diversifiziert.

Diversifikation in der Praxis

Um mit Shakespeare zu sprechen: Kann es zuviel des Guten geben? Mit anderen Worten: Gibt es einen Punkt, an dem Diversifikation nicht mehr der Zauberstab ist, mit dem man seine Gewinne retten kann? Zahlreiche Studien haben ergeben, dass die Antwort ein lautes Ja ist. Selbstverständlich qualifizieren Wirtschaftswissenschaftler diese deutliche Antwort.

Wie wir im folgenden Chart sehen, liegt die goldene Zahl für die Amerikaner, die zu ängstlich sind, über die Landesgrenzen hinwegzusehen, bei etwa 20 gleich großen und gut diversifizierten US-Aktien (Es ist klar, dass 20 Ölaktien oder 20 Elektrizitätswerke keine Risikominderung bewirken würden). Mit einem solchen Portfolio wird das Gesamtrisiko um etwa 70 % gesenkt. Soweit die gute Nachricht. Eine weitere Diversifizierung bewirkt keine signifikante zusätzliche Risikominderung.

Diejenigen, die über die Grenzen blicken, – Investoren, die erkannt haben, dass sich die Welt deutlich verändert hat, seit Markowitz diese Theorie zum ersten Mal verkündete – können sogar größeren Schutz erlangen, weil die Bewegung ausländischer Volkswirtschaften nicht immer mit der Wirtschaft in den Vereinigten Staaten synchron läuft. Die Ölkrise der 70er Jahre beispielsweise hatte auf das ölarme Europa und Japan weitaus verheerendere Auswirkungen als auf die Vereinigten Staaten, die sich zumindest teilweise selbst mit Öl versorgen können. Andererseits hatte der Anstieg der Ölpreise um das Zehnfache einen sehr positiven Effekt auf Indonesien, Venezuela und die ölproduzierenden Länder des mittleren Ostens. Gleichermaßen haben Preissteigerungen bei Mineralien und anderen Rohmaterialien positive Effekte auf Länder, die reich an Rohstoffen sind, und negative Effekte auf viele hochentwickelte Industrieländer.

Es stellte sich heraus, dass 20 auch für global denkende Investoren eine goldene Zahl ist. Diese Investoren können, wie es der Chart zeigt,

Die Vorteile der Diversifikation

Risiko in %

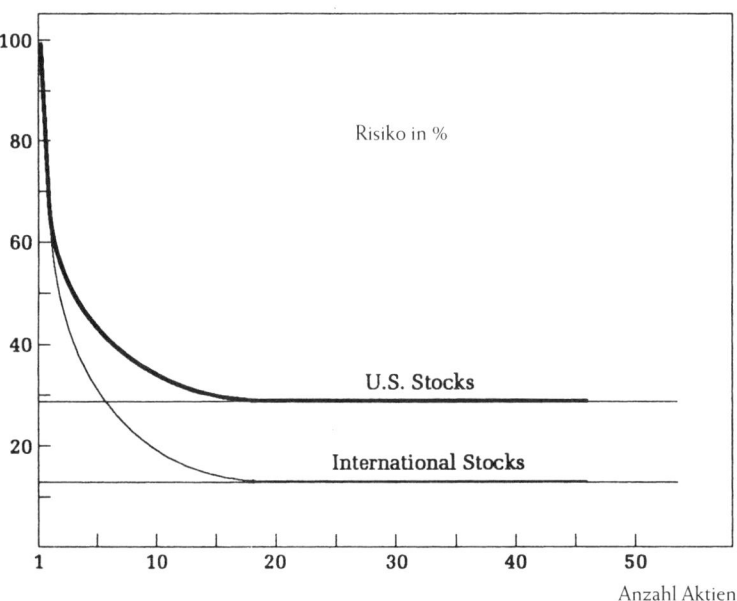

ihr Geld wesentlich besser schützen. In diesem Fall kommen die Aktien nicht nur aus den USA, sondern auch aus Großbritannien, Frankreich, Deutschland, Italien, Belgien, den Niederlanden und der Schweiz. Wie man erwarten kann, ist das international diversifizierte Portfolio mit geringerem Risiko behaftet, als eines von entsprechender Größe, das nur aus Aktien besteht, die an der New York Stock Exchange gehandelt werden. Größere Vorteile könnten erreicht werden, wenn man Aktien aus dem pazifischen Raum, wie Japan und Australien, einbeziehen würde.

Die Vorteile internationaler Diversifikation wurden gut dokumentiert. Die folgende Abbildung zeigt die Gewinne, die innerhalb eines Zeitraums von 21 Jahren zwischen 1977 und 1997 erzielt werden konnten. Innerhalb dieses Zeitraums hatten ausländische Aktien (die im Morgan Stanley EAFE [Europa, Australien und ferner Osten] – Index des entwickelten Auslands) einen durchschnittlichen Jahresgewinn, der etwas höher lag als der der US-Aktien im S&P 500-Index. US-Aktien hingegen waren sicherer, weil ihre Gewinne von Jahr zu Jahr nicht so volatil waren. Die Korrelation zwischen den Gewinnen von zwei Indi-

Ein neuer Wanderschuh: Die moderne Portfolio-Theorie

zes während dieses Zeitraums lag bei 0,5 – positiv, doch nicht besonders hoch. Die Zahl zeigt die unterschiedlichen Kombinationen von Gewinn und Risiko (Volatilität), die erzielt werden könnten, hätte ein Investor verschiedene Kombinationen von US-Aktien und EAFE-Aktien gehalten. Auf der rechten Seite der Abbildung sehen wir den höheren Gewinn und den höheren Risikolevel (größere Volatilität), die man erreicht hätte, hätte das Portfolio ausschließlich aus EAFE-Aktien bestanden. An der linken Seite der Abbildung sehen wir den Gewinn und den Risikolevel eines Portfolios, das ausschließlich aus US-Aktien besteht. Die durchgezogene dunkle Linie stellt die verschiedenen Kombinationen von Gewinn und Volatilität dar, die als Ergebnis unterschiedlicher Portfoliozusammenstellung zwischen US-Aktien und Aktien aus anderen Ländern resultiert hätten.

Beachten Sie, dass dann, wenn das Portfolio von 100 % US-Aktien zu einem mit gradueller Einbindung ausländischer Aktien wechselt, der Gewinn ansteigt, weil die EAFE-Aktien in diesem Zeitraum von 21 Jahren einen höheren Gewinn erbrachten als die amerikanischen Aktien. Der entscheidende Punkt jedoch ist, dass diese etwas riskanteren Aktien in Wirklichkeit den Risikolevel des Portfolios senkten – zumindest eine Zeit lang. Wenn dann schließlich größere Anteile der riskanteren EAFE-Aktien ins Portfolio genommen werden, steigt das Gesamtrisiko mit dem Gesamtgewinn.

Das paradoxe Ergebnis dieser Analyse ist, dass das Gesamtrisiko des Portfolios dadurch reduziert wird, dass einige riskantere ausländische Aktien hinzugefügt wurden. Gute Ergebnisse der japanischen Autohersteller beispielsweise glichen die schwachen Ergebnisse der amerikanischen Autohersteller in einer Zeit aus, als der japanische Anteil am US-Markt zunahm. Andererseits glichen die guten Ergebnisse amerikanischer Hersteller die schwachen Ergebnisse europäischer Hersteller aus, als der Dollar konkurrenzfähiger wurde und Europa in einer Rezession verharrte, als die US-Wirtschaft boomte. Es sind genau diese ausgleichenden Bewegungen, die die Gesamtvolatilität des Portfolios reduzierten.

Es stellte sich heraus, dass das Portfolio mit dem geringsten Risiko aus 24 % ausländischer und 76 % US-Aktien bestand. Außerdem verbesserten die 24 % EAFE-Aktien den Gesamtgewinn des Portfolios. So verschaffte die internationale Diversifikation den Anlegern einen Zusatzgewinn auf den weltumspannenden Märkten. Wenn bei geringerem Risiko ein Portfolio höhere Gewinne erzielen kann, indem internationale Aktien eingebaut werden, dann sollten alle Privatanleger und

Diversifikation in US-Aktien und Aktien aus anderen Industrieländern

In einem Zeitraum von 21 Jahren (zwischen 1977 und 1997) hätte die Mischung, die den höchstmöglichen Gewinn mit dem geringsten Risiko erzielt hätte, aus 24 % Aktien aus ausländischen Industrieländern und 76 % US-Aktien bestanden.

durchschnittliche
jährliche Gesamtgewinne

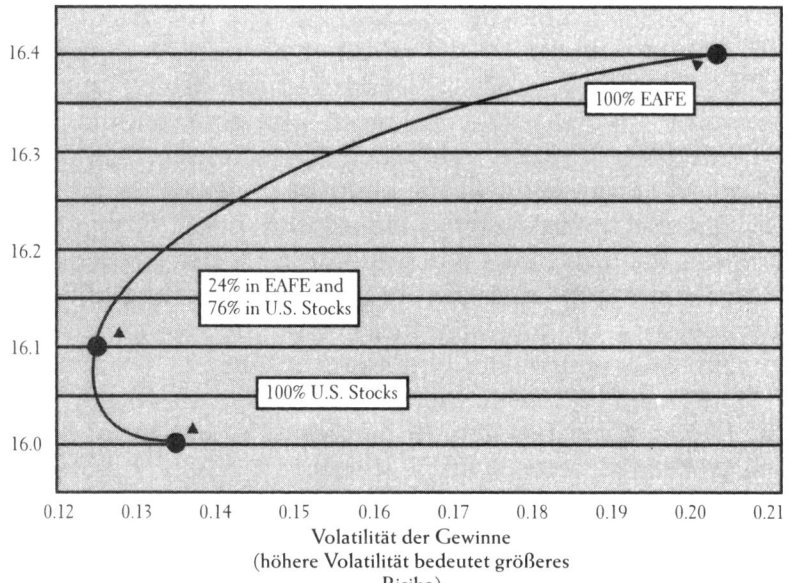

Data Source: Datastream

institutionellen Portfoliomanager dies bei ihren Entscheidungen berücksichtigen.

Doch nicht immer bringen internationale Aktien höhere Gewinne als US-Aktien. In den zehn Jahren von 1988 bis 1997 ließ der US-Markt, gemessen am S&P 500, die Börsen Europas und Japans weit hinter sich. Dennoch bleiben die Vorteile aus der Risikominderung der Diversifikation, ganz gleich, welche Börsen im Augenblick am besten laufen. Solange die Korrelationen zwischen den Märkten nicht im Gleichschritt gehen, werden Investoren deutliche Vorteile haben, wenn sie international diversifizieren.

Noch besser ist es, wenn Investoren Aktien aus Emerging Markets in ihr Portfolio aufnehmen. Trotz der Tatsache, dass Aktien der Emerging Markets äußerst volatil sind (sie schwankten wesentlich wilder auf und ab als der US-Aktienmarkt, und mussten 1997 und Anfang 1998 fürchterliche Verluste hinnehmen) kann eine weitere Diversifikation in diese Märkte tatsächlich die Volatilität eines Portfolios reduzieren. Korrelationen zwischen breiten Indizes mit Aktien der Emerging Markets und US-Aktien sind normalerweise niedriger als die des US-Aktienmarkts mit den Märkten der Industrieländer. Auch die Korrelationen zwischen den Gewinnen der Emerging Markets und denen der industrialisierten europäischen und asiatischen Märkte sind sehr niedrig. Die meisten Amerikaner sind globale Verbraucher: Sie kaufen Autos aus Japan und Deutschland, Fernseher aus Asien und viele verschiedene Güter aus den Ländern der Emerging Markets – angefangen vom nahen Mexiko bis zum weit entfernten Thailand. Genauso, wie die Verbraucher von diesem globalen Marktplatz profitieren, so können Investoren vom globalen Investing profitieren. Wir sehen, dass es möglich gewesen ist, größere Gewinne und weniger Risiken aus einem Portfolio zu erzielen, das aus Aktien besteht, die aus ausländischen Industriemärkten, aus den Emerging Markets und aus dem US-Markt stammen. Doch die Leser dieses Buches sollten eigentlich nur zu gut wissen: Was in der Vergangenheit funktioniert hat, funktioniert nicht unbedingt auch in der Zukunft. Kann man auch in der Zukunft mit internationaler Diversifikation ein Zusatzgeschäft machen? Viele Analysten glauben das nicht. Sie glauben, die Globalisierung der Weltwirtschaften habe die Vorteile internationaler Diversifikation abgeschwächt. Sie betonen die Tatsache, dass der Börsencrash vom Oktober 1987 die Begründung für die Diversifikation auf den Kopf gestellt hat, da die Börsen auf der ganzen Welt aus Sympathie mit dem US-Markt ebenfalls einbrachen. Außerdem hatten der Zusammenbruch des mexikanischen Peso 1995 und die asiatische Seuche von 1997 bis 1998 negative Effekte auf fast alle Emerging Markets der Welt. Doch obwohl es eine Tendenz dafür gibt, dass sich Phasen des Drucks kurzfristig global verbreiten, kann die Forschung keinen langfristigen Trend zu zunehmender Korrelation zwischen den Weltmärkten feststellen.

Die folgenden Abbildungen zeigen, dass die langfristigeren Korrelationen zwischen Märkten relativ niedrig blieben, insbesondere während der 90er Jahre. Die obere Tafel zeigt die Korrelationen zwischen den Indizes der EAFE und des S&P 500. Alle drei Jahre wurde ein Korrelationskoeffizient zwischen den Quartalsgewinnen der EAFE- und der U.S.-Aktien errechnet. Die Korrelationskoeffizienten dieser Dreijahresperioden wurden auf der Zeitleiste aufgetragen. Im Durchschnitt lag der Korrelationskoeffizient zwischen den EAFE-Börsen und dem S&P 500 ein wenig unter 0,5.

Beachten Sie jedoch, dass es in dieser Zeit keine Tendenz zu einem Anstieg der Korrelationen gab. Daraus wird deutlich, dass die Behauptung nicht gestützt wird, die Globalisierung habe eine Tendenz, die verschiedenen nationalen Märkte enger aneinander zu binden. Es gibt immer noch viele Möglichkeiten der Diversifikation, um daraus deutliche Vorteile zu erzielen.

Die untere Tafel der Abbildung zeigt die Korrelationen zwischen dem US-Aktienmarkt und den Emerging Markets. Beachten Sie, dass diese Korrelationen geringer waren als es bei den Märkten in den Industrieländern der Fall war.

Die Korrelationskoeffizienten hatten einen Durchschnitt von etwa 0,35 mit den Emerging Markets und so ergab sich aus einer Diversifikation ein eher höherer Vorteil.

Sie werden auch bemerken, dass die Zahlen keine Tendenz erkennen lassen, diese Korrelationen hätten im Lauf der Zeit zugenommen. Auch wenn sich die Korrelationen zwischen Emerging Markets, ausgehend von ihrem zehnjährigen Durchschnitt verdoppelten, würde die Diversifikation immer noch deutliche Vorteile bieten, weil sie das Risiko des Portfolios senken und die Gewinne möglicherweise verbessern würde.

Es gibt also gute Gründe dafür, ein Portfolio mit anderen Wertpapieren zu diversifizieren. Wie ich in Teil 4 noch ausführlicher darstellen werde, ermöglichen es geschlossene Immobilienfonds, die hauptsächlich an der New York Stock Exchange gehandelt werden, den Investoren, Portfolios mit Gewerbeimmobilien zu kaufen. Diese Art Immobilienfonds bietet Portfolios eine attraktive Diversifikation. Die Gewinne aus Immobilien bewegen sich nicht immer im Gleichschritt mit anderen Werten. In Zeiten sich beschleunigender Inflation zum Beispiel schneiden Immobilien meist besser ab als Aktien. Wenn man also Immobilien einem Portfolio hinzufügt, dann wird damit im Allgemeinen die Volatilität gesenkt.

Ein weiteres Papier, das in die meisten Portfolios gehört, sind Anleihen. In Teil 4 beschreibe ich die Vorteile von Anleihen genauer, doch möchte ich schon an dieser Stelle die Vorteile nennen, wenn man sie zur Diversifikation benutzt. Die Bewegungen langfristiger Anleihen verlaufen nicht spiegelbildlich zu denen anderer Wertpapiere, und langfristige Anleihen bieten relativ stabile Gewinne, wenn sie bis zum Ablauf gehal-

Korrelation der ausländischen Industrienationen und Emerging Markets mit dem U.S. Aktienmarkt*

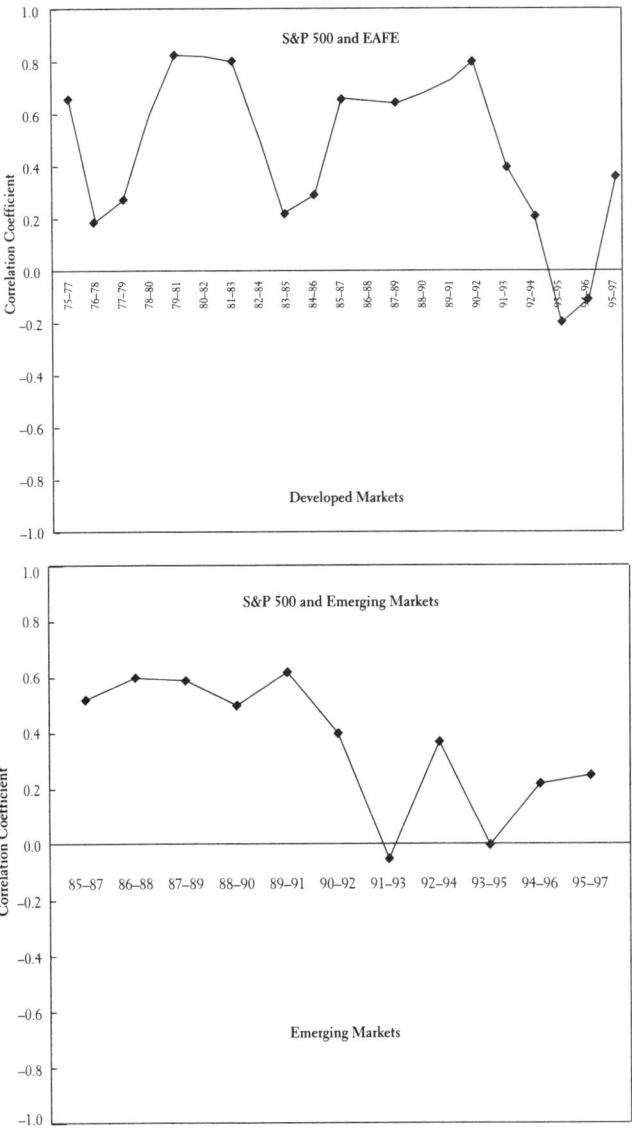

* Die Punkte stellen die gemessenen Korrelationskoeffizienten für die Quartalsgewinne für verschiedene Dreijahreszeiträume von 1975 (für die Märkte in Industrienationen) und 1985 (für Emerging Markets) bis 1997 dar. Achten Sie darauf, dass eine Korrelation von (+)1 keine Vorteile aus der Diversifikation erbringt. Eine Korrelation von 0 deutet auf große Vorteile aus der Diversifikation hin.

Korrelation des U.S. Anleihenmarktes (30 Jahre Schatzbriefe) mit dem U.S. Aktienmarkt*

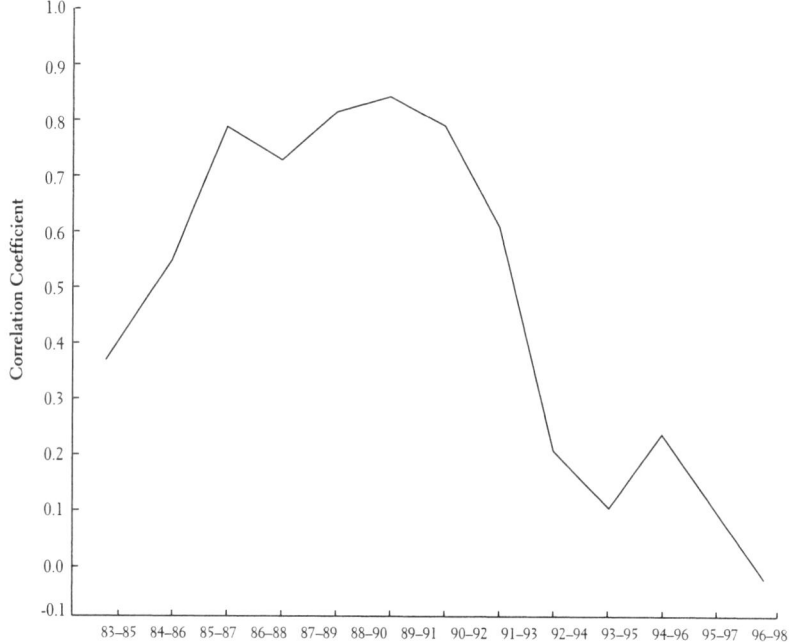

ten werden. Außerdem zeigt das Beispiel der vorhergehenden Abbildung, dass eine Dreijahres-Korrelation von US-Immobilien und Anleihen mit dem US-Aktienmarkt ausreichend niedrig ist, um wichtige Vorteile aus der Diversifikation zu ziehen, was auch im Verlauf der 90er Jahre nicht an Attraktivität verloren hat. In Teil 4 komme ich auf die Argumente der Portfolio-Theorie zurück, wenn ich Privatanlegern in unterschiedlichem Alter und mit unterschiedlicher Risikobereitschaft Hinweise gebe, wie sie ein Portfolio zusammenstellen könnten.

---

* Die Grafik zeigt den gemessenen Korrelationskoeffizient für Quartalsgewinne für verschiedene Dreijahreszeiträume von 1979 bis 1997. Beachten Sie, dass eine Korrelation von (+)1 keine Vorteile aus der Diversifikation erbringt. Eine Korrelation von 0 hingegen deutet auf ansehnliche Vorteile aus Diversifikationen hin.

Korrelationen des US-Immobilienmarkts mit dem US-Aktienmarkt*

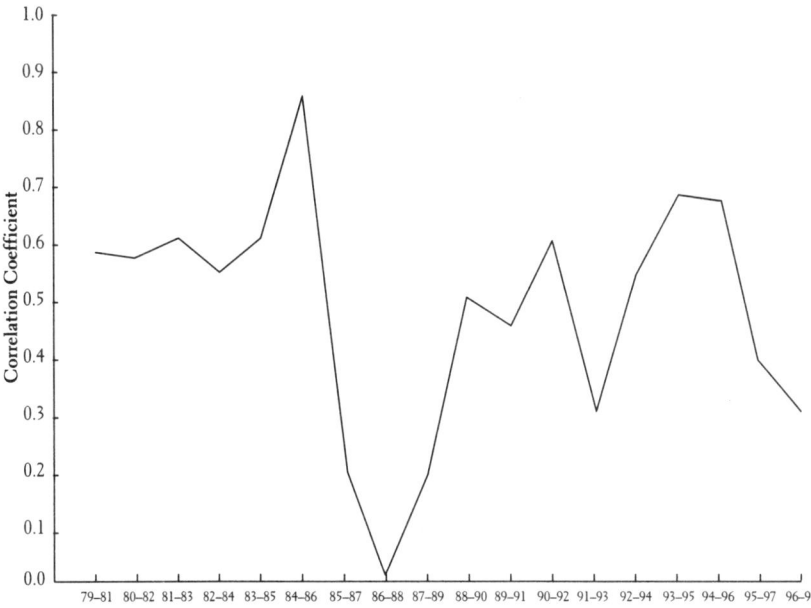

* Die Grafik zeigt die gemessenen Korrelationskoeffizient für Quartalsgewinne für verschiedene Dreijahreszeiträume von 1983 bis 1997. Beachten Sie, dass eine Korrelation
von (+)1 keine Vorteile aus der Diversifikation erbringt. Eine Korrelation von 0 hingegen deutet auf ansehnliche Vorteile aus Diversifikationen hin.

219

KAPITEL 9

Belohnung für erhöhtes Risiko

„Theorien, die nur in 50 Prozent aller Fälle zutreffend sind, sind weniger ökonomisch als ein Münzwurf."

GEORGE J. STIGLER, THE THEORY OF PRICE

Inzwischen sollte jeder Leser wissen, dass Risiko belohnt wird. Und so hat es sowohl in der Wissenschaft als auch an der Wall Street eine Jagd nach dem Risiko gegeben, um höhere Gewinne zu erzielen. Darum geht es in diesem Kapitel: Wir wollen analytische Werkzeuge schaffen, mit denen wir das Risiko messen können und, ausgestattet mit diesem Wissen, höhere Belohnungen einstreichen können.

Wir beginnen mit einer Verfeinerung der Modernen Portfolio-Theorie. Wie ich schon im letzten Kapitel angemerkt habe, kann Diversifikation nicht alle Risiken ausschließen, weil alle Aktien dazu neigen, sich gleichzeitig auf und ab zu bewegen. Und so kann die Diversifikation in der Praxis das Risiko zwar mindern, aber nicht eliminieren. Drei Wissenschaftler – William Sharpe, Professor an der Stanford University, der verstorbene Finanzspezialist John Lintner und Fischer Black – konzentrierten ihre intellektuelle Energie darauf festzustellen, welcher Teil des Risikos einer Aktie durch Diversifikation eliminiert werden kann und bei welchem Teil dies nicht möglich ist. Das Ergebnis nennen wir Capital-Asset Pricing Model. Sharpe erhielt dafür einen Nobelpreis, als auch Markowitz 1990 geehrt wurde.

Die grundsätzliche Logik hinter dem Capital-Asset Pricing Model ist, dass es keinen Bonus für Risiko geben könne, das durch Diversifizierung eliminiert werden kann. Um deshalb mit einem Portfolio einen höheren langfristigen Durchschnittsgewinn zu erzielen, ist es erforderlich, den Risikolevel des Portfolios zu erhöhen, der durch Diversifizierung nicht eliminiert werden kann. Glaubt man dieser Theorie, dann können kluge Investoren den Gesamtmarkt hinter sich lassen und das Rennen um die Gewinne siegreich beenden, indem sie ihre Portfolios um ein Risikomaß korrigieren, das als Beta bekannt wurde.

Beta und systematisches Risiko

Beta? Wie kommt ein griechischer Buchstabe in diese Diskussion? Ganz sicher nicht durch einen Aktienbroker. Können Sie sich irgendeinen Aktienbroker vorstellen, der sagt: „Wir können das Gesamtrisiko einer Aktie (oder eines Portfolios) als die gesamte Variabilität (Varianz oder Standardabweichung) der Gewinne einer Aktie beschreiben"? Aber wir in der Lehre sagen solche Dinge sehr oft. Weiterhin nennen wir den Teil eines Gesamtrisikos oder einer Variabilität das „systematische Risiko eines Wertpapiers". Dieses besteht aus der grundsätzlichen Variabilität von Aktienkursen im Allgemeinen und der Tendenz, dass alle Aktien in die Richtung des Gesamtmarkts gehen – zumindest in gewissem Ausmaß. Die verbleibende Variabilität in den Gewinnen einer Aktie nennen wir „unsystematisches Risiko", und dieses resultiert aus Faktoren, die nur auf ein bestimmtes Unternehmen zutreffen; beispielsweise ein Streik, die Entdeckung eines neuen Produktes und so weiter.

Das systematische Risiko, das wir auch Marktrisiko nennen, ist die Reaktion einzelner Aktien (oder Portfolios) auf die Bewegungen des Gesamtmarkts. Einige Aktien und Portfolios reagieren sehr empfindlich auf Marktbewegungen. Andere sind wesentlich stabiler. Diese relative Volatilität oder Sensibilität auf Marktbewegungen kann auf der Basis der Vergangenheit eingeschätzt werden und ist weitgehend unter dem Namen – Sie werden es vermutet haben – des griechischen Buchstabens Beta bekannt. Nun werden Sie alles erfahren, was Sie jemals über Beta wissen wollten, was Sie sich jedoch noch nie zu fragen wagten. Grundsätzlich ist Beta die numerische Beschreibung des systematischen Risikos. Trotz der mathematischen Manipulationen in diesem Prozess geht es bei der Quantifizierung von Beta grundsätzlich darum, die subjektiven Gefühle der Geldmanager mit genauen Zahlen auszudrücken. Die Berechnung des Beta ist eigentlich ein Vergleich zwischen den Bewegungen einer einzelnen Aktie (oder eines einzelnen Portfolios) und den Bewegungen des Marktes als Ganzem.

222

Die Berechnung beginnt damit, dass man einem breiten Marktindex, wie dem S&P 500, ein Beta von 1 zuordnet. Wenn eine Aktie ein Beta von 2 hat, dann sind die Kursreaktionen doppelt so groß wie die des Marktes. Wenn der Markt um 10 % ansteigt, dann wird die Aktie vermutlich um 20 % steigen. Wenn eine Aktie ein Beta von 0,5 hat, dann ist sie in der Regel stabiler als der Markt (sie wird nur um 5 % sinken oder steigen, wenn der Markt um 10 % sinkt oder steigt). Profis nennen Aktien mit hohem Beta aggressive Kapitalanlagen. Aktien mit niedrigem Beta werden defensiv genannt.

Es ist an dieser Stelle wichtig festzustellen, dass das systematische Risiko durch Diversifikation nicht eliminiert werden kann. Der genaue Grund dafür ist, dass sich alle Aktien mehr oder weniger gleichförmig bewegen (ein großer Anteil ihrer Variabilität ist systematisch), so dass sogar diversifizierte Aktienportfolios riskant sind. Wenn Sie völlig diversifizieren würden, indem Sie einen Anteil des S&P-Index kauften (der entsprechend der Definition ein Beta von 1 hat), dann hätten Sie immer noch ziemlich variable (und damit risikobehaftete) Gewinne, weil auch der Markt als Ganzes fluktuiert.

Unsystematisches Risiko ist die Variabilität der Aktienkurse (und deshalb auch der Gewinne aus Aktien), die auf Faktoren zurückzuführen sind, die einem bestimmten Unternehmen eigen sind. Der Abschluss eines großen neuen Vertrags, die Entdeckung von Bodenschätzen auf Grundstücken des Unternehmens, Schwierigkeiten mit den Arbeitnehmern, die Entdeckung, dass der Finanzdirektor seine Hand in der Brieftasche des Unternehmens hatte – all das kann verursachen, dass sich der Kurs einer Aktie unabhängig vom Markt bewegt. Das Risiko, das mit solcher Variabilität verbunden ist, kann durch Diversifikation reduziert werden. Der Punkt, um den es bei der Portfolio-Theorie geht, ist der, dass in dem Maß, in dem sich Aktien nicht gleichförmig über eine bestimmte Zeit hinweg bewegen, die Schwankungen in den Ergebnissen einer Aktie von gegenläufigen Bewegungen in den Ergebnissen anderer Aktien geglättet oder ausgeglichen werden.

Der folgende Chart, ähnlich dem auf Seite 212 unten, zeigt die wichtige Beziehung zwischen Diversifikation und Gesamtrisiko. Nehmen wir einmal an, wir suchten willkürlich Aktien für unser Portfolio aus, die im Durchschnitt genauso volatil wie der Gesamtmarkt sind (dann liegt das durchschnittliche Beta der Aktien in unserem Portfolio immer bei 1). Der Chart zeigt, dass das Gesamtrisiko unseres Portfolios sinkt, wenn wir dem Portfolio immer mehr Aktien zufügen, ganz besonders am Anfang.

Wie Diversifizierung das Risiko reduziert

Risiko des Portfolios
(Standardabweichung der Gewinne)

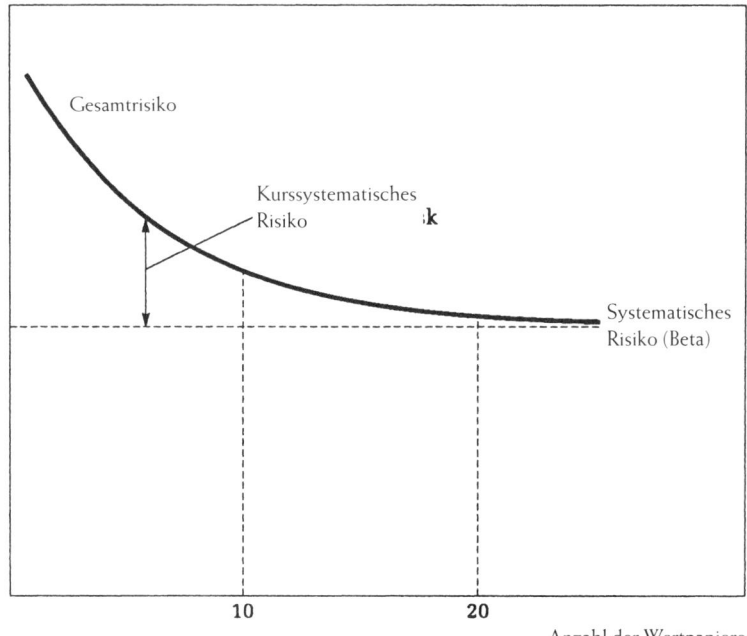

Anzahl der Wertpapiere

Source: Modigliani and Pogue, "An Introduction to Risk and Return," *Financial Analysts Journal*, March–April 1974.

Wenn wir zehn Aktien für unser Portfolio ausgewählt haben, dann ist ein großer Teil des unsystematischen Risikos eliminiert und eine weitere Diversifikation trägt wenig zu einer weiteren Risikoreduzierung bei. Wenn 20 gut diversifizierte Aktien im Portfolio sind, dann ist das unsystematische Risiko so gut wie eliminiert. Unser Portfolio (mit einem Beta von 1) wird voraussichtlich im Wesentlichen die gleichen Bewegungen ausführen wie der Gesamtmarkt. Natürlich könnten wir das gleiche Experiment mit Aktien durchführen, deren durchschnittliches Beta bei 1,5 liegt. Und wiederum würden wir herausfinden, dass Diversifizierung das unsystematische Risiko schnell senken würde, doch das verbleibende systematische Risiko würde höher sein. Ein Portfolio von 20 oder mehr Aktien mit einem durchschnittlichen Beta von 1,5 würde eine um 50 % höhere Volatilität aufweisen als der Markt. Nun kommt der wichtigste Schritt in der Argumentationsreihe. Sowohl Theoretiker als auch Praktiker stimmen darin überein, dass Investoren dafür, dass sie ein höheres Risiko eingehen, auch mit höheren Gewinnen belohnt werden sollten. Aktienkurse müssen deshalb höhere Gewinne bringen, wenn ein höheres Risiko eingegangen wird, um sicherzustellen, dass alle Aktien von jemandem gehalten werden. Es ist ganz klar, dass risikoscheue Investoren keine Aktie mit zusätzlichem Risiko kaufen würden, wenn sie nicht die Aussicht auf zusätzliche Belohnung hätten. Aber nicht alle Risiken einzelner Aktien sind relevant, um den Bonus zu bestimmen, den man erhält, wenn man ein bestimmtes Risiko eingeht. Der unsystematische Teil des Gesamtrisikos kann leicht durch entsprechende Diversifizierung eliminiert werde. Und so gibt es keinen Grund zu glauben, dass Investoren eine besondere Belohnung dafür erhalten, wenn sie unsystematisches Risiko eingehen. Der einzige Teil des Gesamtrisikos, für den ein Investor bezahlt wird, ist das systematische Risiko, das Risiko, bei dem Diversifizierung nicht helfen kann. Deshalb sagt das Capital-Asset Pricing Model, dass Gewinne (und deshalb Risikoprämien) für eine Aktie (oder ein Portfolio) im Verhältnis zum Beta stehen, dem systematischen Risiko, das durch Diversifizierung nicht ausgeglichen werden kann.

Das Capital-Asset Pricing Model (CAPM)

Die Annahme, dass Risiko und Belohnung in einer Relation zueinander stehen, ist nicht neu. Schon jahrelang stimmen Finanzspezialisten darin überein, dass Investoren für ihre Risikobereitschaft besser belohnt werden müssen. Was an der neuen Investment-Technologie anders ist, das ist die Definition des Maßes für Risiko. Vor dem Capital-Asset Pricing Model glaubte man, dass der Gewinn von dem Gesamtrisiko, das in einer Aktie liegt, abhängig sei. Man glaubte, der Gewinn aus einer Aktie variierte mit der Instabilität der Performance dieser bestimmten Aktie, also mit der Variabilität oder Standardabweichung der Gewinne, die mit dieser Aktie erzielt werden. Die neue Theorie sagt, das Gesamtrisiko jeder einzelnen Aktie sei irrelevant. Es zählt lediglich die systematische Komponente, wenn es um besondere Belohnungen geht.

Obwohl der mathematische Beweis dieser Behauptung nicht angetreten wird, ist die zugrunde liegende Logik ziemlich einfach. Stellen Sie sich einen Fall vor, indem es zwei Gruppen gibt – Gruppe 1 und Gruppe 2 – mit je 20 Aktien. Nehmen Sie an, dass das systematische Risiko (Beta) für jede einzelne Aktie gleich 1 ist; das bedeutet, jede Aktie in diesen beiden Gruppen neigt dazu, sich in gleichem Maß wie der

Gesamtmarkt nach oben oder unten zu bewegen. Nun überlegen Sie weiter, dass wegen Faktoren, die nur auf einzelne Aktien in der Gruppe 1 zutreffen, das Gesamtrisiko für jede von diesen deutlich höher liegt als das Gesamtrisiko jeder Aktie in der Gruppe 2. Stellen Sie sich beispielsweise vor, dass zusätzlich zu den Faktoren des Gesamtmarkts die Aktien in der Gruppe 1 besonders empfindlich auf klimatische Veränderungen reagieren, auf Veränderungen der Wechselkurse und auf Naturkatastrophen. Deshalb wird das spezifische Risiko für jede Aktie in der Gruppe 1 sehr hoch sein. Das spezifische Risiko jeder Aktie in der Gruppe 2 jedoch wird als sehr gering eingeschätzt. Deshalb wird das Gesamtrisiko für jede Aktie sehr niedrig sein. Schematisch stellt sich die Situation wie folgt dar:

Gruppe I (20 Aktien)	Gruppe II (20 Aktien)
Das systematische Risiko (Beta) ist bei jeder Aktie gleich 1	Das systematische Risiko (Beta) ist bei jeder Aktie gleich 1
Das spezielle Risiko ist bei jeder Aktie hoch	Das spezielle Risiko ist bei jeder Aktie niedrig
Das Gesamtrisiko ist bei jeder Aktie hoch	Das Gesamtrisiko ist bei jeder Aktie niedrig

Nun, entsprechend der alten Theorie, die vor dem Capital-Asset Pricing Model allgemein akzeptiert wurde, sollten die Gewinne eines Portfolios, das aus Aktien der Gruppe 1 besteht, höher sein als bei einem Portfolio, das aus Aktien der Gruppe 2 besteht, weil jede einzelne Aktie der Gruppe 1 ein höheres Gesamtrisiko trägt, und Risiko verlangt, wie wir wissen, seine Belohnung. Mit einer kurzen Bewegung ihrer intellektuellen Zauberstäbe veränderten die Akademiker dieses Denken. Entsprechend dem Capital-Asset Pricing Model sollten die Gewinne aus beiden Portfolios gleich hoch sein. Warum?

Erinnern Sie sich zunächst einmal an den Chart auf Seite 226 oben. (Diejenigen, die ein wenig vergesslich sind, können gern noch einmal zurückschlagen.) Dort sahen wir, dass das Risiko des Portfolios auf den systematischen Level zurückgeführt wurde, als sich die Zahl der Aktien im Portfolio 20 näherte. Das gesamte unsystematische Risiko wurde eliminiert. Die aufmerksamen Leser werden nun bemerken, dass in der obigen Tabelle jeweils 20 Aktien im Portfolio sind. Das bedeutet, dass das unsystematische Risiko (ein unerwarteter Einbruch durch ungünstige Wechselkurse oder ähnliches) tatsächlich ausgeglichen wurde. Was bleibt, ist nur noch das systematische Risiko jeder Aktie im Portfolio, das durch ihr Beta festgelegt ist. Aber in diesen beiden Gruppen hat jede

Aktie ein Beta von 1. Deshalb wird ein Portfolio aus Aktien der Gruppe 1 und ein Portfolio mit Aktien der Gruppe 2 bezüglich des Risikos (der Standardabweichung) eine genau gleiche Performance aufweisen, auch wenn die Aktien der Gruppe 1 ein höheres Gesamtrisiko tragen als die Aktien der Gruppe 2.

Hier treffen sich die alten und die neuen Ansichten. Unter dem alten Bewertungssystem wurden Aktien der Gruppe 1 wegen des höheren Risikos höhere Gewinne zugeschrieben. Das Capitel-Asset Pricing Model sagt, es gebe kein größeres Risiko, wenn man Aktien der Gruppe 1 hält, wenn sie in einem diversifizierten Portfolio sind. Wenn die Aktien der Gruppe 1 wirklich höhere Gewinne erzielen würden, dann würden alle vernünftig denkenden Investoren diese den Aktien der Gruppe 2 vorziehen und versuchen, ihre Beteiligungen neu zu ordnen, um die höheren Gewinne der Gruppe 1 mitnehmen zu können. Damit jedoch würden sie die Kurse der Aktien der Gruppe 1 nach oben puschen und die Aktien der Gruppe 2 nach unten, bis mit Erreichen des Gleichgewichts (wenn die Investoren keine Lust mehr haben von einer Aktie zur anderen zu wechseln) das Portfolio für jede Gruppe identische Gewinne aufweist, was eher mit der systematischen Risikokomponente (Beta) zu tun hat als mit dem Gesamtrisiko (einschließlich der unsystematischen oder spezifischen Risikoanteile). Weil Aktien in einem Portfolio so kombiniert werden können, dass spezifische Risiken ausgeschlossen werden, kann nur das systematische Risiko, das nicht diversifizierbar ist, einen Bonus bewirken. Investoren werden nicht dafür bezahlt, dass sie Risiken tragen, die durch Diversifizierung ausgeglichen werden können. Das ist die grundlegende Logik, die hinter dem Capital-Asset Pricing Model steht.

Zusammengefasst kann die Beweisführung des Capital-Asset Pricing Model (von nun an sage ich nur noch CAPM, weil wir Wirtschaftswissenschaftler gern Akronyme benutzen) wie folgt geführt werden:

„Wenn Investoren einen Zusatzgewinn dadurch erzielen würden, dass sie unsystematische Risiken eingehen, dann würde sich herausstellen, dass diversifizierte Portfolios, die aus Aktien mit hohen, unsystematischen Risikogewinnen bestehen, höhere Gewinne abwerfen als ebenso riskante Portfolios mit Aktien mit geringeren unsystematischen Risiken. Investoren würden die Gelegenheit beim Schopf packen, diese höheren Gewinne einzustreichen, würden die Kurse von Aktien mit hohem unsystematischen Risiko nach oben puschen und Aktien mit entsprechenden Betas und geringeren unsystematischen Risiken verkaufen. Dieser Prozess würde sich fortsetzen, bis sich die voraussichtlichen Gewinne aus den Aktien mit

Risiko und Gewinn entsprechend dem Capital-Asset Pricing Model*

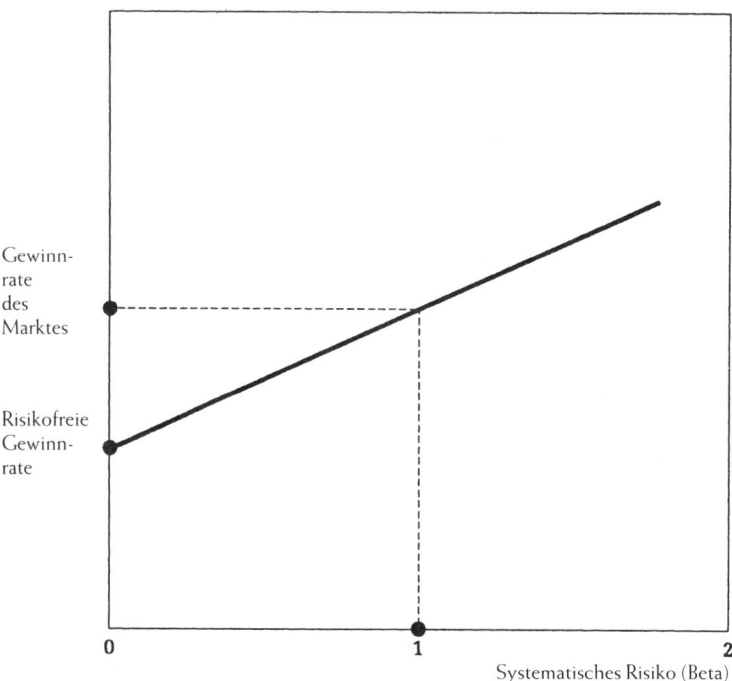

Gewinnrate

Gewinn-
rate
des
Marktes

Risikofreie
Gewinn-
rate

0   1   2

Systematisches Risiko (Beta)

* Diejenigen unter Ihnen, die sich noch an ihre Schulmathematik erinnern, wissen, dass eine gerade Linie als Gleichung ausgedrückt werden kann. Die Gleichung für die gerade Linie in diesem Diagramm ist:

Gewinnrate =
risikofreie Zinsrate + Beta (Gewinn aus dem Aktienmarkt – risikofreie Zinsrate).

Die Gleichung kann auch umgestellt werden und den Risiko-Bonus darstellen, das heißt, die Gewinnrate eines Aktienportfolios gegenüber der risikofreien Zinsrate:

Gewinnrate – risikofreie Zinsrate =
Beta (Gewinn aus dem Aktienmarkt – risikofreie Zinsrate).

Die Gleichung sagt, dass der Risiko-Bonus, den man auf eine Aktie oder ein Portfolio erhält, direkt mit dem angenommenen Betawert steigt. Einige Leser werden vielleicht überlegen, welches Verhältnis Beta mit der Kovarianztheorie hat, die in unserer Diskussion der Portfolio-Theorie so entscheidend war. Das Beta für jede Aktie ist in Wirklichkeit identisch mit der Kovarianz zwischen dieser Aktie und dem Marktindex, wie er auf der Basis der Erfahrungen in der Vergangenheit festgestellt wurde.

dem gleichen Beta angleichen würden, und man keinen Risiko-Bonus erhalten würde, wenn man unsystematische Risiken eingeht. Jedes andere Ergebnis wäre bei Existenz eines effizienten Markts inkonsistent."

Die Schlüsselbeziehung dieser Theorie ist im folgenden Chart dargestellt. Wenn das systematische Risiko (Beta) einer einzelnen Aktie (oder eines Portfolios) zunimmt, dann steigt auch der Gewinn, den ein Investor erwarten kann. Wenn das Portfolio eines Investors ein Beta von 0 hat, wie es der Fall wäre, wenn er seine ganzen Mittel in Sparbriefe mit festem Zinssatz einbringen würde (das Beta wäre 0, weil die Gewinne aus den Sparbriefen in keinem Fall mit den Schwankungen des Aktienmarkts variieren würden), dann würde er einen bescheidenen Gewinn erzielen, den man allgemein risikofreien Zins nennt. Wenn jemand ein höheres Risiko eingeht, dann sollten auch die Gewinne steigen. Wenn ein Investor ein Portfolio mit einem Beta von 1 hat (beispielsweise wenn man Anteile an einem der breitgestreuten Marktindizes hält), dann wird der Gewinn ebenso groß sein wie der Durchschnittsgewinn aller Aktien. Dieser Gewinn war in den letzten Jahren immer höher als die risikofreie Zinsrate, doch ist die Kapitalanlage in Aktien auch mit Risiken behaftet. In bestimmten Zeitabschnitten liegt der Gewinn weit unter den risikofreien Zinsraten, und Aktionäre müssen deutliche Verluste einkalkulieren. Dies ist genau das, was wir unter Risiko verstehen.

Das Diagramm zeigt, dass verschiedene erwartete Gewinne möglich sind, wenn man lediglich das Beta des Portfolios korrigiert. Nehmen wir beispielsweise an, der Investor legte die Hälfte seines Geldes in Sparbriefen an und die andere Hälfte in Anteile eines Indexfonds. In diesem Fall würde sein Gewinn genau zwischen dem risikofreien Gewinn aus den Sparbriefen und den Gewinnen der Börse liegen, und das Portfolio hätte ein durchschnittliches Beta von 0,5.* Das CAPM sagt dann ganz einfach, dass man, um langfristig eine höhere Gewinnrate zu erzielen, lediglich das Beta des Portfolios erhöhen müsse. Ein Investor erhält dann ein Portfolio mit einem Beta, das höher als 1 ist, wenn er Aktien mit einem hohen Beta kauft, oder indem er ein Portfolio mit durchschnittlicher Volatilität auf Kredit kauft. (Siehe Chart Seite 218.) Ein Fonds, der von einer Bank an der Westküste empfohlen wurde, hätte es einem Investor ermöglicht, den S&P-Durchschnitt auf Kredit zu kaufen, und somit würde sowohl das Risiko, als auch der potentielle Gewinn

---

* Im Allgemeinen ist das Beta eines Portfolios lediglich der gewichtete Durchschnitt der Betas der einzelnen Teile.

erhöht. Allerdings hätte ein Fonds in Zeiten schnell fallender Aktien-
kurse es einem Investor auch ermöglicht, ganz schnell sein letztes
Hemd zu verlieren. Das erklärt vielleicht, weshalb der Fonds in den 70er
Jahren nur wenige Käufer fand.

Ebenso wie Aktien ihre Launen hatten, so kam auch Beta Anfang der
70er Jahre groß in Mode. *The Institutional Investor*, das glitzernde Prestige-
magazin, das die meisten Seiten dafür verwendete, die Leistungen professioneller Geldmanager zu verkünden, billigte diese Bewegung 1971, als
man auf der Titelseite den Buchstaben Beta über einen Tempel setzte und
dazu die Titelgeschichte schrieb „Der Beta-Kult! Der neue Weg, Risiko
zu messen." Die Zeitschrift merkte an, dass die Geldmenschen, deren
mathematische Kenntnisse kaum über die Division hinausgingen, nunmehr „mit den Betas um sich warfen, wie Doktoranden der Statistiktheo-
rie." Sogar die Securities and Exchange Commission gab in ihrem *Institutional Investors Study Report* Beta als Maß für Risiko ihren Segen.

Auf der Wall Street prahlten die frühen Beta-Fans, dass sie höhere
langfristige Gewinnraten erzielen könnten, indem sie einfach einige
Aktien mit hohem Beta kauften. Diejenigen, die glaubten, sie beherrsch-
ten das Market-Timing, vermuteten, sie hätten eine noch bessere Idee.
Sie kauften Aktien mit hohem Beta, wenn sie glaubten, der Markt würde
steigen, und wechselten zu Aktien mit niedrigem Beta, wenn sie fürchte-
ten, der Markt könnte fallen. Um dem Enthusiasmus für diese neue
Investmenttheorie gerecht zu werden, blühten bei den Brokern Beta-
Dienste. Es war ein Symbol der Fortschrittlichkeit eines Investmenthau-
ses, eigene Betaschätzungen zur Verfügung zu stellen. Heute kann man
Betaschätzungen von Brokern wie Merrill Lynch und Anlageberatungs-
diensten wie Value Line und Morningstar erhalten. Die Beta-Anhänger
der Wall Street verkauften in ihrem Bemühen, das Beta-Evangelium zu
verbreiten, ihr Produkt mit einer Hingabe, die sogar die begeistertsten
akademischen Schreiberlinge geschockt hätte.

Sehen wir uns die Ergebnisse an

In Shakespeares *König Heinrich der IV* prahlt Glendower gegenüber Percy:
„Ich rufe Geister aus der wüsten Tiefe." „Ei ja, das kann ich auch, das
kann ein jeder. Doch kommen sie, wenn Ihr nach ihnen ruft?" antwortete Percy unbeeindruckt. Jeder kann theoretisieren, wie die Börse funktioniert; und das Capital-Asset Pricing Model ist auch nur eine Theorie.
Die wirklich wichtige Frage ist: Funktioniert es?

Es ist sicher, dass viele institutionelle Anleger die Beta-Theorie geradezu umarmten, wenn auch nur in einem Versuch, die Exzesse der Vergangenheit herunterzuspielen. Immerhin ist Beta eine Schöpfung der Akademiker. Was könnte seriöser sein? Beta wurde als Zahl geschaffen, die das Risiko einer Aktie umschreiben soll, und erscheint fast steril. Es stimmt, man muss viel in Computerprogramme investieren, aber die Chartisten lieben das. Auch wenn sie nicht an Beta glauben. Muss man die Sprache Beta sprechen, weil meine Kollegen und ich an den Universitäten der Nation eine lange Reihe von Doktoren und Diplomanden geschaffen haben, die diese Terminologie sprechen? Sie haben nun einen Beruf ergriffen und benutzen Beta als Methode zur Bewertung der Performance eines Portfoliomanagers. Wenn der erzielte Gewinn größer ist als der, der vom Beta des Gesamtportfolios vorhergesagt wurde, dann sagte man, der Manager habe ein positives Alpha produziert. Viele, die ihr Geld an der Börse anlegen wollten, suchten sich den Manager, der das größte Alpha aufzuweisen hatte.

Aber ist Beta wirklich ein nützliches Maß für Risiko? Stimmt es, dass Portfolios mit hohem Beta höhere langfristige Gewinne erzielen als Portfolios mit niedrigem Beta, wie das Capital-Asset Pricing Model besagt? Kann Beta allein das gesamte systematische Risiko einer Aktie erfassen oder müssen wir auch andere Faktoren einbeziehen? Kurz gesagt: Hat Beta wirklich ein Alpha verdient? Dies sind die Themen einer intensiven Diskussion unter Praktikern und Akademikern.

In einer Studie, die 1992 veröffentlicht wurde, teilten Eugene Fama und Kenneth French alle an der New York Stock Exchange, der American Stock Exchange und an der NASDAQ gehandelten Titel in Zehntelschritte, entsprechend ihrem Beta in der Zeit zwischen 1963 und 1990. Zehntel Eins enthielt die 10 % der Aktien, die die niedrigsten Betas aufwiesen; Zehntel Zehn enthielt die 10 %, die die höchsten Betas aufwiesen. Das bemerkenswerte Ergebnis, Sie sehen es in der Abbildung auf Seite 234 oben, ist, dass es keinerlei Beziehung zwischen den Gewinnen dieser Zehntelportfolios und ihrem Beta gab. Ich habe eine ähnliche Studie angestellt, die die Beziehung zwischen Gewinnen und Beta bei Investmentfonds aufzeigen sollte. Die Abbildung auf Seite 233 oben zeigt die Ergebnisse für die 80er Jahre; ähnliche Ergebnisse erhielt ich für andere Zeiträume. Es scheint, dass es keine Beziehung zwischen den Gewinnen aus Aktien oder Portfolios und ihren Betas gibt, und das bestätigt die Ergebnisse von Fama/French.

Weil ihre gründliche Studie einen Zeitraum von fast 30 Jahren abdeckte, schlossen Fama und French, dass die Beziehung zwischen Beta

Durchschnittlicher Monatsgewinn vs. Beta: 1963–90
(Studie von Fama und French)

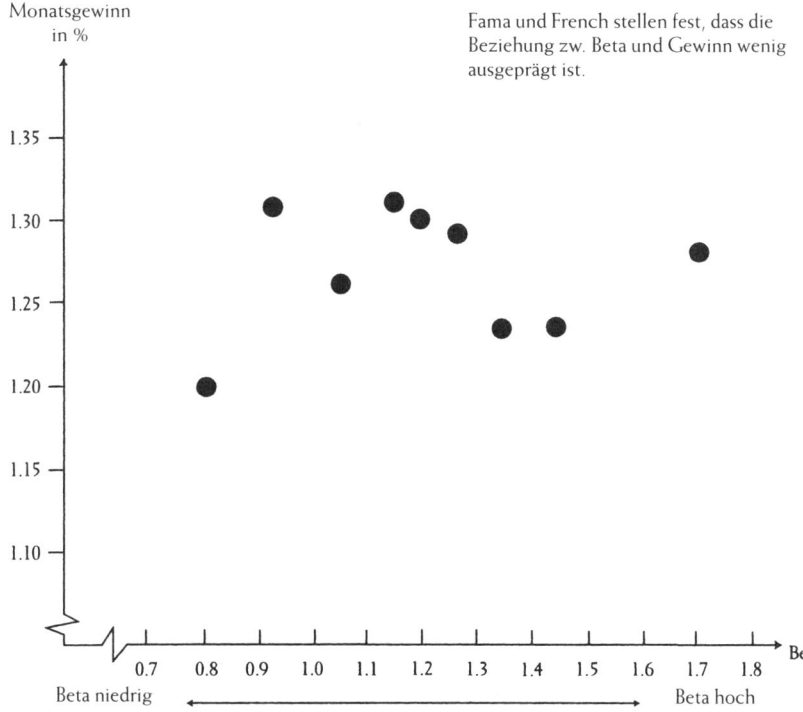

Monatsgewinn
in %

Fama und French stellen fest, dass die
Beziehung zw. Beta und Gewinn wenig
ausgeprägt ist.

Beta niedrig ← → Beta hoch

und den Gewinnen nicht der Erwähnung wert ist. Beta, das wichtige
analytische Werkzeug des Capital-Asset Pricing Model ist kein sinnvolles Maß, mit dem man die Beziehungen zwischen Risiko und Gewinn
erfassen kann. Und so waren Mitte der 90er Jahre nicht nur die Praktiker, sondern sogar viele Akademiker bereit, Beta auf den Müll zu werfen.
Die Finanzpresse, die zuvor den Aufstieg von Beta beschrieb, veröffentlichte nun Stories mit Headlines wie „Der Tod von Beta", „Bye, bye Beta"
und „Beta wurde geprügelt". Typisch für diese Zeit war ein Brief, der im
Institutional Investor abgedruckt wurde und dessen Autor lediglich als
„Deep Quant" bekannt war.* Der Brief begann: „Im Geldmanagement
gibt es eine tolle Geschichte: Das Capital-Asset Pricing Model ist tot."

---

* „Quant" ist der Spitzname der Wall Street für einen quantitativ ausgerichteten Finanzanalysten, der seine Aufmerksamkeit weitestgehend der neuen Investmenttechnologie
  widmet.

Durchschnittlicher vierteljährlicher Gewinn vs. Beta: 271 Investmentfonds 1981–91

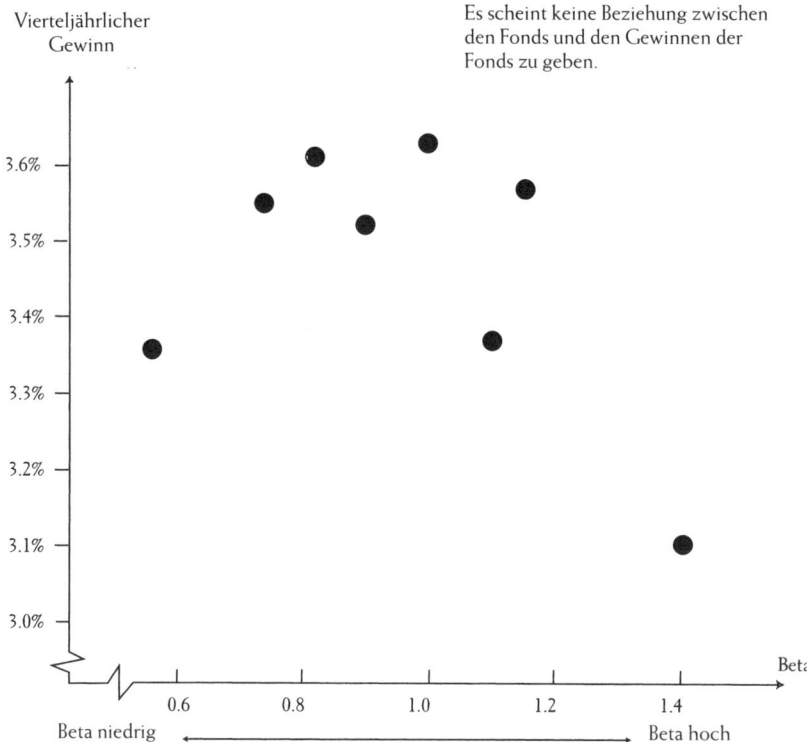

Die Zeitschrift zitierte einen geläuterten Quant wie folgt: „Höhere Mathematik wird für Investoren das, was die Titanic für die Seefahrt war." Und so geriet das ganze Instrumentarium der neuen Investmenttechnologie – einschließlich sogar der Modernen Portfolio-Theorie (MPT) – in eine Wolke von Misstrauen.

Eine Würdigung der Beweismittel

Meine persönliche Ansicht ist, dass der „geläuterte Quant" nicht Recht hat. Das Aufdecken ernsthafter Fehler im CAPM führt nicht dazu, dass man das mathematische Instrumentarium in der Finanzanalyse ad acta legt und zur traditionellen Aktienanalyse zurückkehrt. Weiterhin bin ich noch nicht bereit, jetzt schon einen Nachruf auf Beta zu schrei-

Stört es dich eigentlich, dass MPT, wenn du es schnell sagst, sich anhört wie „empty" (dt.: leer)

ben. Ich glaube, es gibt viele Gründe, ein zu schnelles Urteil zu vermeiden.

Erstens ist es wichtig, sich zu erinnern, dass stabile Gewinne, das heißt weniger riskante Gewinne, den sehr volatilen Gewinnen vorzuziehen sind. Es ist klar, wenn man bei der Ölsuche nur die gleiche Gewinnrate wie aus einer risikolosen Staatsanleihe erzielen könnte, würden nur diejenigen nach Öl bohren, die um des Glücksspiels willen mitmachen. Wenn Investoren sich wegen der Volatilität keine Gedanken machen würden, dann würde der Multi-Billionen-Dollar-Markt der Aktienderivate nicht so aufblühen, wie es der Fall ist. Und so deckt das Beta der relativen Volatilität zumindest einige Aspekte dessen ab, das wir normalerweise als Risiko ansehen. Und die Betas von Portfolios aus der Vergangenheit lassen Schlüsse auf die relative Volatilität in der Zukunft zu.

Zweitens, wie auch Richard Roll sagte, müssen wir beachten, dass es sehr schwierig ist (tatsächlich wahrscheinlich unmöglich), das Beta mit einiger Genauigkeit festzulegen. Der S&P 500-Index ist nicht der Markt. Der gesamte Aktienmarkt enthält viele tausend weitere Aktien in den Vereinigten Staaten und viele tausend weitere im Ausland. Außerdem zählen zum Gesamtmarkt auch Anleihen, Immobilien, Edelmetalle und andere Werte, einschließlich eines der wichtigsten Werte, die jeder von uns hat – das menschliche Kapital, das durch Ausbildung, Arbeit und

Lebenserfahrung aufgebaut wurde. Abhängig davon, wie man den Markt misst, kann man sehr unterschiedliche Beta-Werte erhalten. Die Ansichten über das Capital-Asset Pricing Model und den Nutzen von Beta als Maß für Risiko hängt weitgehend davon ab, wie man Beta misst. Zwei Wirtschaftswissenschaftler von der University of Minnesota, Ravi Jagannathan und Zhenyu Wang, meinen, wenn der Marktindex (an dem wir das Beta messen) so umdefiniert würde, dass das menschliche Kapital eingeschlossen wird, und wenn die Betas mit den zyklischen Veränderungen in der Wirtschaft variieren dürften, dann ist die Rechtfertigung für das CAPM und für Beta als Prognosewerkzeug für Gewinne sehr stark. Und drittens gibt es einige Beweise dafür, dass Gewinne tatsächlich in Relation zu Beta stehen, wenn sie über eine wesentlich längere Zeit hinweg, beispielsweise von 1927 bis in die Gegenwart, gemessen werden.

Schließlich sollten sich Investoren bewusst sein, dass selbst wenn die langfristige Beziehung zwischen Beta und Gewinnen sehr dürftig ist, Beta immer noch ein sehr nützliches Hilfsmittel zum Management einer Kapitalanlage sein kann. Wäre es tatsächlich der Fall, dass Aktien mit niedrigem Beta zuverlässig Gewinnraten mindestens in der Höhe von Aktien mit hohem Beta erzielten (das wird mit einem sehr großen Fragezeichen versehen), dann wäre Beta als Hilfsmittel bei der Kapitalanlage sogar wertvoller, als es im Capital-Asset Pricing Model ist. Dann sollten Investoren Aktien mit geringem Beta kaufen und damit ebenso attraktive Gewinne erzielen wie der Markt als Ganzes, allerdings mit wesentlich geringerem Risiko. Und Investoren, die unter Inkaufnahme größeren Risikos höhere Gewinne erzielen wollen, sollten den Kauf von Aktien mit geringem Beta mit Darlehen finanzieren, und die Aktien halten, wobei sie damit sowohl das Risiko als auch die Gewinne erhöhen. Darüber hinaus könnte Beta ein sehr nützlicher Maßstab für das Risiko während deutlicher Marktausschläge sein. Aktien mit hohem Beta fielen in allen Bärenmärkten tiefer als Aktien mit geringem Beta, soweit es die letzten 50 Jahre betrifft. Allerdings ist auch klar, dass Beta, so wie es im Allgemeinen gemessen wird, kein Ersatz für den Verstand ist. Man kann sich nicht auf Beta verlassen, wenn es dazu dienen soll, langfristige künftige Gewinne vorherzusagen. Dennoch sind Berichte, dass Beta völlig tot sei, meiner Meinung nach verfrüht.

Die Suche nach besseren Maßstäben für Risiko:
Die Arbitrage Pricing Theorie

Wenn Beta als effektiver quantitativer Maßstab für Risiko stark gelitten hat, gibt es dann etwas, das seinen Platz einnehmen könnte? Einer der Pioniere auf dem Gebiet der Quantifizierung von Risiko ist Stephen Ross. Ross entwickelte eine Theorie der Preisfindung in den Kapitalmärkten, die er Arbitrage Pricing Theorie (APT) nannte. APT hatte großen Einfluss, sowohl unter den Akademikern als auch in der Welt der Praktiker des Portfoliomanagements. Um die Logik zu verstehen, die der Arbitrage Pricing Theorie über Risikoquantifizierung zu Grunde liegt, muss man sich an die korrekten Aussagen erinnern, die der CAPM zugrunde liegen: Das einzige Risiko, für das Investoren belohnt werden sollten, wenn sie es denn eingehen, ist das Risiko, das durch Diversifizierung nicht ausgeglichen werden kann. Nur das systematische Risiko wird im Markt belohnt. Doch die systematischen Elemente des Risikos in bestimmten Aktien und Portfolios könnten zu kompliziert sein, um von einem Maßstab wie Beta erfasst werden zu können – die Tendenz von Aktien, sich mehr oder weniger so wie der Markt zu bewegen. Dies gilt deshalb, weil jeder bestimmte Aktienindex ein sehr unvollständiger Repräsentant des Gesamtmarktes ist. Und so haben viele, die zu quantifizieren versuchen, das Gefühl, dass Beta eine Reihe von wichtigen systematischen Risikoelementen nicht erfasst.

Betrachten wir einige dieser anderen systematischen Risikoelemente. Veränderungen im Bruttosozialprodukt können zum einen die Gewinne einzelner Aktien systematisch beeinflussen. Dies zeigte sich auch in unserem Beispiel mit der Insel im Kapitel 8. Außerdem geben Veränderungen im Bruttosozialprodukt auch Veränderungen im persönlichen Einkommen von Einzelpersonen wieder, und die systematische Beziehung zwischen Gewinnen aus Wertpapieren und Einnahmen aus Gehalt können einen signifikanten Effekt auf individuelles Verhalten haben. Beispielsweise könnte ein Arbeiter in einer Fabrik von General Motors einen Kauf von GM-Aktien besonders risikoreich empfinden, weil Entlassungen und schwache Gewinne der GM-Aktie wahrscheinlich gleichzeitig auftreten. Veränderungen im Bruttosozialprodukt können auch Veränderungen anderer Formen von Einnahmen reflektieren und deshalb auch für institutionelle Portfoliomanager relevant sein.

Veränderungen in den Zinssätzen beeinflussen die Gewinne aus einzelnen Aktien ebenso systematisch und sind wichtige Risikoelemente, die durch Diversifizierung nicht ausgeglichen werden können. Wenn man berücksichtigt, dass Aktien im Allgemeinen dann leiden, wenn die Zinsen steigen, sind solche Wertpapiere ein risikoreiches Investment, und die Aktien, die besonders empfindlich auf Steigerungen im Zinsniveau reagieren, sind besonders risikobehaftet. Und so tendieren einige Aktien und festverzinsliche Investments dahin, sich parallel zu bewegen. Diese Aktien sind dann nicht hilfreich, wenn es darum geht, das Risiko eines Anleihenportfolios zu reduzieren. Weil festverzinsliche Wertpapiere ein wichtiger Bestandteil der Portfolios vieler institutioneller Anleger sind, ist dieser systematische Risikofaktor für einige der größten Investoren im Markt besonders wichtig. Es ist deshalb verständlich, dass Investoren, die Risiko im weitesten und wahrsten Sinn verstehen, sehr sensibel auf die Tendenz bestimmter Aktien reagieren, die von Veränderungen der Zinsen besonders beeinflusst werden.

Auch Veränderungen der Inflationsrate haben einen systematischen Einfluss auf die Gewinne von Aktien. Dafür gibt es mindestens zwei Gründe. Erstens: Ein Anstieg der Inflationsrate zieht normalerweise eine Erhöhung der Zinsen nach sich und verursacht damit eine Abschwächung der Kurse einiger Wertpapiere, wie wir eben festgestellt haben. Zweitens: Der Anstieg der Inflationsrate könnte auch die Gewinnspannen bestimmter Branchen drücken – beispielsweise von öffentlichen Versorgungsbetrieben, die oft klagen, dass die Erhöhung der Gebühren hinter der Erhöhung der Kosten hinterherhinkt. Andererseits könnte die Inflation die Kurse der Aktien landwirtschaftlich orientierter Branchen begünstigen. Deshalb gibt es auch hier wichtige systematische Beziehungen zwischen Gewinnen aus Aktien und ökonomischen Variablen, die von einem einfachen Beta nicht ausreichend erfasst werden können.

Statistische Untersuchungen über den Einfluss verschiedener systematischer Risikovariablen auf die Gewinne von Wertpapieren zeitigten etwas bessere Ergebnisse. Bessere Erklärungen als diejenigen, die von CAPM gegeben werden, kann man für Gewinnveränderungen bei verschiedenen Wertpapieren erhalten, wenn man zusätzlich zum traditionellen Beta eine Reihe von systematischen Risikovariablen benutzt, wie beispielsweise die Empfindlichkeit gegen Veränderungen des Bruttosozialproduktes, der Zinsen und der Inflationsrate. Natürlich beginnen wir erst mit dem Sammeln von Beweisen, die Modelle unterstützen, bei denen Aktien unter Berücksichtigung mehrerer Risikofaktoren bewertet werden sollen. Der Risikomaßstab der Arbitrage Pricing Theorie hat die gleichen Probleme, die wir schon vom Capitel-Asset Pricing Model (CAPM) mit der Maßeinheit Beta kennen. Es ist noch nicht sicher, wie sich diese neuen Theorien in einer extensiven Untersuchung behaupten können.

Wenn man jedoch der Einfachheit halber das Risikomaß auswählen sollte, das am engsten mit den erwarteten Gewinnen in Relation steht, wäre das traditionelle Beta nicht die erste Wahl der meisten Analysten. In meiner eigenen Arbeit, die ich mit John Cragg durchführte, stellte sich heraus, dass das Ausmaß der fehlenden Übereinstimmungen unter den Aktienanalysten für jedes einzelne Unternehmen der beste Risikoindikator war. Unternehmen, bei denen es einen breiten Konsens bezüglich des Wachstums der künftigen Gewinne und Dividenden gibt, scheinen weniger risikoreich zu sein (und haben deshalb geringere erwartete Gewinne), als Unternehmen, bei denen es unter den Aktienanalysten nur wenig Übereinstimmung gibt. Es ist möglich, dieses Ergebnis als Widerspruch zur modernen Pricing-Theorie zu sehen, die aussagt, dass die individuelle Variabilität an sich für die Bewertung nicht relevant sei. Die Abweichungen der Vorhersagen der Analysten können jedoch bei verschiedenen systematischen Risiken tatsächlich als sehr nützliche Hinweise dienen.

Obwohl wir immer noch viel über die Einschätzungen der Risiken des Markts lernen müssen, halte ich es für durchaus richtig, wenn man sagt, dass das Risiko nicht ausreichend durch eine Beta-Statistik allein erfasst werden kann (Maßstab des Risikos des CAPM). Es sieht so aus, als ob verschiedene andere systematische Risiken die Bewertung von Aktien beeinflussten. Außerdem gibt es, wie ich im nächsten Kapitel zeigen werde, Hinweise darauf, dass die Gewinne aus Aktien etwas mit der Größe des entsprechenden Unternehmens zu tun haben (kleinere Firmen haben meist höhere Gewinnraten), auch mit den Kurs-Gewinn-Verhältnissen (Firmen mit niedrigem KGV haben meist höhere Gewinne je Aktie) und dem Verhältnis des Kurses zum Buchwert (Aktien, die in Relation zu ihrem Buchwert billig sind haben meist höhere Gesamtgewinne). Diese drei Maßstäbe können einflussreiche Faktoren für das systematische Risiko sein. Allerdings ist es immer noch fraglich, ob das individuelle Risiko im Bewertungsprozess überhaupt eine Rolle spielt.

Die Ergebnisse, die ich zusammen mit Cragg erarbeitet habe, können dahingehend interpretiert werden, dass die individuelle Variabilität einer Aktie im Bewertungsprozess eine Rolle spielt. Das ist nicht schwierig zu erklären. Es kann sein, dass viele individuelle Portfolios wegen der Transaktions- und Informationskosten nicht diversifiziert sind. Privatanleger besitzen einen signifikanten Teil aller an der New York Stock Exchange gehandelten Aktien und einen noch größeren Teil der Aktien, die an anderen Börsen gehandelt werden. Folglich könnten diese

Aktionäre durchaus von der Variabilität einzelner Aktien betroffen sein. Sogar gut diversifizierte institutionelle Anleger könnten sich über das Verhalten einzelner Aktien Sorgen machen, wenn sie dem Finanzausschuss einen Zusammenbruch der Performance im vergangenen Berichtszeitraum erklären müssen. Dennoch gibt es auch auf der anderen Seite ein kraftvolles Argument. Alles, was im Bewertungsprozess eine Rolle spielt und die Variabilität einer Aktie nachhaltig beeinflussen kann, wird für Investoren eine Arbitrage-Möglichkeit schaffen, wenn sie es verstehen, breit zu diversifizieren. Es ist kaum anzunehmen, dass diese Möglichkeiten nicht doch genutzt werden. Wenn wir zum Ausgangspunkt unserer Überlegungen zurückkehren, kann man sagen, dass sich der wahre Wert schließlich doch zeigen wird.

Eine Zusammenfassung

Die Kapitel 8 und 9 waren eine akademische Übung in der modernen Börsentheorie. Die Börse scheint ein sehr effizienter Mechanismus zu sein, der sich neuen Informationen schnell anpasst. Weder die technische Analyse, die die Kursbewegungen von Aktien in der Vergangenheit analysiert, noch die Fundamentalanalyse, die eher grundlegende Informationen über die Aussichten einzelner Unternehmen und der Wirtschaft analysiert, scheinen auf Dauer Vorteile zu bringen. Es hat den Anschein, als sei die einzige Möglichkeit, langfristig höhere Gewinne zu erzielen, höhere Risiken einzugehen.

Leider gibt es kein perfektes Maß für Risiko. Beta, das Risikomaß des Capital-Asset Pricing Modells, sieht oberflächlich betrachtet recht gut aus. Es ist ein einfaches und leicht verständliches Maß der Sensitivität des Marktes. Doch leider hat auch Beta seine Schwächen. Die tatsächliche Beziehung zwischen Beta und der Gewinnrate stimmte im letzten Drittel des 20. Jahrhunderts nicht mit den in der Theorie vorhergesagten Relationen überein. Außerdem sind Betas über mehrere Zeitabschnitte hinweg nicht stabil und gegenüber den Marktgrößen, an denen sie gemessen werden, sehr empfindlich.

Ich habe behauptet, dass kein einzelner Maßstab die verschiedenen Einflüsse auf das systematische Risiko einzelner Aktien und Portfolios adäquat beschreiben kann. Gewinne reagieren wahrscheinlich empfindlich auf allgemeine Marktbewegungen, auf Veränderungen der Zins- und Inflationsraten, auf Veränderungen des Bruttosozialprodukts und zweifelsfrei auch auf andere ökonomische Faktoren, wie beispielsweise auf Wechselkurse. Wollte man das beste Maß für Risiko nennen, dann wäre das traditionelle Beta sicherlich nicht jedermanns erste Wahl. Das mystische vollkommene Maß für Risiko ist immer noch außerhalb unserer Reichweite.

Zur großen Erleichterung der Assistenten von Professoren, die zu publizieren gezwungen sind, gibt es unter den Akademikern immer noch sehr viele Diskussionen über ein Maß für Risiko, und es müssen noch wesentlich mehr empirische Untersuchungen angestellt werden. Zweifellos wird es noch viele Verbesserungen in den Techniken der Risikoanalyse geben, und die quantitative Risikoanalyse ist noch lange nicht tot. Ich glaube, dass künftige Risikogrößen noch komplizierter zu bestimmen sein werden – nicht einfacher. Dennoch müssen wir sorgsam darauf achten, dass wir kein Beta oder irgendeine andere Größe als leichte Möglichkeit akzeptieren, um das Risiko in den Griff zu bekommen, wenn wir künftige Gewinne sicher prognostizieren wollen. Sie sollten die besten modernen Techniken der neuen Investmenttechnologie kennen – sie können eine sehr nützliche Hilfen sein. Aber es wird niemals ein Genie geben, das plötzlich erscheint und unsere Probleme bei der Kapitalanlage lösen wird. Und selbst wenn es ein solches Genie gäbe, wahrscheinlich würden wir die Sache ohnehin vermasseln – so wie die kleine alte Dame in der folgenden Geschichte, die Robert Kirby von Capital Guardian Trust so gern erzählt:

Eine kleine alte Dame, gut über 80 Jahre alt, saß in ihrem Schaukelstuhl auf der Veranda ihres Altersruhesitzes und träumte vor sich hin, als ihr ein kleiner Elf erschien und sagte: „Sie haben drei Wünsche frei."

Die kleine alte Dame antwortete: „Verschwinde, du kleiner Zwerg, in meinem langen Leben habe ich schon genügend kleine Klugscheißer gesehen."

Der Elf antwortete: „Hören Sie, ich mache keine Witze. Es stimmt wirklich: Sie haben drei Wünsche frei! Versuchen Sie es doch einfach einmal."

Die kleine alte Dame zuckte mit den Schultern und sagte: „Gut, dann mache meinen Schaukelstuhl zu purem Gold."

Eine kleine Rauchwolke verpuffte und der Schaukelstuhl wurde zu Gold. Nun war die kleine alte Dame höchst interessiert. Sie sagte: „Und jetzt mache aus mir bitte eine wunderschöne junge Frau."

Und wiederum gab es eine kleine Rauchwolke und die kleine alte Dame wurde zu einer wunderschönen junge Frau. Schließlich sagte sie: „Wunderbar. Und nun zu meinem dritten Wunsch: Mache aus meinem Kater einen gutaussehenden jungen Prinzen."

Im nächsten Augenblick stand der gutaussehende junge Prinz vor ihr, wandte sich ihr zu und sagte: „Und jetzt tut es dir sicher leid, dass du mich hast kastrieren lassen."

KAPITEL 10

Der Angriff auf die Random-Walk-Theorie: Ist der Markt noch kalkulierbar?

Die Gesellschaft der Hellseher von London wird sich am kommenden Dienstag wegen unvorhergesehener Umstände nicht treffen.
Anzeige in der Londoner Financial Times

Am 31. August 1998 fiel der Dow Jones Industrial Average, in dem 30 große Unternehmen enthalten sind, um 512 Punkte. Der Verlust betrug mehr als 5 Prozent, löschte den gesamten Jahresgewinn des Dow aus und zog die Börsen der ganzen Welt mit sich. Die Finanzjournalisten, die dieses Gemetzel beobachtet hatten, berichteten, dass es nicht ganz so schlimm war wie das Debakel im Oktober 1987, als der Dow in einem einzigen Monat ungefähr ein Drittel seines Werts verlor. Ist das effizient? Für viele Beobachter und schockierte Investoren waren diese Ereignisse ein Zeichen für das Versagen der Efficient-Market-Theorie. Reflektierte die Börse an diesem Freitag, dem 28. August 1998 oder im frühen Oktober 1987 damit wirklich alle relevanten Informationen über Aktien und die Wirtschaft? Hatten sich die fundamentalen Daten über die wirtschaftlichen Aussichten der großen amerikanischen Unternehmen am letzten Wochenende des August 1998 so weit verändert, dass im Dow Jones ein Verlust von 512 Punkten gerechtfertigt war?

Für viele Beobachter bestand die Glaubwürdigkeit der Efficient-Market-Theorie die Zerreißprobe nicht. Die Finanzpresse war in ihrem Urteil einmütig. Kurz nach dem Crash von 1987 behauptete das *Wall Street Journal*, dass die Efficient-Market-Theorie der bemerkenswerteste Irrtum in der Geschichte der Wirtschaftstheorie sei. Ein wenig später nannte *Business Week* die Theorie einen Fehler.

Einige akademische Ökonomen kamen zu ähnlichen Schlüssen. Lawrence Summers behauptete, dass die Efficient-Market-Hypothese mit dem Rest des Marktes am 19. Oktober 1987 zusammengebrochen sei. Robert Shiller schloss aus der Beobachtung der längeren Geschichte der Fluktuationen der Börse, dass Aktienkurse eine viel zu hohe Variabilität aufwiesen, als dass sie durch die Efficient-Market-Theorie erklärt werden könnte und man müsse Aspekte der Verhaltensforschung und der Massenpsychologie in Betracht ziehen, um die Ereignisse an der Börse erklären zu können.

Ende der 80er und Anfang der 90er Jahre entwickelten diejenigen, die glaubten, dass psychologische Überlegungen ein wesentliches Charakteristikum unserer Börsen seien, ein neues Feld, das „Behavioral Finance" genannt wurde. Wie ich schon in Teil 1 sagte, gab es immer sowohl logische als auch psychologische Theorien über Aktienkurse. Frühere Generationen von Ökonomen, beispielsweise John Maynard Keynes, betonten die Bedeutung der Fehler, die Menschen machen, wenn sie Entscheidungen treffen. Die Efficient-Market-Theorie wurde auf der Annahme entwickelt, dass alle Marktteilnehmer in höchstem Maße rational sind. Doch insbesondere während der 90er Jahre haben Psychologen wie Daniel Kahnemann und zahlreiche Finanzökonomen behauptet, dass die Entscheidungen vieler Investoren sehr stark von Verhaltenscharakteristika wie übersteigertem Selbstvertrauen, Überreaktion, Anfälligkeit für Moden und sogar Hybris beeinflusst würden. Diese Charakteristika können oft zu vorhersehbaren Mustern von Kursbewegungen führen und von klugen Investoren für erfolgreiche Investmentstrategien genutzt werden – das wenigstens behaupten Verhaltenspsychologen wie Werner DeBondt und Richard Thaler. Die Verhaltensforscher tadeln ihre Kollegen von der Efficient-Market-Theorie dafür, dass sie blind akzeptieren, die Menschen an der Börse verhielten sich immer rational, während sie gleichzeitig bereitwillig zugeben, dass die Menschen, die sie am häufigsten beobachten (ihre Ehegatten, ihre Kollegen und ganz sicher auch ihre Vorgesetzten), genau das oft nicht tun.

Die Arbeiten der Verhaltensforscher wurden von vielen statistischen Studien gestützt, die bestätigten, dass es bei Aktienkursen verschiedene vorhersehbare Muster gebe. Und tatsächlich wurde die Behauptung, dass die Börse zumindest teilweise vorhersehbar sei, das neue Mantra in der akademischen Gesellschaft. Einer der hellsten Köpfe der neuen Welle der Finanzökonomen, Andrew Lo vom Massachusetts Institute of Technology, veröffentlichte Ende der 90er Jahre einen Artikel mit der

Überschrift „A Non-Random Walk Down Wall Street" (Ein nicht ganz zufälliger Spaziergang über die Wall Street). Und in seinem 1997 veröffentlichten Bestseller *What Works on Wall Street* schrieb James O´Shaughnessy, ein Geldmanager, der ein wenig zur Statistik neigt, dass es eine Reihe von Investmentstrategien gebe, von denen er annimmt, sie hätten den Markt geschlagen, und man könne davon ausgehen, dass dies auch in den kommenden Jahren so sein werde.

In diesem Kapitel geht es um die Versuche zu zeigen, dass der Markt, wie oben dargestellt, nicht effizient ist, und dass es keinen rentablen Random Walk über den Markt geben kann. Ich werde alle neueren Untersuchungen betrachten, die behaupten, dass die Efficient-Market-Theorie keine Gültigkeit mehr habe und, die zeigen wollen, dass Börsenkurse tatsächlich vorhersehbar seien. Ich komme zu dem Fazit, dass solche Grabreden weit überzogen sind, und dass das Maß, in dem die Börse vorhersehbar ist, deutlich überzogen dargestellt wurde. Und dann, wenn ich alles gesagt habe, werde ich zeigen, dass man, wenn man den Lehren der Efficient-Market Theorie folgt – das heißt, wenn man einen breit angelegten Indexfonds kauft und hält – immer noch das „Spiel der Spiele" spielt. Auch wenn der Markt kurzfristig nicht immer rational sein mag, langfristig ist er es immer. Die Tatsache, dass niemand, auch keine Technik, die Zukunft logisch vorhersagen kann, ist für mich (und ich hoffe auch für Sie) eine einleuchtende Bestätigung der Random-Walk-Theorie.

Vorhersehbare Muster im Verhalten von Aktienkursen

Sie erinnern sich, dass die schwache Form der Efficient-Market-Theorie (Random-Walk-Theorie) lediglich besagt, die technische Analyse von Kursmustern der Vergangenheit sei für die Zukunft nutzlos, weil jede Information aus einer solchen Analyse bereits in den aktuellen Kursen enthalten ist. Wenn die heutige Richtung der Kurse – nach oben oder nach unten, vorwärts oder rückwärts – tatsächlich einen Schluss auf die morgige Richtung zuließe, dann würden Sie schon heute darauf reagieren und nicht erst morgen. Wenn die Marktteilnehmer also zuverlässig wüssten, dass der Kurs einer Aktie sich in der nächsten Woche verdoppeln wird, dann würde der Kurs dieses Niveau in den kommenden fünf Arbeitstagen nicht erreichen. Weshalb sollte man warten? Tatsächlich, wenn sich die Kurse nicht sofort anpassen würden, dann gäbe es eine rentable Arbitrage-Chance, und die würde in einem effizienten Markt

sofort genutzt werden. Der Arbitrageur (oder Arb, wie man diese Mitspieler an der Wall Street nennt) würde ganz einfach heute kaufen und
dann nächste Woche einen dicken Gewinn einstreichen. Wenn der
Informationsfluss ungehindert ist, dann wird die Kursänderung von
morgen in spekulativen Märkten nur die Neuigkeiten von morgen
reflektieren und von der Kursentwicklung von heute unabhängig sein.
Doch entsprechend der Definition sind Neuigkeiten unvorhersehbar.
Deshalb müssen auch die daraus resultierenden Kursveränderungen
unvorhersehbar und folglich zufällig sein.

Ein „Random Walk" wäre eine Reihe von Kursen, in der alle aufeinan-
der folgenden Kursveränderungen, ausgehend vom jeweils vorherigen
Kurs, zufällig wären. Um es ein wenig formeller zu sagen: Das Random-
Walk-Modell behauptet, dass Gewinne aus der Kapitalanlage seriell
unabhängig sind und dass ihre Wahrscheinlichkeitsverteilung ständig
konstant ist. Wie ich bereits im Kapitel 6 angemerkt habe, zeigte das
früheste empirische Werk über die Random-Walk-Theorie, dass Veränderungen von Aktienkursen tatsächlich unabhängig voneinander waren
(und in keiner Relation zueinander standen). Auch wenn einige dieser
Studien feststellten, dass es geringfügige Korrelationen zwischen aufein-
anderfolgenden Kursveränderungen gab, stellten die Forscher fest, dass
profitable Investmentstrategien auf der Basis der extrem geringen Abhängigkeiten nicht formuliert werden könnten. Neuere Arbeiten jedoch weisen darauf hin, dass das Random Walk Modell nicht durchgängig gültig
ist. Wie ich gleich zeigen werde, wurden einige logische Muster von
Korrelationen entdeckt, die nicht mit dem Modell übereinstimmen.
Dennoch wurde deutlich, dass es in der weichen Form der Efficient-Market-Theorie Schwächen gibt, was nur bestätigt, dass ungenutzte Trading-
Chancen in einem effizienten Markt nicht lange Bestand haben sollten.

1. Aktien geraten manchmal in Einbahnstraßen   Mehrere Studien aus
den 80er Jahren widersprachen dem puren Random-Walk-Modell. Sie
zeigen, dass es an der Börse in gewissem Umfang ein Momentum gibt,
und dass Kursänderungen kurzfristig in der gleichen Richtung bleiben
können. Beispielsweise fanden die Forscher Andrew Lo und A. Craig
MacKinlay heraus, dass in der Zeit zwischen 1965 und 1985 Gewinne
aus breit angelegten Portfolios, die eine Woche oder einen Monat lang
gehalten wurden, positive serielle Korrelationen aufwiesen. Mit anderen
Worten: Ein Kursgewinn in einer bestimmten Woche ist wahrscheinlicher als ein Verlust, wenn in der Vorwoche ebenfalls Kursgewinne zu
verzeichnen waren.

Nun, das wäre für die Investoren am Freitag, den 28. August 1998 sicherlich eine interessante Neuigkeit gewesen, aber ganz sicher nicht am Montag, dem 31. August, als der Markt seine Richtung veränderte. Weiter wird die Ablehnung des Random-Walk-Modells mit dem Verhalten kleiner Aktien in Portfolios begründet, die nicht so häufig getradet werden wie die Aktien mit größerer Marktkapitalisierung. Teilweise kann eine solche serielle Korrelation durch neue Informationen über den Markt entstehen, die sich zunächst bei den Aktien mit hoher Marktkapitalisierung niederschlagen und erst mit einer Zeitverzögerung bei den kleineren Aktien. Deshalb können positive Nachrichten für den Markt als Ganzes eine Reihe von positiven Portfoliobewegungen verursachen, weil die guten Nachrichten sich in den Kursen kleinerer Aktien erst ein wenig später auswirken, wenn schließlich auch die kleinen Aktien getradet werden. Die Ergebnisse der Untersuchung bestätigen nicht notwendigerweise Ineffizienz bei der Kursbildung. Es ist nicht entschieden, ob ein Investor, der Provisionen bezahlen muss, eine Tradingstrategie formulieren kann, mit der er aus den entdeckten geringfügigen Korelationen Gewinn ziehen kann. Wie wir später sehen werden, gibt es einen großen Unterschied zwischen einigen prognostizierbaren Mustern im Aktienmarkt und einer wirklichen Ineffizienz, die genutzt werden kann, um über die Tradingkosten hinausgehende Gewinne zu erzielen.

2. Schließlich ändern Aktienkurse ihre Richtung und die Gewinne der Aktionäre werden zu Verlusten Wenn man Aktien kauft, die in den letzten drei Jahren eine schwache Performance hatten, werden diese innerhalb der nächsten drei Jahre wahrscheinlich überdurchschnittliche Gewinne abwerfen. Dies ist das Ergebnis von Untersuchungen, die von Eugene Fama und Kenneth French, aber auch von James Poterba und Lawrence Summers und von Werner DeBondt und Richard Thaler durchgeführt wurden. In ihrem Fachjargon sagen sie, dass Gewinne aus Aktien in kurzem Zeitrahmen, einer Woche oder einem Monat, durchaus eine positive Korrelation aufweisen können, in längeren Zeitabschnitten, zwei Jahre oder länger, wiesen die Kursgewinne dagegen eine negative serielle Korrelation auf. Richard Quandt, Zsuzsanna Fluck und ich haben bestätigt, dass dieses Ergebnis bis in die 90er Jahre hinein Gültigkeit hat. Deshalb könnte man davon ausgehen, dass eine antizyklische Investmentstrategie – das bedeutet, man kauft die Aktien, die in letzter Zeit eine relativ schwache Performance hatten – möglicherweise besser sei als eine Strategie, bei der man Aktien kauft, die in der letzten Zeit hervorragende Gewinne abgeworfen haben. Dies impliziert den

Rat an Investoren, dass der Markt zu Überreaktionen neigt, wie die Verhaltenswissenschaftler behaupten, und deshalb sei es klug, sich von Modeaktien abzuwenden und sich auf solche Aktien zu konzentrieren, die im Augenblick „out" sind.

Von allen Anomalien, die aufgedeckt oder behauptet wurden, erscheint mir diese nicht nur am glaubhaftesten, sondern auch als diejenige, die den Investoren den größten Nutzen bringen kann. Sicherlich, die Beweise in Teil 1 dieses Buches zeigen deutlich, dass Marotten und modische Trends bei der Kursbildung eine Rolle spielen können. Es gab Zeiten, zu denen die großen Blue Chips „in" waren, zu anderen Zeiten beflügelten Internet-Aktien oder Biotech-Aktien die Phantasie der Investoren. Doch ganz gleich um welche Marotte es sich handelte, alle brachten die Aktienkurse in Extrembereiche und führten zu schweren Verlusten für Investoren, die am Scheitelpunkt kauften. Wenn Investoren es vermeiden könnten, auf dem Höhepunkt einer „Seifenblase" zu kaufen, dann würden auch schwerwiegende Investmentfehler vermieden. Stellt sich heraus, dass die besonders beliebten Aktien schlechte Anlagen waren, dann werden vielleicht solche Aktien, die in der letzten Zeit von den Investoren gemieden wurden – die hässlichen Entlein der Investmentwelt – schließlich aus dem Nebel auftauchen. Besonders dann, wenn eine solche „Theorie des Gegensatzes" mit einer fundamentalen Strategie verbunden wird (um zu vermeiden, dass man Aktien nur deshalb kauft, weil sie unpopulär sind), könnten Investoren davon durchaus profitieren.

Die psychologische Erklärung solcher Umkehrbewegungen bei den realisierten Gewinnen unterstellt die Dominanz von „Bauherren von Luftschlössern" bei den Entscheidungsträgern. Wenn Aktienkurse immer von Marotten und Moden, die regelmäßig auftauchen und nach einer Zeit verschwinden, beeinflusst würden, könnten solche Umkehrbewegungen bei den Gewinnen erwartet werden. Deshalb zogen viele Investoren den Schluss, dass die Beweislage bezüglich der Umkehrbewegungen bei den Gewinnen nicht mit der Efficient-Market-Theorie übereinstimmt. Nun – das kann so sein, vielleicht aber auch nicht. Es gibt sowohl logische als auch statistische Gründe, der Efficient-Market-Theorie weiterhin treu zu bleiben.

Umkehrbewegungen bei den Gewinnen über unterschiedliche Zeiträume hinweg haben ihren Grund oft in harten ökonomischen Fakten und nicht in psychologischen Stimmungsumschwüngen. Die Volatilität der Zinsen stellt einen sehr wichtigen ökonomischen Einfluss auf die Aktienkurse dar. Weil Anleihen – die Scheinwerfer, die in die Richtung der Zinsen deuten – mit den Aktien um die Dollars der Investoren konkurrieren, sollte man logischerweise eine systematische Beziehung zwischen Zinssätzen und Aktienkursen erwarten können. Insbesondere dann, wenn die Zinsen steigen und alles andere gleich bleibt, sollten die Aktienkurse fallen. Nur wenn dies geschieht, können Aktien mit hochrentierlichen Anleihen konkurrieren. Wenn die Zinsen fallen, dann sollten die Aktienkurse steigen, weil sie zwar einen geringeren Gesamtgewinn versprechen, aber dennoch mit Anleihen mit niedrigem Zinssatz konkurrieren können.

Es ist einfach zu erkennen, wie Bewegungen bei den Zinsen Umkehrbewegungen bei den Aktiengewinnen verursachen können. Nehmen wir einmal an, die Zinsen steigen. Das bewirkt, dass sowohl Anleihen als auch Aktienkurse. Nehmen wir weiter an, dass die Zinsen nun auf ihr ursprüngliches Niveau zurückfallen. Dies bewirkt, dass die Kurse für Anleihen und Aktien steigen und Aktionäre hohe Gewinne einstreichen können. Folglich werden wir über einen Zyklus von Zinsveränderungen hinweg zunächst relativ hohe Kursgewinne bei Aktien erleben, denen niedrigere folgen – das sind genau die Umkehrbewegungen in den Gewinnen, die die Forscher gefunden haben. Das Entscheidende ist aber, dass solche Umkehrbewegungen nicht unbedingt auf Schrullen zurückzuführen sind, die sich mit der Zeit verlieren. Sie können auch durch die sehr logischen und effizienten Reaktionen der Börsenteilnehmer auf die Bewegungen der Zinssätze bewirkt werden.

Offensichtlich gibt es zu jeder Zeit außer den Zinssätzen viele weitere Einflüsse auf Aktienkurse, und so darf man nicht erwarten, eine völlige Übereinstimmung zwischen den Bewegungen der Zinsen und der Aktienkurse entdecken zu können. Dennoch, die Tendenz, dass Zinssätze die Aktienkurse beeinflussen, könnte für die Gewinnveränderungen verantwortlich sein, die in der Vergangenheit gefunden wurden. Eine solche Beziehung stimmt absolut mit der Existenz eines höchst effizienten Marktes überein.

Rein statistisch gesehen gibt es begründete Zweifel an der Robustheit der Ergebnisse, wenn es um die Umkehrbewegungen der Gewinne geht. Es stellte sich heraus, dass die Korrelationen der Gewinne seit 1940 wesentlich geringer waren als in der Zeit vor 1940. Folglich ist die Anwendung einer einfachen antizyklischen Strategie keine Garantie für Erfolg. Auch wenn einige Modeerscheinungen teilweise für Umkehrbewegungen verantwortlich waren (dann, wenn eine bestimmte Gruppe von Aktien zunächst favorisiert und später abgelehnt wird), solche Marotten passieren nicht die ganze Zeit.

Und schließlich ist es nicht sicher, dass man von der Tendenz einzelner Aktien, bestimmte Muster von Gewinnumkehrungen zu zeigen, profitieren kann. Auch wenn solche Umkehrungen statistisch signifikant sind, können sie nur die Umkehrung durchschnittlicher und nicht vorhersehbarer Chancen darstellen, überdurchschnittliche Gewinne zu erzielen. Zsuzsanna Fluck, Richard Quandt und ich simulierten eine Investmentstrategie, mit der wir Aktien kauften, die in den letzten zwei oder drei Jahren eine sehr schwache Performance aufgewiesen hatten. Wir fanden heraus, dass diese in den 80er und 90er Jahren in dem darauffolgenden Zeitabschnitt verbesserte Gewinne erzielten, aber sie erholten sich nur bis zur durchschnittlichen Performance des Gesamtmarkts. Und so gab es, statistisch gesehen, tatsächlich ein starkes Muster einer Umkehrbewegung der Gewinne, aber keines, mit dem man hätte Geld verdienen können. Und auch wenn die vormaligen Verlierer später außergewöhnliche Gewinne erzielten, sagt das nicht unbedingt, dass Aktienkurse systematisch über ein angemessenes Niveau hinausschießen. Aktien, die nach ungünstigen Geschäftsbedingungen stark abgefallen waren, zeigen danach erhöhte Unsicherheit und Volatilität und stellten deshalb für einen Investor ein höheres Risiko dar. Weil Investoren für ein höheres Risiko höhere Renditen verlangen, ist die Tatsache, dass künftige Gewinne dieser Aktien relativ großzügig sind, durchaus in Übereinstimmung mit effizientem Funktionieren der Märkte. Der Verdacht, dass es keinen Beweis für systematische Kursüberreaktionen gibt, wird dadurch bestätigt, dass wir nach deutlichen Kursanstiegen keine signifikanten Kurswenden feststellen konnten.

Was sollte ein Investor also tun? Wie der aufmerksame Leser bereits weiß, glaube ich, dass die Börse grundsätzlich logisch ist. Außerdem erkenne ich an, dass der Markt sich von beliebten Marotten oder Modeerscheinungen begeistern läßt. Ebenso wird auch Pessimismus oft übertrieben. Folglich werden Value-Investoren, die auf der Basis der Firm-Foundation-Theorie operieren, oft bemerken, dass Aktien, die letztlich nur schwache Gewinne erzielten, in der Zukunft bei den Gewinnen recht gut abschneiden. Das Wissen, dass sorgfältige statistische Arbeiten diese Tendenz bestätigen – zumindest in gewissem Umfang – sollte Investoren zusätzliche Sicherheit geben, wenn sie eine „Strategie des Gegensatzes", verbunden mit der Firm-Foundation-Theorie, anwenden. Vergessen Sie aber nicht, dass die statistische Beziehung nur sehr dünn ist, und dass einige ungeliebte Aktien zu recht ungeliebt sein können – sowie zweifellos auch etwas risikoreicher. Sicherlich werden einige Aktien, die den Bach hinunter gegangen sind, diesen Weg auch fortsetzen. Die Beziehungen sind so locker und unsicher, dass man sehr vorsichtig sein sollte, wenn man mit einer einfachen antizyklischen Strategie Erfolge erwartet.

3. Aktien unterliegen zeitweisen Stimmungsschwankungen, insbesondere zu Beginn eines Jahres und am Ende der Woche. Entdeckungen von einigen anscheinend vorhersehbaren Aktienkursmustern weisen darauf hin, dass ein Spaziergang die Wall Street hinunter nicht unbedingt zufällig sein muss. Denken Sie doch einmal an den Januar-Effekt, der während der ersten Januartage deutlich höhere Kurse bewirkt. Der Effekt scheint bei kleineren Firmen besonders stark zu sein. Auch unter Berücksichtigung des Risikos scheinen kleine Firmen Investoren außerordentlich großzügige Gewinne zu bieten – wobei die Zusatzgewinne weitestgehend während der ersten Tage im neuen Jahr erzielt werden. Ein solcher Effekt wurde auch an anderen ausländischen Börsen dokumentiert. Dies führte dazu, dass ein Buch mit dem provokativen Titel *The Incredible January Effect* geschrieben wurde. Investoren und insbesondere Broker, die die ganze Zeit von hohen Provisionen träumen, entwickelten Strategien, um aus dieser Anomalie, die so verlässlich erscheint, Gewinn zu schlagen.

Eine mögliche Erklärung für den Januar-Effekt ist, dass hier steuerliche Überlegungen ausschlaggebend sind. Einige Investoren könnten am Ende des Kalenderjahres Aktien verkaufen, um kurzfristige Kapitalverluste aus steuerlichen Gründen geltend machen zu können. Wenn dieser Verkaufsdruck die Aktienkurse vor dem Jahresende nach unten drückt, dann erscheint es nur vernünftig, dass der Rückschwung während der ersten Januarwoche außergewöhnliche Kursgewinne bewirken kann. Obwohl dieser Effekt auf alle Aktien anwendbar ist, wäre er bei kleinen Firmen größer, weil die Aktien von kleinen Unternehmen volatiler und wahrscheinlich nicht in den Portfolios institutioneller Anleger und Pensionsfonds enthalten sind. Man möchte annehmen, dass Trader jeden Vorteil für Gewinne in dieser Zeit nutzen würden. Leider sind jedoch die Transaktionskosten des Tradings mit Aktien von kleinen Unternehmen deutlich höher als bei großen Unternehmen (wegen der größeren Spanne zwischen Angebot und Nachfrage), und es scheint keine Möglichkeit zu geben, wie ein provisionszahlender, normaler Investor diese Anomalie nutzen könnte.

Und dann gibt es den sogenannten Wochenend-Effekt – negative Kursveränderungen vom Schlusskurs des Freitags bis zum Schlusskurs des Montags. Mit anderen Worten, der Begriff „Blue Monday on Wall

Street" wurde mit einiger Berechtigung geprägt. Wenn man diesem Gedankengang folgt, dann sollte man Aktien am Montagnachmittag vor Börsenschluss kaufen und nicht am Freitagmittag und Montagmorgen, wenn sie meist zu leicht höheren Preisen gehandelt werden.

Das Grundproblem dieser Anomalien ist, dass sie typischerweise zu geringfügig sind, wenn man die erforderlichen Transaktionskosten in Betracht zieht, als dass man daraus einen Vorteil ziehen könnte. Außerdem sind sie nicht immer verlässlich, weil sie oft versagen, sobald sie entdeckt worden sind. In den späten 90er Jahren trat der Januar-Effekt beispielsweise kaum in Erscheinung. Folglich bin ich nicht bereit zuzugeben, dass bedeutsame Fehler in der weichen Form in der Efficient-Market-Theorie entdeckt worden sind.

Voraussagbare Beziehungen zwischen bestimmten fundamentalen Variablen und künftigen Aktienkursen

Akademiker und Finanzanalysten der „mittleren Schule" der Efficient-Market-Theorie glauben, dass alle öffentlich zugänglichen Informationen über ein Unternehmen im Kurs einer Aktie reflektiert werden. Deshalb sind sie skeptisch was die Möglichkeiten der fundamentalen Aktienanalysten anbelangt, wenn diese über Daten brüten, die Aussagen über die Gewinne und Dividenden eines Unternehmens andeuten können und sich bemühen, unterbewertete Aktien zu finden, die für Investoren einen besonders guten Wert darstellen. Anomalien, die in den 80er und 90er Jahren besondere Aufmerksamkeit erhielten, sind die Quantifizierungen einiger Value-Techniken: Suchen Sie nach Aktien, die erstens relativ klein sind, zweitens zu einem geringen KGV gehandelt werden, drittens, gemessen an ihrem Buchwert, niedrige Kurse haben und viertens in Relation zu ihrem Kurs hohe Dividenden ausschütten. Bestätigen die neuen wissenschaftlichen Erkenntnisse, dass die Aktienanalysten an der Wall Street immer Recht hatten?

1. Kleiner ist oft besser   Fama und French, die frühere Studien von Rolf Banz und anderen fortführten, haben eine offensichtlich sehr starke Abhängigkeit zwischen den Charakteristika eines Unternehmens und den folgenden Gewinnen dokumentiert. Tatsächlich ist eine der stärksten Wirkungen der sogenannte Größeneffekt: Die Tendenz, dass über längere Zeiträume hinweg kleine Aktien eine bessere Performance aufweisen als große Aktien. Die Regel für diesen Effekt habe ich im Kapitel 8 dargestellt, wo wir sahen, dass seit 1926 die Aktien kleiner Unternehmen eine Gewinnrate erzielten, die um fast zwei Prozentpunkte höher lag als die Gewinne großer Aktien. Die Abbildung auf Seite 250 oben illustriert die Arbeit von Fama und French, die die Aktien entsprechend ihrer Größe in Zehntelabschnitte einteilten. Sie fanden heraus, dass das erste Zehntel, die 10 Prozent der Aktien mit der geringsten Gesamtkapitalisierung,* die höchsten Gewinne erzielte, während das zehnte Zehntel, entsprechend der Marktkapitalisierung die größten Aktien, die geringsten Gewinnraten erzielte. Außerdem wurde festgestellt, dass kleine Firmen besser waren als größere Firmen, obwohl sie das gleiche Beta-Niveau aufwiesen.

Durchschnittliche monatliche Kursgewinne im Verhältnis zur Größe: 1963 bis 1990. *Portfolios mit kleineren Firmen erzielten höhere Gewinne als Portfolios mit größeren Firmen.*

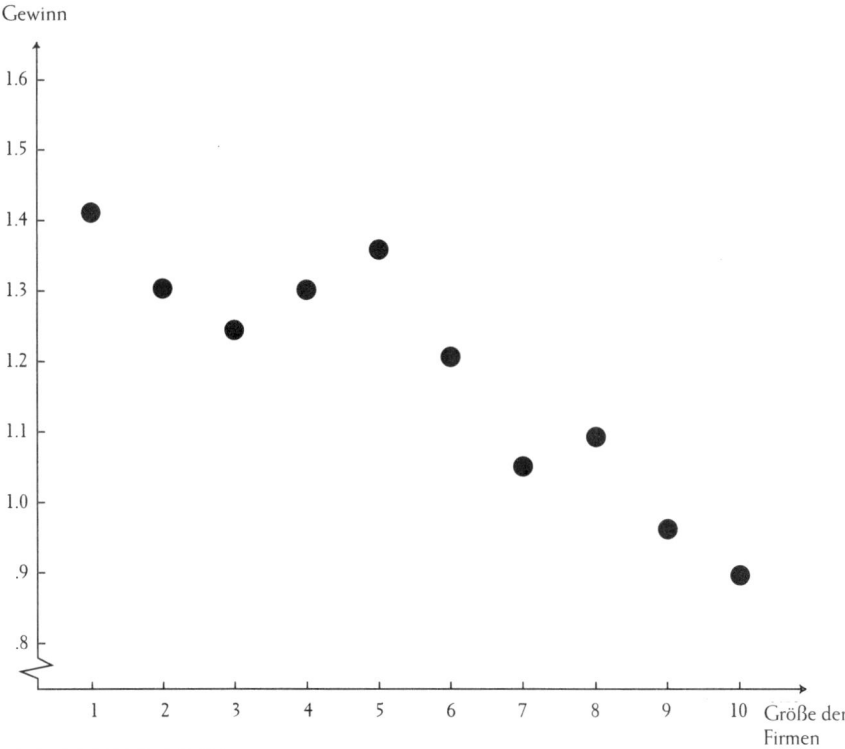

---

* Die Gesamtkapitalisierung ist eine Möglichkeit, die Größe eines Unternehmens zu messen. Es ist ganz einfach der Kurs je Aktie, multipliziert mit der Anzahl der ausgegebenen Aktien.

251

Dennoch müssen wir zuerst daran denken, dass kleine Aktien möglicherweise riskanter sind als große Aktien und deshalb den Investoren einen höheren Gewinn schuldig sind. Auch wenn der „Effekt der kleinen Firmen" in der Zukunft Bestand haben sollte, ist noch lange nicht erwiesen, dass ein solches Ergebnis der Markteffizienz schaden könnte. Die Erkenntnis, dass Aktien kleiner Unternehmen eine bessere Performance aufweisen als Aktien großer Unternehmen, hängt ganz entscheidend davon ab, wie man das Risiko misst, wenn das Risiko bei der Bewertung in Betracht gezogen wird. Wir haben gesehen, dass Beta, das Risikomaß, das typischerweise in den Studien verwendet wird, die höhere Gewinne bei kleinen Firmen beobachten, kaum als taugliches Maß für Risiko angesehen werden kann. Folglich ist es unmöglich zu unterscheiden, ob die abnormen Gewinne wirklich das Ergebnis von Ineffizienz sind oder entstehen, weil das Risikomaß untauglich ist. Die höheren Gewinne bei kleineren Unternehmen könnten ganz einfach die notwendige Belohnung sein, die Investoren dafür zusteht, dass sie ein größeres Risiko eingehen, hinsichtlich der Rendite ihres Investments enttäuscht zu werden. Das gilt ebenso für die höheren Gewinne, die langfristig erzielt werden, wenn man in relativ volatile langfristige Anleihen investiert und nicht in die leichter kalkulierbaren kurzfristigen Schatzbriefe. Außerdem ist es ebenfalls möglich, dass der „Effekt der kleinen Firmen", der in einigen Studien gefunden wird, einfach ein Ergebnis dessen ist, was man in den seit kurzem erhältlichen CD-ROMs mit Daten über die Gewinne der Vergangenheit den Überlebensinstinkt nennt. Die heutige Liste mit Unternehmen enthält nur solche kleine Firmen, die überlebt haben – und nicht diejenigen, die schon das Handtuch werfen mußten.

Schließlich ist es äußerst fraglich, ob der „Effekt der kleinen Firmen" auch weiterhin Bestand haben wird. Während der 90er Jahre hat man nicht viel gewonnen, wenn man kleinere Aktien im Portfolio hatte. Tatsächlich waren es während des größten Teils des letzten halben Jahrzehnts die großen Aktien, die besonders erfolgreich waren. Kleine Aktien blieben deutlich zurück. Es ist ganz klar, dass man mit einem Portfolio aus kleinen Firmen kaum außerordentlich hohe, dem Risiko entsprechende Gewinne erzielen kann.

2. Aktien mit geringem Kurs-Gewinn-Verhältnis haben eine bessere Performance als die mit einem hohen KGV Dieser Anomalie bringe ich beträchtliche Sympathie entgegen. Eine meiner Grundregeln bei der Aktienwahl ist, nach Unternehmen Ausschau zu halten, die vernünftige Wachstumsaussichten haben und von der Börse erst noch entdeckt werden müssen. Deshalb werden sie zu relativ geringen Kurs-Gewinn-Verhältnissen gehandelt. Ich habe Investoren wiederholt vor den Gefahren von Aktien mit sehr hohem KGV gewarnt, die vielleicht die augenblicklichen Favoriten der Investmentgemeinde sind. Insbesondere, weil das Gewinnwachstum so schwierig vorherzusagen ist, ist es weit besser, in Aktien mit geringem Kurs-Gewinn-Verhältnis anzulegen. Wenn sich Wachstum einstellt, werden sowohl die Gewinne, als auch das KGV zunehmen, und das bietet dem Investor einen doppelten Gewinn. Wenn Investoren Aktien mit einem hohen KGV kaufen und deren Gewinnwachstum nicht realisiert werden kann, dann sind sie in einer Zwickmühle. Sowohl die Gewinne als auch das KGV können fallen.

Es gibt deutliche Hinweise darauf, dass ein Portfolio mit Aktien, die relativ geringe Kurs-Gewinn-Verhältnisse aufweisen (ebenso geringe Vielfache des Cash Flow und der Umsätze) oft überdurchschnittliche Gewinne einbringt, selbst wenn man das Risiko in Betracht zieht. Diese Strategie wurde von Sanjoy Basu Ende der 70er Jahre getestet und in den letzten 20 Jahren von verschiedenen Forschern bestätigt. Beispielsweise zeigt die folgende Abbildung die Gewinne während der 80er Jahre von zehn gleich großen Gruppen börsennotierter Aktien (NYSE, ASE oder NASDAQ), geordnet nach ihren Kurs-Gewinn-Verhältnissen. Die Gruppe 1 hatte die niedrigsten Kurs-Gewinn-Verhältnisse, Gruppe 2 die etwas höheren u.s.w. Die Abbildung zeigt, dass dann, wenn das KGV einer Aktiengruppe zunimmt, die Gewinn abnehmen. Dieser KGV-Effekt scheint jedoch im Lauf der Zeit zu variieren – man kann sich nicht jederzeit darauf verlassen. Und auch, wenn man darstellen kann, dass dieser Effekt im Durchschnitt über eine lange Zeit bestehen bleibt, kann niemand sicher sein, ob die erhöhten Gewinne erhöhtem Risiko oder Marktbesonderheiten zuzuschreiben sind. Die Studien, die außergewöhnliche Gewinne dokumentierten, haben als Risikomaß Beta verwendet. In dem Maß, wie man glaubt, dass Beta weit entfernt davon ist perfekt oder gar ein sinnvolles Maß für Risiko zu sein, sollte man der geringfügigen KGV-Anomalie mit einigem Misstrauen begegnen.

Außerdem sollten Sie nicht vergessen, dass niedrige Kurs-Gewinn-Verhältnisse oft ihre Berechtigung haben. Oft werden Unternehmen, die vor einem Finanzdesaster stehen, zu einem sehr geringen Vielfachen der veröffentlichten Gewinne gehandelt. Beispielsweise wurde die Continental Illinois Bank, kurz bevor sie 1983 in Konkurs ging, zu einem außergewöhnlich niedrigen KGV gehandelt. Die Finanzwelt hatte in diesem Fall vollkommen recht, als sie den veröffentlichten Gewinnen

Vierteljahresgewinne während der 80er Jahre vs. KGV

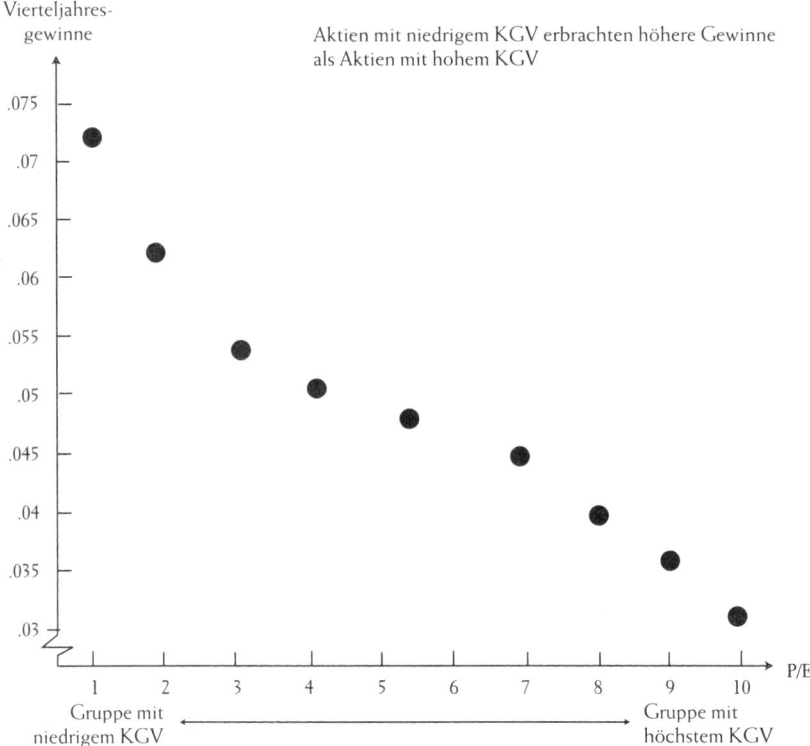

Vierteljahres-
gewinne

Aktien mit niedrigem KGV erbrachten höhere Gewinne
als Aktien mit hohem KGV

misstraute. Das geringe KGV reflektierte keinen Wert, sondern tiefe
Besorgnis darüber, ob die Bank überleben könnte. Es stellte sich heraus,
dass die von Continental veröffentlichten Gewinne in keinem Verhältnis zu den tatsächlichen Gewinnen der Bank standen.

Ein weiteres Beispiel soll Ihnen zeigen, wie schwierig es ist, eine Strategie des geringen KGV zu verfolgen. Nehmen wir an, zwei identische
Banken hätten 10 $ Gewinn je Aktie im Jahr, von denen die Hälfte noch
ausstehende Zinszahlungen aus finanzschwachen, unterentwickelten
Ländern sind. Die unterentwickelten Länder können ihre Zinsen nicht
bezahlen, sondern stellen statt dessen für die unbezahlten Zinsen einen
neuen Schuldschein aus. Bank 1 berichtet die gesamten 10 $ Gewinne,
während die Bank 2 nur 5 $ berichtet und es vorzieht, die fraglichen 5 $
„Anstands-Zinsen" als Reserve gegen künftige mögliche Nichterfüllung
zurückzustellen. Welche Bank hat dann das höhere Kurs-Gewinn-Verhältnis? Natürlich wird es die konservativere Bank 2 sein, die die gerin-

geren Gewinne berichtet hat. Wenn beide Banken zu 50 $ je Aktie gehandelt werden (und unter der Annahme, dass sie, außer ihrer Bilanzpolitik, völlig identisch sind), dann hat die konservative Bank 2 ein KGV von 10, während die Bank 1, die keine Reserven einstellte und alles Gewinn nannte, ein KGV von nur 5. Es ist leicht zu erkennen, wie das Kriterium eines niedrigen Kurs-Gewinn-Verhältnisses unter bestimmten Umständen ein schlechtes Maß für den wahren Wert darstellt.

3. Aktien, die zu niedrigen Vielfachen ihres Buchwerts gehandelt werden, neigen dazu, künftig höhere Gewinne zu erzielen. Ein weiteres Muster für die Vorhersehbarkeit von Gewinnen ist die Beziehung zwischen Aktienkurs und Buchwert (der Wert des Firmenvermögens, so wie er in der Bilanz steht) und dem späteren Gewinn. Aktien, die in diesem Sinn einen guten Wert aufweisen, neigen dazu, höhere künftige Gewinne zu erzielen. Dieses Muster scheint für amerikanische und für viele ausländische Märkte zu gelten. Das Ergebnis stimmt mit den Ansichten von Benjamin Graham und David Dodd überein, die 1934 entwickelt und später von Warren Buffett zur Meisterschaft gebracht wurden. Das Verhältnis des Kurses zum Buchwert wird von Standard & Poor's benutzt, um den „Value Stock"-Index zu erstellen. Über viele Jahre hinweg neigen Value-Aktien dazu, bessere Performance zu bringen als viele glänzende Indizes mit Wachstumsaktien.

Doch wiederum ist Vorsicht geboten, wenn man diese Ergebnisse interpretieren möchte. Sie sind über längere Zeit hinweg nicht schlüssig, und Aktien, die zu sehr niedrigen Vielfachen des Buchwerts gehandelt werden, könnten fundamental gesehen riskanter sein.* Weiterhin leiden einige Studien, die einen Kurs/Buchwerteffekt dokumentieren, unter dem „Überlebens-Instinkt", weil sie die Unternehmen, die schon in Konkurs gegangen sind, nicht erfassen. Wenn die Daten nur überlebende Unternehmen beinhalten, dann sind in den Ergebnissen dieser Strategie die Verluste aus Käufen von Value-Aktien, deren Unternehmen später in Konkurs gingen, nicht enthalten.

Wichtig festzustellen ist, dass Buchwerte oftmals nicht den wahren Vermögenswert eines Unternehmens wiedergeben. Einige institutio-

---

* Fama und French behaupten, dass Value-Aktien dazu neigen, relativ riskanter zu sein. Doch Rafael LaPorta, Josef Lakonishok, Andrei Shlaifer und Robert Vishny gaben dafür eine Erklärung aus der Verhaltensforschung: Investoren sind bei Wachstumsaktien sehr zuversichtlich, und Gewinnüberraschungen sind bei Value-Aktien systematisch gesehen weit positiver.

nelle Anleger könnten ein Portfolio mit gewerblichen Immobilien in ihren Büchern haben, deren Marktwerte weit unter ihrem angegebenen Wert liegen. Wenn Unternehmen fusionieren oder rekapitalisiert werden, dann wird ihr Vermögenswert oft neu festgesetzt. Da es während der späten 90er Jahre so viele Fusionen und Umstrukturierungen gab, wird es immer schwieriger, den Buchwert zu interpretieren. Schließlich sollte man beachten, dass die überlegene Performance der Value-Aktien in den letzten Jahrzehnten sehr gut publiziert wurde. Wachstumsaktien kleiner Unternehmen wurden während der 90er Jahre mit, historisch gesehen, bescheidenen Aufschlägen über den sogenannten Value-Papieren gehandelt. Es kann sehr gut sein, dass Wachstumsaktien in den folgenden Marktzyklen höhere Gewinne erzielen werden, da sie nur mit einem bescheidenen Aufschlag gegenüber dem Gesamtmarkt gehandelt werden. Sicher ist, dass Value-Aktien im Jahr 1998 eine deutlich schwächere Performance aufgewiesen haben als Wachstumsaktien.

4. Höhere Anfangsdividenden und niedrigere Kurs-Gewinn-Verhält-nisse bringen höhere Gewinne.   Eine weitere, offensichtlich vorher-sehbare Beziehung gibt es zwischen über mehrere Quartale oder Jahre hinweg realisierten Gewinnen aus Aktien, den anfänglichen Dividen-denerträgen und den Kurs-Gewinn-Verhältnissen, zu denen die Aktien erworben wurden. Beispielsweise können 25 % der Variabilität der Gewinne einer Aktie, die über zwei bis vier Jahre hinweg gehalten wird, über bestimmte Zeiträume hinweg auf der Basis des Verhältnisses der Dividende zum Kurs der Aktie vorhergesagt werden. John Campbell und Robert Shiller bestätigten ein ähnliches Ergebnis, was die Kurs-Gewinn-Verhältnisse anbelangt.

Die folgenden Charts fassen den Effekt der „anfänglichen Dividen-denausschüttungen" und der KGVs, zu denen die Aktien erworben wur-den, und die in den folgenden zehn Jahren aus diesen Bewertungen resul-tierenden Gewinne zusammen. Sie zeigen, dass das anfängliche KGV und das Dividenden/Kursverhältnis ein gewisses Maß an Vorhersehbar-keit für die Gewinne der folgenden zehn Jahre bieten. Beide Charts gel-ten für den Zeitraum von 1926 bis 1998. Das Kurs-Gewinn-Verhältnis und das Dividenden/Kursverhältnis wurden zu Beginn eines jeden Quar-tals bis 1988 für den Gesamtmarkt errechnet. Dann wurden die Gewinne des nächsten Jahrzehnts gemessen. Die daraus gewonnenen Daten wur-den daraufhin in zehn Gruppierungen eingeteilt. Beispielsweise waren in 10 % der Zeit die Dividendenausschüttung sehr niedrig (unter 2,9 %). Zu diesen Zeiten war der Gesamtmarkt sehr expansiv. Die nächste

Gruppe hatte den zweitniedrigsten Dividendengewinn (etwa 3,0 %). Auf der X-Achse des Charts sind Durchschnittsrelationen der Dividende zum Kurs für jedes Zehntel angegeben. Ähnlich teilt der Chart die Kurs-Gewinn-Verhältnisse der Quartale von 1926 bis 1928 in Zehntel, abhängig vom Kurs-Gewinn-Verhältnis des Marktes zu Beginn der Periode. In den 10 % der Zeit, in denen Aktien sehr konservativ bewertet wurden (sehr billig), lag das Kurs-Gewinn-Verhältnis unter 9,9. Die Gruppierung ganz rechts zeigt die Perioden, in denen die Aktien extrem teuer waren (sie hatten die höchsten KGVs von 20,9 und höher). Auf der X-Achse des Charts sehen Sie das durchschnittliche KGV für jedes Zehntel. Die Säulen in der Grafik zeigen die Gewinnrate der folgenden zehn Jahre, ausgehend von den unterschiedlichen anfänglichen Bewertungsebenen. Die Säulen in der Abbildung mit den Dividenden zeigen die folgenden Durchschnittsgewinne bei verschiedenen anfänglichen Dividendenerlösen. Die Säulen in der Abbildung mit den Kurs-Gewinn-Verhältnissen weisen die Durchschnittsgewinne aus, die den einzelnen anfänglichen Kurs-Gewinn-Verhältnissen folgten. Das Muster ist sehr deutlich. Obwohl Investoren durchschnittlich etwa 11 % gewannen, lagen die Gewinnquoten der Aktien über dem Durchschnitt, wenn es möglich war, sie zu geringen KGVs und bei hohen Dividendenerlösen zu kaufen. Die Gewinne der Aktien waren weit unterdurchschnittlich, wenn die Kurs-Gewinn-Verhältnisse hoch und die Erlöse niedrig waren.

Auf zwei Punkte sollte ich noch eingehen, weil sie ein hohes Maß an Vorhersehbarkeit von Aktienkursen unterstellen. Erstens: Diese Ergebnisse können vollkommen mit der Efficient-Market-Theorie der Kursfindung übereinstimmen. Beispielsweise sind Aktienkurse im Verhältnis zu Dividenden niedrig (das heißt, die Erlöse sind hoch), wenn die Zinssätze und folglich auch die erzielten Gewinne hoch sind. Ein solches Ergebnis stimmt ebenso mit den Ergebnissen einer durchschnittlichen Umkehr (Umkehrbewegung der Gewinne) überein, wie sie oben beschrieben wurde. Ein ökonomischer Schock, der die Marktzinsen in die Höhe treibt, geht mit einem Abschwung der Kurse einher, und das mindert die realisierten Gewinne. Doch der Kursabschwung erhöht sowohl die Dividendenerlöse, als auch die künftige Gewinnquote. Unterstellen wir, dass die kumulierten Kurseffekte aus der Fluktuation der Zinssätze gleich Null ist, dann kann die zeitliche Abweichung der erwarteten Gewinne die kursschädlichen Komponenten erhöhen.

Dann gilt aber auch, dass zu einer Zeit, in der die Anleihenzinsen hoch sind, die Erlöse aus Aktiendividenden ebenso hoch sein werden. Diese höheren Dividenden kündigen höhere Kursgewinne an. Dies ist

10-Jahres-Gewinnentwicklung, wenn die Aktien zu unterschiedlichen anfänglichen Dividendenerlösen gekauft wurden (D/K)

Gewinn in %

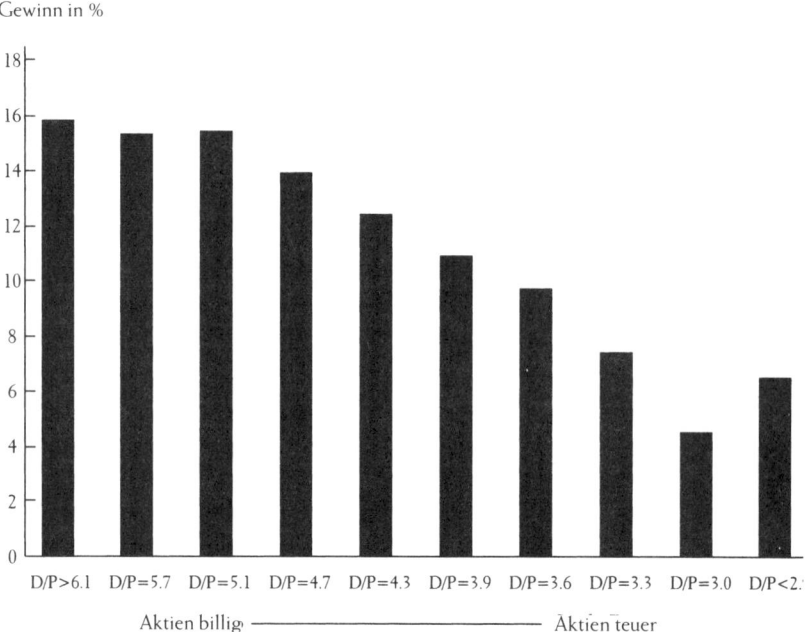

Aktien billig ——————————————— Aktien teuer

Source: The Leuthold Group.

ein logisches Ergebnis und stimmt mit der Efficient-Market-Theorie völlig überein. Es gibt keinen Zweifel, dass, wenn alles andere gleich ist, Aktien mit höheren Dividendenerlösen einen höheren Wert darstellen. Bedauerlicherweise ist aber eine Strategie, in der man ganz einfach die Aktien mit den höchsten Dividendenerlösen kauft, nicht ständig besser als der Markt. Die Strategie funktioniert oft gut, und ein Portfolio mit Aktien mit hohen Dividendenerlösen kann für bestimmte Personen sehr geeignet sein, wenn sie niedrigen Steuersätzen unterliegen oder hohe Einnahmen für den täglichen Bedarf benötigen. Es gibt allerdings keinen Beweis dafür, dass der Markt systematisch und ständig darin versagt, sich den aktuellen und voraussichtlichen Dividendengewinnen anzupassen.

Stattdessen kann das Vertrauen in diese Muster zu größeren Fehlern bei der Kapitalanlage führen. Kurs-Gewinn-Verhältnisse waren Anfang der 90er Jahre, kurz bevor einer der spektakulärsten Bullenmärkte der Geschichte begann, recht hoch, und die Dividendenerlöse waren ziem-

10-Jahres-Gewinnentwicklung wenn Aktien zu unterschiedlichen anfänglichen KGVs erworben wurden

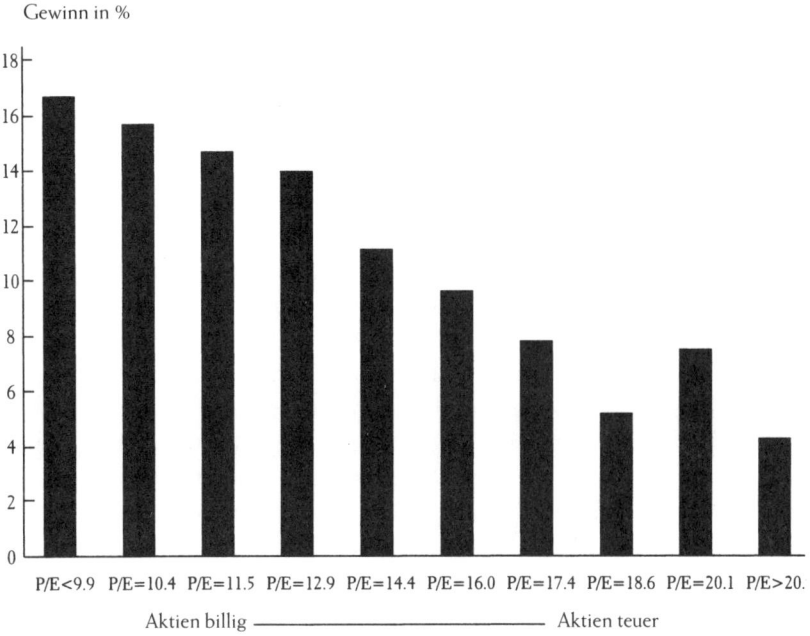

Gewinn in %

P/E<9.9 P/E=10.4 P/E=11.5 P/E=12.9 P/E=14.4 P/E=16.0 P/E=17.4 P/E=18.6 P/E=20.1 P/E>20.

Aktien billig ————————————— Aktien teuer

Source: The Leuthold Group.

lich niedrig. Einer meiner Kollegen änderte seine private finanzielle Ruhestandsabsicherung dahingehend, dass er Anfang 1995 alle Aktien verkaufte und zu Anleihen wechselte, weil die Dividendenerlöse so niedrig waren. Hätte er die Aktien weiter gehalten, dann hätte er bis Mitte 1998 sein Konto fast verdoppelt. Dividenden könnten künftig an Bedeutung verlieren, da viele Unternehmen es vorziehen, ihre eigenen Aktien zurückzukaufen, um Kapitalgewinne zu erzielen, statt hohe Dividenden auszuschütten, die wesentlich höher besteuert werden.

5. Die Strategie der „Dogs of the Dow" Eine interessante Strategie, die Mitte der 90er Jahre sehr beliebt wurde, kombinierte einige Value-Muster, die ich oben schon erwähnte, mit einer Strategie des Gegensatzes, indem ständig in Aktien investiert wurde, die „aus der Mode" waren, weil diese dazu neigen, schließlich doch noch ihre Richtung zu ändern. Diese Strategie wurde unter dem Namen „Dogs of the Dow" bekannt. Das erforderte, dass man jedes Jahr die zehn Aktien des Dow Jones

Industrial Average kaufte, die die höchsten Dividendenrenditen zu verzeichnen hatten. Der Gedanke dahinter war, dass diese zehn Aktien diejenigen waren, die am weitesten außerhalb der Gunst der Anleger liegen. So hatten sie typischerweise niedrige Kurs-Gewinn-Verhältnisse und niedrige Kurs-Buchwert-Verhältnisse. Diese Theorie wird Richard O´Higgins zugeschrieben, einem Geldmanager, der diese Technik 1991 in seinem Buch „Beating the Dow" veröffentlichte. James O´Shaughnessy testete diese Theorie und ging dabei bis in die 20er Jahre zurück. Er fand heraus, dass die „Dogs of the Dow" den Index jährlich um 2 bis 3 % Punkte geschlagen hatten und behauptete, diese Strategie habe keine zusätzlichen Risiken geborgen. Die Wall Street-Analysten spitzten ihre Ohren und brachten eine Reihe von Investmentfonds an den Markt, die auf diesem Prinzip beruhten. Mitte der 90er Jahre waren mehr als 20 Milliarden $ in Investmentfonds plaziert, die nach dem Prinzip „Dogs of the Dow" gemanagt wurden und von so angesehenen Firmen wie Morgan Stanley Dean Witter und Merrill Lynch verkauft wurden. Als dann, wie zu erwarten war, plötzlich viele Investoren in dieses Spiel einstiegen, biss der Erfolg die Hunde. Die „Dogs of the Dow" waren in der zweiten Hälfte der 90er Jahre immer schlechter als der Gesamtmarkt. Michael O´Higgins meinte, diese Strategie sei zu populär geworden und habe sich schließlich selbst zerstört. Die „Hunde des Dow" jagen nicht mehr.

Es ist zwar richtig, dass es von der weichen und der mittleren Form der Efficient-Market-Theorie einige Abweichungen gibt, doch sind diese nur geringfügig und haben über längere Zeit keinen Bestand. Ein Investor, der Transaktionskosten bezahlen muss, kann keine Investmentstrategie formulieren, die auf der Basis dieser Anomalien rentabel ist. Außerdem könnte es sein, dass die verlässlicheren Relationen, die mit allgemeinen Bewegungen der Zinssätze und mit KGVs oder mit Kurs-Buchwert-Verhältnissen zu tun haben, vollkommen mit der Markteffizienz übereinstimmen. Obwohl die Random-Walk-Theorie nicht strikt eingehalten wird, scheinen die dokumentierten Abweichungen vom Zufallsprinzip keine signifikanten ungenutzten Investmentchancen zu hinterlassen, die mit der Efficient-Market-Theorie nicht übereinstimmen.

Der Gewinner ist ...

Jetzt ist es an der Zeit zu überprüfen, wie die Ergebnisse, die wir eben besprochen haben, in der Praxis bestehen können. Wenn diese vorsehbaren Muster so gut funktionieren, dann sollten eigentlich professionelle Investmentmanager in der Lage sein sie zu nutzen, und besser sein als ein einfacher Indexfonds. Werfen wir also einen genaueren Blick auf die Ergebnisse, die von professionell gemanagten Portfolios erzielt wurden.

Die Performance der professionellen Investoren

Wie schon in Teil 2 erwähnt, zeigen verschiedene Studien, dass zufällig ausgewählte Portfolios oder ungemanagte Indizes eine ebenso gute oder sogar eine bessere Performance aufweisen als professionell gemanagte Portfolios. Das waren für die hochbezahlten Investmentprofis keine guten Nachrichten. Und so machte man sich auf die Suche nach „besseren" Studien. Und tatsächlich, nachdem man Berge von Daten durchwühlt hatte, veröffentlichten einige „Forscher" Ende der 80er Jahre und in den 90er Jahren ihre Ergebnisse, die den ursprünglichen Untersuchungen widersprachen. Sie kamen zum Ergebnis, dass zumindest vor Einrechnung der Transaktionskosten und anderer Auslagen Investmentfonds tatsächlich eine bessere Performance aufwiesen als der Markt. Weil aber, nach Einrechnung der Kosten, die Fonds genauso liefen wie der Markt, kamen die Studien zu dem Schluss, dass Fondsmanager ausreichendes Geschick und/oder Informationen haben, um ihre Auslagen wieder wettzumachen. Dieses Ergebnis, selbst wenn es stimmt, weicht jedoch nicht von der etwas milderen Definition der Efficient-Market-Theorie ab. Wahrscheinlich sollten die Legionen von professionellen Aktienanalysten, die versichern, dass Informationen sich deutlich in den Kursen widerspiegeln, zumindest ihre Kosten einbringen. Anderenfalls würde es niemandem nützen, die Analysen anzustellen, mit denen man die Kurse wieder auf die Reihe bringt, wenn sie zeitweilig von ihren wirklichen Werten abweichen.

Andere Studien behaupteten, dass die Gewinne von Investmentfonds vorhersehbar seien. Sie glaubten, dass einige Investmentfondmanager eine „heiße Hand" hätten, und dass die Gewinne der Investmentfonds aus der Vergangenheit zuverlässig auch künftige Gewinne vorhersagbar machen. Fonds, die in einem Zeitabschnitt besser (oder schlechter) abschnitten, würden auch im folgenden Zeitabschnitt besser (oder schlechter) abschneiden, zumindest kurzfristig. Folglich könnten Investoren deutlich höhere Gewinne erzielen, wenn sie in Fonds mit einer guten Performance investieren, was der Efficient-Market-Theorie anscheinend widerspricht.

Natürlich habe ich diese Arbeiten mit großem Interesse verfolgt. Ich bin überzeugt, dass viele Studien wegen des Phänomens der „Überlebensstrategie" fehlerhaft sind, das heißt, in diesen Studien sind nur die erfolgreichen Fonds enthalten, die über einen längeren Zeitraum überlebt haben, während alle erfolglosen Fonds, die inzwischen im Graben gelandet sind, nicht mehr enthalten sind. Die üblicherweise benutzten Daten von Investmentfonds, beispielsweise diejenigen, die man vom Datenservice Morning Star erhalten kann, zeigen typischerweise die Leistungen der aktuell existierenden Fonds. Und tatsächlich sind die Investoren von heute kaum an den Leistungen von Fonds interessiert, die nicht mehr existieren. Dies schafft die Möglichkeit deutlicher Schieflagen bei den Gewinnzahlen, wenn sie aus den verfügbaren Daten errechnet werden.

Investmentfonds, die bei höchst riskanten Einsätzen keinen Erfolg haben, überleben in der Regel nicht. Wenn Sie zögern, einen Investmentfonds mit einer schlechten Leistung zu kaufen, dann sind Sie nicht allein. Fondsgesellschaften (die viele Fonds unterhalten), lassen einen solchen Fonds schnell sterben, indem sie ihn mit einem erfolgreichen Fonds fusionieren, und damit die schlechte Performance des aufgegebenen Fonds begraben. Deshalb gibt es eine Tendenz, dass nur die erfolgreicheren Fonds überleben, und die Gewinne dieser erfolgreichen Fonds beschönigen normalerweise den Erfolg der Manager. Und so hat es den Anschein, als tendierten hohe Gewinne dazu, weiterhin zu bestehen, weil erfolglose Fonds in der Regel aus der Überprüfung herausfallen. Das Problem für Investoren ist, dass sie zu Beginn eines jeden Zeitabschnitts nicht sicher sein können, welcher Fonds erfolgreich sein und überleben wird.

Ein weiterer wenig bekannter Faktor im Verhalten des Fondsmanagements führt zum Schluss, dass das Problem der Datenverfälschung durch die ausschließliche Einrechnung der überlebenden Fonds sehr ernsthaft ist. Eine Reihe von Fondsgesellschaften pflegen die Praxis, dass sie „Brüter"-Fonds auflegen. Eine Fondsgesellschaft könnte beispielsweise zehn kleinere neue Aktienfonds mit unterschiedlichen Managern auflegen und warten, welcher erfolgreich ist. Nehmen wir einmal an, dass nach ein paar Jahren nur drei Fonds Gesamtgewinne realisieren, die besser sind als der Marktdurchschnitt. Die Fondsgesellschaft bewirbt diese erfolgreichen Fonds aggressiv, läßt die anderen sieben fallen und beerdigt ihre Performance. Die Aufzeichnungen über die erfolgreichen Fonds sind die einzigen, die in den üblichen Gewinnstatistiken erscheinen.

Um den möglichen Umfang dieser Tendenz in den Griff zu bekommen, erhielt ich von Lipper Analytic Services, einem Unternehmen, das Informationen über die Gewinne von Investmentfonds veröffentlicht, die Daten aller Investmentfonds, die der Öffentlichkeit in jedem Jahr zugänglich waren, ganz gleich, ob sie bis in die 90er Jahre hinein überlebt hatten oder nicht. Die Daten erfassen einen Zeitraum von 20 Jahren. Die folgende Tabelle zeigt Ihnen einige Bewertungen der Überlebensfähigkeit aus der Zeit zwischen 1982 bis 1991. (Ähnliche Ergebnisse über 15 und 20 Jahre hinweg wurden bestätigt.)

Einige Wertungen durchschnittlicher Jahresgewinne unter Einrechnung des „Überlebens" von Investmentfonds (1982 bis 1991)

	(1) Alle Investmentfonds die im jeweiligen Jahr existierten (ohne Kosten) in %	(2) Überlebende Fonds, die von 1982 bis 1991 existierten (ohne Kosten) in %	(3) S&P 500 in %	(4) Alle Investmentfonds die im jeweiligen Jahr existierten (Kosten sind eingerechnet) in %
Fonds mit Aktien mit hoher Marktkapitalisierung	16,32	18,08	17,52	17,49
Wachstumsfonds	15,81	17,89	17,52	16,81
Wachstumsfonds mit kleinen Unternehmen	13,46	14,03	17,52	14,53
Wachstumsfonds und Fonds mit hohen Ausschüttungen	15,97	16,41	17,52	16,89
Aktienfonds mit hohen Ausschüttungen	15,66	16,90	17,52	16,53
Alle allgemeinen Aktienfonds	15,69	17,09	17,52	16,70

Die zweite Spalte zeigt Ihnen die durchschnittlichen jährlichen Nettogewinne aller Aktienfonds, die von 1982 bis 1991 erzielt wurden. Das ist die Version, die man von den normalen Datendiensten erhalten würde, wenn man fragte, wie hoch der durchschnittliche Jahresgewinn aller Aktienfonds sei, die am 1. Januar 1992 existierten, und die zumindest auf eine Laufzeit von 10 Jahren zurückblicken können. In der letzten Zeile der Tabelle sehen wir, dass der (nach Größe gewichtete) durchschnittliche jährliche Gesamtgewinn einschließlich Dividenden und Kapitalveränderungen in diesen 10 Jahren für alle Aktienfonds bei 17,09 % lag, wohingegen der Standard & Poor's 500-Aktienindex um 17,52 %

zulegte. Die Zeilen darüber zeigen die Gewinne verschiedener Kategorien von Fonds, sortiert nach den Zielen der Portfoliomanager. Diese Daten legen den Schluss nahe, dass die überlebenden Fonds, nach Einrechnung der Kosten, fast ebenso gut waren, wie ein breiter Aktienindex. Aber weil die Kosten bei den Aktienfonds durchschnittlich 1 % ausmachen, müssten die Gewinne der überlebenden Fonds vor Einrechnung der Kosten über denen des Standard & Poor's 500 gelegen haben.

Die erste Spalte der Tabelle zeigt die durchschnittlichen Nettogewinne aller Aktienfonds – sowohl der überlebenden als auch der hinfälligen – die in jedem Jahr des 10-Jahres-Zeitraums existierten. Der Durchschnittsgewinn dieser Fonds (einschließlich derer, die in diesem Zeitraum liquidiert wurden), lag nur bei 15,69 %. Also um 1,5 % niedriger als der Durchschnitt der überlebenden Fonds und fast 2 Prozentpunkte unter den Gewinnen des Standard & Poor's 500-Index. Die letzte Spalte der Tabelle addiert die Gesamtkosten, die jeder Fonds angegeben hat, zum Nettogewinn, um damit die Bruttogewinne vor Ausgaben zu erhalten. Auch der Bruttogewinn vor Einrechnung der Ausgaben für alle Fonds, die in jedem Jahr existierten, verfehlt die Leistung des Standard & Poor's. Wenn Sie in der Zeitung Geschichten darüber lesen, wie gut Investmentfonds sind, dann ist es sehr wahrscheinlich, dass Sie nur die Leistungen der überlebenden Fonds vorgeführt bekommen.

Wenn alle Investmentfonds, die je der Öffentlichkeit angeboten wurden, in Betracht gezogen werden, dann hat sich die ursprüngliche These, die ich in der ersten Auflage von *Random Walk Down Wall Street* im Jahr 1973 vortrug, bemerkenswert gut gehalten. Die Ergebnisse von 1973 bis in die erste Hälfte des Jahres 1998 werden in der folgenden Abbildung dargestellt, die die Performance aller Aktienfonds, die der Öffentlichkeit angeboten wurden, mit dem breiten Wilshire-5000-Index vergleicht. In den meisten Jahren wurden weit über die Hälfte aller Aktienfonds vom Index geschlagen. Ähnliche Ergebnisse findet man, wenn man den Standard & Poor's 500-Index zum Vergleich heranzieht. Über den gesamten Zeitraum von 26 Jahren hinweg, seit der ersten Auflage dieses Buches, liefen zwei Drittel aller Fonds schlechter als der Gesamtmarkt. Das gleiche gilt für die professionellen Manager der Pensionsfonds. Die meisten Manager der Aktienportfolios in Investmentfonds und Pensionsfonds hätten ihre Performance deutlich verbessern können, wenn sie ihre Auswahl anhand der Efficient-Market-Theorie getroffen und nicht versucht hätten, den Markt zu überlisten. Und

Aktienfonds schnitten schlechter ab als der Wilshire 5000.

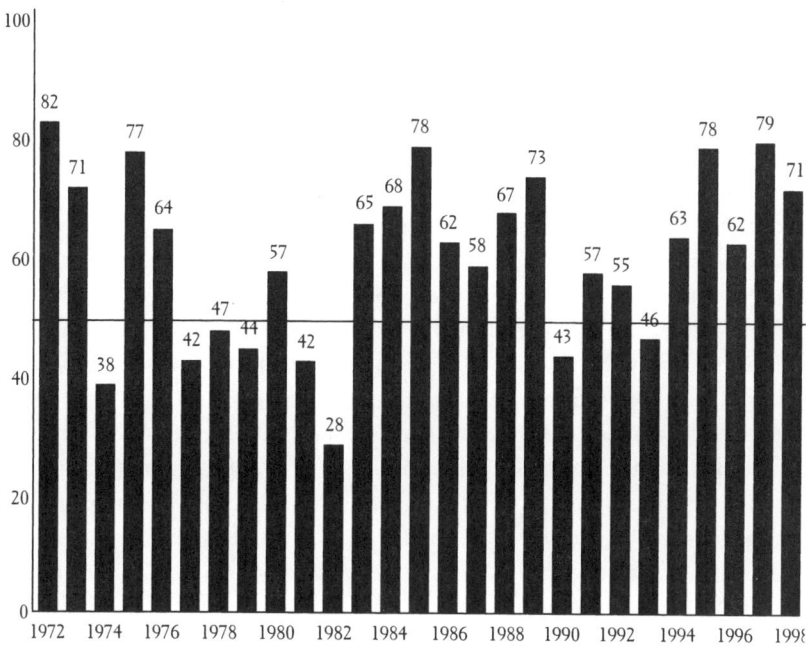

Source: Morningstar and The Vanguard Group.

wirklich, wäre der Standard & Poor's-Index ein Sportler, dann hätte man ihn wahrscheinlich wegen Dopingverdachts überprüft.

Ist es aber möglich, dass einige Fondsmanager ständig besser sind als die anderen? Sind die Ergebnisse eines Fonds vorhersehbar, wenn man die Performance der Vergangenheit kennt? Gibt es wirklich ein Phänomen der „heißen Hand", das Tausende von Anzeigenkampagnen inspirierte und eine Reihe von Investmentfondsmanager während der 80er und 90er Jahre zu Legenden machte? Die Tatsachen sind enttäuschend. Die Fakten belegen, dass es während der 70er Jahre tatsächlich ein hohes Maß an Beständigkeit bei den Ergebnissen von Aktienfonds gab. Bei Fonds mit guter Performance lag es nahe, dass sie auch weiterhin gut arbeiteten, zumindest im folgenden Jahr. Leider kann man das von den 80er und 90er Jahren nicht sagen. Investoren wären nicht in der Lage gewesen, höhere Gewinne dadurch zu erzielen, dass sie Fondsanteile kauften, deren jüngste Performance überdurchschnittlich war. Tatsächlich waren verschiedene Strategien, bei denen man Anteile von Spitzen-

265

fonds kaufte oder von Fonds, die von verschiedenen Finanzzeitschriften besonders angepriesen wurden, deutlich schlechter als der Marktindex während der 80er und 90er Jahre.

Wie kommt es, dass man nicht einfach einen Investmentfonds mit außerordentlich gutem langfristigen Ergebnis nehmen und darauf vertrauen kann, dass er weiterhin besser sein wird als der Durchschnitt? Ein Grund dafür ist, dass dann, wenn die Fonds mit ihrem Erfolg größer werden, es wesentlich schwieriger wird, eine exzellente Performance aufrecht zu erhalten. Der Fonds wird größer und die Zahl der Aktien, die man realistischerweise für einen Kauf in Betracht ziehen kann, nimmt ab. Nehmen wir beispielsweise an, ein Fonds habe ein Vermögen von 1 Milliarde $ und hält gleich große Posten von 50 Aktien, um eine vernünftige Diversifikation zu erhalten. Dann macht jede einzelne Beteiligung 20 Millionen $ aus. Das wiederum bedeutet, dass man Unternehmen kaufen muss, die eine Marktkapitalisierung von etwa 4 Milliarden $ haben. Eine einzelne Beteiligung könnte auch nicht mehr auf 5 % der im Umlauf befindlichen Aktien begrenzt werden, was einigermaßen gewährleisten würde, dass der Fonds seine Anteile irgendwann in der Zukunft wieder verkaufen kann. Nehmen wir weiter an, dass der Fonds auf 50 Milliarden $ anwächst. In diesem Fall könnte der Fonds lediglich Aktien von Unternehmen mit einer Marktkapitalisierung von 20 Milliarden $ kaufen, und davon gibt es relativ wenige.

John Bogle, der Vorsitzende der Vanguard Group, der Investmentfondsgesellschaft, die als erste auf Indizes setzte, schätzte, dass ein Investmentfonds mit 50 Aktien und einem Vermögen von 1 Milliarde $ 1.850 Unternehmen zur Auswahl hätte, wenn der Fonds seine Beteiligung auf 5 % der Gesamtkapitalisierung eines Unternehmens beschränkt. Hätte der Fond ein Vermögen von 20 Milliarden $, würde die vergleichbare Anzahl der Unternehmen auf 182 sinken. Mit anderen Worten, wenn der Fonds von 1 Milliarde auf 20 Milliarden $ wächst, reduziert sich die Anzahl der Aktien, die er kaufen könnte, um 90 %.

Ein weiterer Grund, weshalb Größe eine gute Performance erschwert, ist, dass die Transaktionskosten mit der Größe zunehmen. Obwohl große Institutionen nur ein paar Pennies je Aktie an Brokerprovisionen bezahlen, wenn sie große Aktienpakete umschichten, führt das meistens doch dazu, dass man die Kurse in Bewegung setzt. Die Fonds können nur dann eine größere Position einrichten, wenn sie auf den Marktkurs einen Aufschlag bezahlen, und um diese Position wieder zu liquidieren, müssen sie einen Abschlag hinnehmen. Hinzu kommt, dass, weil andere Fonds (und andere Abteilungen) in der Fondsgesellschaft wahrscheinlich ähnliche Aktienpositionen einnehmen wollen, diese Effekte wahrscheinlich ausgeprägter sind, als wäre der Fonds unabhängig. Obwohl es keine verlässlichen Studien über Transaktionskosten gibt, wissen die meisten Profis, dass diese recht ansehnlich sind. Entsprechend einer Studie der Plexus Group belaufen sich die typischen Tradingkosten für Investmentmanager auf etwa 8 Promille des Umsatzes. Bei einem fünfzigprozentigen Umschlag (Umschlag bedeutet sowohl Kauf als auch Verkauf), belaufen sich die Tradingkosten auf etwa 80 Basispunkte, die zu den mehr als 150 Basispunkten für die Kosten des Managements hinzukommen, die von den Investmentfonds im Durchschnitt berechnet werden. Zu beachten ist, dass die Tradingkosten größerer Fonds wahrscheinlich wesentlich höher liegen als die kleinerer Fonds.

Die Leistungen der beiden erfolgreichsten Investmentfonds zeigen die Tendenz, dass eine bessere Performance mit der Größe des Fonds schwindet. Die Abbildung auf Seite 270 zeigt die Performance des Magellan Fonds, augenblicklich der größte Aktienfonds, der langfristig eine bemerkenswert gute Performance aufweist. In den ersten Jahren des Fonds, als das Vermögen unter 1 Milliarde $ lag, war die Performance hervorragend. Der Fonds war, in 3-Jahres-Perioden gerechnet, Ende der 70er und Anfang der 80er Jahre um 20 bis 30 Prozentpunkte pro Jahr besser als der Markt. Beachten Sie allerdings, dass die überdurchschnittliche Performance während der 80er Jahre und bis in die 90er Jahre hinein, obwohl sie sicherlich eindrucksvoll ist, deutlich niedriger lag als in früheren Zeiten. Die Abbildung zeigt, dass die 3-Jahres-Performance bis 1996 deutlich schlechter war als der S&P 500. Und in der Periode, die 1997 endete, lag der Magellan Fonds um mehr als 650 Basispunkte (6,5 %) hinter dem Vanguard Index Trust S&P-500-Portfolio, wobei die Gewinne in beiden Fällen unter Einbeziehung der Kosten berechnet wurden. Die Tatsache, dass der Magellan Fonds die Investoren beim Einstieg mit einem Ausgabeaufschlag belegte, läßt vermuten, dass die Gewinne der Investoren gar noch geringer waren.

Die Abbildung auf Seite 269 zeigt ein ähnliches Muster für die Investment Company of America, den drittgrößten Aktienfonds im Jahr 1997. (Der Vanguard Index Trust 500 Aktienportfolio war der zweitgrößte Aktienfonds). Als der Fonds noch kleiner war, lag seine 10-Jahres-Performance ständig über dem S&P 500-Index. Als der Fonds Ende der 80er und in den 90er Jahren schnell wuchs, verschlechterte sich auch die Performance. Größer ist nicht besser, wenn man über Geldmanagement spricht.

Der Magellan Fonds versus S&P 500-Index-Performance in gleitenden 3-Jahres-Abschnitten (auf 1 Jahr umgerechnet)

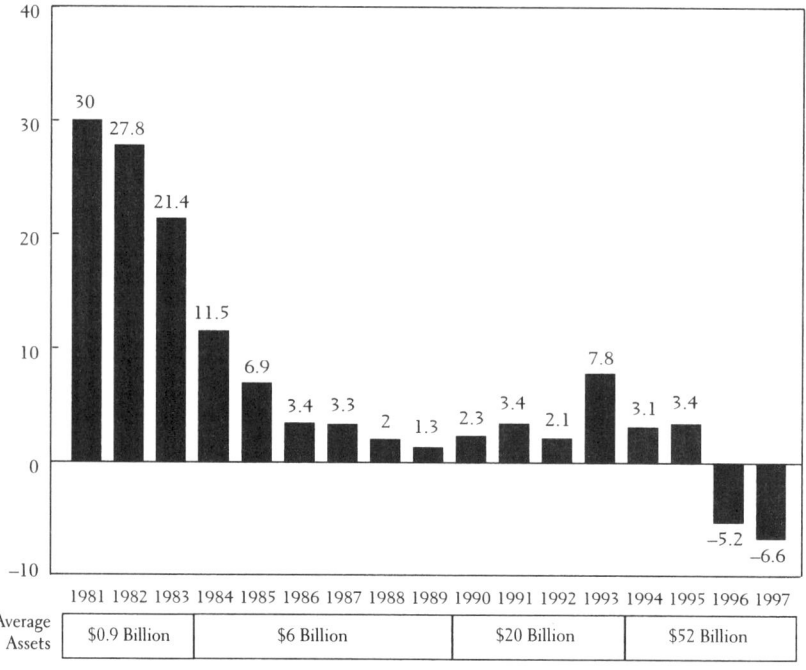

| Average Assets | $0.9 Billion | $6 Billion | $20 Billion | $52 Billion |

Source: Updated from John C. Bogle, " 'Be Not the First . . . Nor Yet the Last': Six Things to Remember about Indexing, and One to Forget," a talk before the 1996 Association for Investment Management Research (AIMR) Annual Conference, Atlanta, May 8, 1996.
Die senkrechten Säulen zeigen die Gewinne (Verluste) des Fonds gegenüber dem S&P-Indexfonds in Prozent.

Schließlich bietet die Analyse der Gewinne von Investmentfonds keinen Grund zu glauben, dass Aktienmärkte nicht effizient seien. Die meisten Investoren wären wesentlich besser beraten, einen Indexfonds mit geringen Kosten zu kaufen, der nur Aktien eines breiten Index kauft und hält, als zu versuchen, einen aktiven Fondsmanager zu finden, der scheinbar ein „heißes Händchen" hat.

Weil aktives Management im Allgemeinen keine überdurchschnittlichen Gewinne erwirtschaftet und auch dazu neigt, größere Steuerlasten für den Investor zu produzieren, da regelmäßig Kapitalgewinne realisiert werden, hat der Vorteil eines passiven Managements ein noch größeres Gewicht.

Investment Company of America – gleitende 10-Jahres-Performance über (oder unter) den Gewinnen des S&P 500-Index

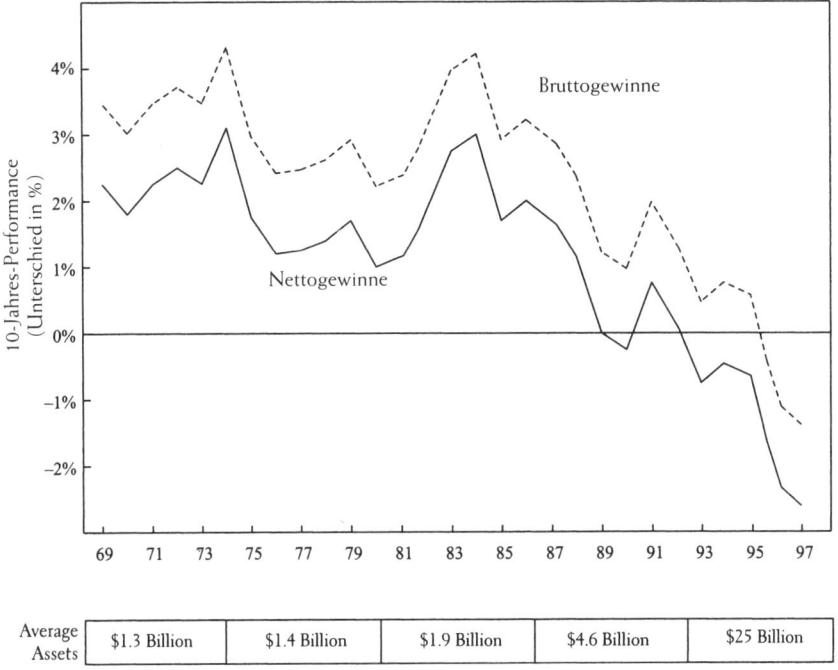

Average Assets	$1.3 Billion	$1.4 Billion	$1.9 Billion	$4.6 Billion	$25 Billion

Source: Updated from John C. Bogle, " 'Be Not the First . . . Nor Yet the Last': Six Things to Remember about Indexing, and One to Forget," a talk before the 1996 Association for Investment Management Research (AIMR) Annual Conference, Atlanta, May 8, 1996.

Abschließende Anmerkungen

Ich habe schon betont, dass Marktbewertungen sowohl auf logischen als auch auf psychologischen Faktoren beruhen. Die Theorie der Bewertung ist abhängig von der Projektion eines langfristigen Dividendenstroms, deren Wachstumsrate außerordentlich schwierig einzuschätzen ist. Deshalb kann der fundamentale Wert niemals eine definitive Zahl sein. In Wirklichkeit gibt es eine ganze Reihe von möglichen Werten, und die Kurse können innerhalb dieser Bandbreite deutlich auf- und absteigen, wann immer es eine Unsicherheit oder Verwirrung gibt. Außerdem sind angemessene Risikoaufschläge bei Aktien labil und weit entfernt davon, von Investoren oder Ökonomen schnell erkannt zu werden. Deshalb gibt es hier weiten Raum für die Hoffnungen, Ängste und

Spleens der Marktteilnehmer, die im Bewertungsprozess eine Rolle spielen. In vorherigen Kapiteln habe ich betont, dass die Geschichte außerordentliche Beispiele von Märkten bietet, in denen Psychologie den Prozess der Kursfindung dominierte, so wie es während der Tulpenzwiebel-Manie im Holland des 17. Jahrhunderts der Fall war und im japanischen Aktienboom der späten 80er Jahre, dem der Crash Anfang der 90er Jahre folgte. Deshalb hege ich einige Zweifel, ob wir davon ausgehen können, dass die augenblicklichen Kurse immer die bestmögliche Einschätzung eines Aktienwerts repräsentieren.

Dennoch muss man von den umfangreichen Beweisen beeindruckt sein, die belegen, dass Aktienkurse eine bemerkenswerte Effizienz aufweisen. Informationen, die in vergangenen Kursen enthalten sind, oder öffentlich verfügbare fundamentale Informationen werden von den Kursen schnell assimiliert. Die Kurse passen sich so schnell an, dass sie alle wichtigen Informationen reflektieren. Ein zufällig ausgewähltes und passiv gemanagtes Aktienportfolio bietet eine ebenso gute oder sogar bessere Performance, wie eines, das von Experten zusammengestellt wurde. Wenn es bei den Kursen bis zu einem gewissen Grad eine Fehleinschätzung gibt, dann hat diese nicht lange Bestand. An der Börse wird sich immer der wahre Wert erweisen. Um mit Benjamin Graham zu sprechen: Der Markt ist eher eine Waage als eine Abstimmung. Außerdem werden „falsche" Kurse meist erst im Nachhinein erkannt, genauso, wie wir erst nach der Ziehung der Lottozahlen wissen, welche Zahlen wir hätten ankreuzen sollen.

In Anbetracht der Belege, die wir in diesem Kapitel besprochen haben, und die darauf hinweisen, dass künftige Gewinne tatsächlich in etwa vorhersehbar sind, muss ich in diesem Zusammenfassung mehrere Feststellungen machen. Erstens, es ist äußerst fraglich, ob diese Effekte auch langfristig gelten. Viele dieser Effekte könnten das Ergebnis einer „Datenschnüffelei" sein, bei dem man den Computer in den Datensätzen von Aktienkursen der Vergangenheit suchen läßt, in der Hoffnung, einige Beziehungen zu finden. Da es sehr schnelle Computer gibt und die Börsendaten leicht zu erlangen sind, ist es nicht überraschend, dass einige statistisch signifikante Korrelationen gefunden wurden, insbesondere, weil die veröffentlichten Arbeiten wahrscheinlich lieber über außergewöhnlicher Ergebnisse berichten als über langweilige Bestätigungen der Zufälligkeit. Folglich können viele vorhersehbare Muster, die entdeckt wurden, ganz einfach das Ergebnis eines Wühlens in Daten sein. Man sortierte die Daten in jeder denkbaren Weise, bis man schließlich zu einem Ergebnis kam. Doch ist es sehr zweifelhaft, dass

Beziehungen, die so gefunden wurden, auch in der Zukunft Bestand haben werden.

Zweitens: Auch wenn es verlässliche Abhängigkeiten gibt, kann es durchaus sein, dass Investoren daraus keinen Gewinn ziehen können. Wenn man beispielsweise aus dem „Januar-Effekt" einen Nutzen ziehen will und die Transaktionskosten berücksichtigt, ist dieser ökonomisch gesehen bedeutungslos. Drittens: Das vorhersehbare Muster, das gefunden wurde, wie beispielsweise der Dividendenertrags-Effekt, könnte auch allgemeine ökonomische Fluktuationen in den Zinssätzen reflektieren oder, im Fall des „Effekts der kleinen Firmen", einen angemessenen Aufschlag für das eingegangene Risiko. Falls das Muster schließlich eine echte Anomalie aufweist, wird es sich vermutlich bald selbst zerstören, wenn die profitmaximierenden Investoren versuchen, davon zu profitieren. Je profitabler irgendeine Gewinnvorhersage zu sein scheint, um so unwahrscheinlicher ist es, dass sie überlebt. Ein Briefwechsel während der 90er Jahre zwischen Robert Shiller, einem Ökonomen, der nicht glauben kann, dass der Markt effizient ist, weil die Kurse so weit gestreut sind, und Richard Roll, einem Wirtschaftswissenschaftler, der auch als Geschäftsmann Milliarden von Dollar in einem Investmentfonds betreut, ist sehr vielsagend. Als Shiller die Bedeutung von Marotten und Ineffizienzen bei der Kursfindung von Aktien betonte, antwortete Roll wie folgt:

> „Ich selbst habe versucht, mein Geld und das Geld meiner Kunden in jede einzelne Anomalie zu investieren und in jedes Prognose-Instrument, das Akademiker erdacht haben... Ich habe versucht, den Nutzen aus den sogenannten Jahresschluß-Anomalien zu ziehen und aus einer ganzen Reihe von Strategien, die angeblich durch wissenschaftliche Untersuchungen dokumentiert waren. Ich muss erst noch den ersten Cent aus diesen vorgeblichen Marktineffizienzen herausholen... Bob, ich stimme mit Ihnen überein, dass die Psychologie der Investoren eine bedeutende Rolle spielt. Aber ich muss noch einmal zu meinem Ausgangspunkt zurückkommen, dass eine echte Marktineffizienz eine Gewinnchance bieten sollte. Wenn es nichts gibt, was Investoren systematisch nutzen können, und das die ganze Zeit über, dann ist es sehr schwierig zu sagen, dass Informationen nicht in Aktienkursen enthalten sind... Die Investmentstrategien erzielen nicht die Ergebnisse, die man aufgrund wissenschaftlicher Untersuchungen erwarten könnte."

Rolls letzter Punkt wurde für mich durch einen kürzlichen Briefwechsel unterstrichen, den ich mit einem Portfoliomanager führte, der in seinem Portfolio-Management die modernsten quantitativen Methoden anwendet und alle statistischen Arbeiten, die von Akademikern und Praktikern vorgelegt werden, genau beobachtet. Seine Methode war es, viele statistische Wahrscheinlichkeiten, die ich oben schon beschrieben habe, zu kombinieren. Er testete seine Technik mit historischen Daten aus den letzten 20 Jahren und fand heraus, dass er innerhalb dieses 20-Jahres-Zeitraums den Standard & Poor's 500 um 8 % pro Jahr geschlagen hätte. Doch seine tatsächlichen Ergebnisse, wenn er mit echtem Geld umging, sahen ganz anders aus. In diesen 20 Jahren schaffte er es gerade einmal, unter Berücksichtigung der Kosten den Gewinn des S&P einzufahren. Das war eine sehr gute Performance und brachte ihn unter die besten 10 % aller Geldmanager. Diese Ergebnisse machen es überdeutlich, dass Techniken, die auf dem Papier funktionieren, nicht auch dann funktionieren, wenn es um echtes Geld geht, und wenn man die hohen anfallenden Transaktionskosten einrechnet. Und ein wenig einfältig sagte dieser Portfoliomanager: „Ich habe noch nie eine Kontrolluntersuchung gefunden, die mir nicht gefallen hat." Wir dürfen jedoch nicht vergessen, dass man wissenschaftliche Tests nicht mit echtem Geldmanagement gleichsetzen kann.

Zusammenfassend möchte ich sagen, dass es bei der Kursfindung tatsächlich zu Unregelmäßigkeiten und vorhersehbaren Mustern bei Kursgewinnen kommen kann, die auch eine Zeitlang Bestand haben. Märkte können von Marotten und Moden beeinflusst werden. Letztendlich wird aber Übertreibung vom Markt korrigiert. Zweifelsfrei werden wir im Lauf der Zeit und mit zunehmender Verbesserung unserer Datenbanken und empirischen Techniken weitere scheinbare Abweichungen von der Markteffizienz dokumentieren, und auch weitere Muster in der Entwicklung der Kursgewinne. Außerdem werden wir wahrscheinlich in der Lage sein, die Gründe dafür besser zu verstehen. Aber ich zweifle, ob viele Profis glauben werden, dass die Börse bei der Informationsverarbeitung nennenswert effizient ist.

Anhang: Der Börsencrash vom Oktober 1987

Kann ein Ereignis wie der Börsencrash vom Oktober 1987 – als der Markt innerhalb eines einzigen Monats ein Drittel seines Werts verlor – mittels rationaler Überlegungen erklärt werden, oder beweist ein so schneller und signifikanter Wechsel in der Markteinschätzung die Dominanz psychologischer und unlogischer Faktoren? Verhaltenswissenschaftler würden sagen, dass ein Kursverfall um ein Drittel nicht rational erklärt werden kann. Die Grundelemente der Bewertung ändern sich nach Meinung der Verhaltenswissenschaftler nicht so schnell, dass sie einen so außerordentlichen Verfall rational bestimmter Kurse bewirken könnte. Ich habe schon darauf hingewiesen, dass es unmöglich ist, Einflüsse der Psychologie und der menschlichen Verhaltensweisen auf die Kursentwicklung von Aktien auszuschließen. Dennoch könnte es sehr nützlich sein, noch einmal einige logische Überlegungen anzustellen, die einen deutlichen Wechsel in der Markteinschätzung während der ersten Wochen des Oktober 1987 erklären könnten.

Um die Diskussionsgrundlage noch einmal abzustecken, sollten wir uns erinnern, dass Aktien in ihrem Wert rational dadurch bestimmt werden, dass sie den abgezinsten Wert des erwarteten künftigen Dividendenstroms darstellen. Für jemanden, der seine Aktien langfristig hält, kann dieses rationale Prinzip der Bewertung in eine einfache Formel umgesetzt werden:

Gewinnrate für den Aktionär = Dividendenerlös +
langfristige Dividendenwachstumsrate.

Verwenden wir Symbole, dann können wir diese grundlegende Gleichung so formulieren:

$$g = D/K + w$$

Dabei stellt g die Gewinnrate dar, D/K ist der Ertrag in Prozent (Dividende dividiert durch Kurs) und w ist die langfristige Wachstumsrate. Mittels dieser Gleichung kann man sehr einfach darstellen, wie empfindlich Aktienkurse als Ergebnis rationaler Reaktionen auf kleine Veränderungen bei Zinssätzen und Risikoeinschätzungen reagieren können. Diese Gleichung kann auch den „Monday Meltdown" (19. Oktober 1987) in ein logischeres Licht setzen.

Ich bin der Meinung, es gibt eine Reihe guter Gründe anzunehmen, dass Investoren ihre Ansichten über die wirklichen Werte der Aktien während des Oktobers 1987 ganz überlegt geändert haben. Eine Reihe von Faktoren scheinen das „g" – die Gewinnrate, die von Aktionären gewünscht wird – in der obigen Gleichung erhöht zu haben. Erstens gab es in den vorhergehenden zwei Monaten eine deutliche Erhöhung der Zinssätze. Der Ertrag langfristiger Schatzbriefe stieg kurz vor dem Crash von etwa 9 auf fast 10,5 %. Außerdem bewirkten einige Ereignisse an der Börse deutlich erhöhte Risikoannahmen. Anfang Oktober drohte der Kongress mit einer „Fusionssteuer", die Fusionen erheblich verteuert hätte, und es wäre gut möglich gewesen, dass dies den Boom der Fusionen beendet hätte. Es ist wichtig festzuhalten, dass die Aktien, die in der Woche vor dem 19. Oktober am meisten an Wert verloren, genau die Aktien von Unternehmen waren, die als Übernahmekandidaten galten. Das Risiko, dass Fusionen eingeschränkt werden könnten, erhöhte die Risiken des gesamten Aktienmarkts, weil dadurch die Disziplin über das Management von Unternehmen aufgeweicht wurde, die Übernahmen vorbereiteten. Der damalige Finanzminister James Baker drohte im Oktober, einen weiteren Kursverfall des Dollar zu fördern, wodurch das Risiko ausländischer Investoren erhöht und auch die einheimischen Investoren eingeschüchtert wurden.

Ein Zahlenbeispiel soll zeigen, wie sensibel Aktienkurse auf rationale Reaktionen auf kleine Veränderungen von Zinssätzen und Risikoannahmen reagieren können. Wir erinnern uns an die obige Gleichung, mit der wir den aktuellen Kurs von Aktien rational festgestellt haben, und in der g = D/K + w den Wert bestimmte. Wir betrachten g als die Wachstumsrate des Gewinns des Gesamtmarkts und K als den Kurs des Index, beispielsweise den Kurs eines der breit angelegten Marktdurchschnitte. Gehen wir davon aus, dass der „risikolose" Zins von Regierungspapieren bei 9 % liegt, und der Risikoaufschlag, den Aktionäre wünschen, 2 % beträgt. In diesem Fall liegt g, die angemessene Gewinnrate der Aktionäre (oder auch die Diskontrate bei Aktien), bei 11 % (0,09 + 0,02 = 0,11). Wenn die typische Wachstumsrate einer Aktie bei 6 % liegt und die Dividende bei 5 $ je Aktie, können wir die Gleichung auflösen und erhalten den entsprechenden Kurs des Aktienindex (P):

$$0,11 = \frac{5\ \$}{K} + 0,06$$

$$K = 100\ \$$$

Wenn die Erträge der Regierungsanleihen von 9 auf 10,5 % ansteigen, ohne dass es bei der erwarteten Inflationsrate eine Zunahme gibt (dies würde die erwarteten Wachstumsraten erhöhen) und dass die Risikoeinschätzungen zunehmen, dann verlangen die Investoren an der Börse einen Aufschlag von 2,5 % anstatt der 2 % im vorhergehenden Beispiel. Die angemessene Gewinnrate oder Diskontrate für Aktien, g, steigt dann von 11 % auf 13 % (0,105 + 0,025) und der Kurs unseres Aktienindex fällt von 100 $ auf 71,43 $:

$$0,13 = \frac{5\ \$}{K} + 0,06$$

$$K = 71,43\ \$$$

Der Kurs muss fallen, um den Dividendenerlös von 5 auf 7 % zu erhöhen, damit der Gesamtgewinn um 2 Prozentpunkte erhöht werden kann. Es wird deutlich, dass keine Irrationalität erforderlich ist, damit Aktienkurse so dramatische Abschwünge erleiden, wenn es solche Änderungen in den Zinssätzen und in den Risikoannahmen gibt wie im Oktober 1987. Natürlich könnte auch ein geringfügiger Rückgang beim erwarteten Wachstum diese Abnahme der realen Aktienbewertung bewirkt haben.

Kritiker könnten immer noch einwenden, dass diese Kalkulation nicht erklären kann, weshalb sich der Kurssturz an einem einzigen Tag vollzog. Der Nobelpreisträger und Finanzökonom Merton Miller beschreibt, wie eine größere Änderung der Bewertungen in einem rationalen Markt durch nur sehr kleine Veränderungen unmittelbarer objektiver Umstände ausgelöst werden kann. Miller erzählt die Geschichte der großen Dürre vom Sommer 1998 im Mittleren Westen der Vereinigten Staaten. Als die Dürre anhielt, stiegen die Preise für Getreide und Sojabohnen jeden Tag an, und die voraussichtlichen Ernteeinbußen schlugen sich in den Marktpreisen nieder. Plötzlich fiel über Chicago ein leichter Regen – eine Menge, die nicht ausreichte, auch nur einen Regentag auszugleichen. Dennoch stürzten die Preise für Getreide und Sojabohnen sofort ab.

Miller fragt: „War diese schnelle Korrektur ein Zeichen dafür, dass die Kurse vor dem Absturz durch irrationale Käufer wie in einer Seifenblase auf absurde und ungerechtfertigte Höhen angehoben wurden? Oder hatten Spekulanten sowohl bei der Aufwärtsbewegung als auch bei der Abwärtsbewegung auf die Ereignisse in Panik überreagiert?" Er antwortet: „Nein! Die Reaktion des Marktes war rational." Sie reflektierte die Erkenntnis, dass die Wetterbedingungen, klimatische Muster, im Allgemeinen beständig sind. Als das Muster einer anhaltenden Dürre durchbrochen wurde, wenn auch nur ein wenig, änderten die Marktteilnehmer ihre Ansicht sowohl über die Wettervorhersage als auch über den Ernteertrag von Getreide und Sojabohnen sofort sehr deutlich. Miller übertrug die Relevanz dieses Ereignisses auf die Börse und sagte, dass am 19. Oktober, nach einigen Wochen, in denen es immer wieder relativ unbedeutende Ereignisse gegeben hatte, der kumulative Effekt dieser

Veränderungen bei den Zinssätzen und der Risikobeschreibung eine größere Veränderung des ökonomischen und politischen Klimas für Aktien signalisierte. Er schloss, dass viele Investoren gleichzeitig und auf der Grundlage der gleichen Informationen zur Auffassung kamen, dass sie einen zu großen Anteil ihres Vermögens in riskanten Aktien hielten und zu wenig in sichereren (und nunmehr attraktiveren) Instrumenten wie beispielsweise Staatsanleihen.

Das soll nicht heißen, dass rein psychologische Faktoren für die Erklärung der scharfen Kurskorrektur irrelevant waren. Ich bin sicher, dass auch sie bei diesem Abschwung eine Rolle gespielt haben. Weiterhin wurde die Schnelligkeit des Abschwungs durch neue Tradingtechniken wie beispielsweise die Portfolioabsicherung beschleunigt, die vorgibt, dass institutionelle Anleger bei rückläufigen Kursen mehr verkaufen sollen. Außerdem kann Programm-Trading, eine Technik bei der ein ganzer Aktienkorb verkauft (oder gekauft) werden kann, indem man seine Orders per Computer aufgibt, die Börsenstimmung verändern (ebenso wie alle Abweichungen zwischen den Werten der Aktienindizes, die hauptsächlich in Chicago gehandelt werden und den Werten der zugrunde liegenden Aktien), was sich sofort auf die Aktienkurse auswirkt. Es wäre aber ein Fehler, die Veränderungen im Umfeld zu vernachlässigen, die eine rationale Erklärung über die Notwendigkeit eines signifikanten Wertverlustes der entsprechenden Aktien liefern können.

TEIL 4

Praktische Anleitungen für Random Walker und andere Investoren

KAPITEL 11

Ein Fitness-Handbuch für Random Walker

Wenn man Geld investiert, dann hängt die Höhe des Gewinns davon ab, ob man gut essen oder gut schlafen will.

J. KENFIELD MORLEY

Teil 4 ist ein Rezeptbuch für Ihren Random Walk auf der Wall Street. In diesem Kapitel werde ich allgemeine Anlagetips geben, die allen Investoren nützen sollten, auch wenn Sie nicht glauben, dass die Börsen höchst effizient sind. In Kapitel 12 versuche ich, die letzten Schwankungen zu erklären, die es bei den Gewinnen mit Aktien oder Schuldverschreibungen gegeben hat und Ihnen zu zeigen, wie Sie einschätzen können, was die Zukunft bringt. Ich weise auch darauf hin, wie Sie zumindest ungefähr langfristige Gewinne ermessen können, die Sie aus unterschiedlichen Anlageprogrammen wahrscheinlich erzielen können. In Kapitel 13 stelle ich Ihnen einen Investmentführer für jedes Lebensalter vor. Hier zeige ich Ihnen, dass der Lebensabschnitt, in dem Sie sich befinden, eine bedeutende Rolle spielt, wenn Sie den Anlagemix festlegen. Ich stelle Ihnen Wege vor, auf denen Sie höchstwahrscheinlich Ihre finanziellen Ziele erreichen.

Im Schlusskapitel stelle ich Ihnen drei Strategien für Aktionäre vor, die zumindest teilweise an die Random-Walk-Theorie glauben, oder die davon überzeugt sind, dass selbst dann, wenn es gesicherte Kenntnisse gibt, diese wahrscheinlich nicht gefunden werden. Ich habe immer noch keinen überzeugenden Beweis dafür gefunden, dass Aktienkurse der Vergangenheit dafür genutzt werden können, um künftige Kurse zu prognostizieren, und ich bin davon überzeugt, dass neue Informationen

279

sich sehr schnell in Kursen niederschlagen. Aber wenn Sie genau überlegen, dann werden Sie sich auf einen Random Walk begeben, nachdem Sie genau und sorgfältig geplant haben, wie Sie unter Berücksichtigung Ihrer Barreserven Ihr Kapital anlegen wollen. Auch wenn Aktienkurse sich zufällig bewegen, Sie sollten es nicht tun. Berücksichtigen Sie die Ratschläge, die als eine Art Aufwärmübung gelten, und die es Ihnen ermöglichen, Ihre Einkommensteuer zu reduzieren, aber auch Ihr Risiko, und gleichzeitig Ihre Gewinne zu erhöhen .

Übung 1: Schützen Sie sich und gehen Sie in Deckung

Disraeli schrieb einmal, dass Genies unbedingt viel Geduld haben müssen. Auch bei der Kapitalanlage ist Geduld ein Schlüsselelement. Sie können es sich nicht leisten, Ihr Geld zur falschen Zeit anzulegen. Sie benötigen Standfestigkeit, um Ihre Chancen auf attraktive langfristige Gewinne zu verbessern. Deshalb ist es für Sie so wichtig, dass Sie über ein Einkommen verfügen, das nicht aus der Kapitalanlage kommt. Außerdem benötigen Sie Kranken- und Lebensversicherung, auf die Sie zurückgreifen können, wenn Sie oder Ihre Familie in Not geraten.

Früher gab es nur zwei große Kategorien von Lebensversicherungen: Die Standardversicherung für den Todes- und Erlebensfall mit hohen Prämien und preisgünstige Risikoversicherungen über eine bestimmte Laufzeit. Die Standardversicherung kombiniert die Risikoabdeckung mit einer Art Sparplan. Letzteres sollte sehr attraktiv sein, weil sich die Sparbeiträge steuerfrei akkumulieren. Doch als eine zweistellige Inflationsrate die U.S.-Wirtschaft traf, hatten die Versicherungskunden Zweifel am Spareffekt der Versicherungen. Viel von dem Vermögen aus diesen Policen wurde in inflationsgesicherte Anleihen investiert, und die Zinserträge aus den Policen lagen nur bei etwa 3 oder 4 % im Jahr. Weil ältere Policen der Kapitallebensversicherung ermöglichten, dass man den angesparten Betrag zu attraktiven Zinsen mit etwa 4 oder 5 % als Darlehen aufnehmen konnte, borgten die Verbraucher Anfang der 80er Jahre mehr als 45 Milliarden $ gegen den Barwert ihrer Policen, und viele investierten diese Dollars in Geldmarktfonds, die zweistellige Erträge einbrachten. Andere Verbraucher kündigten die Kapitallebensversicherung und wechselten zu einer Risikolebensversicherung, was ich in früheren Auflagen dieses Buches empfohlen habe. Bei Risikolebensversicherungen wird die Versicherungssumme nur im Todesfall fällig und bietet keinen Barwert. Im Jahr 1951 machte diese Form der

Versicherung weit mehr als die Hälfte aller neu abgeschlossenen Lebensversicherungen aus.

In den sich verändernden Versicherungsmarkt traten zwei neue Produkte ein: Universelle und variable Versicherungen. Einige Gesellschaften scheinen zu versuchen, alles abzudecken, indem sie universell-variable Policen anbieten. Bei einer universellen Versicherungspolice können Sie die Prämien anheben oder senken oder die Versicherungssumme dem veränderten Bedarf anpassen. Dies geschieht eigentlich dadurch, dass man eine höhere oder niedrigere Versicherungssumme vereinbart, die im Todesfall oder bei Ablauf ausgezahlt wird. Außerdem können die Zinsen auf den Barwert (Rückkaufswert) den gültigen Marktzinsen angepasst werden und sind nicht an den Ertrag des Portfolios der Versicherungsgesellschaften gebunden, der zur Zeit des Abschlusses der Police festgelegt wird. Bei variablen Lebensversicherungen ändert sich die Versicherungssumme nicht, sondern lediglich die monatlichen Zahlungen, mit denen der Barwert aufgebaut wird. Dies ist möglich, weil Sie das Investmentmedium auswählen können, in dem Ihre Barwerte angelegt werden. Tatsächlich ist es so, als ob Sie ihr Geld bei einem Investmentfonds angelegt hätten. Wenn Sie den richtigen Anlageplan wählen (nehmen wir an, einen Fonds mit Wachstumsaktien in einer Zeit, wenn diese gerade boomen), dann profitieren Sie. Die universell-variablen Policen geben dem Versicherten Beweglichkeit sowohl bei den Prämien als auch bei den Anlagemöglichkeiten.

Allerdings gibt es inzwischen immer geringere Unterschiede zwischen diesen Policen der „neuen Welle" und ganz normalen Kapitallebensversicherungen. Viele traditionelle Lebensversicherungen werden heute etwas „zinsempfindlicher". Aber genau wie bei jeder Kapitalversicherungspolice gehen die ersten Prämien hauptsächlich in die Verkaufsprovisionen und andere Kosten und dienen nicht dazu, den Barwert aufzubauen. Deshalb arbeitet nicht ihr ganzes Geld. Folglich favorisiere ich eine Do-it-yourself-Technik. Kaufen Sie sich zu Ihrem Schutz eine Risikolebensversicherung – und investieren Sie den Unterschied zu einer kapitalbildenden Lebensversicherung selbst (vorzugsweise in steuerfreie Sparpläne).

Die meisten Leute jedoch werden wahrscheinlich nicht regelmäßig und ständig das investieren, was sie durch geringere Versicherungsprämien gespart haben. Wenn Sie sich es nicht zutrauen, ein Investmentprogramm zu erstellen und dann auch dabei zu bleiben, und Sie wollen trotzdem sichergehen, dass ein bestimmter Geldbetrag für ihre Familie zur Verfügung steht, wenn Sie sterben, dann benötigen Sie eine Versicherung für den Todesfall, und dann könnte eine der neuen flexiblen Policen nützlich sein.

Wenn Sie jedoch die Disziplin zum Sparen aufbringen, dann rate ich Ihnen, eine Risikolebensversicherung abzuschließen, die sie jeweils verlängern können. Sie können die Laufzeit ohne eine weitere ärztliche Untersuchung verlängern. Sogenannte abnehmende Risikolebensversicherungen, die zu immer niedrigeren Versicherungssummen abgeschlossen werden, dürften für viele Familien die angenehmsten sein, weil im Lauf der Zeit (wenn sowohl die Kinder als auch das Familienvermögen wachsen) sich der Bedarf an Versicherungsschutz mindert. Wenn Sie bei einem Wechsel der Vertragsbedingungen nicht deutliche Einbußen hinnehmen müssen, keine steuerlichen Vorteile aufgeben (es gibt signifikante Steuervorteile, wenn Sie eine zinsorientierte Versicherungspolice erwerben) oder falls Sie nicht nur dann sparen können, wenn die Prämienrechnung der Versicherung Sie dazu zwingt, sollten Sie eine Risikolebensversicherung wählen. Sie sollen aber wissen, dass die Prämien deutlich ansteigen, wenn Sie 60 oder 70 Jahre alt werden. Wenn Sie dann immer noch eine Versicherung benötigen, dann werden Sie bemerken, dass eine Risikolebensversicherung außerordentlich teuer wird. Doch das größte Risiko an diesem Punkt ist nicht ein vorzeitiger Tod, sondern die Möglichkeit, dass Sie länger leben als Ihr Vermögen. Sie können Ihre Vermögenswerte effektiver vermehren, wenn Sie eine Risikolebensversicherung abschließen und das gesparte Geld für die Investments nutzen, die ich später vorstellen werde.

Nehmen Sie sich die Zeit, um sich nach dem besten Deal umzusehen. Es gibt deutliche Unterschiede bei der Verzinsung des Barwerts, und Sie können oft ein besseres Schnäppchen machen, wenn Sie sich ein wenig umsehen. Nutzen Sie das Internet, um sicher zu gehen, dass Sie das beste Geschäft machen. Außerdem sollten Sie einige Reserven in sicheren und liquiden Papieren anlegen. Das ist für viele ganz sicherlich nicht der Sinn von Kapitalanlage. Weshalb sollte man Geld an einen sicheren Ort bringen, wenn man damit den nächsten Gewinner an der Börse kaufen könnte? Um bei unvorhergesehenen Notfällen darauf zurückgreifen zu können, deshalb! Es ist eine absolute Dummheit, darauf zu setzen, dass Ihnen nichts zustoßen wird. Jede Familie sollte über eine Barreserve verfügen, um unerwartete Arztrechnungen bezahlen zu können oder um ein Polster für eine kurzfristige Arbeitslosigkeit zur Verfügung zu haben. Schließlich hören die eingegangenen finanziellen Verpflichtungen nicht auf, wenn Sie Arbeitslosengeld beziehen.

Als Daumenregel möchte ich empfehlen, dass man in etwa einen Jahresbedarf in Werten hält, die schnell und ohne Verluste zu Barem gemacht werden können. Haben Sie eine Krankenversicherung und eine Arbeitsunfähigkeitsversicherung, dann kann dieses Notpolster ein wenig geringer ausfallen. Tatsächlich meinen auch einige Sparkonten- abteilungen der Banken (der Inbegriff konservativen Geldmanage- ments) dass eine Reserve, die die Kosten für drei Monate deckt, durch- aus ausreichend ist. In keinem Fall jedoch sollten Sie ohne mindestens ein paar Werte dastehen, die sicher sind und die Sie schnell zu Geld machen können. Außerdem sollten Sie große künftige Ausgaben (bei- spielsweise für die Ausbildung ihrer Kinder) durch kurzfristige Invest- ments finanzieren, deren Ablauftermin mit dem Termin, zu dem die Geldmittel benötigt werden, abgestimmt ist.

Übung 2: Sie müssen Ihre Anlageziele kennen

Klare Anlageziele festzulegen ist der Teil des Investmentprozesses, den zu viele Leute vergessen – mit fatalen Folgen. Schon am Anfang müssen Sie sich entscheiden, welchen Grad an Risiko Sie einzugehen bereit sind, und welche Geldanlagen bei Ihrem Grenzsteuersatz am günstig- sten sind. Der Markt der Wertpapiere ist wie ein großes Restaurant mit einem reichhaltigen Angebot, in dem für jeden Geschmack und jeden Bedarf etwas dabei ist. Ebenso wie es kein Lebensmittel gibt, das für jeden das beste ist, so gibt es auch keine Kapitalanlage, die für alle Inve- storen die beste ist.

Wir alle würden es gerne sehen, dass sich unser Kapital über Nacht verdoppelt, aber wie viele von uns können es sich leisten, dass die Hälfte unseres Kapitals sich ebenso schnell in Luft auflöst? J. P. Morgan hatte einmal einen Freund, der sich um seine Aktien so viele Sorgen machte, dass er nachts nicht mehr schlafen konnte. Der Freund fragte: „Was soll ich mit meinen Aktien machen?" Morgan antwortete: „Verkaufe so viel, dass du wieder schlafen kannst." Das sollte kein Witz sein. Jeder Investor muss sich entscheiden, ob er gut essen oder gut schlafen will. Diese Ent- scheidung müssen Sie für sich selbst treffen. Hohe Gewinne können nur dann erzielt werden, wenn man hohe Risiken eingeht. Dies war eine der grundlegenden Lehren dieses Buchs. Wann also können Sie schlafen? Die Antwort auf diese Frage zu finden ist einer der wichtigsten Schritte bei der Kapitalanlage, die Sie gehen müssen.

Um Ihnen dabei behilflich zu sein, Ihr Bewusstsein für die Kapitalan- lage ein wenig zu schärfen, habe ich eine Tabelle angefertigt, in der Sie

Tiefe des Schlafs	Art des Wertpapiers	zu erwartender Gewinn vor Steuern (1999)	Zeitraum, den das Papier gehalten werden muß, um den erwarteten Gewinn zu realisieren	Risiko-Level
nahe der Bewußtlosigkeit	Sparkonten	2,5 – 3,0 %	Keine bestimmte Anlagezeit. Die Sparkassen kalkulieren die Zinsen vom Tag der Einzahlung bis zum Tag der Auszahlung	Kein Verlustrisiko. Die Konten werden durch die Bankengemeinschaft abgesichert. Bei hoher Inflationsrate ein sicherer Verlierer
lange Mittagsschläfchen und gesunder Nachtschlaf	Geldmarktkonten	3,5 – 4,0 %	Keine bestimmte Anlagezeit. Maximal 3 Schecks pro Monat.	Kein Risiko das zu verlieren, was man einzahlt. Zinsen sollten die Inflation ausgleichen und schwanken zuweilen.
gesunder Nachtschlaf	Geldmarktfonds	4,5 – 5,0 %	Keine bestimmte Anlagezeit. die meisten Fonds bieten die Möglichkeit, gegen das Konto Schecks auszustellen	Sehr geringes Risiko, da die Fonds in Staatsanleihen und Bankanleihen investieren. In der Regel keine Garantien. Zinssätze variieren mit der erwarteten Inflationsrate.

Ziefe des Schlafs	Art des Wertpapiers	zu erwartender Gewinn vor Steuern (1999)	Zeitraum, den das Papier gehalten werden muß, um den erwarteten Gewinn zu realisieren	Risiko-Level
gesunder Nachtschlaf (Fortsetzung)	spezielle Zertifikate mit sechsmonatiger Laufzeit	5,0 %	Um den höheren Zinssatz zu erhalten, muß der Einzahlungsbetrag volle 6 Monate auf dem Konto bleiben.	Wird das Geld vorzeitig abgehoben, verlangt das Institut eine Vorfälligkeitsentschädigung
	inflationsgesicherte Schatzanleihen	3,75 % + Inflationsrate	Langfristige Anlagen mit einer Laufzeit von 5 Jahren oder mehr.	Kurse können vor der Fälligkeit schwanken.
gelegentlich ein oder zwei Träume – möglicherweise unangenehm	hochwertige Industrieanleihen und erstklassige Kommunalobligationen	6,5 – 7,0 %	Um den garantierten Zinssatz zu erhalten, müssen die Papiere bis zum Ablauf (20 – 30 Jahre) gehalten werden. Anleihen können jederzeit verkauft werden, doch die Kurse schwanken mit den Zinssätzen.	Sehr geringes Risiko, wenn die Anleihen bis zum Ablauf gehalten werden. Geringe bis deutliche Gewinnschwankungen müssen in Kauf genommen werden, wenn sie vor dem Ablauf verkauft werden. Die Zinsen sind der langfristigen Inflationsrate angepasst. „Junk Bonds" bieten bei höherem Risiko höhere Gewinne.

Tiefe des Schlafs	Art des Wertpapiers	zu erwartender Gewinn vor Steuern (1999)	Zeitraum, den das Papier gehalten werden muss, um den erwarteten Gewinn zu realisieren	Risiko-Level
ein wenig Unruhe dem Einschlafen und lebhafte Träume vor dem Erwachen	diversifizierte Portfolios mit US-Blue Chips oder Aktien aus Industrieländern	8,0 – 9,0 %	Keine bestimmte Anlagezeit. Aktien können jederzeit verkauft werden. Der erwartete Durchschnittsgewinn geht von einem langfristigen Investment aus und kann nur als Richtlinie gelten.	Geringes bis deutliches Risiko. In einem Jahr könnten die Ergebnisse tatsächlich auch negativ sein. Auch diversifizierte Portfolios mussten schon einen Wertverlust von 20 – 25 % hinnehmen. Guter Schutz vor Inflation.
	Immobilien	ähnlich wie Aktien	Für geschlossene Immobilienfonds gilt das für Aktien gesagte.	Siehe oben. Geschlossene Immobilienfonds eignen sich gut zur Diversifikation und stellen einen guten Schutz vor Inflation dar.
Alpträume sind nicht ungewöhnlich, doch im Allgemeinen gut ausgeruht	Diversifizierte Portfolios relativ riskanter Aktien, kleiner Wachstumsunternehmen	9,0 – 10 %	Siehe oben. Der durchschnittliche erwartete Gewinn verlangt eine relativ lange Zeit des Haltens und kann nur als grobe Schätzung unter den gegebenen Bedingungen angesehen werden.	Deutliche Risiken. Die Ergebnisse können auch negativ sein. Portfolios mit riskanten Aktien haben in einem Jahr schon bis zu 50 %, auch Wertverlust schon mehr, Wertverlust hinnehmen müssen. Guter Inflationsschutz.

Ziefe des Schlafs	Art des Wertpapiers	zu erwartender Gewinn vor Steuern (1999)	Zeitraum, den das Papier gehalten werden muß, um den erwarteten Gewinn zu realisieren	Risiko-Level
Lebhafte Träume und gelegentliche Alpträume	Diversifizierte Portfolios mit Aktien aus Emerging Markets.	+/- 11 %	Planen Sie eine Dauer von mindestens 10 Jahren ein. Erwartete Gewinne sind unmöglich genau zu beziffern.	Fluktuationen nach oben und unten im Bereich von 50 – 75 % innerhalb eines Jahres sind nicht ungewöhnlich, bieten aber Vorteile bei der Diversifikation.
Anfälle von Schlaflosigkeit	Gold	unmöglich zu prognostizieren	In einem spekulativen Wahn können hohe Gewinne erzielt werden, solange es noch dümmere Spekulanten gibt.	Hohes Risiko. Man glaubt, Gold schütze vor einer Superinflation und dem Jüngsten Gericht. Kann allerdings in einem diversifizierten Portfolio zum Ausgleich beitragen.

ablesen können, wann Sie noch ruhig schlafen können, dazu das entsprechende Anlagerisiko und die zu erwartenden Gewinne, so wie es Ende der 90er Jahre der Fall ist. Ganz am Ende des Spektrums sind eine Reihe von kurzfristigen Anlagen. Ein Sparbuch scheint das sicherste Investment überhaupt zu sein. Sie können sicher sein, jeden einzelnen Dollar abheben zu können, den Sie je eingezahlt haben. Der Dollarwert Ihres Investments wird nie schwanken. Aber sogar dieses Investment birgt ein Risiko, denn wegen der Inflation können Sie leider davon ausgehen, dass Sie tatsächlich an Kaufkraft verlieren, selbst wenn man die Zinsen hinzufügt, insbesondere dann, wenn Sie die Zinsen versteuern müssen. Dann kommen spezielle Zertifikate mit sechsmonatiger Laufzeit, Geldmarktkonten und Geldmarktfonds – etwas weniger flexibel, aber diese Anlagen bieten wahrscheinlich einen höheren Schutz vor Inflation. Wenn das der Punkt ist, an dem Sie noch einschlafen können, dann interessieren Sie sich wahrscheinlich für die Informationen, die ich in Übung 3 bespreche.

In der Sicherheitsskala kommen inflationsgesicherte Schatzbriefe an der nächsten Stelle. Diese Anleihen versprechen eine geringe garantierte Zinsrate, die jedes Jahr um den Anstieg der Verbraucherpreise erhöht wird. Weil es sich um langfristige Schuldverschreibungen handelt, können sie im Kurs schwanken, weil auch der Realzins schwankt (die um die Inflationsrate bereinigten angegebenen Zinssätze). Wenn sie bis zum Ablaufdatum gehalten werden, garantieren sie, die reale Kaufkraft zu erhalten. In der Übung 4 werde ich über die Vorteile eines kleinen Pakets dieser Anleihen in Ihrem Portfolio sprechen.

Industrieanleihen sind etwas riskanter. Einige Träume können Ihre Schlafgewohnheiten stören, wenn Sie sich entscheiden, diese Anlageform zu wählen. Ende der 90er Jahre lagen die Erlöse aus langfristigen Anleihen öffentlicher Versorgungsunternehmen mit guter Qualität bei 6,5 bis 7,0 %, wenn sie bis zum Ablauf gehalten wurden. Sollten Sie vor dem Ablauftermin verkaufen, hängt Ihr Gewinn von der Höhe des Zinssatzes zum Zeitpunkt des Verkaufs ab. Wenn die Zinserträge steigen, dann werden Ihre Anleihen auf einen Kurs fallen, bei dem Ihr Erlös mit neuen Anleihen konkurrieren kann, die höher verzinst sind. Deshalb gibt es die Möglichkeit des Verlustes. Ihr Kapitalverlust könnte so groß sein, dass die Zinsen eines ganzen Jahres verlorengehen – oder sogar mehr. Wenn andererseits die Zinsen fallen, wird der Kurs ihrer Anleihen steigen, und Sie erhalten nicht nur die garantierten Zinsen sondern auch einen Kapitalgewinn. Wenn Sie also vor dem Ende der Laufzeit verkaufen, dann kann Ihr Jahresgewinn deutlich variieren, und deshalb sind

Anleihen riskanter als kurzfristige Anlagen, die fast kein Schwankungsrisiko haben. Grundsätzlich kann man sagen: Je länger die Restlaufzeit, desto größer das Risiko und desto größer auch der Ertrag.* In den Übungen 3 und 4 werden Sie einige nützliche Informationen finden, wie man kurzfristige und langfristige Anleihen kauft.

Niemand kann mit Sicherheit sagen, wie sich die Gewinne von Aktien entwickeln. Doch die Börse, wir Oskar Morgenstern einmal anmerkte, ist wie ein Spielkasino, in dem die Chancen zu Gunsten der Spieler stehen. Obwohl es vorkommt, dass Aktienkurse abstürzen, wie es im Oktober 1987 der Fall war, lag der jährliche Gewinn aus Dividenden und Kapitalgewinnen im 20. Jahrhundert insgesamt doch bei 9 bis 10 %. Ich bin der Meinung, dass ein Portfolio mit US-Aktien, die auch ein typischer Investmentfonds hält, im 21. Jahrhundert einen ähnlichen durchschnittlichen Jahresgewinn erzielen kann. Vergleichbare Gewinne kann man von großen Unternehmen in anderen Industrieländern erwarten. Der reale Jahresgewinn kann in der Zukunft, und wahrscheinlich wird er es auch, zuweilen deutlich von diesem Ziel abweichen – in schlechten Jahren können Sie 25 % oder mehr verlieren. Können Sie die schlaflosen Nächte in schlechten Jahren aushalten?

Wie wäre es jetzt mit Träumen in Farbe und Quadrophonie? Es könnte sein, dass Sie ein Portfolio mit etwas riskanteren (volatileren) Aktien haben möchten, wie solche in aggressiven wachstumsorientierten Investmentfonds. Dies sind die Aktien jüngerer Unternehmen in neuen Technologien, bei denen man von einem höheren Wachstum ausgehen kann. Die Aktien dieser Unternehmen sind meist recht volatil, und Portfolios mit diesen Titeln können in einem schlechten Jahr leicht die Hälfte ihres Werts verlieren. Doch die durchschnittlichen künftigen Gewinne können im 21. Jahrhundert durchaus in der Nähe von 10 bis 11 % pro Jahr liegen. Portfolios mit kleineren Aktien haben die Marktdurchschnitte oft um kleinere Beträge geschlagen. Wenn Sie keine

---

* Dies ist allerdings nicht immer der Fall. In einigen Phasen der 80er Jahre, als die Zinsen außergewöhnlich hoch waren, brachten kurzfristige Wertpapiere tatsächlich mehr ein als langfristige Anlagen. Der Haken war, dass Investoren nicht davon ausgehen konnten, dass sie ihre kurzfristigen Mittel ständig zu so hohen Zinssätzen reinvestieren konnten, und am Ende des Jahrzehnts waren die kurzfristigen Zinsen deutlich gesunken. Deshalb können Investoren nicht davon ausgehen, dass kurzfristige Papiere einen so hohen Gewinn abwerfen wie langfristige Schuldverschreibungen. Mit anderen Worten: Es gibt eine Belohnung dafür, dass man das Risiko auf sich nimmt, langfristige Schuldverschreibungen zu halten, auch wenn die kurzfristigen Zinsen zeitweilig über den langfristigen liegen.

Schwierigkeit haben, in Bärenmärkten zu schlafen, und wenn Sie ausreichend standfest sind, bei Ihren Investments zu bleiben, dann kann ein aggressives Aktienportfolio – das aus kleineren Unternehmen besteht – für Sie gerade richtig sein. Noch größere Gewinne, aber gleichermaßen auch größere Schwankungen kann man von Portfolios mit Aktien aus Emerging Markets erwarten, die im 21. Jahrhundert ein großes Wachstumspotential haben.

Immobilien sind für die meisten eine schwierige Angelegenheit und bringen Ihnen oft schlaflose Nächte. Dennoch waren die Gewinne aus Immobilien sehr hoch, ähnlich wie die aus Aktien. In der Übung 5 werde ich behaupten, dass diejenigen, die es sich leisten können, ein eigenes Haus zu kaufen, gut beraten sind, genau das zu tun. In Übung 6 werde ich darüber sprechen, um wieviel einfacher es heute für Privatanleger ist, in gewerbliche Immobilien zu investieren. Ich bin der Meinung, dass Immobilienfonds in ein gut diversifiziertes Portfolio gehören.

Ich stelle fest, dass meine Tabelle zwar Gold erwähnt, aber Kunstobjekte, Antiquitäten und andere weitere exotische Anlagemöglichkeiten nicht berücksichtigt. Viele von diesen Investments hielten sich sehr gut, insbesondere dann, wenn sich die Inflation beschleunigte. Sie können für den Ausgleich eines gut diversifizierten Portfolios mit Wertpapieren eine nützliche Rolle spielen. Wegen ihres grundsätzlichen Risikos und der damit verbundenen extremen Volatilität ist es unmöglich, sie in der Art zu beschreiben, wie wir es mit anderen Investments getan haben. Übung 7 geht darauf genauer ein.

Höchstwahrscheinlich wird Ihr guter Nachtschlaf größtenteils davon geprägt, wie ein Verlust Ihr finanzielles Überleben beeinflussen würde. Deshalb sagt man der typischen „Witwe" in Büchern über Kapitalanlage nach, sie sei nicht in der Lage, viel Risiko zu ertragen. Die Witwe hat weder die Lebenserwartung noch die Fähigkeit, außerhalb ihres Portfolios ein Einkommen zu verdienen, das sie benötigt, um Verluste verkraften zu können. Jeder Kapitalverlust und jeder Einkommensverlust beeinflusst sofort ihren Lebensstandard. Am anderen Ende des Spektrums ist die „aggressive junge Geschäftsfrau". Sie hat sowohl die Lebenserwartung als auch das Einkommen, um im Fall eines finanziellen Verlustes ihren Lebensstandard aufrecht erhalten zu können. An welcher Station in Ihrem Lebenszyklus Sie stehen, ist so wichtig, dass ich dem ein spezielles Kapitel gewidmet habe (Kapitel 13). Hier diskutieren wir, wieviel Risiko Sie aushalten können. Außerdem wird Ihre Psyche den Risikograd beeinflussen, den Sie zu tragen bereit sind. Ein Investmentberater schlägt vor, Sie sollten überlegen, wie Sie Monopoly spielten (oder immer noch spielen). Waren Sie ein wilder Spekulant? Bauten Sie Hotels in der Parkstraße und in der Schlossallee? Es stimmt zwar, die anderen Spieler landeten sehr selten auf Ihrem Grundstück, aber wenn es dann der Fall war, dann konnten Sie das Spiel mit einem Schlag gewinnen. Oder zogen Sie ruhigere und bescheidenere Einnahmen aus den orangefarbenen Straßen vor? Die Antworten auf diese Fragen können Ihnen Hinweise auf Ihre Psyche geben, wenn es um Kapitalanlage geht und können Ihnen helfen, die richtigen Wertpapiere zu wählen. Oder vielleicht bricht der Vergleich zusammen, wenn es um Geldspiele geht, bei denen das Geld für immer verloren ist oder behalten werden darf. In jedem Fall ist es entscheidend, dass Sie sich selbst genau kennen, bevor Sie bestimmte Wertpapiere für Ihre Kapitalanlage aussuchen. Kapitel 13 bietet Ihnen einen speziellen Test, dem Sie sich unterziehen können, und bei dem Sie Ihre Fähigkeit bestimmen, Risiko ertragen zu können.

Weiter ist es wichtig zu überprüfen, wieviel von Ihren Gewinnen aus der Kapitalanlage ans Finanzamt geht, und wie hoch Ihre laufenden Einnahmen sein müssen. Prüfen Sie Ihren Einkommensteuerbescheid vom letzten Jahr und das zu versteuernde Einkommen. Wenn Sie in einer hohen Steuerprogression sind und wenig laufende Einnahmen benötigen, dann werden Sie steuerfreie Anleihen und Aktien mit geringen Dividendenerlösen vorziehen, die jedoch langfristige Kapitalgewinne versprechen (bei denen die Steuern erst dann gezahlt werden müssen, wenn die Gewinne realisiert werden – vielleicht auch nie, wenn die Aktien Teil eines Erbes sind). Wenn Sie andererseits einem niedrigen Steuersatz unterliegen und hohe laufende Einnahmen benötigen, dann sind Sie besser beraten, wenn Sie steuerpflichtige Anleihen und Aktien mit hohen Dividendenerlösen kaufen, so dass Sie nicht ständig die hohen Transaktionskosten zu zahlen haben, die dann anfallen, wenn Sie regelmäßig Aktien verkaufen müssen, um daraus das laufende Einkommen zu beziehen.

Die beiden Schritte in dieser Übung – Ihr Risikolevel zu finden, Ihren Steuersatz und Ihren Bedarf an Einnahmen zu ermitteln – scheinen klar zu sein. Aber es ist unglaublich, wie viele Leute vom rechten Weg abkommen, weil sie Wertpapiere kaufen, die nicht mit ihrer Risikotoleranz, ihrem Einkommensbedarf und den steuerlichen Gegebenheiten übereinstimmen. Die Verwirrung bei den Prioritäten, die bei Investoren so oft zu beobachten ist, ähnelt der Geschichte einer jungen Frau, die kürzlich in einer Londoner Zeitung erschien:

Rote Gesichter im Park

London, 30. Oktober

Ein Liebespärchen war mitten in der Nacht eng umschlungen zugange, als es passierte.

In einem kleinen Sportwagen eingeklemmt, wurde ein fast nackter Mann plötzlich wegen eines Bandscheibenvorfalls bewegungslos, so berichtete ein Arzt in einer medizinischen Zeitschrift. Unter ihm gefangen, versuchte die verzweifelte junge Frau Hilfe herbeizurufen, indem sie mit ihrem Fuß auf die Hupe trat. Ein Arzt, Sanitäter, Feuerwehrleute und eine Reihe interessierter Passanten umgaben schnell das Fahrzeug des Pärchens im Regents Park.

Dr. Brian Richards aus Kent sagte: „Die junge Dame befand sich unter fast 200 Pfund Lebendgewicht eines von Schmerzen geplagten, bewegungsunfähigen Mannes."

„Um das Pärchen zu befreien, mussten die Feuerwehrleute den Rahmen des Fahrzeugs mit einem Schneidbrenner aufschneiden", fügte er hinzu.

Als man dem verwirrten Mädchen aus dem Auto und in einen Mantel geholfen hatte, schluchzte sie: „Wie soll ich nur meinem Mann erklären, was mit dem Auto passiert ist?"

Quelle: Reuters

Investoren werden oft von einer vergleichbaren Verwirrung bei den Prioritäten heimgesucht. Man kann nicht in erster Linie nach Sicherheit suchen und dann mit einem Kopfsprung in die riskantesten Aktien tauchen. Man kann seine Einnahmen nicht vor hohen Steuersätzen verbergen und dann 8 % Gewinn aus zu versteuernden Anleihen beziehen, ganz gleich, wie attraktiv diese sein mögen. Dennoch sind die Annalen der Anlageberater voller Geschichten von Investoren, deren Portfolio nicht mit Ihren Anlagezielen übereinstimmt.

Übung 3: Seien Sie kämpferisch; Achten Sie darauf, dass der Erlös aus Ihrer Barreserve mit der Inflation Schritt hält

Wie ich schon sagte, muss man unbedingt einige liquide Anlagen haben, um bevorstehende Ausgaben, wie beispielsweise die Ausbildung von Kindern bezahlen zu können. Auch für mögliche Notfälle oder sogar psychologische Unterstützung sollte man eine Reserve zur Verfügung haben. So stecken Sie in einem richtigen Dilemma. Sie wissen genau, dass Sie, wenn Sie Ihr Geld in einem Sparbuch anlegen und sagen wir einmal 3 % Zinsen pro Jahr bekommen, während die Inflationsrate höher als 3 % ist, reale Kaufkraft verlieren. Tatsächlich ist die Situation noch schlimmer, weil die Zinsen, wenn Sie den steuerfreien Betrag über-schreiten, auch bei der Einkommenssteuer angegeben werden müssen. Was soll der kleine Sparer also tun?

Der Investor eines größeren Vermögens hat keine Probleme. Er kann Schatzbriefe kaufen oder Bankanleihen, von denen es einige allerdings nur in großen Paketen gibt. Wenn Sie nur einen kleinen Betrag zur Ver-fügung haben, können Sie in diesen Markt nicht direkt vorstoßen. Wie kann der kleine Sparer dann eine Benachteiligung vermeiden? Wie kommt man an einen Gewinn, der vor der Inflation schützt? Darum geht es in dieser Übung.

Es gibt 4 kurzfristige Investmentmöglichkeiten, die Ihnen zumindest helfen können, sich der Inflation zu erwehren. Dies sind:

1. Geldmarktfonds   3. Banksparbriefe
2. Geldmarktkonten   4. Steuerfreie Geldmarktfonds.

Geldmarktfonds

Meiner Meinung nach entsprechen Geldmarktfonds den Bedürfnissen vieler Investoren am besten. Sie kombinieren Sicherheit, hohe Erträge und das Recht, ohne Nachteile wieder über das Geld verfügen zu kön-nen. Die meisten Fonds gestatten es, dass Sie große Schecks auf Ihren Fondssaldo ausstellen, im Allgemeinen in der Höhe von mindestens 250 $. Die Zinsgewinne werden so lange angerechnet, bis die Schecks eingelöst werden. Geldmarktfonds sind die beste Alternative zu Spar-büchern und daher außerordentlich beliebt.

Geldmarktfonds investieren in große Depositenzertifikate, kurzfri-stige Industrieanleihen, Staatsanleihen und andere. Deshalb schwankt der Erlös ziemlich nahe um die verfügbaren Erträge dieser kurzfristigen Anlagen. Bislang war der Ertrag aus Geldmarktfonds immer deutlich höher als die Zinsen, die Sparkonten bieten. Weil das Geld vieler klei-ner Investoren zusammengelegt wird, können die Geldmarktfonds größere Mengen kaufen, weit über dem, was ein Einzelner sich erlauben könnte. Die Fondsanteile werden für 1 $ verkauft, und man versucht die-ses Kapital konstant zu halten. Obwohl es keine Garantie gegen den Verlust des Einsatzes gibt, sollten Sie keine Schwierigkeiten haben, nachts gut zu schlafen. Auch während sehr volatiler Zeiten gelang es diesen Fonds immer, den Wert des Einsatzes konstant auf 1 $ zu halten, obwohl dies in einigen Fällen nur dadurch möglich wurde, dass man nicht alle Zinsgewinne des Fonds auszahlte. Für diejenigen, die tief in ihrem Herzen lieber den schon halb bewusstlosen Schlaf der Sicherheit bevorzugen, den Banken und Sparkassen zulassen, wurde eine neue Klasse von Geldmarktfonds aufgelegt. Diese Fonds investieren ausschließlich in Schatzbriefe und in vom Staat abgesicherte Wertpapiere. Wie Sie vielleicht schon ahnen, werfen diese jedoch einen geringeren Erlös ab als vergleichbare Fonds, die in Bankobligationen investieren. Sollte man den Ertrag dieser zusätzlichen Sicherheit opfern? Die Antwort ist von Ihrer Psyche abhängig.

Mein ganz persönlicher Rat ist, es mit ganz normalen Fonds zu versuchen, die höhere Erträge abwerfen. Obwohl ich der erste wäre, der zustimmt, dass man Geld, das man für schlechte Tage zurückgelegt hat, nicht den Bach hinuntergehen lassen sollte, halte ich das Risiko der Fonds erster Qualität für sehr gering.

Hüten Sie sich vor den Raubrittern der Managementgebühren und vor Lockangeboten bei den Zinsen. Im Allgemeinen investieren Geldmarktfonds in sehr ähnliche Papiere. Der Unterschied im Ertrag, den sie erwirtschaften, liegt weitestgehend bei den Betriebskosten des Fonds (den Kosten, die anfallen, den Fond zu unterhalten und zu managen, und die auf die Anteilinhaber umgelegt werden). Wenn alles andere gleich ist, dann bedeuten geringere Ausgaben höhere Erlöse für Anleger. Deshalb sind die Ausgabensätze dann besonders wichtig, wenn man Geldmarktfonds vergleichen möchte. Einige Fondsgesellschaften werben mit niedrigen (oder gar keinen) Kosten – allerdings nur für eine begrenzte, aber oft nicht genau festgelegte Dauer. Dabei verzichten sie zeitweise auf das Managementhonorar und/oder sie berechnen andere Betriebskosten nicht. Die Lockangebote werden in den Printmedien mit großen Anzeigen beworben, um eine breite Vermögensbasis zu schaffen, bis schließlich die vollen Gebühren und Kosten belastet werden. Zeitweise können solche Fonds für Investoren eine gute Sache sein. Aber seien Sie vorsichtig, sobald die vollen Kosten auf die Investoren umgelegt und die Erträge damit gekürzt werden. Wenn Sie versuchen, aus einem Lockangebot günstiger Erträge Ihren Nutzen zu ziehen, dann sollten Sie die Kurse der Fondsanteile wöchentlich in der Zeitung verfolgen, so dass Sie, wenn es an der Zeit ist, in einen Fond mit höheren Erträgen wechseln können. Niemals jedoch sollten Sie bei einem Geldmarktfonds einsteigen, dessen Erträge nicht veröffentlicht werden.

Noch eine Warnung zum Schluss für diejenigen, die nur sehr unregelmäßig schlafen und sehr risikoscheu sind. Einige Geldmarktfonds haben ihre Erträge dadurch verbessert, dass sie in Derivate investierten. Mit der Entwicklung komplexer und exotischer derivativer Instrumente werden sogar Obligationen, die vom US-Finanzministerium ausgegeben werden, auf sehr subtile Art riskant. Mein Rat geht dahin, dass Sie den Prospekt Ihres Geldmarktfonds sehr sorgfältig lesen, insbesondere die Abschnitte über Risikofaktoren. Die beiden wichtigsten Determinanten, ob ein bestimmter Geldmarktfonds für Sie richtig ist, sind das angenommene Risiko und die Ausgaben des Fonds. Die meisten Investoren werden sich mit Fonds am wohlsten fühlen, wenn sie mit geringen Ausgaben zurechtkommen und nur sehr begrenzte Risiken eingehen wollen.

Geldmarktkonten

Die Geldmarktfonds wurden so beliebt, dass Hunderte von Milliarden Dollar aus den Bankkonten in diese Fonds mit höheren Erträgen abflossen. Es ist überflüssig anzumerken, dass die Banken nach Möglichkeiten suchten, damit zu konkurrieren. Und so – ein weiteres Beispiel dafür, wie Deregulierung dem Verbraucher nützt – erhielten die Banken die Erlaubnis, Privatkunden Geldmarktkonten anzubieten. Am Anfang boten die Banken Sonderkonditionen, die weit über den Erträgen lagen, die von den Geldmarktfonds erwartet werden konnten. Kluge Verbraucher, die die besten Zinssätze im Markt suchten, verließen die Geldmarktfonds in Scharen.

Doch als sich die Banken in diesem Bereich einmal etabliert hatten, reduzierten sie die Zinssätze still und heimlich, so dass die Geldmarktfonds den Geldmarktkonten gegenüber wieder im Vorteil waren. Das Geld strömte in die Fonds zurück, und nun liegen in beiden Investmentarten Hunderte von Milliarden Dollar aus den Geldbörsen der Verbraucher. In den 90er Jahren warfen die Geldmarktfonds im Allgemeinen einen etwas höheren Nettoertrag ab.

Wie sollten Sie sich zwischen den beiden entscheiden? Jede Möglichkeit hat ihre eigenen Vorteile. Die Banken bieten wichtige Attraktionen. Erstens sind Geldmarktkonten, wie andere Konten auch, durch die öffentliche Verwaltung gesichert. Und so stehen diese bei besorgten Schlaflosen an der Spitze. Außerdem ist es bequem, in Geldmarktkonten bei Banken zu investieren, weil diese Zweigstellen haben, während Geldmarktfonds nur Postfächer, gebührenfreie Telefonnummern und

Internetadressen haben. Aber die Geldmarktfonds haben ihre eigenen Vorteile. Die Erträge sind meist ein wenig höher als die der Bankkonten, wie ich oben schon erwähnte. Außerdem ermöglichen die Geldmarktfonds, dass eine unbegrenzte Anzahl von Schecks gegen den Saldo ausgestellt werden kann (obwohl jeder Scheck mindestens über 250 oder 500 $ lauten muss, doch das hängt vom jeweiligen Fonds ab). Bei Geldmarktkonten kann man im Allgemeinen nur drei Schecks pro Monat einlösen (allerdings über jeden Betrag).* Geldmarktfonds bieten elektronische Möglichkeiten an, die es ermöglichen, dass das Geld über Nacht bewegt werden kann. Weil Geldmarktfonds normalerweise eine Sparte einer großen Fondsgesellschaft sind, kann man hier sehr gut Barmittel zu hohen Zinsen parken, bis man in längerfristige Anlagen einsteigt.

Banksparbriefe

Banken bieten auch Depositenzertifikate (Banksparbriefe) mit unterschiedlicher Laufzeit an. Die Erträge dieser Instrumente sind im Allgemeinen höher als auf jedem Geldmarktkonto oder in jedem Geldmarktfonds. Diese Zertifikate werden durch die Regierung abgesichert, und zwar bis zu 100.000 $ je Käufer (200.000 $ mit Ehegatten). So sind diese Sparbriefe sogar noch sicherer als Geldmarktfonds und ein hervorragendes Medium für Investoren, die ihre liquiden Mittel für mindestens sechs Monate festlegen wollen.

Die Zertifikate haben jedoch eine Reihe von Nachteilen. Zunächst einmal brauchen Sie ein ziemlich hohes Sparpolster – im Allgemeinen 10.000 $ – bevor Sie einsteigen können. Zweitens können Sie gegen diese Zertifikate keine Schecks ausstellen, wie es bei Geldmarktfonds möglich ist. Am wichtigsten jedoch, wie in anderen Lebensbereichen auch, gibt es eine empfindliche Strafe, wenn man das Geld vorzeitig abzieht. Wenn Sie Ihre Zertifikate vor der Ablaufzeit zurückgeben, dann werden Sie mit mindestens den Zinsen eines Monats belastet. Einige Banken erlegen sogar höhere Strafen auf.

---

* Banken bieten sogenannte Super-NOW-Konten an, die unbegrenzte Scheckausstellung ermöglichen, und diese Konten können besonders nützlich für Investoren sein, die die Mindestvoraussetzungen zur Kontoeröffnung erfüllen. Die Zinssätze auf den Super-NOW-Konten sind jedoch deutlich niedriger als die Erträge auf Geldmarktkonten.

Übung 4: Ein Spaziergang durch das Land der Anleihen

Seien wir ehrlich, Anleihen waren zwischen dem zweiten Weltkrieg und Anfang der 80er Jahre eine schlimme Sache. Die Inflation hatte den ganzen Wert der Anleihen beseitigt. Beispielsweise mussten Sparer, die Anfang der 70er Jahre Anleihen für 18,75 $ gekauft und sie fünf Jahre später für 25 $ zurückgegeben haben, zu ihrem Entsetzen feststellen, dass sie reale Kaufkraft verloren hatten. Der Ärger war, dass die 18,75 $, die sie in eine solche Anleihe gesteckt hatten, vor fünf Jahren den Wert von zwei Tankfüllungen hatten. Doch am Ende der Laufzeit hatten die 25 $, die sie enthielten, wenig mehr Wert als eine Tankfüllung. Das war für die Investoren ein Verlustgeschäft, da die Inflation die Kaufkraft schneller auffraß, als sich ein Zinseszins aufbauen konnte. Es nimmt deshalb nicht Wunder, dass viele Investoren über Anleihen lieber nicht sprechen.

Tatsächlich war das US-Anleihen-Sparprogramm mit den Appellen an Patriotismus eine riesige Geldschneiderei. Die Zinsen bei den Sparanleihen der Serie EE lagen Ende der 60er und in den 70er Jahren weit unter der Inflationsrate und machten kaum die Hälfte dessen aus, was die Regierung bei regulären Anleihen bezahlte, wenn sie auf dem offenen Markt verkauft wurden. Glücklicherweise verbesserte die Regierung die Bedingungen der US-Sparanleihen so, dass sie 85 % des Zinssatzes abwerfen, den das Finanzministerium für Fonds auf dem offenen Markt bezahlt. Diese Anleihen haben aber auch einige Steuervorteile. Dennoch gibt es, wie Sie weiter unten lesen werden, weitaus attraktivere Anlagegelegenheiten.

Natürlich waren in den 60er und 70er Jahren auch andere Anleihen sehr schlechte Kapitalanlagen, weil die Zinssätze keinen ausreichenden Schutz gegen die Inflation boten. Vor 30 Jahren konnten Investoren schlicht und ergreifend nicht ahnen, wie hoch die Inflation steigen würde. Doch erinnern Sie sich an den Teil 2 dieses Buchs. Die Märkte sind einigermaßen effizient, und nun weigern sich Investoren Anleihen zu kaufen, wenn die Erträge nicht ein vernünftiges Maß an Ausgleich für den erwarteten Kaufkraftverlust bieten. Ende der 90er Jahre brachten langfristige Anleihen am offenen Markt 6,5 bis 7 %. Dieser Ertrag stellt einen Schutz gegen eine langfristige Inflation von 2 % dar (das ist die Inflationsrate Ende der 90er Jahre) und bietet eine Realverzinsung von 4,5 bis 5 % über der Inflationsrate. Natürlich kann es immer sein, dass die tatsächliche langfristige Inflationsrate deutlich höher liegt als die 2 %, die beim Ertrag dieser Anleihe eingerechnet sind. Doch der Realgewinn von 4,5 bis 5 %, den sie verspricht, bietet ein ausreichend hohes Maß an Sicherheit, wie ich im nächsten Kapitel darlegen werde.

Meiner Meinung nach sollten Sie vier Arten von Anleihen näher in Betracht ziehen:

1. Zero-Coupon-Anleihen (hier erzielen Sie in einem zuvor festgelegten Zeitraum hohe Erträge)
2. Investmentfonds, die in Anleihen anlegen (hier können Sie Anteile von Portfolioanleihen kaufen)
3. Steuerfreie Anlagen und Investmentfonds, die in Anleihen anlegen (für diejenigen unter Ihnen, die in der glücklichen Lage sind, sich in Regionen höherer Steuersätze zu bewegen)
4. Inflationsgeschützte US-Schatzbriefe

Zero-Coupon-Anleihen können hohe künftige Gewinne erzielen

Nehmen wir an, Sie könnten heute 10.000 $ investieren, und die Regierung garantierte Ihnen, Sie würden in 20 bis 25 Jahren mehr als fünfmal soviel zurückerhalten. Die Möglichkeit, dieses Sparpolster von 50.000 $ und mehr anzusammeln, wird durch Zero Bonds möglich.

Diese Wertpapiere nennt man Zero Bonds, oder einfach Zeros, weil die Inhaber dieser Wertpapiere keine Zinszahlungen erhalten, wie es bei normalen verzinsten Anleihen der Fall ist. Statt dessen werden diese Wertpapiere mit einem sehr hohen Abschlag von ihrem Nennwert erworben (beispielsweise 20 Cents auf den Dollar) und steigen stetig über die Jahre hinweg bis auf ihren Nennwert. Wenn die Anleihe bis zur Ablaufzeit gehalten wird, dann wird der volle Nennwert ausgezahlt. Diese Wertpapiere erhält man mit Laufzeiten zwischen einigen Monaten bis zu fast 30 Jahren. In den späten 90er Jahren wurden langfristige Zero Coupons mit Zinssätzen von 5,25 bis 5,50 % pro Jahr verkauft.

Die hauptsächliche Attraktion der Zeros ist, dass der Erwerber bei der Wiederanlage kein Risiko trägt. Natürlich wäre es möglich, einen Zero mit normalen Anleihen zu vergleichen, indem man die Zinscoupons einlöst und sie über die Laufzeit des Wertpapiers hinweg reinvestiert. Tatsächlich geht die typische Kalkulation des Gewinns bis zur Ablaufzeit davon aus, dass die Zinsen zu einem konstanten Satz reinvestiert werden. Allerdings könnte der Zinssatz, zu dem Sie die Coupons reinvestieren, fallen, so dass der realisierte Gewinn bis zum Ablauf auch ein gutes Stück kleiner sein kann. Ein Zero Coupon garantiert einem Investor, dass seine Einzahlung bis zur Ablaufzeit ständig zum angegebenen Zinssatz reinvestiert wird. Und so bieten die Zeros eine einfache Möglichkeit, in späten Jahren über hohe Erträge verfügen zu können. Der größte Nachteil der Zeros ist, dass das Finanzamt verlangt, dass steuerpflichtige Investoren jährlich ein Pro-Forma-Einkommen erklären, und zwar die Differenz zwischen dem Kaufpreis und dem Nennwert der Anleihe. Dies gilt allerdings nicht für Investoren, die Zero Coupons in einer privaten Rentenversicherung oder in Keogh-Programmen halten. Und so sind Zero Coupons ein hervorragendes Vehikel für die private Altersvorsorge.

Dennoch sind zwei Warnungen angebracht. Oft belasten die Broker Kleininvestoren beim Erwerb der Zero Coupons mit kleinen Nennwerten mit sehr hohen Provisionen. Deshalb sollte man unbedingt den Nettoertrag für 20-jährige Zeros bei zwei oder drei verschiedenen Brokern vergleichen, um sicherzugehen, die besten Konditionen zu erhalten. In der folgenden Übung 9 werde ich darüber sprechen, dass Provisionssätze nicht den Gesetzen des Zufalls unterliegen und es sich durchaus lohnt, zu vergleichen. Außerdem sollten Sie wissen, dass die Rücknahme zum Nennwert nur dann garantiert ist, wenn die Anleihen bis zum Ende der Laufzeit gehalten werden. In der Zwischenzeit können die Kurse sehr variabel sein, da sich auch die Zinssätze ändern.

Anleihenfonds ohne Ausgabeaufschlag sind geeignete Vehikel für Privatanleger

Offene Anleihenfonds bieten einige der langfristigen Vorteile der Zeros, sind jedoch einfacher und weniger kostspielig zu kaufen oder zu verkaufen. Obwohl es keine Garantie dafür gibt, dass man die Zinsen zu konstanten Sätzen reinvestieren kann, bieten diese Fonds langfristige Erlösstabilität und sind insbesondere für Anleger geeignet, die vorhaben, aus den Zinserlösen ihren Lebensunterhalt zu bestreiten.

Anleihenfonds halten typischerweise ein diversifiziertes Portfolio mit erstklassigen Anleihen. Erwerber von Anteilen eines solchen Fonds kaufen tatsächlich einen Anteil all dieser Werte und ihnen steht ein entsprechender Teil des Ertrags zu. So kann auch ein Kleinanleger die gleiche breitgestreute Diversifizierung erhalten wie große, institutionelle Anleger.

Die offenen Fonds geben unbegrenzt Anteilscheine aus und nehmen diese zu ihrem Nettowert zurück, der jeden Tag neu kalkuliert wird, und zwar auf der Basis der Marktkurse der Anleihen, die sie halten. Viele Fonds verlangen einen Ausgabeaufschlag oder eine Provision, die bis zu

5,75 % des investierten Betrages reichen kann. Die Fonds, die ich besonders empfehle, erheben keinen Ausgabeaufschlag. Das heißt, weder beim Kauf der Fondsanteile fällt eine Gebühr an, noch dann, wenn die Anteilscheine zurückgegeben werden. Weil die Performance von Anleihenfonds nichts mit den Gebühren zu tun hat, die verlangt werden, empfehle ich ausschließlich Fonds ohne Ausgabeaufschlag. Weshalb sollte man für etwas bezahlen, das man auch kostenlos bekommen kann? Außerdem ziehe ich Fonds vor, die geringe Kostensätze aufweisen.

Alle Fonds, die in meinem Adressbuch aufgeführt sind (außer den Fonds mit hohen Erträgen), investieren in erstklassigen Wertpapieren mit minimalem Ausfallrisiko. Ich persönlich favorisiere die GNMA-Fonds. Diese Fonds investieren ausschließlich in GNMA-Hypothekenwerte. Das sind Anleihen, die von einem Pool von durch die Regierung abgesicherten Hypothekenbanken ausgegeben werden. Sie sind deshalb eigentlich Obligationen der US-Regierung. Zinsen und Kapitalzahlungen auf die Anleihen kommen aus den Zinsen und Kapitalrückzahlungen der zugehörigen Hypotheken. Die Sicherheit dieser Anleihen ist nicht nur von erster Qualität, sondern auch die Erträge sind mit denen von Industrieanleihen vergleichbar. Pfandbriefe haben einen Nachteil darin, dass dann, wenn die Zinssätze fallen, viele Hausbesitzer ihre mit hohen Zinsen belasteten Hypotheken refinanzieren. Einige Hypothekenanleihen mit hohem Ertrag werden vorzeitig zurückgezahlt. Es ist dieser potentielle Nachteil, der den Ertrag regierungsgarantierter Hypothekenanleihen so hoch ausfallen läßt. Investmentfonds, die bei durch Hypotheken gesicherten und zu verschiedenen anfänglichen Zinssätzen ausgegebenen Pfandbriefen diversifizieren, bieten einigen Schutz gegen vorzeitige Rückgabe. Und so glaube ich, dass eine GNMA-Anleihe am heutigen Anleihenmarkt ein besonders attraktives Investment darstellt.

Steuerfreie Anleihen sind für Investoren mit hohen Steuersätzen besonders sinnvoll

Wenn Sie viele Steuern zahlen müssen, dann sind der Steuer unterliegende Geldmarktfonds, Zeros und zu versteuernde Anleihenfonds nur sinnvoll, falls sie Ihrer finanziellen Absicherung für den Ruhestand dienen. Ansonsten brauchen Sie die steuerfreien Anleihen, die vom Staat und von Kommunen herausgegeben werden, aber auch von verschiedenen staatlichen Einrichtungen, wie beispielsweise Hafenverwaltungen und Mautstraßen. Die Zinsen aus diesen Anleihen gelten bei der Steuer nicht als zu versteuerndes Einkommen **und Anleihen des Staates in dem Sie leben, sind ohnehin von allen Einkommensteuern befreit**. !!!

Diese Steuerbefreiung hilft den staatlichen und kommunalen Verwaltungen, weil sie die Anleihen zu geringeren Zinssätzen ausgeben können, als wenn die Gewinne aus Anleihen voll zu versteuern wären. Ökonomen behaupteten, dass dies eine ineffiziente Beihilfe sei (es wäre für den Finanzminister billiger, so behaupten sie, den Bundesstaaten und Kommunalverwaltungen Geld zu geben, damit sie steuerpflichtige Anleihen ausgeben können). Weil dies aber noch geltendes Recht ist, gibt es keinen Grund, weshalb Sie diese Vorteile nicht nutzen sollten.

Wenn Sie die Übung 2 aufmerksam gelesen haben, dann wissen Sie, ob kommunale Anleihen zu Ihrem Steuersatz und zu ihrem notwendigen Einkommen passen. Ende der 90er Jahre erbrachten langfristige Kommunalanleihen guter Qualität 6,5 bis 7,0 %, und steuerfreie Anleihen vergleichbarer Qualität erbrachten 5,0 bis 5,25 % Ertrag. Nehmen wir einmal an, Ihr Grenzsteuersatz (der Steuersatz zu dem der letzte Dollar Ihres Einkommens versteuert wird – nicht der durchschnittliche Steuersatz) liegt bei etwa 36 %. Die folgende Tabelle zeigt, dass die Erlöse bei steuerfreien Wertpapieren nach Steuern um 77 $ höher liegen, und damit ist dieses bei Ihrem Grenzsteuersatz das bessere Investment. Auch wenn Sie einen niedrigeren Grenzsteuersatz haben, können sich steuerfreie Papiere immer noch lohnen, aber das ist abhängig von den Erträgen, die der Markt bietet, wenn Sie Ihre Wahl treffen.

Steuerfreie oder steuerpflichtige Anleihen? (Nennwert 10.000 $)

Anleihenart	ausgezahlte Zinsen	entsprechender Steuerbetrag bei 36 % Grenzsteuersatz	nach Steuern
steuerfreie Anleihen zu 5,25 %	525 $	0 $	525 $
steuerpflichtige Anleihen zu 7,0 %	700 $	252 $	448 $

Achten sie sorgfältig auf neue langfristige Anleihen öffentlicher Einrichtungen, so wie zum Beispiel Häfen, Mautstraßen oder Elektrizitätswerke. Diese Anleihen bieten oft sehr attraktive steuerfreie Anlagemöglichkeiten. Ich schlage vor, dass Sie lieber Neuemissionen kaufen als bereits ausgegebene Wertpapiere, weil die Erträge neuer Emissionen im Allgemeinen ein wenig bessere Erträge liefern als schon ältere Anleihen.

Außerdem vermeiden Sie bei neuen Emissionen die Transaktionskosten. Ich glaube auch, dass Sie Ihr Risiko innerhalb vernünftiger Grenzen halten, wenn Sie bei Emissionen bleiben, die von den Rating-Agenturen Moody´s und Standard & Poor´s mindestens mit A bewertet werden. Diese Anleihen haben eine Laufzeit von 20 Jahren oder mehr, aber nach ihrer Ausgabe erfreuen sie sich eines guten Handelsmarktes. Wenn Sie also Ihre Anleihen später verkaufen wollen, dann ist das einfach, insbesondere wenn Sie Pakete einer Emission im Mindestwert von 10.000 $ besitzen.

Für diejenigen, die nachts nur schlecht schlafen können, sind die garantierten steuerfreien Anleihen erwähnenswert, die gegen den Ausfall durch ein Konsortium von Banken, Versicherungsgesellschaften und Wertpapierbanken gesichert sind. Ihre Erträge sind nur wenig geringer und im Allgemeinen werden sie von den Rating-Agenturen mit AAA bewertet. Sie können aber auch die sogenannten AMT-Anleihen in Erwägung ziehen. Diese Anleihen unterliegen dem steuerlichen Mindestsatz und sind deshalb für diejenigen nicht so interessant, die einen erheblichen Teil ihres Einkommens vor der Steuer geschützt haben. Wenn Sie allerdings der geltenden Mindeststeuer nicht unterliegen (und das trifft auf die überwiegende Mehrheit zu), dann können Sie aus den AMT-Anleihen einige Zusatzzinsen erlösen.

Normalerweise sollte man Tilgungsanleihen meiden. Dies sind steuerfreie Anleihen, die in Serien von 30 oder mehr verschiedenen Jahren auslaufen. Solche Anleihen sind normalerweise schwieriger zu verkaufen als andere, wenn Sie sie vor Ende der Ablaufzeit liquidieren müssen. Auch sind die Zinsen bei Tilgungsanleihen (besonders bei denen mit kürzeren Laufzeiten) niedriger als bei anderen Anleihen, teilweise weil sie für institutionelle Anleger besonders attraktiv sind, beispielsweise für Banken, die sehr viel Steuern zahlen müssen. Wenn Sie keine Barmittel haben, die Sie für eine ganz bestimmte Zeit anlegen und sofort nach der Ablaufzeit verwenden wollen, dann sollten Sie diese Anleihen besser institutionellen Anlegern überlassen. Fragen Sie deshalb Ihren Broker, wie der Kalender für Neuemissionen aussieht. Wenn Sie eine oder zwei Wochen warten, bis eine neue Anleihe mit hohen Zinsen aufgelegt wird, dann sind Sie in der Lage, Ihren Zinsgewinn deutlich zu verbessern.

Doch bei den Anleihen gibt es auch eine Situation, in der es heißt: „Kopf, und du gewinnst, Zahl, und du verlierst", und die sollten Sie kennen. Wenn die Zinssätze steigen, dann wird der Kurs Ihrer Anleihen sinken, wie ich vorher schon anmerkte. Wenn aber die Zinsen sinken, dann kann der Emittent der Anleihen die Schuldscheine von Ihnen zurückrufen (das heißt, er kann seine Schulden früher zurückzahlen) und dann neue Anleihen zu niedrigeren Zinsen ausgeben.

Zu Ihrem eigenen Schutz sollten Sie sichergehen, dass Ihre Anleihen diese Rückrufmöglichkeit ausschließen, denn dann kann der Emittent Ihre Anleihen nicht zurückverlangen, um neue Anleihen zu geringeren Zinsen auszugeben. Viele steuerfreie Emissionen bieten einen 10-jährigen Schutz vor solchen Rückrufaktionen. Danach können die Anleihen zurückgerufen werden, aber im Allgemeinen mit einem Aufschlag auf das, was Sie dafür bezahlt haben. Achten Sie auf den Schutz vor Rückrufen, insbesondere in Zeiten, in denen die Zinssätze höher als normal liegen.

Es gibt aber auch sehr gute steuerfreie Anleihenfonds. Wenn Sie namhafte Beträge in steuerfreie Fonds anlegen wollen (25.000 $ oder mehr), dann sehe ich kaum Gründe dafür, steuerfreie Anleihen über einen Fonds zu kaufen und die damit verbundenen Managementgebühren zu bezahlen. Wenn Sie den Regeln folgen, die ich Ihnen bereits genannt habe, und Ihre Käufe auf einige Anleihen erster Qualität beschränken, insbesondere auf gesicherte Anleihen, dann besteht wenig Notwendigkeit zu diversifizieren und viele verschiedene Wertpapiere zu kaufen. Außerdem sind die Erträge höher, wenn Sie direkt investieren. Wenn Sie andererseits nur ein paar tausend Dollar investieren wollen, dann wird es ziemlich teuer, wenn Sie kleine Anleihenpäckchen kaufen oder verkaufen wollen. Ein Fonds bietet Ihnen ausreichende Liquidität und Diversifikation.

Heiße Tips: Inflationssichere Anleihen

Wir wissen, dass eine unerwartete Inflation für Anleiheninhaber verheerend ist. Inflation erhöht die Zinssätze, und wenn diese steigen, dann fallen die Kurse von Anleihen. Es gibt noch weitere schlechte Nachrichten: Die Inflation vermindert die Realwerte der Zinsgewinne und der Kapitalauszahlung. Nun gibt es für Investoren einen Schutzschild in der Form von TIPS (Treasury Inflation-Protected Securities). Diese Wertpapiere sind gegen die Erosion der Inflation immun, wenn sie bis zum Ablauf gehalten werden und garantieren den Investoren, dass ihre Portfolios die Kaufkraft erhalten. Diese Anleihen werfen einen Grundzins ab (3,75 % für die aktuellen Emissionen mit einer Laufzeit von 30 Jahren). Aber im Unterschied zu den altmodischen Schatzbriefen basiert die Zinszahlung auf einem Kapitalbetrag, der mit dem Verbraucherpreisindex ansteigt. Wenn das Preisniveau im nächsten Jahr um 3 % ansteigt, dann steigt der Nennwert von 1.000 $ auf 1.030 $ und die jährliche Zinszahlung erhöht sich von 37,50 $ auf 38,63 $ – 1.030 $ mal 3,75 % (tatsächlich wird die Zinszahlung halbjährlich angepasst). Wenn diese Wertpapiere in 30 Jahren ablaufen, dann erhält der Investor eine Kapitalauszahlung, die dem inflationsbereinigten Nennwert dieser Zeit entspricht. Deshalb bieten diese TIPS eine garantierte Realgewinnrate und eine Rückzahlung des Kapitals zu einem Betrag, der die reale Kaufkraft erhält.

Es gibt zur Zeit kein anderes Finanzinstrument, das einem Investor einen verlässlichen Schutz vor der Inflation bietet. Obwohl Realwerte ihren Wert während Inflationsperioden behalten, so wie Gold, Diamanten und andere Sachwerte, bieten diese doch keine konkurrenzfähigen langfristige Gewinne und steigen mit dem allgemeinen Preisniveau nicht verlässlich. Obwohl Aktien langfristig großzügige Gewinne abwerfen, leiden sie normalerweise während Zeiten starker Inflation. TIPS sind außerdem ein großartiges Instrument, um ein Portfolio zu diversifizieren. Wenn die Inflation zunimmt, dann bieten TIPS höhere Nominalgewinne, während Aktien und Anleihenkurse im Allgemeinen fallen. TIPS haben wenig Verbindungen mit anderen Portfoliowerten und bieten einzigartig effektive Diversifikationsmöglichkeiten, mit denen Investoren das Risiko ihres Portfolios mindern können.

Als die TIPS 1967 erstmals aufgelegt wurden, war ich nicht so begeistert von ihren Möglichkeiten bei der Kapitalanlage. Die ursprünglichen TIPS versprachen einen Jahresertrag von 3,375 %. Die Inflation stieg lediglich um 2 %, doch die regulären Schatzanleihen warfen 7 % ab, also einen Realgewinn von 5 % im Jahr – ein höherer Gewinn, als man mit TIPS erzielen konnte. Ende 1998 jedoch boten die 30jährigen TIPS einen Realertrag von 3,75 %. Konventionelle langfristige Schatzbriefe warfen lediglich 5 % ab. Deshalb schienen die TIPS einen sogar höheren Realgewinn abzuwerfen, und zusätzlich einen Schutz vor der Inflation zu bieten, den man anderweitig nicht erhalten konnte. Wenn natürlich die Inflationsrate weiterhin fällt, dann wäre es so, als ob man sich gegen Hochwasser versichert und in einer Wüste wohnt. Doch auch wenn die Inflationsrate niedrig bleibt (besonders aber, wenn sie sich beschleunigt), bieten TIPS einen sehr effektiven Schutz für nervöse Investoren.

Steuerlich gesehen sind TIPS nur begrenzt sinnvoll. Steuern auf Gewinne aus TIPS werden sowohl auf die Zinsen als auch auf den Kapitalzuwachs erhoben, der die Inflationsrate beinhaltet. Das Problem dabei ist, dass das Finanzministerium den Kapitalgewinn erst bei Ablauf auszahlt. Wenn die Inflation hoch genug wäre, dann würden die geringen Zinsauszahlungen nicht ausreichen, um die Steuern zu bezahlen, und das Ungleichgewicht würde noch größer bei höheren Inflationsraten. Deshalb sind TIPS für steuerpflichtige Investoren nicht ideal und werden am besten nur für steuerbegünstigte Programme zur Absicherung des Ruhestands benutzt.

Sollten Sie ein Anleihen-Junkie werden?

Ist der Anleihenmarkt immun gegen das Prinzip, dass das Risiko der Kapitalanlage und die Belohnung für das Eingehen des Risikos etwas miteinander zu tun haben? Keineswegs! Zumeist warfen die sogenannten Junkbonds (geringere Kreditwürdigkeit, höhere Erträge) den Investoren einen Gewinn ab, der über zwei Prozentpunkte höher lag, als man mit Anleihen erstklassiger Kreditwürdigkeit erzielen konnte. Ende der 90er Jahre erzielte man mit empfohlenen Anleihen 6,5 bis 7 %, während Junkbonds oft 9 % oder mehr einbrachten. Doch selbst dann, wenn bei 2 % der Junkbonds die Zinszahlungen und der Kapitaleinsatz ausfielen, würde ein diversifiziertes Portfolio mit Anleihen geringer Qualität immer noch einen höheren Nettogewinn abwerfen als der, den man aus einem Portfolio mit Anleihen erster Qualität beziehen könnte. Aus diesem Grund haben viele Anlageberater ein gut diversifiziertes Portfolio mit Anleihen, die hohe Erträge abwerfen, als vernünftige Anlage empfohlen. Für Sie sind die höheren Erträge sehr verlockend, und sie bieten mehr als angemessene Kompensation für das geringfügig höhere Investmentrisiko. Und wirklich lagen die Ertragsunterschiede von Anleihen mit höherem Risiko gegenüber ihren sicheren Gegenstücken auf einem historischen Hoch. Das machte solche Anleihen besonders attraktiv.

Es gibt allerdings eine andere Denkschule, die Investoren dahingehend berät, von Junkbonds die Finger zu lassen. Diese Berater sehen die Risiken als viel zu hoch an. Die meisten Junkbonds wurden seit Mitte der 80er Jahre als Folge der massiven Welle von Fusionen, Unternehmenskäufen und durch Kreditaufnahme finanzierter Aufkäufe ausgegeben. Diejenigen, die Junkbonds ablehnen, betonen, dass Anleihen mit geringer Kreditwürdigkeit nur während guter wirtschaftlicher Zeiten in voller Höhe ausgezahlt werden. Aber Vorsicht, sagen sie, wenn die Wirtschaft einbricht und wir auf breiter Basis in eine Rezession geraten. In einem solchen Umfeld, so sorgen sich viele Analysten, würden die Ausfälle bei Anleihen mit geringerer Kreditwürdigkeit deutlich höher sein als es historisch gesehen der Fall war – die 2 % im vorangehenden

Beispiel würden weit überschritten. Unter diesen Bedingungen könnten die Nettogewinne bei Junkbonds sogar niedriger ausfallen als bei Anleihen erster Qualität.

Was sollte ein besorgter Investor also tun? Es gibt keine einfache Lösung. Und wiederum hängt die Antwort teilweise davon ab, wie gut Sie schlafen können, wenn Sie ein deutliches Investmentrisiko eingehen. Klar: Portfolios mit Junkbonds sind nichts für diejenigen, die kaum zur Ruhe kommen. Auch bei einer Diversifikation gibt es bei diesen Investments ein deutliches Risiko. Weiterhin sind sie nichts für Investoren, deren Haupteinnahmequelle aus Zinszahlungen besteht. Und ganz sicher sind sie nichts für Investoren, die ihre Beteiligungen nicht ausreichend diversifizieren, entweder durch direktes Investment oder durch Investmentfonds. Dennoch sind die höheren Erträge aus Junkbonds deutlich. Und zumindest historisch gesehen, wurde man für die Ausfälle, die sich wirklich ereignet haben, mehr als kompensiert. Wenn die amerikanische Wirtschaft auf einem relativ hohen Standard bleibt und ein Szenario des jüngsten Gerichts vermeiden kann, dann werden Investoren mit einer hohen Risikotoleranz und der Möglichkeit einer entsprechenden Diversifikation wahrscheinlich weiterhin attraktive Gewinne einstreichen.

Übung 5: Beginnen Sie Ihren Spaziergang im eigenen Heim; Vermietungen bringen nicht viel

Erinnern Sie sich an Scarlett O'Hara? Am Ende des Bürgerkriegs hatte sie alles verloren, aber sie hatte immer noch Tara, ihre geliebte Plantage. Ein gutes Haus auf gutem Land behält seinen Wert, ganz gleich, was mit dem Geld passiert. Solange die Weltbevölkerung weiter wächst, wird die Nachfrage nach Immobilien eine der besten Möglichkeiten sein, sich gegen Inflation zu schützen.

Vor 100 Jahren empfahl Henry George die Kapitalanlage in Immobilien:

Kaufen Sie sich ein Grundstück und behalten Sie es . . . mehr brauchen Sie nicht zu tun. Sie können sich hinsetzen und Ihre Pfeife rauchen. Sie können faulenzen wie die Faulenzer von Neapel oder Mexiko. Sie können in einem Heißluftballon aufsteigen oder in einem Erdloch versinken, und das, ohne einen Handschlag zu arbeiten, ohne auch nur einen Deut zum Volksvermögen beizutragen. In zehn Jahren werden Sie reich sein.

Im Großen und Ganzen erwies sich der Ratschlag von Henry George als ziemlich gut.

Auch wenn die Rechnung ziemlich trickreich ist, hat es den Anschein, daß die Gewinne aus Wohnungseigentum sehr attraktiv waren. Obwohl es Ende der 80er und Anfang der 90er Jahre nicht besonders gut lief, war die langfristige Performance sehr gut. Doch der Immobilienmarkt ist weniger effizient als der Aktienmarkt. Es gibt vielleicht Hunderte von kenntnisreichen Investoren, die den Wert jeder Aktie studieren. Doch nur eine Handvoll möglicher Käufer kann den Wert einer bestimmten Immobilie richtig einschätzen. Folglich sind einzelne Immobilien nicht immer richtig bewertet. Und schließlich scheinen Gewinne aus Immobilien höher zu sein als Gewinne aus Aktien, insbesondere dann, wenn sich die Inflation beschleunigt. In Zeiten einer Disinflation hingegen sind Immobilien weniger ertragreich. Insgesamt gesehen sind Immobilien jedoch ein gutes Investment mit üppigen Gewinnen und hervorragendem Inflationsschutz.

Für die meisten ist das Einfamilienhaus oder die Eigentumswohnung das normale Immobilieninvestment. Irgendwo muss man wohnen, und der Kauf einer Wohnung bietet gegenüber einer Mietwohnung eine Reihe von Steuervorteilen. Weil die Regierung den Eigenheimbesitz und die Werte, die damit verbunden sind, fördern wollte, gab sie dem Eigenheimbesitzer zwei wichtige Steuervorteile:

1. Die Miete kann zwar von den Einkommenssteuern nicht abgezogen werden, doch die beiden größten Ausgaben, die mit Wohnungseigentum verbunden sind – die Zinszahlungen bei der Hypothek und Grundsteuern – sind abzugsfähig.
2. Die realisierten Gewinne beim Wertzuwachs Ihres Hauses sind nach Ablauf der Spekulationsfrist steuerfrei. Außerdem ist Hausbesitz eine gute Möglichkeit, sich zum Sparen zu zwingen, und ein Haus bietet auch emotionale Zufriedenheit. Mein Rat ist: Wenn Sie es sich leisten können, dann sollten Sie ein Eigenheim kaufen.

Wie aber wissen Sie, ob Sie sich ein Eigenheim leisten können? Eine Faustregel ist, dass eine Familie nicht mehr als 30 % ihres Einkommens auf Hypothekenzahlungen verwenden sollte. Bei langfristig festgelegten Hypothekenzinsen sollte das einfach zu kalkulieren sein. Sie sagen der Hypothekenbank wieviel Geld Sie wie lange benötigen, und diese sagt Ihnen dann, wie hoch Ihre monatlichen Zahlungen bei den aktuellen Zinssätzen sind. Als die Zinsen in der ersten Hälfte der 80er Jahre bis auf 14 % und höher stiegen, konnten die Zahlungen von vielen Familien nicht mehr geleistet werden. Das brachte sie davon ab, ihren American Dream zu verfolgen – ein Eigenheim, das sie sich leisten konnten. Und dann kamen die brandheißen gleitenden Hypothekenzinssätze. Mitte der 80er Jahre wurden zwei von drei Häusern mit gleitenden Hypothekenzinsen finanziert.

Es gibt viele verschiedene Variationen von Hypotheken mit variablem Zinssatz. Das Grundprinzip ist, dass der dem Vertrag zugrundeliegende Zinssatz regelmäßig an die Bewegungen ausgewählter Zinsindizes angepasst wird, beispielsweise an die Zinssätze kurzfristiger Schatzbriefe. Im Allgemeinen sind die anfänglichen Zinsen bei variablen Hypotheken deutlich niedriger als die bei Hypotheken mit festem Zinssatz. Doch geht der Hauskäufer immer das Risiko steigender Zinsen ein. Viele Hypothekenexperten haben davor gewarnt, dass, wenn die Zinsen in der Zukunft steigen, dies zu einem Zahlungsschock führen könnte – dass die Zahlungen so deutlich ansteigen, dass sie den Haushalt in Not bringen und schlimmstenfalls einige Familien aus ihren Häusern vertreiben könnten.

Glücklicherweise gibt es heute Hypotheken mit gleitendem Zinssatz, die eine Kappungsgrenze eingezogen haben. Sie kappen typischerweise die jährlichen Zinsanpassungen auf 1 bis 2 % und ziehen eine Obergrenze für die Zinsanstiege bei etwa 5 % ein. Obwohl diese Kappungen für die Verbraucher sehr sinnvoll sind, können sie manchmal auch zu einem falschen Sicherheitsgefühl führen. Wenn beispielsweise die gekappten Zinszahlungen nicht ausreichen, um die Zinserhöhungen auszugleichen, die im Zinsindex gelten, auf dem die Hypothek gegründet ist, sähe sich der Hauskäufer einer sogenannten negativen Amortisation ausgesetzt. Dieser schrecklich klingende Begriff bedeutet, dass dann, wenn Ihre Zahlungen nicht ausreichen, um alle Zinsen zu decken, die nicht gezahlten Zinsen dem Hypothekendarlehen hinzugefügt werden. So haben Sie eine höhere Schuld abzutragen. Das Ergebnis ist, dass Sie über einen längeren Zeitraum hinweg zahlen müssen, oder bei einem Verkauf Ihres Hauses einen geringeren Gewinn erzielen können.

Sie sehen, Hypotheken sind heute nicht mehr so einfach zu bekommen wie früher. In den späten 90er Jahren lagen die Zinssätze bei festverzinslichen Hypothekendarlehen unter 7 %, und viele Häuslebauer entschieden sich, auf dieses attraktive Angebot einzugehen. Bei niedrigen Zinsen macht ein fester Zinssatz Sinn. Wie ich in diesem Buch schon an anderen Stellen sagte, ist es unbedingt erforderlich, sich genau umzusehen. Es gibt viele Variationen und viele unterschiedliche Arrangements, und Ihre Zeit wäre gut investiert, wenn Sie nach dem besten Deal Ausschau hielten. Jeder Haushalt sollte zum Ziel haben, ein Eigenheim zu besitzen.

Übung 6: Stärken Sie sich mit Investmentfonds

Eine der größten Veränderungen des US-Finanzmarkts während der späten 90er Jahre war die Umschichtung in Immobilienfonds. Eigentum an Appartementhäusern, Bürohäusern und Einkaufscentern wurde in Immobilienfonds eingebracht und von professionellen Immobilienmanagern geleitet. Die Anteile an geschlossenen Fonds sind Aktien wie alle anderen und werden an den großen Börsen aktiv gehandelt. Im Jahr 1998 lag die Marktkapitalisierung der geschlossenen Immobilienfonds in den Vereinigten Staaten bei weit über 150 Milliarden $. Dies bot Privatanlegern eine hervorragende Möglichkeit, Gewerbeimmobilien in ihre Portfolios einzubringen. Wenn Sie Ihr Portfolio mit Immobilien anfüllen wollen, möchte ich Ihnen dringend empfehlen, dass Sie einiges von Ihren Werten in geschlossene Immobilienfonds einbringen. Es gibt viele Gründe, weshalb diese in Ihrem Investmentprogramm eine Rolle spielen sollten.

Erstens brachten Immobilien ihren Inhabern in den letzten 30 Jahren einen mit Aktien vergleichbaren Gewinn. Ebenso wichtig ist, dass Immobilien ein geeignetes Mittel sind, um die Vorteile der Diversifikation zu erlangen, die ich in Kapitel 8 beschrieben habe. Weil Gewinne aus Immobilien relativ wenig mit anderen Wertpapieren zu tun haben, können Sie das Gesamtrisiko Ihres Investmentprogramms dadurch reduzieren, dass Sie einige Immobilienpapiere in Ihr Portfolio aufnehmen. In Kapitel 8 habe ich gesagt, dass diese Korrelationen in den gesamten 90er Jahren Bestand hatten. Weiterhin sind Immobilien wahrscheinlich ein verlässlicherer Schutz gegen Inflation als Aktien im Allgemeinen. Während der Inflation der 70er Jahre waren die Gewinne aus Immobilien deutlich höher als die der breiten Aktienindizes. Schließlich schienen Immobilien während der späten 90er Jahre bescheidener bewertet zu sein als Blue Chips. Die breiten Marktdurchschnitte wurden zu relativ hohen Kurs-Gewinn-Verhältnissen, zu hohen Vielfachen des Buchwerts und außerordentlich niedrigen Dividendenrenditen gehandelt. Die Dividendenerträge bei Immobilienfonds hingegen lagen im Durchschnitt zwischen 6 und 8 %.

Immobilienfonds sehen sogar noch besser aus, wenn man ihre steuerlichen Vorteile in Betracht zieht. Durchschnittlich wird etwa ein Viertel der Gewinne aus einem Immobilienfonds steuerlich als Kapitalgewinn betrachtet. Deshalb wird ein Teil der Dividende nicht mit dem Grenzsteuersatz belegt und reduziert somit die zu versteuernde Basis des Fondsanteils. Das Ziel ist, einen Erlös, der dem normalen persönlichen Steuersatz unterliegt, in leichter zu versteuernde langfristige Kapitalgewinne umzuwandeln, die hinausgeschoben werden, bis die Anteile verkauft werden, oder dass die Steuer komplett vermieden wird, wenn die Anteile vererbt werden. Da die Renten mit der Zeit steigen und die Immobilienfondsgesellschaften attraktive Gelegenheiten finden, ihre Portfolios auszuweiten, sollten auch die Dividenden mit der Zeit steigen. Zusätzlich könnten Kapitalgewinne erzielt werden. Weiterhin haben viele Immobilienfondsgesellschaften attraktive Programme, die das Reinvestment der Dividenden ohne Transaktionskosten und in manchen Fällen mit einem Rabatt von bis zu 5 % ermöglichen.

Leider ist die Aufgabe, die vielen Immobilienfondsgesellschaften zu durchsuchen und ebenso die neuen Angebote der Fondsgesellschaften, die den Markt gegen Ende der 90er Jahre überfluteten, für den Privatinvestor eine große Herausforderung. Hinzu kommt, dass eine einzige Immobilienfondsgesellschaft wahrscheinlich nicht die erforderliche Diversifikation über alle Arten von Immobilien hinweg und in allen Regionen des Landes bietet. Und sicherlich kann es auch passieren, dass ein Privatanleger ganz heftig ins Stolpern gerät, wenn er den falschen Immobilienfonds kauft. Nun jedoch gibt es für die Investoren eine schnell wachsende Gruppe von Immobilienfonds, die bereit sind, die Aufgabe für sie zu übernehmen. Die Fonds durchkämmen die verfügbaren Angebote und stellen ein diversifiziertes Portfolio von Immobilieninvestmentgesellschaften zusammen, was sicherstellt, dass eine große Bandbreite von Immobilienarten und Regionen repräsentiert sind. Darüber hinaus können Investoren ihre Anteile zurückzugeben, wann immer sie wollen. Ein repräsentatives Beispiel für Immobilienfonds finden Sie in der folgenden Tabelle. Diese Fonds stellen für private Investoren ein sehr hilfreiches Vehikel dar, um ein Teil ihres Kapitals in Immobilien zu platzieren.

Obwohl Immobilien für den privaten Anleger attraktive Vorteile bei der Diversifikation bieten, gilt es, sehr wichtige Warnungen zu berücksichtigen. Wie bei Aktien gibt es bei den Immobilienpreisen breite Schwankungen. Dies kommt auch in den Kursen der Immobilienfonds zum Ausdruck. Hätten Sie auf dem Höhepunkt des Immobilienbooms in

Informationen über einige geschlossene Immobilienfonds

Fondsgesellschaft	Ausgabe-aufschlag	Jahr der Auflage	Gebühren in %	Wert 1998 in Mio. 31.12.1997 in %	1-Jahres-gewinn zum 31.12.1997 in %	3-Jahres-gewinn zum (Beta)	Risiko-maß
Fidelity Real Estate	nein	1986	0,90	1.834,94	6,82	19,22	0,29
Cohen & Steers Realty	nein	1991	1,05	2.771,11	6,58	19,73	0,22
CGM Realty	nein	1994	1,00	569,00	6,09	23,49	0,28
Vanguard REIT Index Fund	nein	1996	0,24	1.240,00	7,74	k.A.	k.A.

* 0,75 % Rücknahmegebühr innerhalb von 90 Tagen nach dem Kauf
** Betas gibt es für Fonds normalerweise erst, wenn Daten von drei Jahren vorliegen

den 80er Jahren oder während des Höhepunkts 1997 Immobilienfonds gekauft, dann wären Sie heute ziemlich enttäuscht. Eine mögliche Falle für Investoren ist, dass Anteile geschlossener Immobilienfonds, so wie Aktien, einen relativ zum Wert der zugrundeliegenden Immobilien zu hohen Kurs haben können. Die Kurse der Immobilienfonds wurden Mitte der 90er Jahre nach oben getrieben, und eine sprichwörtliche Flut von Emissionen kam auf den Markt. Die Situation war ein Geschenk des Himmels für Projektentwickler und Finanzinstitutionen, die einige ihrer Immobilienholdings abstoßen wollten. Sie packten ihren Immobilienbesitz in Immobilienfonds zusammen (oft die Guten mit den Schlechten) und verkauften sie der Öffentlichkeit. Die Manager dieser Immobilienfondsgesellschaften erhielten großzügige Jahresgehälter, und die Bewertung der Immobilienfonds lag weit über dem Wert, den man beim Verkauf der einzelnen Objekte erzielt hätte.

Green Street Advisors, ein Unternehmen, das Immobilien untersucht, beobachtet diese Aufschläge, indem es vergleicht, wie Immobilien im Fondsmarkt bewertet werden (Marktwert der Anteile an Immobilienfondsgesellschaften) und wie Immobilien auf dem privaten Markt bewertet werden (Preise, zu denen Immobilien tatsächlich an private Erwerber veräußert werden können). Die Abbildung auf Seite 318 zeigt die verschiedenen Aufschläge oder Abschläge während der 90er Jahre. Wir sehen, dass dann, wenn sich Investoren für Immobilienfonds sehr begeistern können, das Verhältnis ihrer Werte an der Börse in Relation zum Wert der Immobilien am privaten Markt steigt.

Vergessen Sie nicht, dass Immobilienfonds langfristig nur so profitabel sein können wie die Immobilien, die sie besitzen. Investoren können Schaden nehmen, wenn sie auf dem Höhepunkt einer Euphorie kaufen, und deshalb sollte man sich Immobilienfonds vorsichtig nähern. Immobilienfonds sind ein wunderbares Vehikel für Investoren, doch, anders als Mae West es sagt, ist zuviel des Guten nicht immer wunderbar. Wie ein sehr verbreiteter Aufkleber in Houston Mitte der 80er Jahre sagte: „Bitte, lieber Gott, gib uns nochmal einen Ölboom und wir versprechen, es nicht zu vermasseln." Immobilien sind Vermögenswerte, die viel Vertrauen verdienen und auch in Privatportfolios eine Rolle spielen, doch die Branche machte in der Vergangenheit ungeheuerliche Fehler und wird das zweifellos auch in Zukunft tun. Glücklicherweise waren die Immobilienpreise auf dem Markt im Spätsommer 1998 rückläufig, und die Anteile von Immobilienfonds wurden recht vernünftig bewertet. Ich glaube, dass alle Investoren einen Teil ihres Portfolios in geschlossenen Immobilienfonds anlegen sollten.

Börsliche und außerbörsliche Bewertung von Immobilien

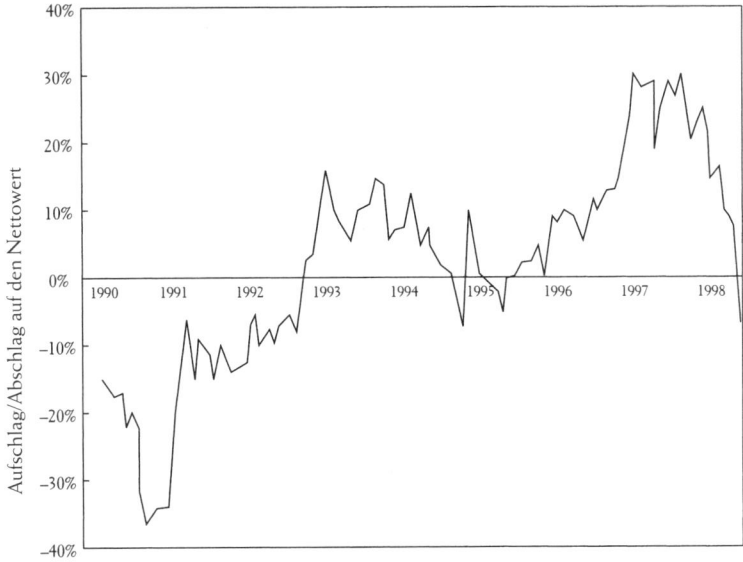

Source: Green Street Advisors.

* Dieser Chart zeigt die Aufschläge und Abschläge von Anteilen geschlossener Immobilienfonds in Relation zu ihrem Wert, wie er in den Büchern des geschlosssenen Fonds dargestellt wird.

Bevor wir das Thema Fehler verlassen, sollte ich noch einmal davor warnen, den Immobiliengurus, die spät nachts im Werbefernsehen auftreten und unbegrenzten Reichtum versprechen, zu vertrauen, und keinesfalls ohne Eigenkapital Immobilien kaufen. Kaufen Sie deren Bücher nicht und glauben Sie keinesfalls deren Strategien, sofort und schnell reich werden zu können. Sie könnten in die Zahlungsunfähigkeit und sogar ins Gefängnis getrieben werden. Die begabte Finanzkolumnistin Jane Bryant Quinn studierte einige dieser Programme und die Projekte, die sie verkauften, und kam zu folgendem Schluss:

„Ich habe herausgefunden, dass sie täuschend sind, phantastisch, falsch und in manchen Fällen ganz einfach illegal. Der Traum, den sie verkaufen — dass man rentable Immobilien ohne Kreditwürdigkeit kaufen kann, ohne Job und ohne Erfahrung, auch dann, wenn man eine Zahlungsunfähigkeit hinter sich hat — dürfte kaum jemals die erste Runde eines Realitätstest überstehen. Die Gurus verdienen sich ihre Rolls-Royces und ihre Diamantenringe nicht dadurch, dass sie Gewinne aus Immobilien erzielen, sondern dadurch, dass sie anderen Leuten das Geld aus der Tasche ziehen."

Übung 7: Auf Zehenspitzen durch die Anlagen in Gold und Sammlerstücke

In den früheren Auflagen dieses Buches sah ich Gold und andere Sammlerstücke als Anlagemöglichkeiten sehr negativ. Zu Beginn der 80er Jahre stieg Gold auf über 800 $ je Unze. Diamanten glitzerten, Metalle wie Kupfer und Silber glänzten, und Sammlerstücke wie Kunst, Teppiche und Porzellan wurden beliebte Anlagemöglichkeiten.

Die Verleger sprangen auf diesen Zug auf, und viele Bücher erschienen, die beschreiben sollten, wie man die Inflation überlisten kann. Sie lockten Kapitalanleger in Sachgüter und nicht in Wertpapiere. Der Grundgedanke war, dass alle konsumieren. Wenn Sie reale Kaufkraft bewahren wollen, können sie es tun, wenn Sie besondere Waren besitzen. Wenn Sie beispielsweise Fertiggerichte essen und einen Honda Accord fahren, dann können Sie die Realkaufkraft dadurch bewahren, dass Sie Fertiggerichte und Hondas auf Lager legen. An diesem Rat ist tatsächlich etwas dran. In Ländern, die unter einer Superinflation gelitten haben, kann man in den Hinterhöfen mittlerer Wohngegenden oft Autos sehen. Dadurch, dass sie bestimmte Waren horten, schützen diese Leute ihre Ersparnisse vor der Inflation.

Das Problem dabei ist, dass Waren keine Dividendenerlöse abwerfen. Weiterhin kann es sein, dass es sehr teuer ist, sie zu lagern und zu bewahren. Sie könnten sogar verderben. Der Honda Accord in Ihrem Hinterhof kann rosten, und das drei Jahre alte Fertiggericht in Ihrem Tiefkühlschrank wird wahrscheinlich nicht mehr besonders gut schmecken. Ich ziehe Vermögenswerte vor, die einen Gewinn abwerfen und trotzdem Schutz vor Inflation bieten. Deshalb mag ich Immobilien und Aktien.

Dennoch kann man nicht leugnen, dass einige vom ökonomischen Wahnsinn profitieren. 1979 war mit dem Goldrausch ein Jubeljahr für sie. Alle, die Anfang dieses Jahres Gold zu einem Preis von weniger als 300 $ je Unze belächelten, mussten schwer schlucken, als sie bemerkten, dass der Goldpreis auf mehr als 600 $ anstieg. Anfang 1980 stieg der Goldpreis weiter – er näherte sich der 900 $-Marke. Die Weltuntergangsanhänger andererseits waren ekstatisch. Sie hatten schon lange ein Portfolio empfohlen, das vollkommen aus Gold bestand. Der Preis von Gold nährt sich aus Angst, und tatsächlich hatten wir Grund genug, uns Sorgen zu machen.

Das Problem war, wie ich schon sagte, dass Gold ein sehr steriles Investment in einer rationalen Welt ist. Es wirft keine Dividenden ab,

„Ich stecke mein ganzes Geld in Sachwerte."

Drawing by Geo. Price. © 1979 The New Yorker Magazine, Inc.

und es kann sehr teuer werden, Gold zu lagern und zu schützen. Außerdem gleicht der steile Anstieg der Goldpreise in den Jahren 1979 und 1980 auffällig den Preisanstiegen während des Tulpenzwiebelwahns, den ich in Kapitel 2 beschrieben habe. 1980 sagte ich, dass ich Gold nicht immer schlecht mache. „Kapitalanlage in Gold kann dazu beitragen, Risiken zu reduzieren, weil die Goldpreise sich im Allgemeinen in der Gegenrichtung der Trends an den US-Märkten bewegen. Außerdem kann alles passieren, wenn an der Börse Tulpenzwiebel-Stimmung angesagt ist. Wenn Gold zu 900 $ je Unze gehandelt wird, dann kann es leicht auch für 1.800 $ je Unze gehandelt werden (oder zu 450 $ je Unze)." Aber ich sagte auch, dass Gold zu den Preisen von 1980 ein außerordentlich riskantes Investment sei.

1998 wurde Gold zu weit unter 300 $ je Unze gehandelt, und ich stehe Gold als Kapitalanlage nun ein wenig positiver gegenüber, bin aber noch weit davon entfernt, begeistert zu sein. Obwohl ich Ihnen nicht raten würde, einen größeren Anteil Ihres Vermögens in Gold anzulegen, sollte Gold in bescheidenem Umfang in einem gut diversifizierten Portfolio enthalten sein. Die Gewinne aus Gold haben im Allgemeinen wenig mit den Gewinnen aus Wertpapieren zu tun. Deshalb können selbst bescheidene Anteile (sagen wir einmal 5 % des gesamten Portfolios) einem Investor durchaus hilfreich sein, wenn er die Variabilität des gesamten Portfolios reduzieren will, wie in Kapitel 8 beschrieben wurde. Und sollte die Inflation wieder ihr Gesicht zeigen, würde Gold wahrscheinlich annehmbare Gewinne einbringen. Beteiligungen in Gold können leicht realisiert werden, wenn man Anteile in einem spezialisierten Investmentfonds kauft, der sich auf Gold konzentriert.

Die Schwankungen des Goldpreises erinnern mich an die Geschichte des verschlagenen chinesischen Kaufmanns, der von seinem Handel mit Sardinen hervorragend leben konnte. Sein Geschäft war so erfolgreich, dass er einen jungen College-Abgänger einstellte, der ihm bei seinen Unternehmungen helfen sollte. Eines Tages, als der junge Mann seine Schwiegereltern zum Abendessen einlud, entschloss er sich, ein paar Sardinendosen nach Hause mitzunehmen, um sie als Vorspeise anzubieten. Als er die erste Dose öffnete, fand er zu seinem großen Missfallen, dass die Dose mit Sand gefüllt war. Auch die zweite Dose war mit Sand gefüllt. Nachdem er den chinesischen Kaufmann am nächsten Tage über seine Erfahrungen informiert hatte, lächelte der gewitzte Trader ganz einfach und sagte: „Oh, diese Dosen sind für das Trading gedacht, und nicht zum Essen."

In gewissem Sinn gleicht diese Geschichte dem Handel mit Gold. Praktisch aller Handel mit Gold vollzieht sich in der Absicht, es zu horten oder damit zu spekulieren, so dass die ganze Ladung später zu einem höheren Preis verkauft werden kann. Das Gold wird kaum wirklich genutzt. Obwohl es eine gewisse Nachfrage für die Anwendung in der Zahntechnik, in der Schmuckindustrie und einigen speziellen Branchen gibt, ist der augenblickliche Lagerbestand an Gold in etwa 50 mal höher als der jährliche Bedarf – gar nicht zu erwähnen die großen Vorkommen, die noch nicht gefördert sind. In einem solchen Markt kann niemand sagen, wohin die Preise gehen werden. Vernünftigerweise sollte man – bestenfalls – Gold eine nur begrenzte Rolle im Rahmen einer breiteren Diversifikation zuschreiben.

Was aber ist mit anderen Rohstoffen? Sie kennen nicht die Art der Preiskorrektur, wie wir sie im Goldmarkt beobachtet haben und eignen sich normalerweise für Laien nicht als Kapitalanlage. Diamanten beispielsweise werden oft als jedermanns bester Freund beschrieben. Aber es gibt enorme Risiken und Nachteile für Privatanleger. Man muss berücksichtigen, dass der Kauf von Diamanten mit hohen Provisionen verbunden ist. Weiterhin gibt es Moden in der Art, wie die Diamanten geschliffen sind. Trotz gegensätzlicher Versicherungen werden Sie nur selten die Möglichkeit haben, zu echten Großhandelspreisen einzukaufen. Für einen Privatanleger ist es außerordentlich schwierig, die Qualität einzuschätzen, und ich kann Ihnen versichern, dass die Zahl der Telefonanrufe, die Sie von Leuten erhalten, die Ihnen Diamanten verkaufen wollen, weitaus größer ist, als die Zahl der Anrufe von solchen, die Diamanten kaufen wollen.

Eine weitere sehr beliebte Strategie ist das Investment in Sammelstücke. Tausende von Verkäufern handeln mit allem, vom Renoir bis zu Teppichen, Tiffanylampen und seltenen Briefmarken, von Art Deco bis zu Abfalltüten. Ich glaube, es ist nicht falsch, wenn man Dinge kauft, die man mag – und weiß Gott, es gibt Leute, die einen sehr eigenartigen Geschmack haben – aber mein Rat ist: Kaufen Sie solche Dinge weil Sie sie mögen, und nicht weil Sie erwarten, dass sie einen bestimmten Wert haben. Im Gegensatz zu einem verbreiteten Glauben wächst der inflationsbereinigte Wert von Kunstgegenständen und Sammlerstücken im Normalfall nicht. Außerdem müssen Sie enorme Provisionen bezahlen, wenn Sie kaufen und verkaufen. Nehmen wir einmal an, Sie kaufen Sammlerstücke von einem Händler für 1.000 $. Der Händler behält 50 %, was, nach Umsatzsteuer und verschiedenen anderen Gebühren dem Verkäufer 400 $ einbringt. Nehmen wir weiterhin an, dass der Marktwert dieses Stückes in fünf Jahren auf das Vierfache von dem gestiegen ist, was der Verkäufer bekommen hat, also von 400 $ auf 1.600 $. Dann gehen wir weiterhin davon aus, dass Sie Ihre Sammlerstücke auf einer Auktion verkaufen. Das Auktionshaus berechnet Ihnen ein Aufgeld von 350 $ und schickt Ihnen einen Scheck über 1.250 $. In diesem Szenario haben Sie dann innerhalb von fünf Jahren einen Profit von 25 % erzielt, weniger als die Bankzinsen bei einem Sparkonto ausmachen. Diese Kalkulationen beruhen auf der Annahme, dass Ihre Sammlerstücke tatsächlich zu astronomischen 400 % des ursprünglichen Wertes verkauft werden können, und das ist relativ unwahrscheinlich.

Fragen Sie sich einmal, weshalb alle so bereit sind, sich von Dingen zu trennen, deren Wert angeblich zunimmt. Und vergessen Sie dabei nicht , dass Nachahmungen und Fälschungen sehr verbreitet sind. Ein Portfolio mit Sammlerstücken erfordert oft auch hohe Versicherungsprämien und endlose Kosten für den Unterhalt – und so bezahlen Sie, anstatt Dividenden oder Zinsen zu kassieren. Um mit Sammlungen

Geld zu verdienen, benötigen Sie sehr viel Kreativität und Geschmack. Sie müssen erstklassige Objekte dann kaufen, wenn sie niemand haben will. Kaufen Sie keinen minderwertigen Kram, wenn uninformierte Massen die Preise nach oben treiben. Ein weiteres derzeit sehr beliebtes Instrument sind Warentermingeschäfte. Sie können nicht nur Gold, sondern auch Kontrakte für die Auslieferung verschiedener Waren kaufen. Das Spektrum reicht von Getreide über Metall bis zu ausländischen Währungen. Das ist ein schneller Markt, in dem die Profis große Gewinne machen können, doch Privatinvestoren, die nicht wissen, was sie tun, können leicht verprügelt werden. Mein Rat an den nichtprofessionellen Investor: Lassen Sie die Finger davon.

Übung 8: Provisionen sind kein Zufall – einige sind billiger als andere

Mit dem Aufkommen konkurrierender Provisionen wurde es möglich, Brokerdienste zu Discountpreisen zu kaufen. Eine Reihe von Brokern führt Orders heute zu Rabatten von bis zu 90 % der Standardprovisionen aus, die von führenden Brokerhäusern berechnet werden. Die Discountbroker bieten jedoch lediglich die Ausführung der Orders an. Wenn Sie wollen, dass man Ihnen die Hand hält, wenn Sie Meinungen hören und Vorschläge erhalten wollen, wenn Sie einen Broker haben wollen, den Sie wegen Kursen und anderen Informationen anrufen können, dann ist der Discountbroker nichts für Sie. Wenn Sie jedoch genau wissen, was Sie kaufen wollen, dann kann es Ihnen der Discountbroker zu weit günstigeren Provisionen besorgen als das normale Full-Service-Brokerhaus. Stellen Sie jedoch sicher, dass Ihr Discountbroker Ihre Orders für Aktien wie IBM oder Exxon an der New York Stock Exchange (oder in Frankfurt) ausführt. Einige Discounter führen die Transaktionen außerhalb der Börse aus. Mit dem Preis, den Sie bezahlen müssen, liegen Sie dann höher als mit dem, den Sie bei einem Full-Service-Broker bezahlen müssten.

Es ist nicht allzu schwierig, Discountbroker zu finden. Lesen Sie die Finanzseiten Ihrer Tageszeitung und Sie werden Anzeigen mit so auffälligen Headlines finden wie „Hohe Provisionen zahlen nur die anderen". Lediglich für die Ausführung von Börsenorders können Sie einen ehrlichen Discounter gebrauchen. Jeder Discounter gehört der Security Protection Corporation an, die alle Konten bis zu 100.000 $ versichert.

Wenn Sie wirklich bereit sind, alle Entscheidungen selbst zu treffen, dann können Sie die Orders auch per Computer aufgeben und die Trades elektronisch durchführen. Elektronic Trading ermöglicht es Ihnen, Hunderte von Aktien für 7,95 $ je Trade zu kaufen und zu verkaufen. Aktien Online zu traden ist so einfach und so billig, dass dies Ende 1998 fast fünf Millionen Investoren regelmäßig taten.

Onlinebroker unterscheiden sich jedoch im Umfang der Dienstleistungen, die sie anbieten. Beispielsweise bietet DLJ Direkt hervorragende Research Tools und die Möglichkeit, mit einem echten Broker zu sprechen, doch sind die Kosten dafür relativ hoch. Die preisgünstigsten Onlinebroker bieten nur sehr wenig Service und arbeiten ausschließlich mit aktiven Tradern zusammen. Die folgende Tabelle führt die größten Onlinebroker auf.

Einige Onlinebroker

Broker	Internet-Adresse
Ameritrade	www.ameritrade.com
Charles Schwab	www.schwab.com
DLJ Direct	www.dljdirect.com
E*Trade	www.etrade.com
Fidelity	www.fidelity.com

Weil wir gerade über Provisionen sprechen, sollten Sie auch die Innovation der Wall Street der 90er Jahre kennenlernen, die sogenannten „Wrap Accounts". Gegen eine Einmalgebühr übernimmt Ihr Broker die Dienstleistungen eines professionellen Geldmanagers, der für Sie dann ein Portfolio aus Aktien, Anleihen und vielleicht auch Immobilien zusammenstellt. Die Brokerprovisionen und Beratungsgebühren sind in der Einmalgebühr enthalten. Allerdings ist das Problem, dass es schwierig oder gar unmöglich für Sie ist, den Manager zu beurteilen, den Ihr Broker für Sie ausgewählt hat. Noch wichtiger ist, dass die Kosten eines Wrap Accounts extrem hoch sind. Jährlich zahlen Sie etwa 3 % des Umsatzes, und außerdem können zusätzliche Gebühren und Ausgaben für Fonds hinzukommen (wenn der Manager Investmentfonds oder Immobilienfonds in Ihrem Portfolio hält). Bei solchen Ausgaben wird es für Sie geradezu unmöglich, besser zu sein als der Markt. Mein Rat ist hier: Lassen Sie die Finger von diesem Angebot.

Übung 9: Diversifizieren Sie Ihre Investmentschritte

In diesen „Aufwärmübungen" haben wir eine Reihe von Investmentinstrumenten diskutiert. Der wichtigste Teil unseres Random Walk die Wall Street hinunter bringt uns an die Ecke zur Broad Street – zu einer Betrachtung verschiedener Investmentstrategien unter Berücksichtigung von Aktien. Ein Führer auf diesem Teil unseres „Spaziergangs" ist in den letzten drei Kapiteln enthalten, weil ich glaube, dass Aktien die tragenden Säulen der meisten Portfolios darstellen. Dennoch sollten wir in der letzten Übung noch einmal auf die wichtigsten Lehren der modernen Portfolio-Theorie zurückkommen – die Vorteile der Diversifikation.

Eine Redewendung aus der Bibel sagt, dass die Sicherheit in der Vielzahl der Berater liegt. Das kann man auch über die Kapitalanlage sagen. Diversifikation mindert Risiken und macht es weitaus wahrscheinlicher, dass Sie gute langfristige Gewinne erzielen, die Ihren Anlagezielen entsprechen. Deshalb sollten Sie in jeder Kategorie Ihrer Kapitalanlagen verschiedene Wertpapiere halten. Obwohl Aktien den größten Teil Ihres Portfolios ausmachen sollten, dürfen sie nicht die einzigen Investmentinstrumente bleiben. Ganz gleich, wie die Anlageziele aussehen, der kluge Investor diversifiziert.

Ein letzter Test

Nun, da Sie Ihre Aufwärmübungen beendet haben, nehmen wir uns einen Augenblick Zeit für einen letzten „Fitness-Test". Die Theorien der Bewertung, die von Ökonomen ausgearbeitet wurden, und die Performance, die von den Profis aufgezeichnet wurde, führen zu dieser Erkenntnis: Es gibt keinen sicheren und einfachen Weg zum Reichtum. Hohe Gewinne können nur durch höheres Risiko erzielt werden (und vielleicht auch dadurch, dass man ein geringeres Maß an Liquidität akzeptiert).

Ihre Risikotoleranz wird teilweise dadurch festgelegt, wie gut Sie schlafen können. Das nächste Kapitel behandelt die Risiken und Belohnungen, die Aktien und Anleihen bieten, und es wird Ihnen helfen, die Gewinne genauer zu bestimmen, die Sie von verschiedenen Finanzinstrumenten erwarten können. Aber das Risiko, das Sie eingehen können, wird entscheidend von Ihrem Alter beeinflusst sowie von den Quellen und der Verlässlichkeit Ihrer Einnahmen, die Sie nicht aus der Kapitalanlage beziehen. Kapitel 13 – Ein Anlageführer für jeden Lebenszyklus – gibt Ihnen eine deutliche Vorstellung davon, wie Sie entscheiden sollten, welcher Anteil Ihres Kapitals in Aktien, Anleihen und kurzfristigen Investments angelegt werden sollte. Das Schlusskapitel zeigt Ihnen spezielle Börsenstrategien, die auch Privatinvestoren in die Lage versetzen, Ergebnisse zu erzielen, die ebenso gut oder sogar noch besser sind als die der meisten schlauen Profis.

Kapitel 12

Handicaps für das Rennen ums Geld: Eine Fibel für das Verständnis und die Planung der Gewinne aus Aktien und Anleihen

Niemand, der über die Vergangenheit gut informiert ist, wird bereit sein, die Gegenwart negativ oder verzagt zu sehen.
Thomas B. Macaulay

Dies ist das Kapitel in dem Sie lernen, wie Sie im Bereich der Finanzen ein Buchmacher werden können. Nach der Lektüre werden Sie zwar immer noch nicht in der Lage sein, die Zukunft vorherzusagen – das kann ohnehin niemand – aber Sie werden bessere Chancen haben, ein gewinnbringendes Portfolio zusammenzustellen. Dies ist ein wichtiges Kapitel, weil das Geld, das Sie aufs Spiel setzen, Ihr eigenes Geld ist. Auch wenn das Preisniveau der Aktien und Anleihen, der beiden wichtigsten Determinanten Ihres Vermögens, zweifellos außerhalb Ihrer Kontrolle geraten wird, kann Ihnen meine Methode helfen, Ihr Anlageprogramm realistisch auf Ihre finanziellen Bedürfnisse und Möglichkeiten einzustellen.

Die Bestimmungsgrößen für die Gewinne aus Aktien und Anleihen

Langfristige Gewinne aus Aktien werden von zwei entscheidenden Faktoren bestimmt: vom Dividendenertrag zur Zeit des Kaufs und von der künftigen Wachstumsrate der Dividenden. Im Prinzip ist eine Aktie für den Käufer, der dieses Papier für immer behält, den aktuellen oder abgezinsten Wert aller künftigen Dividendenausschüttungen wert. Sie erinnern sich, dass dieses Abzinsen die Tatsache berücksichtigt, dass ein Dollar, den Sie morgen erhalten, weniger wert ist als ein Dollar, den Sie heute in der Hand halten. Ein Aktienkäufer erwirbt das Recht des Miteigentums an einem Unternehmen und hofft auf einen wachsenden Strom von Dividenden. Auch wenn ein Unternehmen heute sehr geringe Dividenden ausschüttet und den größten Teil der Gewinne (oder sogar alle Gewinne) zurückhält, um sie zu reinvestieren, geht der Investor davon aus, dass ein solches Reinvestment den künftigen Dividendenzufluss beschleunigen wird.

Der abgezinste Wert dieses Dividendenzuflusses kann in einer sehr einfachen Formel dargestellt werden, mit der die langfristigen Gesamtgewinne entweder für eine einzelne Aktie oder für den Gesamtmarkt errechnet werden.*

Langfristiger Gewinn aus Aktien = anfänglicher Dividendenertrag +
Wachstumsrate der Dividenden.

Von 1926 bis 1997 wurden jährlich durchschnittlich 11 % Gewinn erzielt. Der Dividendenertrag für den Gesamtmarkt lag am 1. Januar 1926 ein wenig über 5 %. Die langfristige Wachstumsrate der Dividenden lag ebenfalls bei etwa 5 %. Wenn man also den anfängliche Dividendenertrag zur Wachstumsrate addiert, erhält man einen recht guten Näherungswert der aktuellen Gewinnquote.

Über kürzere Zeiträume hinweg, beispielsweise ein Jahr oder sogar mehrere Jahre, wird ein dritter Faktor entscheidend für die Gewinne. Dieser Faktor ist eine Veränderung der Relationen unter den Bewertungskriterien – besonders der Quotient aus Kurs und Dividende oder das Kurs-Gewinn-Verhältnis.** (Zunahmen oder Abnahmen im Kursdividendenquotienten gehen im Allgemeinen in die gleiche Richtung wie die weitaus häufiger angewendeten Kurs-Gewinn-Verhältnisse.)

Die Quotienten aus Kurs und Dividende und aus Kurs und Gewinn variieren manchmal von Jahr zu Jahr gewaltig. In Zeiten eines großen Optimismus wie beispielsweise Anfang Oktober 1929 und Anfang

---

* diese Formel: langfristiger Gewinn = Anfangsdividende + langfristige Wachstumsrate, kann von der mathematischen Aussage abgeleitet werden, dass eine Aktie den abgezinsten Wert aller künftigen Dividendenzuflüsse darstellt.
** Der Quotient aus Kurs und Dividende ist einfach der reziproke Wert des Dividendenertrags. Eine Aktie, die 5 % Dividende abwirft, hat einen Kurs/Dividendenquotienten von 20.

Oktober 1987 wurden Aktien zum 35fachen Wert ihrer Dividenden gehandelt (und ebenso zu einem sehr hohen KGV). Anfang Juli 1998 stieg der Quotient aus Kurs und Dividende auf weit über 70 an. In Zeiten von großem Pessimismus, wie in den frühen 50er Jahren, wurden die Aktien zu weniger als dem 15fachen ihrer Dividenden gehandelt. Das Verhältnis von Kurs zu Dividende wird auch von den aktuellen Zinssätzen beeinflusst. Wenn die Zinsen niedrig sind, dann neigen Aktien, die mit Anleihen um die Ersparnisse der Investoren konkurrieren, im Allgemeinen dazu, mit niedrigen Dividendenerträgen oder hohen Kurs/Dividenden-Quotienten gehandelt zu werden. Wenn die Zinsen jedoch hoch sind, dann steigen auch die Dividendenerträge an, um konkurrenzfähiger zu werden. Und natürlich, je höher der Ertrag, um so geringer ist dann auch das Kurs-Dividenden-Verhältnis. Wie wir noch sehen werden, war die Zeit zwischen 1968 und 1982 eine der schlechtesten Zeiten für Aktien, als die Gewinne nur etwa bei 5,5 % pro Jahr lagen. Aktien wurden zu Beginn dieser Periode mit einem Dividendenertrag von 3 % gehandelt und das Dividendenwachstum lag bei 6 % im Jahr, ein klein wenig über dem langfristigen Durchschnitt. Wären die Kurs-Dividenden-Verhältnisse (und die Dividendenerträge) gleich geblieben, dann hätten die Aktien einen Jahresgewinn von 9 % erbracht, was bei 6 % Dividendenwachstum 6 % Kapitalgewinn im Jahr ausmacht. Doch ein hoher Zuwachs bei den Dividendenerträgen (ein starker Rückgang im Kurs-Dividenden-Verhältnis ebenso wie ein tiefer Fall im Kurs-Gewinn-Verhältnis) reduzierte den durchschnittlichen Jahresgewinn um etwa 3,5 % Punkte. Die folgende Abbildung, die aus John Bogles hervorragendem Buch über Investmentfonds stammt, zeigt das KGV für Aktien von 1926 bis in die Gegenwart.

Viele Analysten fragen sich, ob die Dividenden Ende der 90er Jahre immer noch so wichtig sind wie in der Vergangenheit. Sie behaupten, dass Unternehmen es zunehmend vorziehen, ihre wachsenden Gewinne über Aktienrückkäufe und nicht über wachsende Dividenden an die Aktionäre zu verteilen. Hinter diesem Verhalten sieht man zwei Gründe – einer dient den Aktionären und der andere dem Management. Der Vorteil für die Aktionäre entstand durch die Steuergesetze. 1997 wurde der Steuersatz auf langfristige Kapitalgewinne in den USA auf maximal 20 % reduziert, während der Höchststeuersatz auf Dividenden bei 39,6 % liegt. Unternehmen, die Aktien zurückkaufen, reduzieren die Anzahl der im Umlauf befindlichen Aktien, erhöhen damit die Gewinne je Aktie und auch die Aktienkurse. Deshalb verursachen Aktienrückkäufe Kapitalgewinne, die weniger hoch besteuert werden. Außerdem

Der Kurs für 1 $ Dividenden (Kurs/Dividendenquotient)

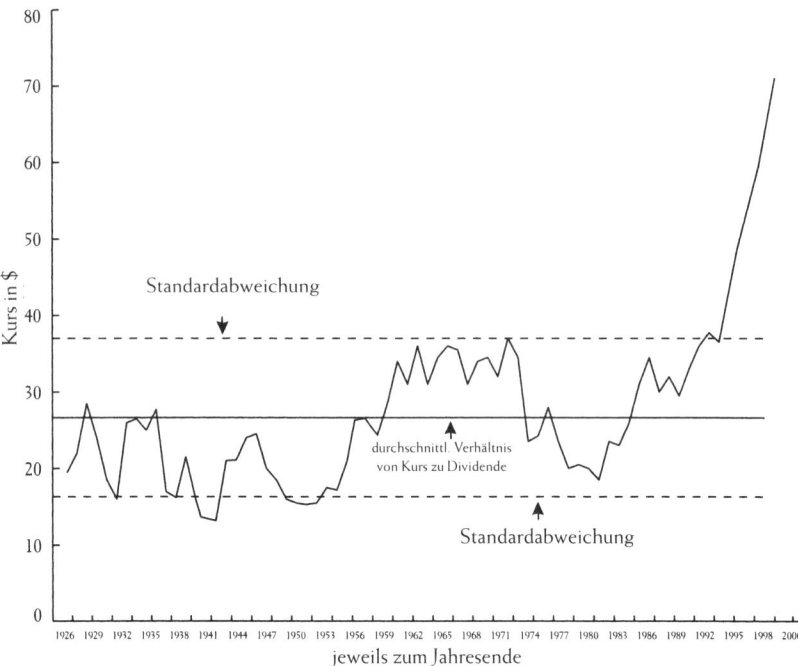

Die durchgezogene Linie zeigt den Durchschnitt seit 1926 an. Die gestrichelten Linien darüber und darunter stellen die Bandbreite einer Standardabweichung über und unter dem Durchschnitt dar.

können die Steuern auf Kapitalgewinne solange hinausgeschoben werden, bis die Aktien verkauft werden. Oder die Steuerzahlungen können völlig vermieden werden, wenn man die Aktien später vererbt. Deshalb handeln Manager durchaus im Interesse der Aktionäre, wenn sie die Aktien des eigenen Unternehmens zurückkaufen und die Dividenden nicht erhöhen.

Die Kehrseite der Medaille bei Aktienrückkäufen ist eher eigennützig. Ein großer Teil des Einkommens der Manager beruht auf Aktienoptionen, die nur dann wertvoll werden, wenn Gewinne und Kurs steigen. Aktienrückkäufe sind eine einfache Möglichkeit, dies zu bewirken. Eine höhere Bewertung nützt den Managern, weil der Wert ihrer Aktienoptionen steigt, während höhere Dividenden in die Taschen der Aktionäre wandern.

Von den 40er Jahren bis in die 70er Jahre wuchsen Gewinne und Dividenden gleichmäßig. Während der letzten Jahrzehnte des 20. Jahrhunderts jedoch wuchsen die Gewinne weitaus schneller als die Dividenden. Um es anders zu sagen: Der Anteil der Gewinne, der als Dividenden ausgeschüttet wird, nahm ab. Deshalb scheint es wesentlich vernünftiger zu sein, die Analyse nicht mit dem Dividendenwachstum und den Veränderungen im Kurs-Dividenden-Verhältnis anzustellen, sondern eher mit dem Gewinnwachstum und den Veränderungen im Kurs-Gewinn-Verhältnis. Um das Lesen zu vereinfachen, habe ich mich entschlossen, meine Analysen mit dem Gewinnwachstum zu verbinden.* Dennoch sollte man überlegen, ob Dividenden tatsächlich aus der Mode gekommen sind. Erstens, das Steuerargument ist für die große Mehrheit der Aktionäre irrelevant, denn sie sind entweder steuerbefreite institutionelle Anleger, Pensionsfonds oder Einzelanleger, die die meisten ihrer Aktien in Rentensparplänen halten, in denen die Dividenden nicht versteuert werden. Weiterhin führen viele Aktienrückkäufe nicht zu dem Ergebnis, dass weniger Aktien im Umlauf sind – sie entsprechen lediglich der Anzahl neuer Aktien, die an Manager ausgegeben werden, die ihre Aktienoptionen ausüben. Und schließlich wäre es interessant zu wissen, ob Dividenden den Investoren wichtiger sind, wenn Zeiten anbrechen, in denen die Börse nicht mit dem halsbrecherischen Tempo der späten 80er und 90er Jahre wächst. Dividenden könnten wieder im früheren Glanz erstrahlen, wenn die Börse nicht überschäumt.

Langfristige Gewinne aus Anleihen sind einfacher zu kalkulieren als die von Aktien. Langfristig gesehen entspricht der Ertrag, den der Investor in Anleihen erhält, dem Zinssatz, der beim Kauf der Anleihe bis zum Ablauf gilt. Bei einer Zero-Coupon-Anleihe (eine Anleihe, bei der während der Laufzeit keine Zinsen gezahlt werden, sondern bei Ablauf ein fester Betrag ausgezahlt wird), entspricht der Ertrag, der gekauft wird, genau dem, den der Investor erhält, wobei unterstellt wird, dass es keinen Ausfall gibt, und dass die Anleihe bis zum Ablaufzeitpunkt gehalten wird. Bei einer Anleihe, die regelmäßig Zinsen abwirft, könnte es kleine Abweichungen im möglichen Ertrag geben, doch das hängt davon ab, ob und zu welchen Zinssätzen die Zinserträge aus der Anleihe reinvestiert werden, und ob die Zinsen steigen oder fallen, ob sie Kapitalverluste oder Kapitalgewinne verursachen. Dennoch bietet der anfängliche Zinssatz der Anleihe eine ziemlich verlässliche Größe des

---

* Die Formel, mit der die Werte berechnet werden, leitet sich im Allgemeinen vom Dividendenwachstum ab, doch genau die gleichen Ergebnisse erhält man, wenn man das Gewinnwachstum verwendet.

Ertrages, den ein Investor erhalten wird, der die Anleihe bis zum Ablauf behält.

Etwas schwieriger ist es, die Gewinne aus Anleihen zu berechnen, wenn sie nicht bis zur Ablauffrist gehalten werden. Veränderungen bei den Zinssätzen werden dann ein wichtiger Faktor, wenn man für die Zeit, in der die Anleihe gehalten wird, den Nettogewinn berechnen will. Nehmen wir beispielsweise an, ein Investor kauft eine Zero-Coupon-Anleihe mit zehnjähriger Laufzeit und einem Zinssatz von 8 %. Er verkauft sie im Jahr darauf, als die Zinsen auf 8,5 % gestiegen sind. Anstatt in diesem Jahr 8 % zu verdienen, hätte der Investor lediglich einen Gewinn von etwa 3,5 %. Der Grund dafür ist, dass, wenn die Zinssätze steigen, die Anleihenkurse fallen, so dass die bereits ausgegebenen Anleihen mit denen konkurrieren können, die im Augenblick zu höheren Zinssätzen emittiert werden. 1 % Zunahme bei den Zinssätzen mindert den Kurs einer Anleihe um etwa 4,5 %, wodurch ein Kapitalverlust entsteht, der den Nettogewinn reduziert. Die Grundregel, an die man immer denken muss, ist, dass Investoren in Anleihen, die sie nicht bis zum Ablauf halten, ihren Gewinn erhöhen oder mindern, abhängig davon, was in der Zwischenzeit mit den allgemeinen Zinssätzen passiert ist. Anleger in Anleihen leiden, wenn die Zinsen steigen und freuen sich, wenn die Zinsen sinken.

Die Inflation ist das Schreckgespenst bei jeder Bestimmung eines Handicaps für Gewinne aus Finanzanlagen. Für Anleihen ist eine Zunahme der Inflationsrate zweifellos schlecht. Sie können das sehen, wenn Sie annehmen, es gäbe keine Inflation, und Anleihen würden auf der Basis eines Ertrages von 5 % gehandelt. Dann bieten Sie dem Investor einen Realgewinn (das heißt nach Einbeziehung der Inflation) von 5 %. Nun gehen wir davon aus, dass die Inflationsrate in einem Jahr von 0 auf 5 % steigt. Wenn Investoren immer noch einen Realgewinn von 5 % erzielen wollen, dann müssen die Zinssätze der Anleihen auf 10 % steigen. Nur dann können Investoren einen Gewinn von 5 % nach Anrechnung der Inflation erhalten. Doch das bedeutet, dass die Anleihenkurse fallen und alle, die zuvor für langfristige Anleihen 5 % Zinsen erhielten, einen deutlichen Kapitalverlust erleiden. Inflation ist also der Todfeind eines Anlegers in Anleihen.

Grundsätzlich sollten Aktien ein Schutz vor Inflation sein, denn Aktien leiden in der Regel nicht unter einer sich beschleunigenden Inflation. Zumindest in der Theorie sollten, wenn die Inflation um einen Prozentpunkt ansteigt, auch alle Preise um 1 % steigen, einschließlich des Wertes von Fabriken, Ausstattung und Lagerbestand. Konsequenterweise sollten Gewinne und Dividenden mit der Inflationsrate wachsen. Wenn Anleihenerträge mit der Inflation steigen, werden auch die Gewinne von Aktien steigen, um sie mit Anleihen konkurrenzfähig zu machen. Und dann ist auch keine Veränderung des Dividendenertrags (oder des Kurs-Dividenden-Verhältnisses) erforderlich. Der Grund dafür ist, dass die erwarteten Wachstumsraten mit dem erwarteten Anstieg der Inflationsrate steigen. Ob dies auch in der Praxis so ist, werden wir gleich untersuchen.

Drei Zeitabschnitte für Gewinne an den Finanzmärkten

Lassen Sie uns nun drei Zeiträume der jüngeren Geschichte von Aktien und Anleihen studieren und sehen, ob wir einen Schluss daraus ziehen können, wie Investoren hinsichtlich der Determinanten der oben diskutierten Gewinne abgeschnitten haben. Die drei Zeiträume gehen mit drei großen Umschwüngen bei den Gewinnen der Aktien nach dem 2. Weltkrieg einher. Die folgende Tabelle zeigt die drei Zeiträume und die durchschnittlichen jährlichen Gewinne, die Aktieninhaber und Anleger in Anleihen erzielten.

Ein Überblick über Gewinne bei Aktien und Anleihen in den USA in drei Zeitabschnitten (durchschnittliche Jahresgewinne)

Wertpapier	Zeitabschnitt 1 Jan.1946– Dez.1968 Zeitalter der Behaglichkeit	Zeitabschnitt 2 Jan.1969– Dez.1981 Zeitalter der Angst	Zeitabschnitt 3 Jan.1982– Jun.1998 Zeitalter des Überflusses
Aktien (S&P 500)	14,09 %	5,6 %	18,0 %
Anleihen (beste Qualität, Industrieanleihen)	1,8 %	3,8 %	13,5 %
durchschnittliche, jährliche Inflationsrate	2,3 %	7,8 %	3,4 %

Der Zeitabschnitt 1, ich nenne ihn das Zeitalter der Behaglichkeit, umfasst die Wachstumsjahre nach dem 2. Weltkrieg. Aktionäre waren unter Berücksichtigung der Inflation sehr gut bedient, während die mageren Gewinne, die Anleiheninhaber erzielten, deutlich unter der durchschnittlichen Inflationsrate lagen. Die zweite Ära nenne ich das Zeitalter der Angst: Millionen von Teenagern, die dem Babyboom entstammten, rebellierten; ökonomische und politische Instabilität, die durch den Vietnamkrieg entstand und verschiedene inflationäre Öl- und Nahrungsmittelschocks erzeugten für Investoren ein unwirtliches Klima. Hierbei gab es keine Ausnahmen: Weder Aktien noch Anleihen erging es gut. Während des 3. Zeitraums, dem Zeitalter des Überflusses, wurden die Babyboomer erwachsen. Es herrschte Frieden, und eine inflationsarme Blütezeit setzte ein. Es war für Aktionäre und Anleiheninhaber ein goldenes Zeitalter. Nie zuvor hatten sie so großzügige Gewinne eingestrichen.

Nachdem wir diese großen Zeiträume bestimmt haben, wollen wir einmal nachsehen wie sich die Gewinndeterminanten in diesen Zeiträumen entwickelt haben. Achten wir besonders darauf, was für die Veränderungen in der Bewertung und bei den Zinsen verantwortlich gewesen sein könnte. Sie erinnern sich, dass die Aktienkurse durch den Dividendenertrag zum Zeitpunkt des Kaufs bestimmt werden, durch die Wachstumsrate der Gewinne und durch die Veränderungen in der Bewertung, ausgedrückt durch das Kurs-Gewinn-Verhältnis. Die Gewinne der Anleihen sind determiniert durch: den anfänglichen Ertrag bis zur Tilgung zum Zeitpunkt des Kaufs und durch Veränderungen der Zinssätze (Erträge) und deshalb auch der Kurse der Anleihen für Investoren, die diese nicht bis zum Ablauf behalten.

Zeitraum 1: Das Zeitalter der Behaglichkeit

Die Verbraucher feierten das Ende des 2. Weltkrieges mit einem Kaufrausch. Während des Krieges konnten sie keine Autos, Kühlschränke und viele andere Dinge kaufen und gaben weit mehr Geld aus, als sie gespart hatten. Damit schufen sie einen Miniboom mit etwas Inflation. Es war jedoch nicht leicht, die große Depression der 30er Jahre zu vergessen. Ökonomen (diese schlimmen Wissenschaftler) machten sich Sorgen, als die Nachfrage nachzulassen begann und waren überzeugt, dass eine tiefe Rezession oder gar eine Depression unmittelbar bevorstünde. Präsident Truman lieferte eine weitverbreitete Definition des Unterschiedes zwischen Rezession und Depression: „Eine Rezession haben wir dann, wenn Sie keine Arbeit mehr haben. Eine Depression liegt dann vor, wenn ich arbeitslos bin." Investoren an der Börse bemerkten die düstere Stimmung der Ökonomen und machten sich auch Sorgen. Die Dividendenerträge zu Beginn des Jahres 1987 waren mit 5 % außergewöhnlich hoch (das Kurs-Dividenden-Verhältnis lag bei 20), und das KGV lag bei etwa 12, weit unter dem langfristigen Durchschnitt.

Es stellte sich heraus, dass die Wirtschaft nicht in der Depression versank, wie viele befürchtet hatten. Obwohl es Zeiten einer milden Rezession gab, wuchs die Wirtschaft in den 50er und 60er Jahren in vernünftigem Maß. Präsident Kennedy hatte Anfang der 60er Jahre eine große Steuerreform mit Steuerkürzungen vorgeschlagen, die nach seinem Tod 1964 durchgeführt wurde. Mit dem Anreiz geringerer Steuern und der Zunahme der Regierungsausgaben für den Vietnamkrieg war die Wirtschaft sehr robust, und der Beschäftigungsgrad lag sehr hoch. Inflation war bis zum Ende dieses Zeitraums kein Problem. Die Investoren wurden immer zuversichtlicher. 1968 lagen die Kurs-Gewinn-Verhältnisse über 18, und die Dividendenrendite des S&P-Aktienindex war auf 3 % gefallen. Dies waren wirklich wunderbare Bedingungen für Aktienanleger: Die anfänglichen Dividenden waren hoch; sowohl Gewinne als auch Dividenden stiegen mit stabilen Zuwachsraten von 6,5 bis 7 %, und die Bewertungen wurden besser, als Kapitalgewinne zu erwarten waren. Die folgende Tabelle zeigt die verschiedenen Komponenten der Gewinne aus Aktien und Anleihen in der Zeit zwischen 1947 und 1968.

Die Entwicklung der Gewinne aus Aktien und Anleihen (Januar 1947 bis Dezember 1968)

Aktien	anfänglicher Dividendenertrag	5,0
	Gewinnwachstum	6,6
	Veränderung in der Bewertung	
	Zunahme des KGV	2,4
	durchschnittlicher Jahresgewinn	14,0
Anleihen	anfänglicher Ertrag	2,7
	Auswirkung des Anstiegs der Zinssätze	- 0,9
	durchschnittlicher Jahresgewinn	1,8

Leider ging es den Investoren bei Anleihen nicht so gut. Die anfänglichen Erträge aus Anleihen waren 1947 sehr gering. Und so waren die Gewinne auch für Investoren, die die Anleihen bis zum Ablauf hielten sehr mager. Während des 2. Weltkrieges legten die Vereinigten Staaten langfristige Zinssätze für Staatsanleihen fest, und diese durften nicht höher als 2,5 % sein. Diese Politik wurde eingeschlagen, damit die Regierung den Krieg mit Darlehen zu geringen Zinsen preisgünstig finanzieren konnte, und das setzte sich nach dem Krieg bis 1951 fort, als die Zinsen wieder steigen durften. Deshalb erlitten Anleger in Anleihen in dieser Zeit einen doppelten Schaden. Die Zinssätze wurden zu Beginn dieser Zeit künstlich gering gehalten, und die Inhaber von Anleihen erlitten außerdem Kapitalverluste, als die Zinsen wieder steigen durften. Das Ergebnis war, dass Anleiheninhaber in dieser Zeit einen Nominalgewinn von weniger als 2 % hatten. Die Realgewinne (nach Einrechnung der Inflation) waren negativ.

Zeitabschnitt 2: Das Zeitalter der Angst

Von Ende der 60er Jahre bis in die frühen 80er Jahre gab es eine sich beschleunigende Inflation, die niemand erwartet hatte. Das wurde zum wichtigsten Einflussfaktor auf den Wertpapiermärkten. Mitte der 60er Jahre war die Inflation kaum spürbar – knapp über 1 %. Als die USA ihre Beteiligung am Vietnamkrieg Ende der 60er Jahre intensivierten, hatte man die klassische altmodische nachfragebedingte Inflation – zuviel Geld jagte nach zu wenigen Gütern – und die Inflationsrate stieg auf 4 bis 4,5 %.

Dann wurde die Wirtschaft durch den Ölschock und den Nahrungsmittelschock von 1973 bis 1974 getroffen. Das war ein klassischer Fall von Murphys Gesetz – was auch immer schief gehen konnte, es ging schief.

Die OPEC bemühte sich, Öl zu verknappen, und Mutter Natur schuf während der schlechten Getreideernten in Nordamerika eine echte Knappheit an Nahrungsmitteln, in der Sowjetunion war sie sogar verheerend, aber auch in Afrika südlich der Sahara. Als die Anchoviserrnte in Peru auf mysteriöse Weise verschwand (Anchovis sind eine Hauptquelle von Protein) schien es, als ob O'Tooles Kommentar Wirklichkeit würde. (O'Toole behauptete, Murphy sei ein Optimist.) Und wieder stieg die Inflationsrate bis auf 6,5 %. Als 1978 und 1979 eine Kombination von politischen Fehlern – die zu einem deutlichen Nachfrageüberschuss in bestimmten Bereichen führte – und weiteren 125 % Ölpreissteigerung die Inflationsrate wiederum nach oben schob, stiegen auch die Arbeitslöhne. Anfang der 80er Jahre stieg die Inflationsrate auf über 10 % an, und es gab die große Sorge, dass die Wirtschaft außer Kontrolle geraten könnte.

Schließlich ergriff die Notenbank unter der Führung des damaligen Vorsitzenden Paul Volcker entschlossene Maßnahmen. Die Notenbank begann eine Politik der Geldverknappung, die die Wirtschaft beeinflussen und den Inflationsvirus killen sollte. Zwar ging die Inflation zurück, doch auch die Wirtschaft wurde fast dahingerafft. Die USA erlitten den deutlichsten wirtschaftlichen Abstieg seit den 30er Jahren, und die Arbeitslosigkeit stieg steil an. Ende 1981 litt die Wirtschaft nicht nur unter einer zweistelligen Inflationsrate, sondern auch unter einer zweistelligen Arbeitslosenziffer.

Die folgende Tabelle zeigt die Wirkung der Inflation der instabilen Wirtschaft auf die Finanzmärkte. Obgleich die Nominalgewinne für Aktionäre und Inhaber von Anleihen sehr mager ausfielen, waren die Realgewinne, wenn man die Inflationsrate von 7,8 % einbezieht, tatsächlich negativ. Andererseits warfen Gold, Sammlerstücke und Immobilien großzügige zweistellige Gewinne ab.

Die Entwicklung der Gewinne aus Aktien und Anleihen (Januar 1969 bis Dezember 1981)

Aktien	anfänglicher Dividendenertrag	3,1
	Gewinnwachstum	8,0
	Veränderung in der Bewertung	- 5,5
	durchschnittlicher Jahresgewinn	5,6
Anleihen	anfänglicher Ertrag	5,9
	Auswirkung des Anstiegs der Zinssätze	- 2,1
	durchschnittlicher Jahresgewinn	3,8

Weil die Inflation in ungeahnte Höhen stieg und ein Ausgleich bei den Erträgen nicht vorhanden war, hatten die Anleiheninvestoren verheerende Ergebnisse. 1968 bot beispielsweise eine langfristige Anlage mit einer Laufzeit von 30 Jahren einen Ertrag von 6 %. Dies bot Schutz gegen die Inflationsrate, die damals etwa bei 3 % lag, und einen Realgewinn von etwa 3 %. Unglücklicherweise lag die wirkliche Inflationsrate in der Zeit zwischen 1969 und 1981 bei fast 8 % und fegte damit jeglichen Gewinn vom Tisch. Und das ist noch das Gute an dieser fürchterlichen Geschichte. Schlimmer war, dass es auch Kapitalverluste gab. Wer wollte Ende der 70er Jahre noch eine Anleihe mit 6 % kaufen, wenn die Inflationsrate zweistellig war? Niemand! Wenn man die Anleihen verkaufen musste, dann konnte man dies nur mit Verlust tun, so dass der neue Käufer einen Ertrag erzielen konnte, der mit der hohen Inflationsrate Schritt hielt. Die Renditen stiegen sogar noch weiter, da auch der Risikoaufschlag von Investitionen stieg, damit die zunehmende Volatilität in Betracht gezogen werden konnte. Um die Sache noch schlimmer zu machen, wurden die Inhaber von Anleihen auch noch vom Steuersystem geprügelt. Obwohl Investoren in Anleihen vor Steuern oft negative Ergebnisse erzielten, wurden ihre Anleihencoupons zu normalen Einkommensteuersätzen besteuert.

Dass Anleihen beim Schutz der Investoren gegen eine unvorhergesehene inflationäre Episode versagten, ist kaum überraschend. Der Flop bei den Aktien war etwas anderes. Weil Aktien einen Anspruch auf reale

Werte repräsentieren, die mit dem Preisniveau an Wert gewinnen, sollten auch die Aktienkurse – entsprechend dieser Logik – gestiegen sein. Doch das ist wie die Geschichte des kleinen Jungen, der zum ersten Mal in ein Kunstmuseum geht. Als man ihm sagte, dass ein berühmtes abstraktes Gemälde ein Pferd darstellen sollte, fragte der Junge: „Nun, wenn das ein Pferd sein soll, weshalb ist es dann kein Pferd?" Wenn Aktien ein Schutz gegen Inflation sein sollten, weshalb waren sie es dann nicht? Für das stockende Wachstum von Dividenden und Gewinnen wurden viele Erklärungen angeboten, sie konnten aber einer sorgfältigen Analyse nicht standhalten. Eine verbreitete Erklärung war, die Inflation verursache einen drastischen Rückgang der Unternehmensgewinne, insbesondere wenn sie inflationsbereinigt dargestellt wurden. Die Inflation wurde geschildert, als sei sie eine Art finanzieller Neutronenbombe, die die Struktur der Unternehmen intakt hielt, die Profite jedoch zerstörte. Viele sahen, dass der Motor des Kapitalismus außer Kontrolle geriet, so dass ein Schlendern die Wall Street hinunter – zufällig oder auch nicht – extrem gefährlich wurde.

Tatsache ist jedoch, dass es keine Beweise dafür gibt, dass echte Gewinne den Bach hinuntergegangen sind, dahingeschmolzen in einer grausamen und unerbittlichen Inflation, wie manche Finanzkreise Anfang der 80er Jahre glaubten. Wie die Tabelle auf Seite 336 zeigt, beschleunigte sich das Gewinnwachstum in der Zeit von 1969 bis 1981 bis auf 8 %, also deutlich über der Inflationsrate. Auch die Dividenden hielten sich tapfer und stiegen in etwa im Gleichschritt mit der Inflation.

Cineasten erinnern sich wahrscheinlich an die wunderbare Schlussszene aus dem Film Casablanca. Humphrey Bogart steht über die Leiche eines Luftwaffenmajors, eine rauchende Pistole in seiner Hand. Claude Rains, ein Captain der französischen Kolonialpolizei, wendet seinen Blick von Bogart auf die rauchende Pistole, dann auf den toten Major und schließlich auf seinen Assistenten und sagt: „Major Strasser wurde erschossen. Nehmen Sie die Verdächtigen fest." Auch wir haben die Verdächtigen verhaftet, aber wir müssen immer noch herausfinden, wer den Aktienmarkt erschossen hat.

Der Hauptgrund für die schwachen Gewinne aus Aktien während der 70er Jahre war, dass die Wertschätzung der Investoren für die Dividenden und Gewinne – die Anzahl der Dollars, die sie bereit waren für einen Dollar Dividende und Gewinn zu bezahlen – deutlich fiel. Aktien versagten dabei, den Investoren Schutz gegen die Inflation zu bieten. Dies nicht deshalb, weil Gewinne und Dividenden nicht mit der Infla-

Der Kurs für 1 $ Gewinn (S&P 500) (KGV)*

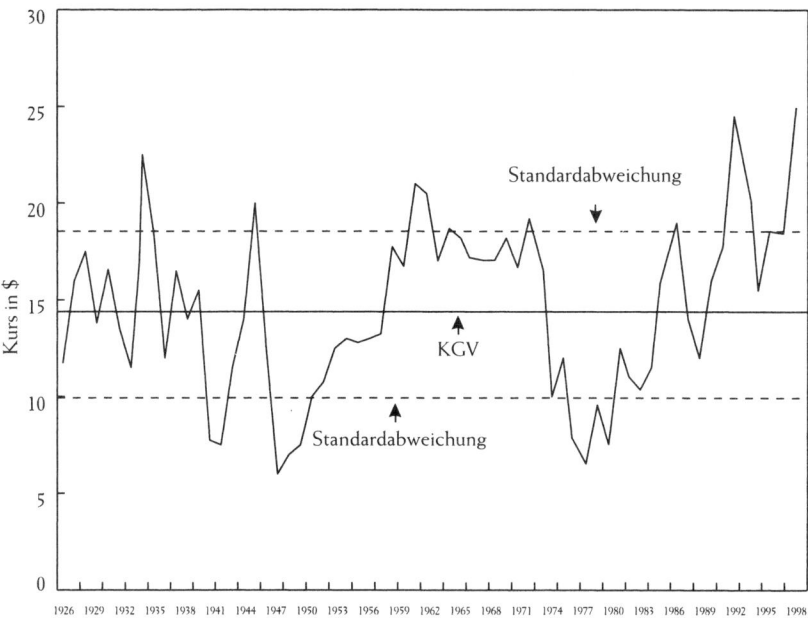

* Die durchgezogene Linie stellt den Durchschnitt seit 1926 dar. Die gestrichelten Linien darüber und darunter stellen den Bereich der Standardabweichung über und unter dem Durchschnitt dar.

tion wuchsen, sondern eher, weil in dieser Zeit die Kurs-Gewinn-erhältnisse buchstäblich zusammenbrachen.

Die Grafik auf Seite 328 zeigt den Zusammenbruch der Kurs-Dividenden-Verhältnisse. Die folgende Abbildung zeigt, dass das KGV des S&P Index in der Zeit von 1979 bis 1981 fast um zwei Drittel zurückfiel.* Es war dieser Abschwung der Bewertung, der den Investoren in den 70er Jahren so außerordentlich schwache Gewinne brachte und verhinderte, dass die Aktienkurse den wirklichen Fortschritt reflektierten, den die meisten Unternehmen bei Gewinnen und Dividendenwachstum gemacht hatten. Einige Finanzökonomen schlossen daraus, dass der Markt während der 70er und Anfang der 80er Jahre ganz einfach irrational war – dass die Aktienbewertungen zu tief gefallen waren.

---

* Die Grafik zeigt auch die Standardabweichung, ein Maß für die Variabilität der Kurs-Gewinn-Verhältnisse. Achten Sie darauf, dass das KGV 1970 weit über dem Durchschnitt lag und 1980 weit darunter.

335

Es ist natürlich leicht möglich, dass Aktionäre Anfang der 80er Jahre irrational pessimistisch waren, genauso wie sie möglicherweise Mitte der 60er Jahre irrational optimistisch waren. Doch auch wenn ich nicht glaube, dass der Markt immer vollkommen rational ist, wenn ich zwischen Börse und Ökonomen wählen müsste, dann würde ich mein Geld immer auf die Börse setzen. Ich vermute, dass die Anleger in Aktien nicht irrational waren, als sie einen scharfen Rückgang im Kurs-Dividenden-Verhältnis und im Kurs-Gewinn-Verhältnis verursachten – sie hatten einfach Angst. Mitte der 60er Jahre war die Inflation so bescheiden, dass man sie fast nicht wahrnahm, und die Investoren waren überzeugt, dass die Ökonomen eine Medizin gegen ernsthafte Rezessionen gefunden hätten. Sogar kleinere Abwärtsbewegungen konnten „abgestimmt" werden. Niemand hätte sich in den 60er Jahren vorstellen können, dass die Wirtschaft zweistellige Arbeitslosenzahlen oder zweistellige Inflationsraten durchmachen müsste, gar nicht davon zu sprechen, dass beides gleichzeitig auftreten könnte. Wir mussten lernen, dass die ökonomischen Bedingungen weit weniger stabil waren, als man zuvor angenommen hatte.

Wir mussten auch feststellen, dass die Inflation kein gutartiges Phänomen ist, wie es in manchen Lehrbüchern gesagt wird. Wenn die Preise um 10 % steigen, dann steigen nicht alle Preise um den gleichen Betrag. Vielmehr sind die relativen Preise (und die Beziehungen zwischen Einkaufs- und Verkaufspreisen) weitaus variabler, wenn die Inflation sich auf hohem Niveau befindet. Weiterhin gilt: Je höher die Inflationsrate, desto variabler und unvorhersehbarer wird die Inflation. Folglich erhöhten die volatilere Produktivität und höhere Inflationsraten, ebenso wie die damit einhergehende Volatilität der Zinsen, die Unsicherheit der gesamten Wirtschaft. Wertpapiere wurden deshalb als riskanter angesehen und forderten eine höhere Risikokompensation.*

Der Markt bietet durch einen Rückgang der Kurse in Relation zu Gewinnen und Dividenden höhere Risikoprämien. Dies bringt in der

---

* Ökonomen drücken die Sache oft durch einen Risikoaufschlag aus – das ist der zusätzliche Gewinn, den man bei einer Kapitalanlage, die mit einem Risiko verbunden ist, gegenüber den Gewinnen aus vollkommen vorhersehbaren kurzfristigen Investments erzielt. Entsprechend dieser Ansicht waren die Risikoaufschläge in den 60er Jahren sehr gering – vielleicht 1 oder 2 Prozentpunkte. Während der frühen 80er Jahre gingen die Risikoaufschläge, die von den Investoren verlangt wurden, wenn sie Aktien und Anleihen hielten, bis in einen Bereich von 4 bis 6 Prozentpunkten, wie ich weiter unten zeigen werde.

Zukunft höhere Gewinne, was mit dem neuen, riskanteren Umfeld einhergeht. Paradoxerweise jedoch schufen die gleichen Korrekturen, die Ende der 60er Jahre und in den gesamten 70er Jahren sehr schwache Gewinne produzierten, Anfang der 80er Jahre einige sehr attraktive Kursniveaus, wie ich in früheren Auflagen dieses Buches schon gesagt habe. Die Erfahrung macht jedoch deutlich, dass dann, wenn man versucht, die Entstehung der Gewinne über ein Jahrzehnt hin zu erklären, eine Veränderung bei der Bewertung eine entscheidende Rolle spielt. Das Gewinnwachstum kompensierte während 1969 bis 1981 die Inflation, doch die Schwächung des Kurs-Dividenden-Verhältnisses und des KGV, das meiner Meinung nach das erhöhte Risiko reflektierte, tötete den Aktienmarkt.

Zeitabschnitt 3: Das Zeitalter des Überflusses

Wenden wir uns nun dem 3. Zeitabschnitt zu – dem goldenen Zeitalter der hohen Gewinne aus Finanzanlagen von 1982 bis Mitte 1998. Zu Beginn dieses Zeitabschnitts hatten sich sowohl Anleihen als auch Aktien voll und ganz den veränderten ökonomischen Bedingungen angepasst – vielleicht sogar noch mehr als das. Aktien und Anleihen hatten Kurse, die nicht nur ausreichend Schutz gegen eine mögliche Inflationsrate boten, sondern auch außergewöhnlich großzügige Realgewinne abwarfen. Ende 1981 war der Anleihenmarkt in Ungnade gefallen. Das *Bawl Street Journal* schrieb in seiner Witzausgabe von 1981: „Eine Anleihe ist ein Finanzinstrument mit festen Zinsen, das im Kurs fallen muss." Zu dieser Zeit lagen die Erträge aus erstklassigen Industrieanleihen bei 13 %. Die entsprechende Inflationsrate (gemessen am Anstieg der Lohnkosten) lag bei etwa 8 %. Deshalb boten Industrieanleihen die Aussicht auf einen Realgewinn von etwa 5 %, sehr großzügig, wenn man an die Vergangenheit denkt. (Der langfristige Realgewinn bei Industrieanleihen lag nur bei 2 %.) Sicherlich, die Kurse der Anleihen wurden sehr volatil, und deshalb war es vernünftig, dass die Anleihen einen etwas höheren Risikoaufschlag bieten mussten als zuvor. Doch manisch-depressive institutionelle Anleger gingen bei der Aufrechnung der Risiken von Anleihen wahrscheinlich zu weit. Wie Generäle, die ihre letzte Schlacht schlagen, wollten Investoren keinesfalls Anleihen anfassen, weil die Erfahrungen der letzten 15 Jahre so vernichtend gewesen waren. Deshalb wurden die Einstiegsbedingungen so gestaltet, dass Anleger in Anleihen in den vor ihnen liegenden Jahren großzügige Gewinne erwarten konnten.

Und was ist mit Aktien? Wie ich schon erwähnt habe, ist es möglich, die langfristige Gewinnrate von Aktien zu errechnen, indem man zum durchschnittlichen Dividendenertrag das wahrscheinliche Gewinnwachstum je Aktie addiert.

Die Berechnungen, die ich 1980 durchführte, gingen bei Aktien von einer insgesamt zu erwartenden Gewinnrate von 16 bis 17 % aus. Das war um 8 % höher als die Inflationsrate und, gemessen an historischen Standards, sehr üppig.

Die Aktien wurden auch zu außergewöhnlich geringen Vielfachen zyklisch begründeter geringer Gewinne gehandelt, unter den durchschnittlichen Kurs-Dividenden-Quotienten und zu Kursen, die nur ein Stückchen vom Wiederbeschaffungswert der Werte entfernt waren, die sie repräsentierten. Es nimmt deshalb nicht Wunder, dass wir während der 80er Jahre so viele Übernahmen erlebten. Immer dann, wenn Werte auf dem Aktienmarkt zu einem geringeren Preis erworben werden können, als wenn man sie direkt kauft, dann wird es eine Tendenz geben, dass Unternehmen die Aktien anderer Firmen und eigene Aktien erwerben.

Und so behauptete ich, daß wir Anfang der 80er Jahre mit einer Marktsituation konfrontiert waren, in der Wertpapiere sich der Inflation angepasst hatten, vielleicht auch mehr als das, und an die größere Unsicherheit, die damit einherging. Die folgende Tabelle zeigt, wie sich die Gewinne in der Zeit von 1982 bis 19998 entwickelten.

Die Entwicklung der Gewinne aus Aktien und Anleihen (Januar 1982 bis Juni 1998)

Aktien	anfänglicher Dividendenertrag	5,8
	Gewinnwachstum	6,7
	Veränderung in der Bewertung	
	Zunahme des KGV	5,5
	durchschnittlicher Jahresgewinn	18,0
Anleihen	anfänglicher Ertrag	13,0
	Auswirkung des Anstiegs der Zinssätze	0,6
	durchschnittlicher Jahresgewinn	13,6

Es war tatsächlich ein Zeitalter, in dem Investoren sowohl bei Aktien als auch bei Anleihen im Überfluss schwammen, weil diese außergewöhnlich üppige Gewinne abwarfen. Obwohl das nominale Wachstum der Gewinne und Dividenden nicht größer war als in der wenig zufriedenstellenden Zeit der 70er Jahre trugen zwei Faktoren dazu bei, spektakuläre Börsengewinne zu ermöglichen. Erstens war der anfängliche Dividendenertrag von fast 6 % außergewöhnlich üppig. Zweitens wendete sich die Stimmung an der Börse von Hoffnungslosigkeit zu Euphorie. Die KGVs im Markt verdreifachten sich von 8 bis auf mehr als 25, und die Kurs-Dividenden-Verhältnisse stiegen von weniger als 17 bis auf mehr als 70 an. Es war die Veränderung in der Wertschätzung, die die Gewinne aus Aktien von außergewöhnlich gut bis auf absolut ungewöhnlich anhob.

Gleichermaßen garantierte der anfängliche Ertrag von 13 % auf dem Anleihenmarkt, daß langfristige Anleger zweistellige Gewinne einstreichen konnten. Wie ich schon sagte: Anleger, die die Papiere bis ans Ende der Laufzeit halten, sehen, was sie bekommen. Außerdem fielen die Zinssätze, was den Gewinnen weiter auf die Beine half. Weil auch die Inflation bis auf bescheidene 3 % zurückfiel, lagen die Realgewinne (Gewinne nach Einrechnung der Inflation) weit über ihrem langfristigen Durchschnitt. Die Zeit von 1982 bis 1998 war die beste Zeit, um in Wertpapieren anzulegen. So etwas gibt es nur einmal im Leben. Gold oder Öl jedoch brachten Verluste ein.

Die Jahrtausendwende

Und was liegt vor uns? Wie kann man die Gewinne von Wertpapieren beurteilen, da wir nun ins neue Jahrtausend wechseln? Obwohl ich überzeugt bleibe, dass niemand kurzfristige Bewegungen der Wertpapierkurse vorhersehen kann, glaube ich, dass es möglich ist, die langfristigen Renditen abzuschätzen, die Investoren von ihren Wertpapieren erwarten können. Es scheint klar zu sein, daß es unrealistisch wäre, die üppigen zweistelligen Gewinne, die Aktionäre und Inhaber von Anleihen während der 80er und 90er Jahre einstecken konnten, auch für die ersten Jahrzehnte des 21. Jahrhunderts zu erwarten.

Wenn wir zuerst den Anleihenmarkt betrachten, dann können wir eine gute Vorstellung von den Gewinnen erhalten, die langfristige Anleger erzielen können. Inhaber von Industrieanleihen guter Qualität, wie beispielsweise von Telefongesellschaften, werden schätzungsweise 6,5 bis 7 % erzielen, wenn die Anleihen bis zum Ablauf gehalten werden. Inhaber von langfristigen Zero Coupons werden, wenn diese bis zum Ablauf gehalten werden, etwa 5,25 % Rendite erzielen. Diejenigen, die inflationsgeschützte Anleihen (TIPS) kaufen und halten, werden einen Realgewinn (nach Inflation) von 3,75 % realisieren können. Dieser

Realgewinn ist etwa doppelt so hoch wie der, den Inhaber von Anleihen seit 1926 erzielt haben. Obgleich die zweistelligen Gewinne der Zeit zwischen 1982 und 1998 nicht wiederkommen werden, sollten Anleihen ein vernünftiges Investment zum Start in das neue Jahrtausend darstellen.

Welche künftigen Gewinne kann man im Spätsommer 1998 für Aktien prognostizieren? Für die ersten beiden Determinanten der Aktiengewinne kann man begründete Schätzungen abgeben. Wir wissen, dass der Dividendenerlös des S&P 500 im Jahr 1998 bei 1,5 % lag. Man kann davon ausgehen, dass die Dividenden langfristig mit etwa 6,5 % wachsen werden. Eine Rate also, die mit den historischen Daten während Zeiträumen, in denen die Inflation keine große Rolle spielte, übereinstimmt, und die den Schätzungen entspricht, die Ende 1998 von den Brokerfirmen der Wall Street abgegeben wurden. Dieses Wachstum reflektiert auch die Tatsache, dass wir mit hoher Beschäftigung und hoher Kapazitätsauslastung ins neue Jahrtausend starten, verliert aber nicht aus dem Blick, dass das Management sich immer mehr auf Effizienz- und Produktivitätsverbesserung konzentriert. Addiert man die anfängliche Rendite und die Wachstumsrate, dann erhalten wir für den S&P 500 einen Gesamtgewinn von 8 % pro Jahr – ein wenig höher, als die Erträge bei Anleihen, aber immer noch unter dem langfristigen Durchschnitt seit 1926, der bei 11 % liegt.

Natürlich werden die wichtigen Determinanten der Aktiengewinne über kurze Zeiträume hinweg die Veränderungen sein, wie die Wertpapiere auf dem Markt bewertet werden. Das heißt, Veränderungen in den Kurs-Gewinn-Verhältnissen oder in den Kurs-Dividenden-Verhältnissen. Nun muß ich auf meine Ausführungen in Kapitel 10 zurückkommen, wo ich behauptet habe, dass keine der statistischen Methoden der Vorhersage von Veränderungen in der Bewertung verlässlich ist. Ich vermute einmal, daß nicht einmal der Allmächtige weiß, was das „richtige" KGV für den Markt ist, noch können die künftigen Veränderungen im KGV vorhergesehen werden. Veränderungen der Bewertungen sind grundsätzlich unvorhersehbar.

Und so können wir lediglich schätzen, welche Gewinne der Markt uns gewähren wird, wenn sich die Bewertungsverhältnisse nicht verändern. Und diese Zahl liegt wahrscheinlich ziemlich nahe an den 8 %, die ich oben schon angegeben habe.

Investoren sollten sich jedoch fragen, ob die Bewertungsniveaus des Sommers 1998 wirklich aufrecht erhalten werden können. Wie die Abbildung auf Seite 338 ganz klar verdeutlicht, waren die KGVs im

Sommer 1998 auf historischen Höchstständen, insbesondere wenn man bedenkt, dass dies mit hoher Beschäftigung einherging. (Normalerweise sind KGVs während Rezessionen hoch, wenn die Gewinne wahrscheinlich unter ihr normales Level fallen.) Auch die folgenden drei Charts verdeutlichen, dass andere Bewertungsmaßstäbe ebenfalls an ihren historischen Höchstständen lagen oder diese sogar überschritten hatten. Die Dividendenerträge waren mit 1,5 % niedriger als je zuvor im 20. Jahrhundert (342 oben). Der Wert der amerikanischen Aktien überstieg zum ersten Mal deutlich den Wert des Bruttosozialprodukts (Seite 342 unten). Industrieaktien wurden weit über dem Wiederbeschaffungswert der Anlagen der Firmen gehandelt (Seite 343). Auf der Basis traditioneller Bewertungsmaßstäbe ist der amerikanische Aktienmarkt eindeutig hoch bewertet.

Einige Analysten behaupteten, das Problem sei nicht, dass die Aktien 1998 zu teuer waren, sondern dass sie in der Vergangenheit zu billig gewesen seien. Seit 1926 erbrachten Aktien Renditen, die mehr als 5 % über den Renditen von Industrieanleihen lagen. Ein solcher Aufschlag auf hohes Risiko scheint mit dem aktuellen Risiko der Aktien und Anleihen nicht übereinzustimmen, wie Jeremy Siegel überzeugend dargestellt hat.

Für langfristige Anleger haben sich Aktien immer gelohnt und könnten weitaus weniger riskant sein, als man zuvor angenommen hatte. Die wirtschaftlichen Bedingungen Ende der 90er Jahre mit stetigem, jedoch gebremstem Wachstum bei geringer Inflation könnte das Vertrauen der Anleger gestärkt haben, so dass sie geringere Risikoaufschläge forderten. Aus diesem Grund füllten amerikanische Anleger Ende der 90er Jahre ihre Portfolios mit so vielen Aktien wie nie zuvor.

Alle obigen Behauptungen sind absolut vernünftig. Erinnern Sie sich: Wenn die Marktpreise nach oben gehen, um diese günstigen Faktoren zu berücksichtigen, dann resultiert daraus geringeres künftiges Gewinnwachstum. Die hohen zweistelligen Renditen der späten 80er und 90er Jahre reflektierten die erhöhten Kurs-Gewinn-Verhältnisse und wurden teilweise durch diese verursacht. Wenn die Kurse gestiegen sind, dann werden künftige Gewinne geringer ausfallen, wenn die Multiples der Gewinne und Dividenden nicht weiterhin ansteigen. Und für den Fall, dass es in der Zukunft für die Gesellschaft Schocks geben sollte (Kriege, Rezessionen, Anschläge von Terroristen, Dürren …) die das angenommene Risiko erhöhen, dann würden verschiedene Bewertungsrelationen der späten 90er Jahre deutlich zurückfallen. Und damit auch die Gewinne, die ich mit 8 % angenommen habe. Deshalb könnten sich die

S&P 500: Dividendenrenditen

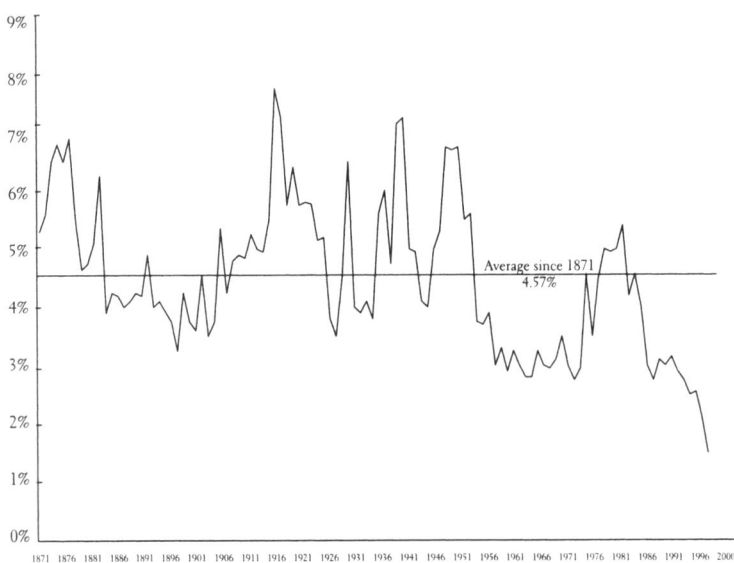

Wert der amerikanischen Aktien in % des Bruttosozialprodukts

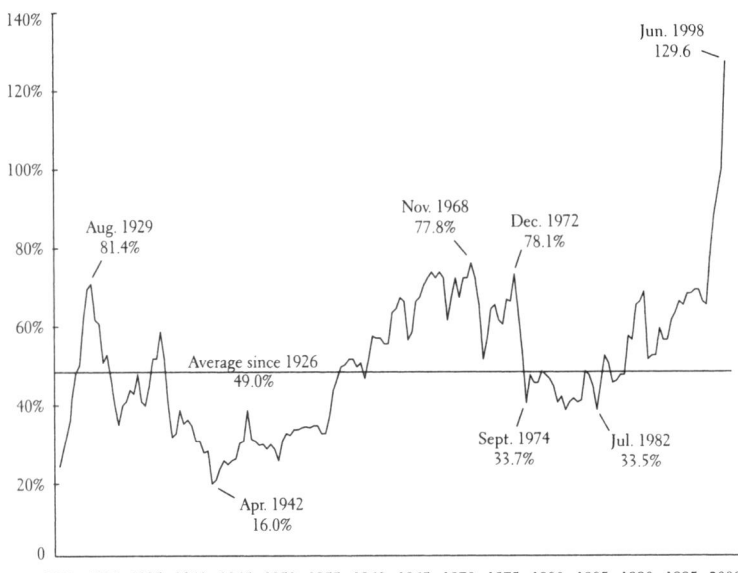

Source: The Leuthold Group.

S&P Industrieaktien: Kurse im Verhältnis zum Wiederbeschaffungswert der Anlagen*

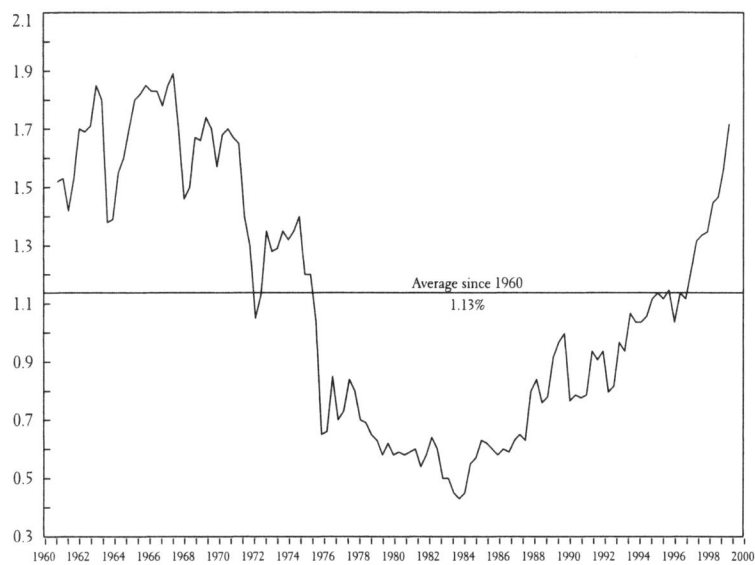

Source: Goldman Sachs estimates of replacement book value.

* Die aktuellen Daten reichen vom ersten Quartal 1962 bis zum zweiten Quartal 1998

augenblicklichen Risiken an der Börse verschärft haben, da die Risikoaufschläge im Markt reduziert wurden. Man sollte sich daran erinnern, dass unsere klügsten Ökonomen Mitte der 60er Jahre behauptet haben, dass die Inflation (damals bei 1 %) tot sei, und dass sogar kleinere Fluktuationen in der Konjunktur leicht weggesteckt werden könnten. Sie sollten sich auch daran erinnern, dass in den frühen 90er Jahren die Finanzpresse voll war mit Geschichten über das japanische Wirtschaftswunder und die japanischen Managementtechniken, wobei betont wurde, dass die außerordentlichen Bewertungen des japanischen Aktienmarkts gerechtfertigt seien. Das Unerwartete trifft häufig ein.

Wichtig ist, dass Sie nicht mit einem Blick in den Rückspiegel investieren. Projizieren Sie die Renditen des Zeitalters des Überflusses nicht einfach in die ersten 20 Jahre des neuen Jahrtausends. Dieses Zeitalter könnte sehr wohl, wie Alan Greenspan sagte, „an seinem Ende ein wenig irrational sein". Die Gewinne aus Aktien und Anleihen werden zweifellos geringer ausfallen als die Gewinne der 80er und 90er Jahre. Die

Bewertungsebenen an den amerikanischen Börsen während des Sommers 1998 ließen wenig Raum für Sicherheit.

Ich möchte allerdings denjenigen Bereich des amerikanischen Aktienmarkts herausstellen, der mir am attraktivsten erscheint, zumindest relativ gesehen. Das relative KGV für kleine Wachstumsunternehmen lag während der späten 90er Jahre auf einem historischen Tief, wie Sie auf Seite 111 im Kapitel 4 schon erfahren haben. Über große Zeiträume hinweg lagen die Gewinne kleiner Aktien immer höher als die des Gesamtmarkts. Das gilt besonders, wenn man sie zu den Bewertungskriterien von 1998 gekauft hat. In dem Maß, in dem man in Aktien investiert hat (ich bin überzeugt davon, dass alle Investoren einen Teil ihres Kapitals in Aktien angelegt haben sollten) scheint es, dass in kleineren Wachstumsaktien und etablierten Wachstumsaktien, die mit einem geringen Aufschlag auf den Gesamtmarkt gehandelt werden, ein größerer relativer Wert steckt.

Impliziert meine Erwartung einigermaßen attraktiver langfristiger Gewinne aus kleineren Wachstumsaktien und etwas kleineren Gewinnen aus dem S&P 500 als sie in der Zeit zwischen 1982 und 1998 realisiert werden konnten, eine Vorhersage darüber, was der Markt (oder Teilbereiche des Markts) in einem bestimmten Zeitraum tun wird? Keinesfalls! Als Random Walker auf der Wall Street glaube ich nicht, dass irgendjemand die Richtung kurzfristiger Kursbewegungen vorhersagen kann, und vielleicht ist es auch besser so. Das erinnert mich an eine meiner Lieblingsepisoden aus der wunderbaren alten Rundfunkserie „I love a Mystery". Die Geschichte handelte von einem gierigen Börsianer, der sich wünschte, dass es ihm einmal erlaubt sein würde, schon 24 Stunden vorher die Zeitung mit den Kursnotierungen sehen zu dürfen. Durch irgendeine okkulte Angelegenheit wurde ihm der Wunsch gewährt, und schon am frühen Abend erhielt er die Spätausgabe der Zeitung des folgenden Tages. Er arbeitete fieberhaft die ganze Nacht hindurch. Er plante seine Käufe für den nächsten Morgen und die Verkäufe am nächsten Nachmittag, die ihm an der Börse einen entscheidenden Gewinn einbringen sollten. Dann, kurz bevor der Zauber seine Wirkung verlor, kam er zu den Todesanzeigen – und fand seinen eigenen Nachruf. Am nächsten Morgen wurde er von seinem Diener tot aufgefunden.

Weil ich glücklicherweise keinen Zugang zur Zeitung von morgen habe, kann ich auch nicht sagen, wie sich Aktien- und Anleihenkurse in der Zukunft verhalten werden. Dennoch bin ich überzeugt, dass langfristige Schätzungen der Renditen von Anleihen und Aktien, die ich hier vorgestellt habe, die vernünftigsten sind, die für die Planung der Kapitalanlage im 21. Jahrhundert möglich sind.

Anhang: Gewinnprognosen für einzelne Aktien

Die gleichen Methoden, die wir im Kapitel 12 auf den Gesamtmarkt angewendet haben, um die langfristigen Renditen vorherzusagen, kann man auch auf einzelne Aktien anwenden, wenn es sinnvoll erscheint, eine bescheidene Wachstumsrate über einen längeren Zeitraum hinweg annehmen zu können. Wiederum benutzen wir nur die ersten beiden Determinanten unserer Analyse. Wir schätzen die Rendite einer einzelnen Aktie, indem wir den anfänglichen Dividendenertrag zur erwarteten Wachstumsrate der Gewinne addieren. Obwohl die KGVs bei der Erklärung kurzfristiger Gewinne offensichtlich große Bedeutung haben, sind solche Veränderungen bei der Bewertung weniger wichtig, wenn es um längere Zeiträume geht – und sie sind auf jeden Fall nicht vorhersehbar. Wir werden diese Analyse mit einem der stärksten Blue Chips Amerikas, der Exxon Corporation, darstellen.

Exxon ist kein spektakuläres Investment, und sein Image wurde durch den Ölunfall der Valdez im Jahr 1989 schwer beschädigt. Dennoch ist Exxon eine hochwertige Musteraktie und in der Öffentlichkeit weit gestreut. Ende 1998 sahen die Basisdaten von Exxon so aus:

Kurs: 66,00 $
geschätzte Gewinne 1999: 3,00 $
KGV: 22 (auf der Basis der Gewinne von 1999)
Dividende 1999 (geschätzt): 1,72 $
Rendite: 2,6 % (auf der Basis der Dividende von 1999)

Anlageprofil Exxon Ende 1999

Gleich am Anfang sehen wir, dass ein Investor eine Rendite von 2,6 % für das Jahr 1999 erwarten darf, wie man aus einer geschätzten Dividende von 1,72 $ ableiten kann. Exxon springt und hüpft nicht, sondern war in der Lage, stetig wachsende Dividenden zu erwirtschaften. Auch während der 70er Jahre (ein Jahrzehnt, das die meisten Aktienanleger am liebsten aus ihrem Gedächtnis streichen würden) wuchs die Dividende um mehr als 10 %. Wir wollen wirklich vorsichtig sein und annehmen, dass Dividende und Gewinne je Aktie nur mit 5,5 % wachsen (sicherlich eine konservative Annahme und tatsächlich etwas niedriger als einige Schätzungen, die gerade an der Wall Street angestellt werden). Wir wissen, dass dann, wenn die Gewinne und die Dividende mit einer Durchschnittsrate von sagen wir 5,5 % steigen, wir nicht davon ausgehen können, dass dieses Wachstum jedes Jahr in der gleichen Höhe eintritt. Blühende Wirtschaftsjahre können höhere Zunahmen bringen, Jahre der Rezession können sogar zu Einbußen führen, insbesondere bei den Gewinnen. Doch nehmen wir einmal an, dass 1999 ein durchschnittliches Jahr ist. Dann ergibt sich das folgende Bild:

Gewinne für das Jahr 2000 (geschätzt): 3,165 $ (3,00 $ + 5,5 %)
Geschätzte Dividende für 2000: 1,82 $ (1,72 $ + 5,5 %)
Das geschätzte Wachstum von Exxon 1999

Bevor wir eine Voraussage für einen Anleger bei Exxon und dessen Gesamtrendite 1999 treffen können – einschließlich der Dividenden und der Kursgewinne – müssen wir vorhersagen, wie der Aktienkurs Ende 1999 stehen wird. Gehen wir davon aus, dass wir das KGV für Exxon als unverändert mit 22 ansehen. In diesem Fall wird Exxon zu 69,625 $ gehandelt – das ist das 22fache des geschätzten Jahresgewinns für 2000, nämlich 3,165 $ – und erzielt eine Dividendenrendite von 2,6 %. Nun ist unser Investmentprofil vollständig.

Kurs: 69,625 $ (22 mal 3,165 $ Gewinn)
Geschätzte Gewinne 2000: 3,165 $
Kurs-Gewinn-Verhältnis: 22
Geschätzter Dividendenertrag 2000: 1,82 $
Rendite: 2,6 % (1,82 $ Dividende dividiert durch 62,625 $ Kurs)
Das geschätzte Investmentprofil für Exxon Anfang 1999

Unter diesen Umständen kann ein Aktionär von Exxon einen Jahresgewinn von 8,1 % erwarten – 2,6 % als Dividendenertrag und 5,5 % durch Kurssteigerungen der Aktie. Der Investor erhält 1,72 $ in Dividenden und 3,625 $ als Kapitalgewinn: Das macht einen Gesamtgewinn von 5,345 $ aus, was in etwa 8,1 % des ursprünglichen Investments von 66 $ entspricht.

Kaufpreis Ende 1998: 66,00 $
Kurs Ende 1999: 69,625 $
Kapitalgewinn 3,625 $

$$\frac{\text{Gesamtgewinn}}{\text{Kaufpreis:}} = \frac{5,345\ \$}{66,00\ \$} = \text{zirka } 8,1\ \%$$

Gewinne der Exxon-Aktionäre
(12 Monate, Ende 1998 bis Ende 1999).

Unser Beispiel mit Exxon veranschaulicht, wie man die voraussichtliche Rendite jeder Aktie herausfinden kann, wenn man zur erwarteten Wachstumsrate des Unternehmens den Dividendenertrag addiert. Diese Regel funktioniert immer, wenn es im Allgemeinen Level des KGV oder des Kurs-Dividende-Verhältnisses keine Veränderungen gibt, und wenn man eine langfristige Wachstumsrate annehmen kann. Offensichtlich stimmen diese einfachen Rechnungen nicht jedes Jahr. Dennoch, über einen längeren Zeitraum hinweg gleichen sich die Ergebnisse aus, so dass die Gesamtgewinne sehr gut geschätzt werden können, wenn man die Wachstumsraten zum Dividendenertrag addiert. Die Lehre ist ganz einfach: Exxon hatte Ende 1998 einen Kurs, der einen Gewinn von 8,1 % erwarten ließ, ganz ähnlich wie der Gesamtmarkt, vorausgesetzt, die Bewertungsmaßstäbe bleiben unverändert.

KAPITEL 13

Ein Investmentführer für jeden Lebenszyklus

> *Es gibt zwei Gelegenheiten im Leben eines Mannes, bei denen er keinesfalls spekulieren sollte: Wenn er es sich nicht leisten kann und dann, wenn er es sich leisten kann.*
>
> MARK TWAIN

Eine Kapitalanlage-Strategie muss mit dem Lebensalter übereinstimmen. Schon der gesunde Menschenverstand sagt, dass ein 34jähriger und ein 64jähriger, der für seinen Ruhestand spart, klugerweise unterschiedliche Finanzinstrumente benutzen sollten, um ihre Ziele zu erreichen. Der 34jährige – der erst am Anfang einer gutbezahlten Karriere steht – kann mit seinem Gehalt die Verluste aus erhöhtem Risiko ausgleichen. Der 64jährige hat andererseits nicht den Luxus, sich auf regelmäßiges Gehalt verlassen zu können. Er kann es sich nicht erlauben, Geld zu verlieren, das er in naher Zukunft benötigen wird.

Grundsätzlich haben diese strategischen Überlegungen etwas mit der Fähigkeit zu tun, ein persönliches Risiko eingehen zu können. Bisher drehten sich die meisten Diskussionen über Risiko in diesem Buch um die Einstellung einer Person gegenüber Risiko. Wenn ein 34jähriger und ein 64jähriger ihr Geld auf ein Sparkonto bringen, dann wird der Jüngere es tun, weil er eine angeborene Risikoscheu hat, und der Ältere wird es tun, weil er weniger Möglichkeiten hat, Risiken einzugehen. Im ersten Fall hat man mehr Wahlmöglichkeiten, wieviel Risiko man eingehen möchte; im zweiten Fall gibt es kein Wahlmöglichkeit. Die wichtigsten Anlageentscheidungen, die Sie wahrscheinlich treffen werden, betreffen den Ausgleich der verschiedenen Arten von Wertpapieren (Aktien, Anleihen, Immobilien, Geldmarktpapiere u.s.w.) und in ver-

349

schiedenen Lebensabschnitten. Glaubt man Roger Ibbotson, der sein Leben lang die Gewinne alternativer Portfolios beobachtet hat, dann sind mehr als 90 % des Totalgewinns eines Investors durch die verschiedenen Arten von Wertpapieren bestimmt, die er ausgewählt hat und durch deren proportionalem Anteil an einem Portfolio. Weniger als 10 % des Anlageerfolgs machen bestimmte Aktien oder Investmentfonds aus, die ein Privatanleger auswählt. In diesem Kapitel werde ich Ihnen zeigen, ganz gleich wie Ihre Risikoscheu aussieht – ganz gleich wo Sie sich auf der Skala des gut Essens oder gut Schlafens befinden –, daß Ihr Alter, Ihr berufliches Einkommen und spezielle Verpflichtungen viel damit zu tun haben, wie die verschiedenen Wertpapiere in Ihrem Portfolio aufgeteilt sein sollten.

Vier Grundregeln für die Zusammenstellung von Wertpapierdepots

Bevor wir eine rationale Basis festlegen, auf der wir die Wertpapiere für Ihr Portfolio zusammenzustellen, müssen Sie sich bestimmte Grundregeln einprägen. Einige davon haben wir in früheren Kapiteln besprochen, doch kann es nicht schaden, sie an dieser Stelle ausdrücklich noch einmal zu erwähnen. Diese Grundregeln sind:

1. Die Vergangenheit zeigt uns, dass Risiko und Gewinn miteinander in einer Beziehung stehen.
2. Das Risiko der Kapitalanlage in Aktien und in Anleihen hängt von der Zeitdauer ab, in der diese Anlagen gehalten werden. Je länger ein Investor Wertpapiere hält, desto geringer wird das Risiko.
3. Gleichmäßige Einzahlungen können das Risiko der Kapitalanlage in Aktien und Anleihen vermindern, obwohl das kontrovers diskutiert wird.
4. Sie müssen zwischen Ihrer Einstellung zum Risiko und Ihrer Fähigkeit, Risiko tragen zu können, unterscheiden.

Die Risiken, die einzugehen Sie sich erlauben können, hängen von Ihrer finanziellen Gesamtsituation ab, einschließlich der Arten und Quellen Ihres Einkommens, die Erlöse aus Kapitalanlagen nicht eingerechnet.

1. Risiko und Gewinn stehen in Beziehung zueinander

Obwohl Sie es wahrscheinlich schon nicht mehr hören können: Höhere Gewinne bei der Kapitalanlage können nur durch die Hinnahme größerer Risiken erzielt werden. Keine Regel ist beim Kapitalmanagement wichtiger. Dieses Grundgesetz der Kapitalanlage wird durch Daten aus vielen Jahrhunderten gestützt. Die folgende Tabelle fasst die Daten zusammen, die ich Ihnen schon früher vorstellte, und sie wird dies verdeutlichen.

Jahresrenditen für die klassischen Anlagemöglichkeiten (1926 bis 1997)

	durchschnittliche Jahresrendite in %	Risiko-Index* in % (Volatilität der Renditen von Jahr zu Jahr)
Aktien kleiner Unternehmen	12,7	33,9
Aktien allgemein	11,0	20,3
langfristige Anleihen	5,7	8,7
US-Schatzanleihen	3,8	3,2
Inflationsrate	3,1	

* Der Index des Risikos oder der Volatilität ist das statistische Maß der Standardabweichung der Gewinnserien, die das Ausmaß verdeutlichen, in dem die Jahresgewinne sich von den durchschnittlichen Gewinnen der Serien unterscheiden. Ungefähr 66,7 % (95 %) der Jahresgewinne liegen innerhalb einer (zweier) Standardabweichungen des durchschnittlichen Jahresgewinns.)

Aktien haben ihre Inhaber lange Zeit mit üppigen Gewinnen verwöhnt. Es wurde einmal errechnet, dass, hätte George Washington von seinem ersten Gehalt als Präsident einen Dollar beiseite gelegt und ihn mit der Rendite der Aktien angelegt, seine Erben 1999 7fache Millionäre wären. Roger Ibbotson schätzt, dass Aktien seit 1790 einen Gesamtgewinn von mehr als 8 % pro Jahr erzielt haben. (Wie die Tabelle zeigt, waren die Gewinne aus Aktien seit 1926 sogar noch üppiger, da sie im Durchschnitt einen Gewinn von 11 % einbrachten.) Doch diesen Gewinn erzielten die Investoren nur unter Hinnahme deutlicher Risiken. In drei von zehn Jahren waren die Renditen negativ. Wenn Sie also höhere Gewinne anstreben, dann vergessen Sie nie, dass man nichts geschenkt bekommt. Höheres Risiko ist der Preis, den man für höhere Gewinne bezahlt.

2. Das wirkliche Risiko bei der Kapitalanlage in Aktien und Anleihen hängt von der Anlagedauer ab.

Ihre Verweildauer, also die Zeit, die Sie Ihr Investment halten, spielt beim tatsächlichen Risiko, das Sie bei einer Kapitalanlage eingehen, eine entscheidende Rolle. Und deshalb ist auch Ihre Altersstufe ein entscheidendes Element, wenn Sie die Zusammensetzung der Wertpapiere für Ihr Portfolio bestimmen. Lassen Sie uns überlegen, weshalb die Dauer, wie lange Sie eine Anlage halten, so wichtig ist, um Ihre Risikotoleranz zu bestimmen.

In der vorhergehenden Tabelle sahen wir, dass langfristige Anleihen eine Durchschnittsrendite von 5,7 % eingebracht haben – und das in einem Zeitraum von 72 Jahren. Der Risikoindex jedoch, der anzeigt, wie stark die Gewinne in jedem Jahr schwanken, kann in einzelnen Jahren sehr deutlich vom Durchschnitt abweichen. Und wirklich, es gab Jahre, in denen die Rendite tatsächlich negativ war. Was wäre, wenn ich Ihnen heute sagen würde, Sie könnten in eine 5,25 %-Anleihe mit 20 Jahren Laufzeit einsteigen, und ich garantierte Ihnen, dass Sie, falls Sie diese Anleihe genau 20 Jahre halten, exakt 5,25 % Gewinn pro Jahr machen. Das ist unmöglich, werden Sie sagen! Überhaupt nicht. Wenn Sie heute eine Zero-Coupon-Staatsanleihe mit 20jähriger Laufzeit kaufen und das Papier bis zum Ablauf halten, dann werden Sie genau 5,25 % verdienen – nicht mehr und nicht weniger – und alles wird vom US-Finanzministerium garantiert.

Der Haken daran ist natürlich, dass, wenn Sie im nächsten Jahr unbedingt verkaufen müssen, Ihre Gewinnrate bei 20 %, bei 0 % liegen oder sogar in einem Verlust enden könnte, wenn die Zinsen deutlich angestiegen sind, und die Kurse der ausgegebenen Anleihen fallen, um sich den neuen, höheren Zinsen anzupassen. Ich glaube Sie sehen nun, weshalb Ihr Alter und die Wahrscheinlichkeit, dass Sie bei Ihrem Anlageprogramm bleiben können, nicht nur die Risiken beeinflusst, die Sie eingehen können, sondern auch das Maß an Risiko bestimmen, das mit jedem Anlageprogramm verbunden ist.

Wie ist es aber nun, wenn man in Aktien investiert? Könnte es sein, dass das Risiko von Aktien mit der Dauer der Zeit, in der man sie hält, ebenfalls abnimmt? Die Antwort ist ja. Ein großer Teil des Risikos von Aktien (aber nicht das ganze Risiko) kann eliminiert werden, wenn man sich auf langfristige Engagements einlässt und diese durch dick und dünn durchzieht (das ist die Kaufen-und-Halten-Strategie, die wir im vorherigen Kapitel schon besprochen haben).

352

Der Bereich der Jahresgewinne von Aktien in verschiedenen Zeitabschnitten 1950–97

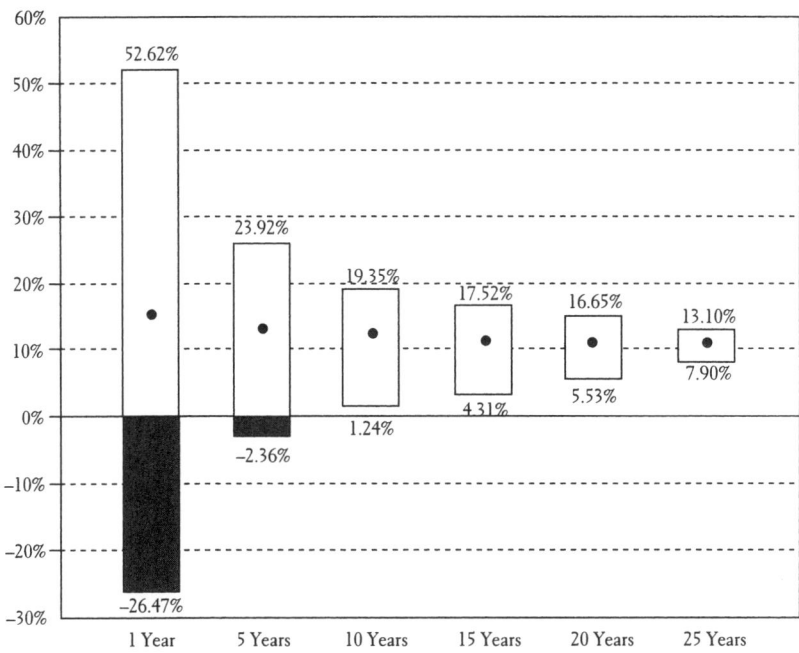

Der Punkt (•) stellt den Durchschnitt der Jahresgewinne für die verschiedenen Zeiträume dar.

Die Abbildung auf der folgenden Seite ist mehr Wert als tausend Worte, und so kann ich mich kurz fassen. Beachten Sie: Wenn Sie ein diversifiziertes Aktienportfolio (wie den Standard & Poor´s 500-Index) in der Zeit von 1926 bis Ende der 90er Jahre gehalten hätten, dann hätten Sie im Durchschnitt sehr üppige Gewinne von etwa 11 % erzielt. Doch die Volatilität ist für einen Investor, der Schwierigkeiten mit seinem Nachtschlaf hat, sicherlich zu hoch. In einem Jahr lag der Gewinn eines typischen Aktienportfolios höher als 52 %, während er in einem anderen Jahr mit 26 % im Minus lag. Es wird deutlich, dass es nicht in jedem einzelnen Jahr verlässliche Gewinne geben kann. Wenn Sie Geld haben, das Sie nur für ein einziges Jahr anlegen wollen, und Sie möchten sichergehen, dass Sie wirklich Gewinne erzielen, und dann sollten Sie in US-Schatzbriefe oder in einen Banksparbrief mit einjähriger Laufzeit investieren.

Achten Sie aber darauf, wie sich das Bild verändert, wenn Sie Ihre Aktien 25 Jahre lang halten. Obwohl es in den Gewinnen Abweichungen gibt – das hängt davon ab, welche 25 Jahre Sie betrachten – ist diese Variabilität zu vernachlässigen. Im Durchschnitt erzielten Kapitalanlagen über alle 25-Jahres-Zeiträume hinweg, die von dieser Abbildung erfasst werden, einen Jahresgewinn von fast 11 %. Die langfristig erwartete Rendite wurde nur um 3 Punkte gemindert, wenn Sie während der schlimmsten 25-Jahres-Periode investiert hätten, die Ende der 90er Jahre zu Ende war. Es ist genau diese Binsenwahrheit, die es so wichtig erscheinen läßt, die Kapitalanlage einem Lebenszyklus anzupassen. Je länger die Zeit ist, über die hinweg Sie Ihre Kapitalanlagen halten können, desto größer sollte der Anteil der Aktien in Ihrem Portfolio sein. Eigentlich kann man sicher sein, dass man die hohen Renditen aus Aktien nur dann erhält, wenn man auch die Aktien über relativ lange Zeiträume hinweg im Portfolio hält, beispielsweise 20 Jahre oder mehr. Außerdem erzielen Sie diese Gewinne nur durch die beständige Strategie des Kaufens und Haltens, wenn Sie ein diversifiziertes Portfolio anlegen. Wenn Sie Ihre Aktien ständig austauschen im fruchtlosen Versuch, die Höhen und Tiefen im Kurs einer Aktie genau abzupassen, dann hat das Kommissionen für Ihren Broker, zusätzliche Steuern und einen geringeren Gesamterfolg zur Folge.*

Je weiter der Anlagehorizont eines Privatanlegers ist, desto wahrscheinlicher ist es, daß Aktien bessere Ergebnisse bringen als Anleihen. Wenn man nur ein einzelnes Jahr betrachtet, dann liegt die Chance, dass Anleihen oder Geldmarktfonds besser sind als Aktien bei 1 : 3. Wenn man allerdings verschiedene 20- oder 25-Jahres-Zeiträume betrachtet, dann gewinnen Aktien immer. Diese Daten stützen den Rat, dass jüngere Leute einen größeren Anteil ihres Portfolios in Aktien halten sollten als ältere Menschen.

Und schließlich ist der vielleicht wichtigste Grund für Investoren, mit zunehmendem Alter konservativer zu werden, dass sie weniger Jahre vor sich haben, in denen sie ein Gehalt beziehen. Und deshalb können sie nicht auf ihr Gehalt setzen, sollte die Börse einmal in eine Baisse geraten. Einschnitte würden dann den Lebensstandard des Einzelnen direkt beeinflussen, und daher stellen die gleichmäßigeren – wenn auch

---

* Rein technisch gesehen ist das Ergebnis, dass Risiko über einen längeren Zeitraum reduziert wird, in dem die Aktien gehalten werden, abhängig von dem Phänomen der Mean-Reversion, das in Kapitel 10 beschrieben wurde. Der interessierte Leser wird auf Paul Samuelson's Artikel im Journal of Portfolio Management vom Herbst 1989 verwiesen, der überschrieben ist mit „The Judgement of Economic Science on Rational Portfolio Management."

geringeren – Gewinne aus Anleihen die klügere Investmentstrategie dar. Deshalb sollten Aktien in ihrem Portfolio einen geringeren Anteil haben.

3. Gleichmäßige Einzahlungen können das Risiko der Kapitalanlage in Aktien und Anleihen vermindern

Wenn Sie, wie die meisten Menschen, ihr Portfolio langsam über einen gewissen Zeitraum hinweg aufbauen, indem sie die jährlichen Ersparnisse darin unterbringen, dann können Sie von gleichmäßigen Einzahlungen profitieren. Diese Technik ist umstritten, aber sie hilft ihnen das Risiko zu vermeiden, Ihr gesamtes Geld zum falschen Zeitpunkt in Aktien oder Anleihen anzulegen.

Das bedeutet, dass Sie regelmäßig einen immer gleichen Betrag beispielsweise in Anteile eines Investmentfonds anlegen – vielleicht monatlich oder vierteljährlich – und das über einen langen Zeitraum. Die periodische Anlage immer gleicher Geldbeträge in Aktien kann die Risiken beim Investment in Wertpapiere mindern (aber nicht gänzlich vermeiden), weil man damit sichergeht, dass nicht ein gesamtes Aktienportfolio zu zeitweise überhöhten Kursen erworben wird. Der Investor, der immer mit gleichen Beträgen investiert, wird weniger Aktien zu hohen Kursen kaufen und mehr Aktien, wenn die Kurse niedrig sind. Wie die folgende Tabelle zeigt, liegen die Durchschnittskurse unter den durchschnittlichen Kosten einer Aktie in der Zeit, in der tatsächlich investiert wird.

In diesem Beispiel gehe ich davon aus, dass Sie pro Zeiteinheit 150 $ in einem Investmentfonds anlegen, dessen Ausgabepreise zwischen 25 $ und 75 $ schwanken. Wenn Sie immer den gleichen Betrag einzahlen, haben Sie 11 Anteile, jetzt zu einem Wert von 50 $ je Stück, für einen Gesamtmarktwert von 550 $ erworben. Sie haben aber in diesem Zeitraum nur 450 $ investiert. Mit anderen Worten, Ihre Durchschnittkosten je Anteil (450 $: 11 = 40,91 $) sind geringer als der Durchschnitt (50 $) der Ausgabepreise des Fonds während der Zeit, in der sie angesammelt wurden. Und so haben Sie tatsächlich Geld verdient, obwohl der Durchschnittspreis, zu dem Sie gekauft haben, genau so hoch ist wie der aktuelle Kurs. Das funktioniert deshalb, weil Sie mehr Anteile kaufen, wenn sie gerade billig sind und weniger, wenn sie teuer sind.

Zeitraum	Anlagebetrag in $	Ausgabepreis der Fondsanteile in $	Anzahl der erworbenen Fondsanteile
1	150	75	2
2	150	25	6
3	150	50	3
Gesamtkosten	450		
Durchschnittlicher Ausgabepreis		50	
Anzahl der erworbenen Fondsanteile			11
Durchnittskosten ca. 41 $			

Glauben Sie aber nicht, dass regelmäßiges Investieren mit festen Beträgen alle Probleme der Kapitalanlage lösen kann. Kein Plan kann Sie vor Verlusten im Marktwert schützen, wenn die Börse sich gerade in einer Baisse befindet. Der entscheidende Teil des Plans ist, dass Sie sowohl das Geld als auch den Mut haben, in Bärenmärkten ebenso regelmäßig zu investieren wie in Bullenmärkten. Ganz gleich wie pessimistisch Sie sind (und wie pessimistisch jeder ist), und ganz gleich wie schlecht die Nachrichten aus der Wirtschaft und aus der ganzen Welt sind, Sie dürfen keinesfalls den Automatismus dieses Plans unterbrechen, sonst werden Sie den wichtigen Vorteil verlieren, dass Sie mindestens einige Ihrer Anteile nach einem deutlichen Marktabschwung erwerben. Wenn Sie allerdings immer dann, wenn der Markt in einen Abschwung gerät, der etwa 20 bis 25 % ausmacht, einige Extraanteile kaufen, dann wird diese Technik noch besser funktionieren.

Ein möglicher Nachteil dieser regelmäßigen Einzahlungen ist, dass die Brokerkommissionen bei kleinen Käufen relativ hoch sind, selbst wenn Sie zu einem Discountbroker gehen. Aus diesem Grund ist es ratsam, in größeren Zeitabschnitten größere Pakete von Aktien zu kaufen. Beispielsweise ist es billiger, alle 3 Monate Aktien im Wert von 150 $ oder halbjährlich für 300 $ zu kaufen, als jeden Monat 50 $ zu investieren. Wenn Sie allerdings einen Investmentfonds ohne Ausgabeaufschlag wählen (wie ich das in meinem Beispiel getan habe), dann verschwindet dieses Problem. In den meisten Fonds ohne Ausgabeaufschlag können Sie auch 50 $ je Monat investieren und Brokerkosten fallen nicht an. Eine andere Möglichkeit, einige Vorteile aus der Strategie der gleichbleibenden Einzahlungen zu ziehen, ist ein Modell, bei dem die Dividenden reinvestiert werden. Diese Anteile können Sie ohne Broker kaufen oder zumindest mit minimalen Brokerkosten. Einige Gesellschaften geben ihre Anteile gar mit einem Discount ab, wenn die Aktionäre ihre Dividenden reinvestieren.

Der Haken bei dieser Technik ist, so betonen die Ökonomen, dass das regelmäßige Einzahlen eines festen Betrags einem Investor, dem aus einer Erbschaft gerade eine größere Geldsumme zur Verfügung steht, kaum die höchsten Gewinne bringt. Es stimmt, dass dann, wenn man alles auf einmal in Aktien investiert, das Risiko besteht, dass man gerade vor einer deutlichen Marktkorrektur investiert hat. Für den Investor ist das ein echtes Ärgernis. Er verliert nicht nur Geld, sondern er fühlt sich wie ein Idiot. Eine solche Erfahrung könnte einen Privatanleger für den Rest seines Lebens von der Börse vertreiben, wie Verhaltensforscher betonen. Hätte der Investor geplant, dass er in regelmäßigen Abständen einzahlt, dann würde er sich nicht so schrecklich fühlen, wenn sich schon der Einstieg als Verlustbringer erweist. Doch weil die Börse sich eines lang anhaltenden Aufwärtstrends erfreut, ist es sehr wahrscheinlich, dass man dann, wenn man einen größeren Geldbetrag in 24 gleichen Monatsraten anlegt, dies höchstwahrscheinlich dazu führt, dass die Anlagen zu günstigeren Durchschnittskursen investiert werden, als es der Fall wäre, wenn man die gesamte Summe auf einmal angelegt hätte. Da allerdings die meisten Menschen, die ein Investment ansammeln, dies für eine private Absicherung des Ruhestandes tun, während sie noch beschäftigt sind oder durch regelmäßige Ersparnisse für eine individuelle private Rentenversicherung, sind damit automatisch Einzahlungen in gleichen Beträgen verbunden. Für die meisten Menschen ist es die wichtigste Frage, ob sie bereit sind, auch in Zeiten eines Marktabschwunges in Aktien zu investieren, wenn überall Pessimismus herrscht. Wenn Investoren während eines Marktabschwunges aussteigen, wird dies dem Kapitalanlageprogramm keineswegs nützen.

Beispiel einer regelmäßigen Einzahlung in den T. Rowe Price Growth Fund*

Jahresende, jeweils am 31. Dezember	Kumulierte Gesamtkosten des Investments in $	Gesamtwert der erworbenen Anteile in $
1974	1.600	1.242
1975	1.800	2.943
1976	4.000	4.560
1977	5.200	5.459
1978	6.400	7.359
1979	7.600	9.470
1980	8.800	13.769

1981	10.000	13.177
1982	11.200	16.817
1983	12.400	20.053
1984	13.600	21.040
1985	14.800	29.896
1986	16.000	37.687
1987	17.200	40.162
1988	18.400	43.842
1989	19.600	56.320
1990	20.800	55.091
1991	22.000	74.875
1992	23.200	80.761
1993	24.400	94.601
1994	25.600	96.597
1995	26.800	127.900
1996	28.000	157.484
1997	29.200	196.970
30. Juni 1998	29.800	234.989

* Eine Erstanlage von 500 $ am 1. Januar 1954 und 100 $ monatliche Einzahlungen danach. Alle Dividenden und Kapitalgewinne wurden wieder investiert.

Um die Vorteile der regelmäßigen Einzahlung in gleich hohen Beträgen zu illustrieren, hier ein reales Beispiel. Die folgende Tabelle zeigt die Ergebnisse (ohne Steuern) einer Anfangsinvestition von 500 $, die am 1. Januar 1974 getätigt wurde, wobei danach monatlich 100 $ in Anteile des T. Towe Price Growth Stock Fund, einem Investmentfonds ohne Ausgabeaufschlag, investiert wurden.

Natürlich kann niemand sicher sein, dass die nächsten 25 Jahre die gleichen Gewinne bringen werden wie die Vergangenheit. Aber auch wenn Wachstumsaktien während des größten Teils dieser Zeit nicht besonders beliebt waren, und die Performance des T. Towe Price nur durchschnittlich war, ist das Ergebnis spektakulär. Deshalb zeigt die Tabelle die enormen potentiellen Gewinne, die entstehen können, wenn man ständig einen festen Betrag investiert, auch in einem Zeitabschnitt, in dem die Bedingungen für Wachstumsaktien nicht gerade gut waren. Doch Sie wissen: Weil es einen langfristigen Aufwärtstrend bei den Aktienkursen gibt, ist diese Technik nicht notwendigerweise die beste, wenn sie eine höhere Summe, beispielsweise aus einer Erbschaft, investieren müssen.

Wenn möglich, sollten Sie eine Barreserve (in einem Geldmarktfonds) halten, um von Marktabschwüngen profitieren zu können und einige zusätzliche Anteile zu kaufen, wenn der Markt deutlich rückläufig ist. Damit möchte ich keinesfalls empfehlen, dass man versucht, die

Richtung des Marktes vorherzusagen. Doch normalerweise ist es eine gute Zeit zu kaufen, wenn der Markt aus dem Bett gefallen ist und niemand weiß, weshalb er wieder steigen sollte. So wie Hoffnung und Gier manchmal aus sich heraus spektakuläre Seifenblasen produzieren, so ist es auch mit Pessimismus und Verzweiflung, die an den Börsen Panik produzieren. Die meisten panischen Verhaltensweisen an den Märkten waren ebenso unbegründet wie die meisten pathologisch spekulativen Explosionen. Ganz gleich, wie trübe die Aussichten in der Vergangenheit jemals waren, im Allgemeinen wurde es immer wieder besser. Für den Aktienmarkt als ganzes funktionierte Newtons Gesetz immer umgekehrt: Was nach unten geht, muss auch wieder nach oben kommen. Dies gilt jedoch nicht notwendigerweise für einzelne Aktien, sondern lediglich für den Markt als ganzen.

4. Die Risiken die Sie sich leisten können, hängen von Ihrer gesamten finanziellen Situation ab

Wie ich schon am Anfang dieses Kapitels erwähnte, sind die Arten der Kapitalanlage, die für Sie geeignet sind, entscheidend von Ihrem Einkommen abhängig, wobei aber das Einkommen aus Ihrem Portfolio nicht berücksichtigt ist. Ihre Fähigkeit, außerhalb Ihrer Kapitalanlagen Gewinne zu erzielen und deshalb auch ihre Fähigkeit, Risiken einzugehen, ist normalerweise mit Ihrem Alter in Beziehung zu setzen. Drei Beispiele werden Ihnen helfen, dieses Konzept zu verstehen.

Mildred ist eine 64jährige Frau, die erst kürzlich Witwe wurde. Sie war gezwungen, ihren Beruf als Krankenschwester aufzugeben, da ihre Arthritis immer schlimmer wurde. Ihr bescheidenes Haus in Homewood, Illinois, ist immer noch mit Hypotheken belastet. Auch wenn dieser Hypothekenvertrag schon vor langer Zeit zu relativ günstigen Zinsen abgeschlossen wurde, sind dennoch erhebliche monatliche Zahlungen fällig. Außer den monatlichen Zahlungen aus der Sozialversicherung muss Mildred von den Gewinnen einer Gruppenversicherungspolice über 250.000 $ leben, deren Begünstigte sie ist, und von einem Portfolio im Wert von 50.000 $, das in kleinen Wachstumsaktien angelegt ist, und das ihr verstorbener Mann über lange Jahre hinweg angespart hatte.

Es ist klar, dass Mildreds finanzielle Situation ihrer Fähigkeit, Risiken einzugehen, engen Grenzen setzt. Sie hat weder die Lebenserwartung noch die körperlichen Fähigkeiten, außer aus ihrem Portfolio ein Einkommen zu beziehen. Weiterhin hat sie namhafte feste Ausgaben für ihre Hypothek. Sie hätte keine Möglichkeit, einen Verlust in ihrem Portfolio verkraften zu können. Mildred braucht also ein Portfolio sicherer Kapitalanlagen, die reichlich Erlöse abwerfen. Anleihen und Aktien mit hoher Dividendenausschüttung aus relativ sicheren Unternehmen und Immoblienfonds sind die Kapitalanlagen, die hier geeignet erscheinen. Riskante (oft nicht einmal Dividenden ausschüttende) Aktien kleiner Wachstumsunternehmen – ganz gleich wie attraktiv ihre Kurse sein mögen – gehören nicht in Mildreds Portfolio.

Tiffany ist eine ehrgeizige alleinstehende 26jährige, die erst kürzlich die Graduate School of Business in Stanford mit Erfolg verlassen hat und sich in einem Ausbildungsprogramm befindet, das in eine Position als Leiterin der Kreditabteilung in San Franciscos Bank of America führen soll. Sie hat gerade eben 50.000 $ aus dem Nachlass ihrer Großmutter geerbt. Ihr Ziel ist es, ein umfangreiches Portfolio aufzubauen, das später den Kauf eines Hauses finanzieren soll und als Polster für den Ruhestand gedacht ist.

Bei Tiffany kann man sicherlich ein aggressives Portfolio für eine aggressive junge Geschäftsfrau empfehlen. Sie verfügt sowohl über die Lebenserwartung als auch über die Arbeitskraft, um ihren Lebensstandard auch bei einem finanziellen Verlust aufrecht erhalten zu können. Obwohl ihre Persönlichkeit letztendlich den genauen Umfang des Risikos beschreiben wird, das sie einzugehen bereit ist, wird deutlich, dass Tiffanys Portfolio am oberen Ende des Risiko/Gewinn-Spektrums steht. Mildreds Portfolio mit kleinen Wachstumsaktien wäre für Tiffany weitaus angebrachter als für eine 64jährige Witwe, die nicht mehr arbeiten kann.

Karl, ein 43-jähriger Vorarbeiter bei General Motors in der Fabrik in Pontiac, Michigan, verdient pro Jahr fast 50.000 $. Seine Frau Joan verdient jährlich 12.500 $ mit dem Vertrieb von Avon-Produkten. Die beiden haben vier Kinder im Alter von sechs bis 15 Jahren. Karl und Joan hätten gerne, dass ihre Kinder aufs College gehen. Sie wissen, dass private Colleges wahrscheinlich jenseits ihrer finanziellen Mittel liegen, doch haben sie die Hoffnung, dass eine Ausbildung im hervorragenden Michigan University System realisierbar sein wird. Glücklicherweise hat Karl über einige Zeit hinweg regelmäßig am General-Motors-Sparplan teilgenommen und die Option gewählt, GM-Aktien aus diesem Plan zu erwerben. Er hat inzwischen Aktien im Wert von 119.000 $ angesammelt. Er besitzt keine anderen Wertpapiere, doch steckt einiges Vermögen in seinem gediegenen Haus, auf das nur noch eine kleine Hypothek abgezahlt werden muss.

Karl und Joan haben die Möglichkeiten, ihren finanziellen Bedarf zu decken. Dennoch haben sie ein höchst ungeeignetes Portfolio, insbesondere in Anbetracht der Hauptquelle ihres Einkommens. Zunächst ist das Portfolio überhaupt nicht diversiviziert. Eine negative Entwicklung bei GM, die einen deutlichen Verlust bei den Kursen zur Folge hätte, würde den Wert des Portfolios direkt beeinflussen. Es gäbe keine ausgleichenden Wirkungen anderer Aktien oder anderer Wertpapiere. Außerdem kann eine negative Entwicklung bei General Motors auch Karls Arbeitsplatz bedrohen. Vielleicht stimmt es gar nicht, dass es der Nation immer so ergeht wie General Motors, wie ein selbstherrlicher früherer Vorstandsvorsitzender von GM einmal behauptet hat. Aber ganz sicher stimmt es, dass das Wohlergehen von Karl und Joan vom Wohlergehen von General Motors abhängig ist. Eine ernsthafte Depression in der Autobranche könnte Karl von zwei Seiten her schädigen – sie könnte ihn seinen Job kosten, und auch sein Investmentportfolio würde deutlichen Schaden nehmen. Karl und Joans Investmentportfolio sollte diversifiziert werden, und es sollte keinesfalls den gleichen Risiken ausgesetzt werden wie Karls Haupteinnahmequelle.

Drei Richtlinien für einen maßgeschneiderten Anlageplan für jeden Lebenszyklus

Nun, da ich die Bühne bereitet habe, sollen dieser und der nächste Abschnitt Ihnen einen Führer für die Kapitalanlage in jeder Altersstufe vorstellen. Wir werden uns erst einige allgemeine Regeln ansehen, die den meisten privaten Anlegern in verschiedenen Altersstufen sehr hilfreich sein können, und im nächsten Abschnitt werde ich sie in einem Kapitalanlage-Handbuch zusammenfassen. Natürlich gibt es keine Richtlinien, die auf jeden individuellen Fall zutreffen, so wie es keine allgemeine Strategie gibt, die für eine ganze Basketball-Saison gilt. Jeder Spielplan erfordert einige Veränderungen, um den individuellen Umständen gerecht werden zu können. Dieser Abschnitt betrachtet drei breit angelegte Richtlinien, die Ihnen helfen, einen maßgeschneiderten Plan für Ihre Bedingungen zu entwerfen.

1. Spezielle Bedürfnisse erfordern spezielle Wertpapiere

Vergessen Sie nie – ein spezielles Bedürfnis muss mit speziellen Werten befriedigt werden, die diesem Bedürfnis entsprechen. Gehen wir beispielsweise einmal davon aus, dass wir vorhaben, die Investmentstrategie für ein junges Paar zu planen, das noch keine 30 Jahre alt ist und versucht, sich Rücklagen für den Ruhestand aufzubauen. Der Rat im folgenden Investmentführer für jeden Lebensabschnitt ist ganz sicher geeignet, diese langfristigen Ziele zu erfüllen. Doch nehmen Sie weiterhin an, dass dieses Paar in einem Jahr eine Anzahlung von 30.000 $ brauchen wird, um sich ein Haus zu kaufen. Diese 30.000 $, die ein spezielles Bedürfnis befriedigen sollen, müssen in einem sicheren Papier angelegt werden, das dann fällig wird, wenn das Geld gebraucht wird, beispielsweise in einem Banksparbrief mit einjähriger Laufzeit. Wenn in fünf oder sechs Jahren Schulgeld für das College benötigt wird, dann sollte in Banksparbriefe oder Zero-Coupons mit passender Laufzeit investiert werden.

2. Erkennen Sie Ihre Risikotoleranz

Die bei weitem wichtigste Anpassung der persönlichen Umstände an die allgemeinen Richtlinien, die ich vorgeschlagen habe, betrifft ihre eigene Einstellung dem Risiko gegenüber. Aus diesem Grund ist erfolgreiche Finanzplanung eher eine Kunst als eine Wissenschaft. Allgemeine Richtlinien können sehr hilfreich sein, wenn es darum geht, wie die Anteile eines Vermögens auf verschiedene Wertpapiere aufgeteilt werden sollten. Doch der Schlüssel dafür, ob ein empfohlener Wertpapier-Mix bei Ihnen funktioniert ist, ob Sie dann nachts noch schlafen können. Die Risikotoleranz ist ein entscheidender Aspekt eines jeden Finanzplans, und nur Sie selbst können Ihre Einstellung gegenüber Risiken einschätzen.

Die Tatsache, dass das Risiko, das mit der Kapitalanlage in Aktien und langfristigen Anleihen verbunden ist, umso geringer wird, je länger der Zeitabschnitt andauert, in dem Sie Ihre Anlagen ansparen und halten, sollte Sie einigermaßen beruhigen. Sie müssen allerdings das Stehvermögen besitzen, deutliche kurzfristige Schwankungen im Wert ihres Portfolios akzeptieren zu können. Wie fühlten Sie sich, als der Markt am Montag, dem 31. August 1998 um 512 Punkte fiel? Wenn Sie in Panik gerieten und auch physisch krank wurden, weil ein großer Teil Ihrer Wertpapiere in Aktien angelegt war, dann sollten Sie ganz sicher den

Anteil der Aktien in Ihrem Portfolio senken. Deshalb spielen subjektive Überlegungen eine wichtige Rolle für die Art der Wertpapiere, die Sie ansparen. Sie müssen Risiko akzeptieren können und dürfen ruhig von den Vorschlägen abweichen, ganz in Übereinstimmung mit Ihrer Risikotoleranz.

Ein einfacher Fragebogen wird Ihnen kaum die Antwort geben, wie hoch Ihre Risikotoleranz ist. Dennoch sollte Ihnen das folgende Quiz helfen, das Maß an Risiko herauszufinden, das Sie bei der Kapitalanlage noch ertragen können. Der Fragebogen wurde von dem Finanzexperten William E. Donoghue und den Redakteuren des Donoghue's Money Letter entworfen, um Ihnen zu helfen, herauszufinden, bei welchem Risiko Sie sich noch wohl fühlen.

Wieviel Risiko können Sie ertragen? Ein kleines Quiz

Kluge – und glückliche – Kapitalanleger wissen genau, bei welchem Risiko sie sich noch wohl fühlen und verdienen Geld auf eine Art, die ihnen Spaß macht. Hier ist ein kleines Quiz, mit dem Sie feststellen können, wieviel Risiko Sie ertragen können:

1. Einen Monat, nachdem Sie ein Aktienpaket gekauft haben, erleidet es bei einer Marktkorrektur einen Verlust von 15 %. Wenn Sie davon ausgehen, dass sich die fundamentalen Daten nicht verändert haben, dann
   ☐ a) setzen Sie sich in eine Ecke und warten auf die „Rückreise" nach oben.
   ☐ b) verkaufen Sie es und können wieder gut schlafen, wenn die Kurse weiter fallen.
   ☐ c) kaufen Sie hinzu – der Kurs sah beim Kauf gut aus, und jetzt sieht er sogar noch besser aus.

2. einen Monat nach dem Kauf des Aktienpakets gehen die Kurse ab wie eine Rakete. Sie steigen um 40 %. Wenn Sie keine weitere Informationen finden, dann
   ☐ a) verkaufen Sie
   ☐ b) halten Sie die Papiere und hoffen, dass die Kurse weiter steigen.
   ☐ c) kaufen Sie weitere Aktien. Wahrscheinlich steigt der Kurs weiter.

3. Was würden Sie lieber tun?
   ☐ a) In einen aggressiven Wachstumsfonds investieren, der in den letzten sechs Monaten wenig erfolgreich war.
   ☐ b) In einen Geldmarktfonds investieren und zusehen, wie der Wachstumsfonds, den Sie auch in Erwägung gezogen hatten, innerhalb von 6 Monaten den Wert seiner Anteile verdoppelt.

4. Würden Sie sich besser fühlen, wenn

☐ a) Sie Ihr Vermögen in einem Aktienfonds verdoppelten?

☐ b) Ihr Geldmarktfonds Sie davor bewahrt hätte, in einem „Erdrutsch" an der Börse die Hälfte Ihres Vermögens zu verlieren.

5. In welcher Situation wären Sie am glücklichsten?

☐ a) Sie gewinnen in einem Preisausschreiben 100.000 $

☐ b) Sie erben 100.000 $ von einer reichen Verwandten.

☐ c) Sie verdienen 100.000 $, indem Sie am Optionsmarkt 2.000 $ aufs Spiel setzen.

☐ d) Alles obige. Sie freuen sich über die 100.000 $, ganz gleich, wie diese in Ihre Brieftasche gekommen sind.

6. Das Mietshaus, in dem Sie wohnen, wird in Eigentumswohnungen umgewandelt. Sie können die Wohnung entweder für 80.000 $ kaufen oder die Option für 20.000 $ verkaufen. Der Marktwert der Wohnung liegt bei 120.000 $. Sie wissen, dass Sie, wenn Sie die Wohnung kaufen, sechs Monate brauchen, um sie zu verkaufen, und die monatliche Belastung beläuft sich auf 1.200 $. Außerdem müssten Sie wegen der Anzahlung für die Hypothek ein Darlehen aufnehmen. In dem Gebäude wollen Sie keinesfalls weiter wohnen. Was tun Sie?

☐ a) Sie nehmen die 20.000 $.

☐ b) Sie kaufen die Wohnung und verkaufen sie am offenen Markt.

7. Sie erben das Haus Ihres Onkels im Wert von 100.000 $, schuldenfrei. Obwohl sich das Haus in einer sehr eleganten Umgebung befindet, und man davon ausgehen kann, daß der Wertzuwachs schneller als die Inflation verlaufen wird, ist es stark heruntergekommen. Vermieten Sie es so, wie es ist, erzielen Sie monatlich 1.000 $ Mieteinnahmen. Wenn Sie es renovieren lassen, können Sie 1.500 $ Mieteinnahme erzielen. Die Renovierung könnte durch eine Hypothek auf das Haus finanziert werden. Was würden Sie tun?

☐ a) Das Haus verkaufen.

☐ b) Es vermieten, so wie es ist.

☐ c) Die erforderlichen Renovierungen vornehmen lassen und es dann vermieten.

8. Sie arbeiten für ein kleines, aber aufstrebendes Electronic-Unternehmen in privater Hand. Das Unternehmen benötigt Geld und verkauft Aktien an die Mitarbeiter. Das Management hat vor, mit dem Unternehmen an die Börse zu gehen, aber erst in vier Jahren. Wenn Sie die Aktien kaufen, dürfen Sie sie nicht verkaufen, bis sie an der Börse gehandelt werden. In der Zwischenzeit werden keine Dividenden bezahlt. Wenn das Unternehmen an die Börse geht, könnten die Aktien zum Zehn- bis Zwanzigfachen der Einstandskosten gehandelt werden. Wieviel würden Sie investieren?

☐ a) nichts

☐ b) einen Monatslohn

☐ c) den Lohn von 3 Monaten

☐ d) den Lohn von einem halben Jahr

9. Ihr langjähriger Freund und Nachbar, ein erfahrener Öl-Geologe, sucht eine Gruppe von Investoren (er selbst investiert auch), um eine Probebohrung zu finanzieren, die im Erfolgsfall den 50- bis 100fachen Einsatz als Gewinn verspricht. Wenn die Quelle trocken ist, dann ist alles verloren. Ihr Freund schätzt die Chancen, Öl zu finden, auf 20 %. Wieviel würden Sie investieren?

☐ a) nichts

☐ b) einen Monatslohn

☐ c) den Lohn von 3 Monaten

☐ d) den Lohn von einem halben Jahr

10. Sie erfahren, dass mehrere Wohnungsbaugesellschaften in einer bestimmten Region ernsthaft nach unerschlossenem Bauland suchen. Sie erhalten die Möglichkeit, eine Option auf einen Teil dieses Landstücks zu kaufen. Es kosten etwa zwei Monatslöhne, und Sie rechnen damit, dass Sie einen Gewinn von 10 Monatslöhnen machen könnten. Was tun Sie?

☐ a) Sie kaufen die Option.

☐ b) Sie lassen die Sache laufen, das ist nichts für Sie.

11. In einem Gewinnspiel im Fernsehen haben Sie gewonnen. Was nehmen Sie?

☐ a) 1.000 $ in bar

☐ b) eine Chance von 50%, 4.000 $ zu gewinnen

☐ c) eine Chance von 20 %, 10.000 $ zu gewinnen

☐ d) eine Chance von 5 %, 100.000 zu gewinnen

12. Es ist 2002, und die Inflation nimmt wieder Fahrt auf. Realwerte wie Edelmetalle, Sammlungen und Immobilien sollten in der Lage sein, mit der Inflation Schritt zu halten. Sie haben Ihr Vermögen in langfristigen Anleihen angelegt. Was würden Sie tun?

☐ a) Ich würde die Anleihen behalten.

☐ b) Ich würde die Anleihen verkaufen, die Hälfte des Erlöses in Geldmarktfonds stecken und mit der anderen Hälfte Realwerte kaufen.

☐ c) Ich würde die Anleihen verkaufen und alles in Realwerten anlegen.

☐ d) Ich würde die Anleihen verkaufen, alles in Realwerten anlegen und einen Kredit aufnehmen, um noch mehr zu kaufen.

13. Sie haben am Spieltisch im Casino 500 $ verloren. Wieviel wären Sie bereit einzusetzen, um die 500 $ zurückzuholen?

☐ a) Nichts. Ich würde aufhören zu spielen.

☐ b) 100 $

☐ c) 50 $

☐ d) 500 $

☐ e) ehr als 500 $

Auswertung

Jetzt wollen wir herausfinden, was für ein Anleger Sie sind. Zählen Sie Ihre Punkte zusammen. Die Anzahl Ihrer Punkte zu jeder Frage finden Sie in der folgenden Tabelle.

1. a – 3; b – 1; c – 4
2. a – 1; b – 3; c – 4
3. a – 1; b – 3
4. a – 2; b – 1
5. a – 2; b – 1; c – 4; d – 1
6. a – 1; b – 2
7. a – 1; b – 2; c – 3
8. a – 1; b – 2; c – 4; d – 6
9. a – 1; b – 3; c – 6; d – 9
10. a – 3; b – 1
11. a – 1; b – 3; c – 5; d – 9
12. a – 1; b – 2; c – 3; d – 4
13. a – 1; b – 2: c – 4; d – 6; e – 8

Ihre Punkte:

Weniger als 21 Punkte: Sie sind ein konservativer Anleger, reagieren auf Risiko allergisch. Bleiben Sie bei nüchternen, konservativen Kapitalanlagen.

21 bis 35 Punkte: Sie sind ein aktiver Investor, der bereit ist, kalkulierte Risiken einzugehen, mit denen Sie finanziell gewinnen können.

36 und mehr Punkte: Sie sind ein agressiver Investor, der das Abenteuer liebt.

3. Ständiges Sparen mit gleichbleibenden Beträgen, ganz gleich wie groß oder klein, zahlt sich aus

Eine letzte Anmerkung, bevor ich Ihnen den Führer zum Aufbau eines Portfolios präsentiere. Was tun Sie, wenn Sie im Augenblick nichts haben, was Sie sparen können? Es gibt sehr viele Leute mit begrenzten finanziellen Möglichkeiten, die glauben, es sei unmöglich, sich ein ansehnliches finanzielles Polster zu schaffen. Ersparnisse für den Ruhestand in der Höhe von 50.000 oder 100.000 $ scheinen oft völlig außer Reichweite zu liegen. Verzweifeln Sie nicht. Tatsache ist, dass ein Programm, mit dem Sie regelmäßig einen bestimmten Betrag in jeder Woche sparen, der auch ständig eingehalten wird, nach gewisser Zeit erhebliche Geldbeträge erbringen kann. Können Sie es sich leisten, jede Woche 23 $ beiseite zu legen? Oder 11,50 $ je Woche? Wenn das der Fall ist, dann stehen die Chancen gut, dass Sie sich ein großes Finanzpolster für den Ruhestand ansammeln können, wenn Sie noch viele Arbeitsjahre vor sich haben. Die Tabelle auf der folgenden Seite zeigt Ihnen die Ergebnisse eines Sparprogramms, in das monatlich 100 $ eingezahlt wurden. Dabei wurde eine Rendite von 8 % zu Grunde gelegt. Die letzte Spalte in der Tabelle zeigt den Gesamtwert, der über verschiedene Zeiträume hinweg angesammelt werden kann (Ich gehe davon aus, dass die Ersparnisse steuerfrei angelegt werden können, so dass ich Kapitalertragssteuer ignoriert habe.) Regelmäßiges Sparen selbst bescheidener Beträge ermöglicht ansehnliche Ergebnisse auch für diejenigen, die ohne Ersparnisse beginnen. Wenn Sie schon am Anfang ein paar tausend Dollar beiseite legen können, dann wird der Endbetrag deutlich erhöht.

Wie man finanzielle Reserven für den Ruhestand aufbauen kann:
Was geschieht mit einem monatlichen Sparbetrag von 100 $, die mit
8 % Rendite angelegt werden (einschließlich Zinseszins)?

Jahre	Kumulative Einzahlungen in $	Jahres- gewinn in $	Kumulativer Gewinn in $	Gesamt- wert in $
1	1.200	53	53	1,253
2	2.400	157	210	2.610
3	3.600	270	480	4.080
4	4.800	392	872	5.672
5	6.000	524	1.396	7.396
6	7.200	667	2.063	9.263
7	8.400	822	2.885	11.285
8	9.600	990	3.875	13.475
9	10.800	1.175	5.046	15.846
10	12.000	1.368	6.414	18.414
11	13.200	1.581	7.995	21.195
12	14.400	1.812	9.807	24.207
13	15.600	2.062	11.869	27.469
14	16.800	2.333	14.202	31.002
15	18.000	2.626	16.828	34.828
16	19.200	2.944	19.772	38.972
17	20.400	3.288	23.060	43.460
18	21.600	3.600	26.720	48.320
19	22.800	4.063	30.783	53.583
20	24.000	4.501	35.284	59.284
21	25.200	4.973	40.257	65.457
22	26.400	5.486	45.743	72.143
23	27.600	6.041	51.784	79.384
24	28.800	6.642	58.426	87.226
25	30.000	7.293	65.719	95.719
26	31.200	7.998	73.717	104.917
27	32.400	8.761	82.478	114.878
28	33.600	9.588	92.066	125.666
29	34.800	10.106	102.172	136.972
30	36.000	11.422	113.594	149.594

Wenn Sie in der Lage sind, nur 50 $ pro Monat zu sparen – das ist ein
wenig mehr als 11,50 $ je Woche – dann halbieren Sie die Zahlen in der
Tabelle. Wenn Sie in der Lage sind 200 $ im Monat sparen zu können,
dann verdoppeln Sie die Beträge. Sie müssen sich einen oder mehrere
Investmentfonds aussuchen, die keinen Ausgabeaufschlag erheben, um
Ihr Finanzpolster aufzubauen, denn direkte Anlagen kleinerer Geldbeträge wären außerordentlich teuer. Außerdem ermöglichen Investment-

fonds ein automatisches Reinvestment der Zinsen, Dividenden oder Kapitalgewinne, wie es in der Tabelle angenommen wird. Außerdem sollten Sie einmal prüfen, ob Ihr Arbeitgeber einen geeigneten Sparplan zur Verfügung stellt. Es ist offensichtlich, dass Sie mit einem Sparplan Ihres Arbeitsgebers und dessen Anteilen Ihre Sparziele erreichen können und ebenfalls Steuerersparnisse erzielen. Außerdem wird Ihr finanzielles Polster wesentlich schneller wachsen.

Der Anlageführer für jede Altersstufe

Die Abbildungen auf den Seiten 370 und 375 zeigen eine Zusammenfassung des Investmentplans für jede Altersstufe. Im Talmud sagte Rabbi Isaac, dass man sein Vermögen immer in drei Teile teilen sollte. Ein Drittel in Land, ein Drittel in Ware (Geschäfte) und ein Drittel, das man in liquider Form ständig zur Verfügung hat. Eine solche Aufteilung ist nicht unvernünftig, doch können wir diesen antiken Rat verbessern, weil wir verfeinerte Finanzinstrumente haben und die Überlegungen besser verstehen können, die verschiedene Portfolios für verschiedene Menschen geeignet machen. Die Grundgedanken hinter diesen Empfehlungen wurden schon im Detail besprochen. Für diejenigen, die noch nicht 30 Jahre alt sind, empfehle ich ein sehr aggressives Investmentportfolio. In diesem Alter hat man viel Zeit, die Höhen und Tiefen der Investmentzyklen auszusitzen und man hat noch ein ganzes Arbeitsleben vor sich. Das Portfolio enthält nicht nur sehr viele Aktien, sondern es besteht zu einem nennenswerten Anteil aus Aktien mit höherem Risiko wie beispielsweise kleineren Unternehmen und Wachstumsaktien. Außerdem enthält das Portfolio einen deutlichen Anteil internationaler Aktien. Wie schon in Kapitel 8 erwähnt, ist die Risikominderung ein wichtiger Vorteil der internationalen Diversifikation. Weil die Konjunkturzyklen nicht in allen Ländern gleichmäßig ablaufen, wird ein Portfolio, das international diversifiziert ist, stabilere jährliche Erträge einbringen als eines, das nur in heimische Aktien investiert. Außerdem kann eine internationale Diversifikation einem Investor ermöglichen, auch auf andere Wachstumsregionen in der Welt zu setzen. Der amerikanische Aktienmarkt macht etwas weniger als die Hälfte des Gesamtwertes aller Aktien aus, die an den Börsen der Welt gehandelt werden. In vielen Teilen der Welt sind die Wachstumschancen wahrscheinlich besser als heute in den Vereinigten Staaten.

Wenn Investoren älter werden, dann sollten Sie anfangen, ihre riskanteren Investments zurückzufahren und den Teil des Portfolios zu erhöhen, der Anleihen und Wertpapieren vorbehalten ist, die großzügige Dividendenausschüttungen vornehmen, wie beispielsweise geschlossene Immobilienfonds. Im Alter von 55 Jahren sollten Investoren anfangen, über den Übergang in den Ruhestand nachzudenken und das Portfolio so umzugestalten, dass es regelmäßige Erträge abwirft. Der Anteil der Anleihen nimmt zu, und der Anteil der Aktien wird konservativer, er konzentriert sich auf Erträge und ist weniger wachstumsorientiert. Im Ruhestand sollte ein Portfolio hauptsächlich aus verschiedenen Anleihen mit unterschiedlichen mittelfristigen Laufzeiten bestehen (fünf bis zehn Jahre bis zum Ablauf) und aus langfristigen Anleihen (mehr als zehn Jahre bis zum Ablauf). Eine allgemeine Daumenregel, die für viele Investoren sehr viel Sinn macht ist, den Anteil der Anleihen in einem Portfolio so hoch sein zu lassen, wie die Anzahl der Jahre ist. Dennoch sollte man, selbst wenn man schon auf die 70 zugeht, 25 % des Portfolios für Aktien und 15 % des Portfolios für Immobilienfonds reservieren, damit das Einnahmenwachstum auch die Wirkungen der Inflation ausgleichen kann.

Der Investmentführer für jede Altersstufe, der auf den Seiten 369 und 370 abgebildet ist, wird durch allgemeine Wertpapierkategorien ausgedrückt. Im Kapitel 14 werde ich einige spezielle Fonds empfehlen, die Investoren in Übereinstimmung mit den Ratschlägen, die hier angeboten werden, kaufen können. Eine für die meisten Investoren sinnvolle Strategie ist es, Indexfonds als spezielle Anlagevehikel zu nutzen.

Für die meisten Anleger empfehle ich Fonds statt einzelner Aktien, um daraus ein Portfolio zu bilden. Das tue ich aus zwei Gründen.

1. Die meisten Menschen verfügen nicht über ausreichend Kapital, um richtig zu diversifizieren. Wenn sie ausreichend Geld haben, um sich ein Portfolio aus Aktien der empfohlenen Arten zusammenzustellen, dann sollten sie es tun.
2. Ich weiß, dass die meisten jüngeren Menschen nicht sehr viel Barvermögen haben und sie werden ihre Portfolios aufbauen, indem sie monatlich investieren.

Das macht Investmentfonds fast zu einer Notwendigkeit. Sie müssen nicht genau die Fonds kaufen, die ich vorschlage (und außerdem gebe ich ihnen Alternativen), doch sollten Sie auf alle Fälle sicherstellen, dass sie keine Ausgabeaufschläge zahlen müssen und sichere, erlösabwerfende Fonds auswählen.

Sie werden außerdem bemerken, dass ich in meine Empfehlungen explizit Immobilien aufgenommen habe. Ich habe schon gesagt, dass jeder versuchen sollte, ein Eigenheim zu besitzen. Ich bin überzeugt, dass jedermann Immobilien besitzen sollte, und deshalb sollte ein Teil in Immobilienfonds investiert werden, wie ich es in Kapitel 11 beschrieben habe. Bei den Anleihen empfiehlt der Führer Anleihen mit zu versteuernden Erträgen. Wenn Sie allerdings unter einem sehr hohen Grenzsteuersatz leiden und Ihre Anleihen nicht in einem Ruhestandssparplan enthalten sind, dann empfehle ich Ihnen steuerfreie Geldmarktfonds und Anleihenfonds, die keinen Steuern unterliegen.

Der Investmentführer für jeden Lebenszyklus
Empfohlene Anteile für Wertpapiere oder Ersparnisse.

Alter: Jünger als 30 Jahre
Lebensstil: Schnell, aggressiv. Das Einkommen fließt regelmäßig, die Fähigkeit Risiko zu akzeptieren ist ziemlich hoch. Man benötigt Disziplin, um zu sparen, damit man ein Finanzpolster aufbauen kann.

Barmittel (5 %): Geldmarktfonds oder kurzfristige Anleihenfonds (durchschnittlicher Ablauf in einem bis zu einem halben Jahr).

Anleihen (30 %): Zero Coupons, Fonds ohne Ausgabeaufschlag oder einen guten Anleihenfonds ohne Ausgabeaufschlag, einige inflationsgeschützte Schatzbriefe (5 % des Portfolios). (* Wenn die Anleihen nicht in einem steuerbegünstigten Ruhestandssparplan sind, dann sollten steuerbefreite Anleihen benutzt werden.)

Aktien (55 %): Zwei Drittel US-Aktien, in denen kleinere Wachstumsunternehmen repräsentiert sind; ein Drittel internationale Aktien, einschließlich Emerging Markets.

Immobilien (10 %): Immobilienfonds.

370

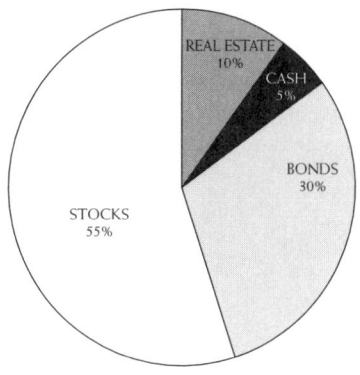

Alter: Ende 30 bis Anfang 40
Lebensstil: Midlife Crisis: Für kinder-
lose berufstätige Paare ist die Fähigkeit, Risiko zu akzeptieren immer
noch ziemlich hoch. Das erhöhte
Risiko können diejenigen nicht mehr
eingehen, denen Schulgeld für ein
College droht.

■ Barmittel (5 %): Geldmarktfonds
oder kurzfristige Anleihenfonds
(durchschnittliche Restlaufzeit 1 bis
1,5 Jahre).

□ Anleihen (30 %): Zero Coupons,
Hypothekenfonds ohne Ausgabeaufschlag oder Anleihenfonds ohne Ausgabeaufschlag, einige inflationsgeschützte Schatzbriefe (5 % des
Portfolios). (* Siehe oben)

□ Aktien (55 %): Zwei Drittel in US-
Aktien, in denen kleinere Wachstumsaktien gut repräsentiert sind; ein
Drittel internationaler Aktien einschließlich Emerging Markets.

▨ Immobilien (10 %): Ein Portfolio von
offenen und geschlossenen Immobilienfonds.

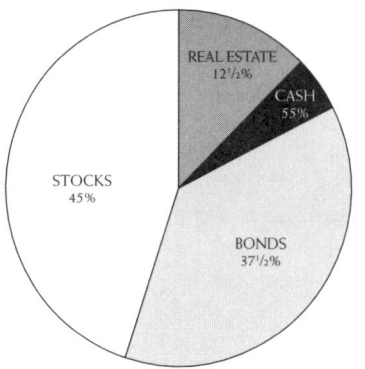

Alter: Mitte 50
Lebensstil: Viele müssen immer noch
für das College ihrer Kinder bezahlen. Ganz gleich, wie der Lebensstil
aussieht, diese Altersgruppe muss
anfangen, über den Ruhestand nachzudenken und darüber, wie regelmäßiges Einkommen geschützt werden kann.

■ Barmittel (5 %): Geldmarktfonds
oder kurzfristige Anleihenfonds
(Restlaufzeit 1 bis 1,5 Jahre).

□ Anleihen (37,5 %): Zero Coupons,
Hypothekenfonds ohne Ausgabeaufschlag oder Anleihenfonds ohne Ausgabeaufschlag, einige inflationsge-

schützte Schatzbriefe (5 % des Portfolios). (* Siehe oben)

☐ Aktien (45 %): Drei Viertel in US-
Aktien in denen kleinere Wachstumsunternehmen gut repräsentiert sind;
ein Viertel internationaler Aktien
einschließlich Emerging Markets.

▨ Immobilien (12,5 %): Ein Portfolio
mit verschiedenen Immobilienfonds

Alter: Ende 60 und höher
Lebensstil: Man genießt Freizeitakti-
vitäten, muss sich aber auch vor
größeren Ausgaben bei Krankheit
schützen. Geringe oder keine Fähigkeit Risiko einzugehen.

■ Barmittel (10 %): Geldmarktfonds
oder kurzfristige Anleihenfonds
(Restlaufzeit 1 bis 1,5 Jahre).

☐ Anleihen (50 %): Zero Coupons,
Hypothekenfonds ohne Ausgabeaufschlag oder Anleihenfonds ohne Ausgabeaufschlag, einige inflationsgeschützte Schatzbriefe (5 % des
Portfolios). (* Siehe oben)

☐ Aktien (25 %): In erster Linie qualitativ hochwertige US-Aktien, in denen
einige kleinere Wachstumsunternehmen ebenfalls repräsentiert sind.

▨ Immobilien (15 %): Ein Portfolio mit
verschiedenen Immobilienfonds

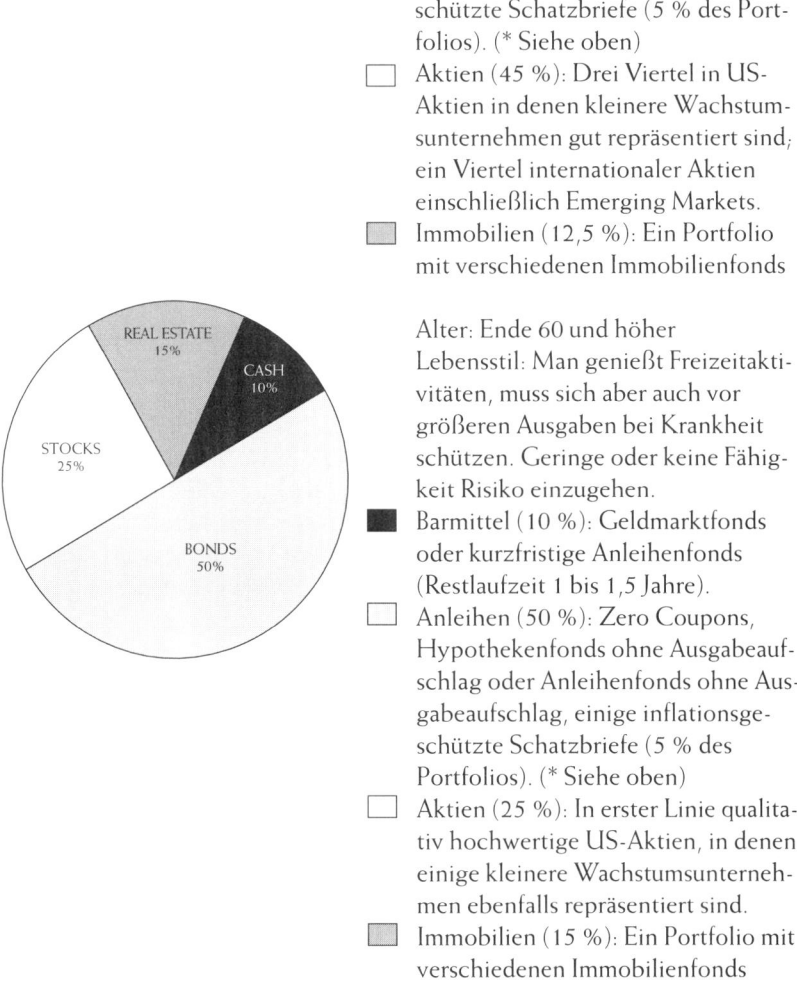

KAPITEL 14

In drei Riesenschritten die Wall Street hinunter

Jährliches Einkommen 20 Pfund, jährliche Ausgaben 19,196 Pfund, Ergebnis: Glück. Jährliches Einkommen 20 Pfund, jährliche Ausgaben 20,06 Pfund, Ergebnis: Not.
CHARLES DICKENS, DAVID COPPERFIELD

In diesem Kapitel biete ich Ihnen Regeln, nach denen Sie Aktien kaufen können und spezielle Empfehlungen für die Instrumente, die Sie benutzen können, um den Richtlinien der Sparpläne im Kapitel 13 zu entsprechen. Inzwischen haben Sie vernünftige Entscheidungen über Steuern getroffen, über Wohnen, Versicherungen, und wie Sie das meiste aus Ihren Barreserven machen können. Sie haben Ihre Anlageziele überdacht, Sie kennen Ihre Position im Lebenszyklus und Ihre Einstellung gegenüber Risiko und Sie haben entschieden, welchen Teil Ihres Vermögens Sie in Aktien investieren wollen. Nun ist es Zeit für ein kurzes Gebet in der Dreifaltigkeitskirche; dann machen wir einige mutige Schritte vorwärts und sind sehr vorsichtig, damit wir den Friedhof auf der anderen Straßenseite meiden. Meine Regeln können Ihnen behilflich sein, teure Fehler und auch unnötige Provisionen zu vermeiden. Sie können Ihnen behilflich sein, Ihre Erlöse ein wenig zu erhöhen, ohne große Risiken einzugehen. Ich kann Ihnen nichts Spektakuläres bieten, aber ich weiß, dass eine Zunahme von ein oder zwei Prozent im Ertrag Ihrer Vermögenswerte oft den Unterschied zwischen Niedergeschlagenheit und Glück ausmachen kann.

Was machen Sie, wenn Sie Aktien kaufen? Grundsätzlich gibt es drei Möglichkeiten. Ich nenne sie den Weg der Hirnlosen, den Weg „Do it Yourself" und den Weg der Ersatzspieler.

Im ersten Fall kaufen Sie einfach Anteile an verschiedenen Indexfonds, die die verschiedenen Arten von Aktien abdecken (Aktien mit hoher Marktkapitalisierung, Aktien mit geringer Marktkapitalisierung, geschlossene Immobilienfonds, ausländische Aktien u.s.w) aus denen Ihr Portfolio bestehen soll. Diese Methode hat den Vorteil, absolut einfach zu sein. Auch wenn Sie Schwierigkeiten haben, einen Kaugummi zu kaufen während Sie ziellos herumspazieren, das können Sie schaffen. Und mit einiger Sicherheit haben Sie den gleichen Jahresgewinn wie der Markt als Ganzes. Der Markt zieht Sie mit sich.

Mit dem zweiten System joggen Sie die Wall Street hinunter, suchen sich Ihre eigenen Aktien aus und erzielen – im Vergleich zum Ertrag, den Sie mit Indexfonds erzielen – wesentlich höhere oder wesentlich niedrigere Gewinne. Dies beinhaltet Arbeit, aber nach Meinung derjenigen, die das Spiel keinesfalls anders spielen wollen, auch viel Spaß. Den meisten Investoren möchte ich diese Möglichkeit nicht empfehlen. Wenn es dennoch die Art ist, die Sie für Ihre Kapitalanlage vorziehen, dann habe ich für Sie eine Reihe von Regeln zur Aktienwahl vorbereitet, die die Chancen auf Erfolg ein wenig zu Ihren Gunsten ausrichten.

Und drittens können Sie sich auf den Randstein setzen und einen professionellen Investmentmanager auswählen, der für Sie die Wall Street hinuntergeht. Die einzige Möglichkeit, wie Investoren mit bescheidenen Barmitteln dies erreichen können, ist Investmentfonds zu kaufen. Weiter hinten in diesem Kapitel werde ich Ihnen einige hilfreiche Vorschläge machen, wie Sie die richtigen Fonds auswählen.

Frühere Auflagen dieses Buches beschrieben eine Strategie, die ich den „Malkiel Step" nannte: Anteile geschlossener Investmentfonds zu kaufen, und zwar mit einem Preisabschlag vom Wert der Anteile, die der Fonds hält. Als die erste Auflage dieses Buches veröffentlicht wurde, lagen die Abschläge auf US-Aktien bei 40 %. Heute sind sie wesentlich geringer, da diese Fonds in ihrem Wert effizienter eingeschätzt werden. Die Investmentwelt ist heute größer geworden, und diejenigen, die ihre Horizonte erweitern wollen, werden herausfinden, dass es für bestimmte Arten von Fonds attraktive Abschläge geben kann. Kluge Investoren können davon manchmal profitieren. Den „Malkiel Step" beschreibe ich später in diesem Kapitel.

Der Schritt, bei dem man nicht denken muss: Investieren in Indexfonds.

Der Standard & Poor's 500-Aktienindex, eine Zusammenstellung, die 70 % des Marktwerts aller in den USA gehandelten Aktien repräsentiert, ist langfristig gesehen besser als die meisten Experten. Wenn man ein Portfolio zusammenstellen würde, das alle Unternehmen in diesem Index enthielte, dann wäre es einfach, Aktien zu besitzen. Damals, im Jahr 1973 (zur Zeit der ersten Auflage dieses Buches) behauptete ich, dass es für Kleininvestoren unumgänglich sei, diesen Weg zu gehen:

Was wir brauchen ist ein ausgabeaufschlagsfreier Investmentfonds mit geringen Managementgebühren, der ganz einfach die Hunderte von Aktien kauft, aus denen die breiten Aktiendurchschnitte bestehen, und der nicht eine Aktie gegen andere tradet, um die Gewinner herauszufinden. Immer, wenn ein Investmentfonds eine unterdurchschnittliche Performance aufweist, dann sind die Sprecher der Fondsgesellschaften schnell dabei zu sagen: „Man kann schließlich nicht den Durchschnitt kaufen." Es ist höchste Zeit, dass dies für die Öffentlichkeit möglich sein sollte.

Kurz nach der Veröffentlichung meines Buches kam man auf die Idee eines Indexfonds zurück. Zunächst wurde diese Möglichkeit nur großen Pensionsfonds geboten. Aber eine der großen Tugenden des Kapitalismus ist, dass dann, wenn es den Bedarf für ein Produkt gibt, normalerweise immer jemand da ist, der den Willen aufbringt, dieses Produkt anzubieten. 1976 wurde ein Fonds geschaffen, der der Öffentlichkeit ermöglichte, ebenfalls einzusteigen. Der Vanguard Index Trust (auch unter dem Namen 500-Portfolio bekannt) ist ein Investmentfonds, der die 500 Aktien des S&P 500 entsprechend ihrem Gewicht im Index kauft. Jeder Investor ist proportional an den Erlösen und den Kapitalgewinnen, aber auch an den Verlusten des Portfolios dieses Fonds beteiligt. Die Ausgaben für das Management (Überwachungsgebühren, die Kosten, Dividendenausschüttungen zu verteilen und die Geschäftsberichte für Investoren vorzubereiten) belaufen sich auf weniger als 2 Promille des Vermögens, weitaus weniger als die Kosten, die bei den meisten Investmentfonds oder Vermögensverwaltungen der Banken anfallen. Heute kann man den Markt ganz bequem und preisgünstig kaufen. Heute bieten die meisten Fondsgesellschaften einen S&P-Fonds an. Darüber hinaus wird ein S&P Indexfonds (SPDR) an der American Stock Exchange aktiv gehandelt.
Die Logik hinter dieser Strategie ist die der Efficient-Market-Theo-

Wachstums- und Value-Fonds vs. Index & Trust 500
Zehn Jahre bis zum 30. 6. 1998

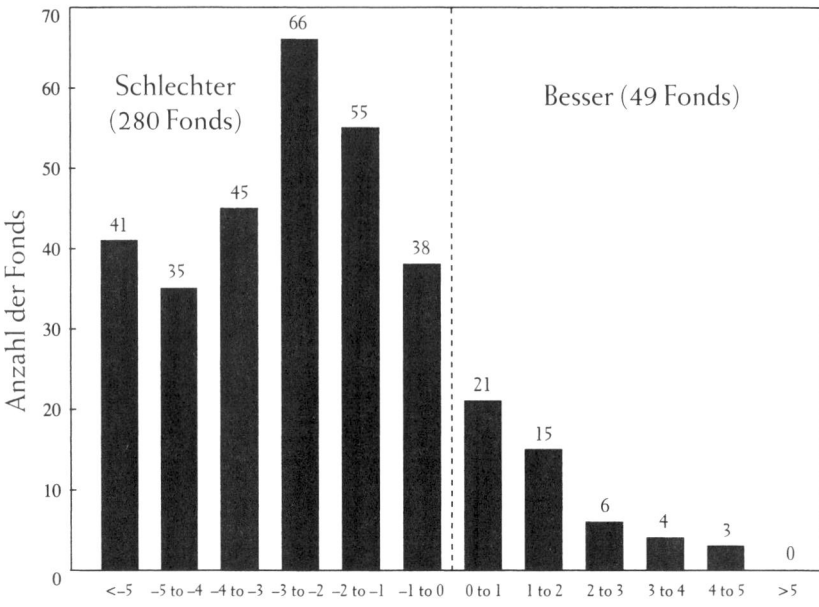

rie. Die langfristige überdurchschnittliche Performance des S&P 500, verglichen mit der der größten institutionellen Anleger, wurde durch zahlreiche Studien belegt, wie ich es in den vorangehenden Kapiteln dieses Buches beschrieben habe. Zwischen 1974 und 1978 war die Performance des S&P besser als drei Viertel der öffentlichen Aktienfonds – der durchschnittliche Jahresgesamtgewinn des S&P lag fast 2 Punkte höher als der eines durchschnittlichen Fonds.

Ähnliche Studien, die bei Pensionsfonds, bei Banken und Versicherungsunternehmen über geschlossene Aktienfonds durchgeführt wurden, bestätigen diese Ergebnisse. Der S&P war besser als etwa zwei Drittel der professionell gemanagten Portfolios, und das trifft auf die 80er und die 90er Jahre zu.

Außerdem kann man die Investmentfonds, die Wachstums- und Value-Strategien verfolgen, und einen Indexfonds um einen nennenswerten Betrag geschlagen haben, an einer Hand abzählen, wie Sie aus der folgenden Abbildung ersehen können.

Eine Zusammenfassung der Indexfonds- Lösung

Lassen Sie uns nun die Vorteile zusammenfassen, die entstehen, wenn man Indexfonds als vorrangiges Investmentvehikel benutzt, um seine Anlageziele zu erreichen. Indexfonds erzielten regelmäßig Renditen, die diejenigen der aktiven Manager um bis zu 2 Punkte übertrafen. Es gibt zwei grundsätzliche Gründe für diese bessere Performance: Managementgebühren und Tradingkosten. Öffentliche Indexfonds verlangen typischerweise eine Gebühr von 2 Promille. Aktiv gemanagte öffentliche Investmentfonds verlangen für das jährliche Management und Auslagen an der Börse Gebühren, die bei 1,5 Punkten pro Jahr liegen. Weiterhin traden Indexfonds nur dann, wenn es unbedingt erforderlich ist, während aktive Fonds ihr Portfolio typischerweise zu 100 % umschlagen, manchmal sogar mehr. Wenn ich die Tradingkosten nur ganz bescheiden schätze, dann kostet ein solcher Turnover den aktiven Manager mindestens 0,5 bis 1 % der Performance pro Jahr, wahrscheinlich mehr. Auch wenn Aktienmärkte nicht absolut effizient sind, kann aktives Management als Ganzes nicht die nötigen Gewinne erzielen, um den Markt als Ganzes zu überflügeln. Deshalb müssen sie im Durchschnitt eine schlechtere Performance aufweisen als die Indizes, und zwar mindestens um den Betrag, den die Auslagen und Transaktionskosten ausmachen.

„Mit einem Satz über Häuser zu springen ist ja ganz nett, aber können Sie den S&P-Index schlagen?"

Indexfonds werden sehr freundlich besteuert. Sie ermöglichen es Investoren, die Realisierung der Kapitalgewinne hinauszuschieben oder sie ganz zu vermeiden, wenn die Anteile später vererbt werden. In dem Maß, indem sich der langfristige Aufwärtstrend bei Aktienkursen fortsetzt, werden die Kapitalgewinne, wenn man von einer Aktie zur anderen springt, versteuert. Steuern sind entscheidend wichtige Faktoren, weil die vorzeitige Realisierung von Kapitalgewinnen die Nettogewinne deutlich reduziert. Indexfonds traden nicht von einem Wertpapier zum anderen, und deshalb werden Steuern auf Kapitalgewinne meist vermieden.

Indexfonds sind außerdem relativ gut kalkulierbar. Wenn Sie einen aktiv gemanagten Fonds kaufen, dann können Sie nie sicher sein, wie er im Vergleich zu anderen abschneiden wird. Wenn Sie aber einen Indexfonds kaufen, dann können Sie einigermaßen sicher sein, dass er so ähnlich läuft wie sein Index und dass es wahrscheinlich ist, dass der durchschnittliche Fondsmanager leicht übertroffen wird. Außerdem sind Indexfonds immer voll investiert. Sie sollten einem aktiven Manager nicht glauben, wenn er behauptet, dass sein Fond immer zur richtigen Zeit auf Barmittel umsteigt. Wir haben schon gesehen, dass ein Market Timing nicht funktioniert. Schließlich sind Indexfonds leichter zu bewerten. Im Juni 1998 gab es 3.344 Aktienfonds, und es gibt keine verlässliche Möglichkeit vorherzusagen, welche in der Zukunft besonders gut sein werden. Bei Indexfonds weiß man genau, was man bekommt, und die Anlage ist unglaublich einfach.

Gehen wir einmal davon aus, dass ein Investor trotz aller gegensätzlichen Beweise glaubt, dass ein hervorragendes Investmentmanagement wirklich existiert. Dann bleiben immer noch zwei Tatsachen: Erstens, es ist ganz klar, dass solch ein Talent sehr selten ist, und daß es zweitens keinen effektiven Weg zu geben scheint, es zu finden, bevor es seine Begabung über eine längere Zeit hinweg unter Beweis gestellt hat. Paul Samuelson fasst diese Schwierigkeit im folgenden Gleichnis zusammen. Nehmen wir einmal an, dass einer von zwanzig Alkoholikern es schaffen würde, Gelegenheitstrinker zu werden. Der erfahrene Arzt würde antworten: „Selbst wenn es stimmt, dann sollte man so handeln, als ob es nicht stimmen würde, denn Sie werden niemals den einen unter zwanzig herausfinden, und in dem Versuch würden fünf aus zwanzig zugrunde gehen." Samuelson schließt daraus, dass Investoren die Suche nach den kleinen Nadeln in großen Heuhaufen aufgeben sollten. Das Aktientrading unter institutionellen Anlegern ist wie eine isometrische Übung: Viel Energie wird aufgewendet, doch zwischen einem Manager und einem anderen gleicht sich alles aus, und die Kommissionen, die die

Manager bezahlen müssen, schaden der Performance. Wie Windhunde auf der Hunderennbahn scheinen die professionellen Geldmanager dazu verurteilt zu sein, ihr Rennen mit dem mechanischen Kaninchen zu verlieren. Es nimmt deshalb wenig Wunder, dass viele große Anleger, einschließlich Intel, Exxon, Ford, American Telephone und Telegraph, Harvard University, der Colleges Retirement Equity Fund und die New York State Teachers Association große Teile ihres Vermögens in Indexfonds angelegt haben. 1977 waren 1 Milliarde $ in Indexfonds investiert. Im Jahr 1998 waren es mehr als 1 Billion $.

Und wie ist es mit Ihnen? Wenn Sie einen Indexfonds kaufen, dann verlieren Sie die Chance, im Golfclub damit anzugeben, welche phantastischen Gewinne Sie erzielt haben, indem Sie an der Börse die Gewinner fanden. Breite Diversifikation verhindert außerordentliche Verluste in Relation zum Gesamtmarkt; aber entsprechend der Definition werden auch außerordentlich hohe Gewinne vermieden. Und deshalb nennen viele Kritiker an der Wall Street Indexfonds die garantierte Mittelmäßigkeit. Doch die Erfahrung zeigt deutlich, dass die Käufer von Indexfonds wahrscheinlich bessere Ergebnisse erzielen als die typischen Fondsmanager, deren hohe Beratungskosten und Portfolio-Turnovers die Erträge aus der Kapitalanlage reduzieren. Viele Leute werden die Garantie dafür, dass das Spiel an der Börse in jeder Runde mit dem gleichen Erfolg für den Gesamtmarkt endet, sehr attraktiv finden. Natürlich kann man mit dieser Strategie keineswegs das Risiko vermeiden. Wenn der Markt als Ganzes abrutscht, dann wird Ihr Portfolio unter Garantie folgen.

Doch die Index-Methode hat für den kleinen Anleger auch noch andere Reize. Diese Methode ermöglicht es, mit geringem Kapitaleinsatz eine breite Diversifikation zu erzielen. Außerdem werden auch die Brokerkosten reduziert. Wenn ein privater Investor Aktien kauft, dann zahlt er bei kleinen Trades sehr hohe Brokergebühren, die fast einen Dollar je Aktie ausmachen (sogar dann, wenn man mit Discountbrokern in Verbindung steht). Der Indexfonds, in dem das Geld vieler Investoren zusammengelegt wird, tradet in größeren Paketen und kann bei seinen Transaktionen eine Brokergebühr von ein paar Pennies je Aktie aushandeln. Der Indexfonds erledigt die gesamte Arbeit, auch das Einsammeln der Dividenden aller Aktien, die im Fonds enthalten sind, und man schickt Ihnen in jedem Quartal einen Scheck über Ihre Gesamtgewinne (Gewinne, die nebenbei gesagt auch in Fonds reinvestiert werden können, wenn Sie das wünschen). In wenigen Worten: Der Indexfonds ist eine vernünftige und bequeme Art und Weise, den Gewinn des Gesamtmarktes zu erzielen, und dies mit null Aufwand und nur geringen Kosten.

Eine weiter gefasste Definition der Index-Strategie

Die Index-Strategie ist eine Strategie, die ich schon seit der ersten Auflage dieses Buches im Jahr 1973 empfohlen habe – sogar bevor es Indexfonds überhaupt gab. Es war einfach eine Idee, deren Zeit noch kommen musste. Der bei weitem populärste Index ist der Standard & Poors 500-Aktienindex, ein Index der wohl die wichtigsten Gesellschaften an der US-Börse repräsentiert. Doch jetzt möchte ich, als einer der frühesten Anhänger des S&P 500-Aktienindex, meinen Rat ein wenig modifizieren. Obwohl ich immer noch empfehle, Indizes zu kaufen oder „passiv" zu investieren, gibt es gerechtfertigte Kritik an einer zu engen Definition der Kapitalanlage in Indizes. Viele Leute setzen fälschlicherweise diese Strategie damit gleich, dass man ganz einfach den S&P 500-Index kauft. Das ist nicht mehr das einzige Spiel, das heute gespielt wird. Es kann sehr gut sein, dass die außerordentliche Performance von Aktien mit großer Marktkapitalisierung, die den S&P 500 dominieren, nicht weit in das neue Jahrtausend hineinreichen wird, und die langfristige Überlegenheit von Aktien mit geringer Marktkapitalisierung sich bestätigt. Einige Analysten sind so besorgt darüber, dass große Unternehmen Ende der 90er Jahre so beliebt wurden, dass sie glaubten, wir würden den Nifty-Fifty-Wahn der 70er Jahre wieder durchmachen müssen. Und deshalb glaube ich heute, dass, wenn ein Investor nur einen amerikanischen Indexfonds kaufen möchte, wäre der breiter angelegte Wilshire 5000 Aktienindex der beste allgemeine US-Index – und nicht mehr der S&P 500.* Für diese Empfehlung gibt es zwei Gründe.

Erstens, die Indexstrategie mit dem S&P wurde so verbreitet, dass sie tatsächlich die Kurse der zugrunde liegenden Aktien im Index beeinflusst hat. Dies wird deutlich, wenn in der Zusammenstellung des Index Veränderungen getätigt werden, wie es von Zeit zu Zeit unvermeidlich ist. Während des Booms der Zusammenschlüsse und der Buyouts in den späten 80er und 90er Jahren verschwanden viele S&P 500 Unternehmen und mussten aus dem Index entfernt werden. Diese Unternehmen wurden dann durch andere ersetzt, die zuvor nicht im Index enthalten waren. Es stellte sich heraus, dass die neu in den Index aufgenommenen Unternehmen (zumindest zeitweilig) im Kurs um mehr als 5 % aufgewertet wurden – ganz einfach deshalb, weil sie nun Bestandteil des S&P-Index waren.

---

* Auch wenn der Dow Jones und der Standard & Poors 500 mehr Aufmerksamkeit auf sich ziehen, veröffentlicht das Wall Street Journal täglich den Wert des Wilshire Index.

Portfoliomanager die Indexfonds betreuten, mussten nun die Aktien der neuen Unternehmen (im Verhältnis zu ihrer relativen Größe und deshalb ihrem Gewicht im Index) kaufen, so dass die Performance ihres Portfolios weiterhin der Entwicklung des Index entsprach. Deshalb verteuerte die Popularität des S&P 500 die Aktien, die im Index enthalten waren, im Vergleich zu Aktien, die nicht in den S&P aufgenommen wurden, zumindest für eine gewisse Zeit. Jede Investmentidee, die besonders beliebt wird, kann leicht überbewertet werden.

Es gibt einen zweiten Grund, der dafür spricht, einen breiteren Index zu bevorzugen. 70 Jahre Marktgeschichte bestätigen, dass insgesamt gesehen, kleinere Aktien eine bessere Performance aufweisen als die größeren. Beispielsweise erzielte ein Portfolio von kleineren Aktien in der Zeit zwischen 1926 und 1997 eine Rendite von mehr als 12,5 %, während die Gewinne von größeren Aktien (wie beispielsweise denen, die im S&P 500 enthalten sind) bei etwa 11 % lagen. Obwohl die kleineren Aktien riskanter waren als die großen Blue Chips, kam ein gut diversifiziertes Portfolio kleinerer Unternehmen auf deutlich höhere Gewinne. Außerdem, wie ich schon in Kapitel 12 sagte, schienen kleinere Wachstumsaktien 1998 auf einer relativen Basis attraktiver als viele

Jahresgewinne: Indizes gegen Manager von Aktienfonds (20 Jahre, bis 31.12.1997)

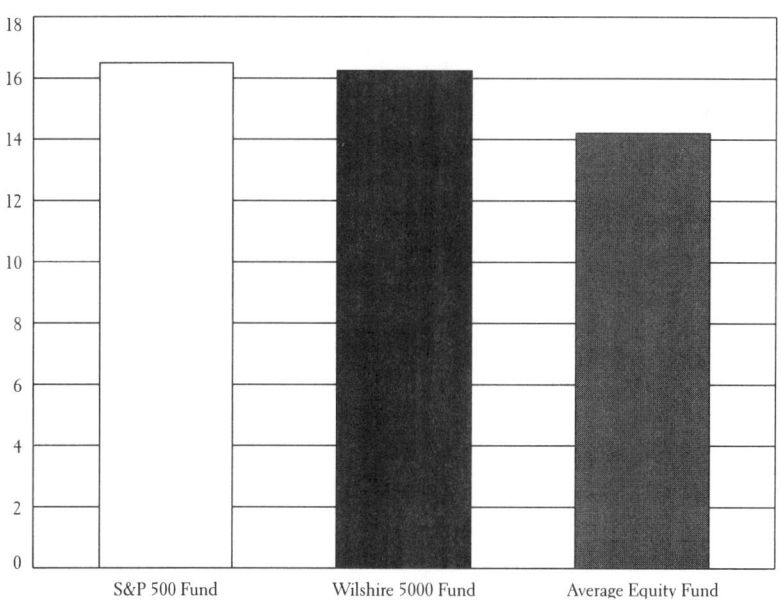

Unternehmen mit großer Marktkapitalisierung, die im S&P Index am stärksten gewichtet werden. Aus diesen beiden Gründen bevorzuge ich es heute, in einen Index zu investieren, der die amerikanischen Unternehmen breiter repräsentiert und auch viele dynamische Kleinunternehmen enthält, die erst am Anfang ihres Wachstumszyklus stehen.

In der vierten Auflage von Random Walk behauptete ich, dass der S&P weit entfernt davon sei, ein perfektes Abbild des Marktes zu sein. Damals sagte ich: „Es wäre schön, einen Fonds zu haben, der einen Index mit kleineren Unternehmen kauft – wie beispielsweise den Index der American Stock Exchange oder den der NASDAQ, bei denen die jüngeren Wachstumsunternehmen und Aktien, deren Unternehmen natürliche Ressourcen verwerten, stärker gewichtet werden." Zum Glück für die Investoren hörte eine Investmentfondsgesellschaft – The Vanguard Group – zu. Sie erinnern sich, dass der S&P 500 annähernd 70 % des Marktwertes aller im Umlauf befindlichen amerikanischen Aktien repräsentiert. Buchstäblich Tausende von Unternehmen repräsentieren die verbleibenden 30 % des gesamten US-Marktwertes. Diese sind in vielen Fällen die gerade eben erst gegründeten Wachstumsunternehmen, die höhere Gewinne bieten (aber auch höhere Risiken). Der Wilshire-5000-Index enthält alle öffentlich gehandelten US-Aktien an der New York Stock Exchange, der American Stock Exchange und an der NASDAQ. Der Wilshire-5000-Index besteht aus mehr als 6.000 Papieren und ist die beste erhältliche Repräsentation des gesamten US-Marktes.

Es gibt eine Reihe von Investmentfonds auf der Basis des Wilshire-5000-Index. Solche Indexfonds werden normalerweise unter dem Namen Total Stock Market Portfolio geführt.

Der Chart auf der vorhergehenden Seite zeigt einen Vergleich der Jahresgewinne des S&P 500 und des Wilshire 5000 mit den Gewinnen eines durchschnittlichen Aktienfondsmanagers. Auch wenn eine Performance in der Vergangenheit nie sichere Ergebnisse in der Zukunft andeuten kann, zeigen die Fakten ganz deutlich, das sowohl der S&P 500 als auch der Wilshire 5000 höhere Gewinne brachten als der durchschnittliche Manager eines Aktienfonds.

Darüber hinaus muss die Kapitalanlage in Indizes nicht zu Hause beginnen (und enden). Wie ich in Kapitel 8 schon sagte, können Investoren ihr Risiko reduzieren, indem sie international diversifizieren, weil sie Immobilien ins Portfolio nehmen und einen Anteil Ihres Portfolios mit Anleihen füllen können. Dies ist die grundsätzliche Aussage der modernen Portfolio-Theorie. Deshalb würde ich Investoren nie dahingehend beraten, dass sie einfach einen S&P Indexfonds kaufen und keine anderen Werte halten. Das ist jedoch kein Argument gegen die Anlage in Indizes, weil Indexfonds existieren, die die Performance verschiedener internationaler Indices spiegeln, wie zum Beispiel der Morgan Stanley Capital International (MSCI), der Index europäischer, australischer und fernöstlicher Wertpapiere und auch der MSCI Emerging Market Index. Weiterhin gibt es Indexfonds, die geschlossene Immobilienfonds enthalten. Auch diese Indexfonds konnten eine bessere Performance aufweisen als aktiv gemanagte Fonds, die in ähnliche Werte investieren. Und schließlich gibt es Anleihen-Indexfonds die ebenfalls besser waren als die Fonds, die gemanagt wurden.

Ein spezielles Portfolio aus Indexfonds

Die folgende Tabelle präsentiert eine Auswahl spezieller Indexfonds, die Investoren nutzen können, um ihre Portfolios einzurichten. Die Tabelle zeigt die empfohlenen Prozentanteile für diejenigen, die zwischen 50 und 60 Jahre alt sind – die Gruppe, die ich die „alternden Babyboomer" nenne. Alle, die nicht dieser Altersklasse angehören, können genau die gleiche Auswahl benutzen und lediglich die Gewichtung so ändern, dass sie ihrer speziellen Altersgruppe entspricht. Vergessen Sie nicht, dass Sie die Prozentzahlen auch ein wenig abändern können, abhängig von Ihrer persönlichen Fähigkeit, Risiken einzugehen und Ihrer Einstellung gegenüber Risiko. Diejenigen, die in der Hoffnung größere Gewinne einstreichen zu können bereit sind, ein etwas größeres Risiko einzugehen, könnten den Anteil der Anleihen im Portfolio ein wenig zurücknehmen. Diejenigen, die ständiges Einkommen für den Unterhalt benötigen, könnten ihre Beteiligungen an geschlossenen Immobilienfonds erhöhen, weil diese höhere Erlöse bieten.

Denken Sie auch daran, dass Sie nicht alle Wertpapiere in den steuerbegünstigten Ruhestandsplänen belassen. Sicherlich sollten Ihre Anleihen in solchen Konten gehalten werden. In dem Ausmaß, in dem Anleihen außerhalb eines Ruhestandskonto gehalten werden, sollten Sie lieber steuerbefreite Anleihen kaufen als Wertpapiere mit zu versteuernden festen Zinserlösen. Wenn Sie Ihre Aktien in zu versteuernden Konten halten, dann sollten Sie überlegen, ob Sie nicht die Ihrem Grenzsteuersatz angepassten Indexfonds kaufen, die ich im nächsten Abschnitt bespreche. Schließlich sollten Sie beachten, dass ich Ihnen eine Auswahl von Indexfonds aus verschiedenen Fondsgesellschaften empfohlen habe. Weil ich selbst Direktor der Vanguard Group bin, wollte ich sicherstellen, dass Sie aus einer Reihe von Fonds auswählen können, die nicht der Vanguard Gruppe angehören. Alle Fonds, die in der Tabelle aufgeführt werden, verzeichnen mäßige Kosten und werden ohne einen Ausgabeaufschlag ausgegeben.

Ein Indexfonds-Portfolio für „alternde Baby-Boomer"

Barmittel (5 %)*
  Fidelity Spartan Money Market Fund oder T. Rowe Price Prime
  Reserve Fund oder Vanguard Prime Money Market Fund.
Anleihen (37,5 %)**
  Dreyfus Bond Market Index (Basic) Fund oder Schwab Total Bond
  Market Fund oder Vanguard Total Bond Market Fund
Geschlossene Immobilienfonds (12,5 %)
  Vanguard REIT Index Fund
Aktien (45 %)
  US-Aktien (34 %):
    Schwab 1000 Investor Fund oder T. Rowe Price Total Stock Mar-
    ket Fund oder Vanguard Total Stock Market Fund
  Internationale Industrieländer (7, 5 %):
    Dreyfus International (EAFE) Index Fund oder Fidelity Spartan
    International (EAFE) Index Fundoder 5% Vanguard European
    Index Fund und 2,5 % Vanguard Pacific Index Fund
  Emerging International Markets (3, 5 %):
    Vanguard Emerging Markets Index Fund

Der steueroptimierte Indexfonds

Einer der Vorteile des passiven Portfolio-Managements, das ich oben schon erwähnte (das bedeutet, einen Indexfonds zu kaufen und zu halten), ist, dass eine solche Strategie die Transaktionskosten und auch die Steuern minimiert. Die Steuerseite ist eine außerordentlich wichtige Überlegung, wie zwei Ökonomen der Stanford University, Joel Dickson und John Shoven, gezeigt haben. Als sie eine Liste von 62

---

* ein kurzfristiger Anleihenfonds oder ein steuerfreier Geldmarktfonds könnte durch
  einen der aufgeführten Geldmarktfonds ersetzt werden
** Obwohl es eigentlich nicht in die Rubrik eines Indexfonds-Portfolios passt, möchte
  ich empfehlen, daß Investoren darüber nachdenken, einen Teil des Anleihen-Port-
  folios (5 % des Gesamtportfolios) in inflationsgeschützte Schatzbriefe anzulegen.

Investmentfonds mit langfristigen Aufzeichnungen untersuchten, fanden Sie heraus, dass vor Steuern 1 $ der 1962 investiert wurde, im Jahr 1992 bis auf 21,89 $ angewachsen wäre. Nach den Steuerzahlungen für Dividendenausschüttungen und Kapitalgewinne war der in den gleichen Investmentfonds investierte Dollar für Investoren mit einem hohen Grenzsteuersatz nur noch 9,87 $ wert.

In beträchtlichem Umfang helfen Indexfonds das Steuerproblem zu lösen. Indexfonds traden nicht von einem Wertpapier zum anderen, und deshalb werden im Normalfall Steuern auf Kapitalgewinne vermieden. Dennoch realisieren sogar Indexfonds zuweilen Kapitalgewinne, die für die Anteilinhaber steuerpflichtig sind. Diese Gewinne entstehen grundsätzlich unfreiwillig: entweder wegen eines Buyouts eines der Unternehmen im Index, oder weil der Investmentfonds zu Verkäufen gezwungen wird. Letzteres passiert dann, wenn Inhaber von Anteilen des Investmentfonds sich entschließen, ihre Anteile zurückzugeben, und das Fondsmanagement Wertpapiere verkaufen muss, um das Bargeld für die Auszahlung zu erhalten. Deshalb sind sogar Indexfonds keine perfekte Lösung dafür, das Problem der Steuerschuld zu minimieren.

Und nun kommt ein neuer Investmentfonds für den steuerbewussten Anleger: der Vanguard Tax Managed Fund: Growth and Income Portfolio. Obwohl der Fonds Portfolio genannt wird, ist er eigentlich ein S&P 500-Indexfonds, der die Steuern minimiert, weil er die Realisierung von Kapitalgewinnen hinauszögert. Und hier ein Beispiel dafür, wie das funktioniert. Gehen wir davon aus, dass der Fonds jährlich eine Rendite von 10 % vor Steuern über einen Zeitraum von 20 Jahren hinweg erzielt (das ist der durchschnittliche Gewinn für Aktien über größere Zeiträume hinweg); 3 % resultieren aus Dividenden und 7 % resultieren aus dem Wachstum (das heißt, Kapitalgewinne). Der Chart auf der folgenden Seite zeigt die Ergebnisse eines hypothetischen Anfangsinvestments von 10.000 $ in jedem der 3 Portfolios. Portfolio A schüttet die zu versteuernden Dividenden und Kapitalgewinne jährlich aus. Die Portfolios B und C schütten nur den zu versteuernden Dividendengewinn aus; sie realisieren keine Kapitalgewinne. Im Portfolio B wird der Fonds nach 20 Jahren verkauft, die Gewinne werden realisiert und zu dieser Zeit versteuert. Im Portfolio C werden die Fondsanteile vererbt, und die Gewinne werden nie besteuert. Die Steuern auf Kapitalgewinn werden vermieden , wenn ein Fonds (oder eine einzelne Aktie) vererbt wird, die steuerliche Bewertungsgrundlage des Wertpapiers wird auf den aktuellen Marktwert angehoben. Das Ergebnis zeigt, dass das Portfolio B über 5.300 $ mehr erzielt als das Portfolio A, während das Portfolio C mehr als 12.300 $ über dem Portfolio A liegt. Der Fonds hat die Möglichkeit, die Kapitalgewinne mittels der folgenden Techniken hinauszuschieben. Erstens, das Portfolio entspricht dem Index des S&P 500, so dass es kein aktives Management gibt, das dahin tendiert, Gewinne zu realisieren. Zweitens, wenn Wertpapiere verkauft werden müssen (um beispielsweise Auszahlungen vornehmen zu können) verkauft der Fonds zuerst die Papiere mit den höchsten Kosten. Solche erzwungenen Verkäufe aus Liquidationen sollten jedoch so gering wie möglich gehalten werden, indem man eine Gebühr von 2 % erhebt, wenn die Fondsanteile weniger als ein Jahr und 1 % wenn die Anteile zwischen ein und fünf Jahren

Die Auswirkungen der Besteuerung bei Kapitalgewinnen von 10.000 $ nach Steuern bei einem Anlagezeitraum von 20 Jahren*

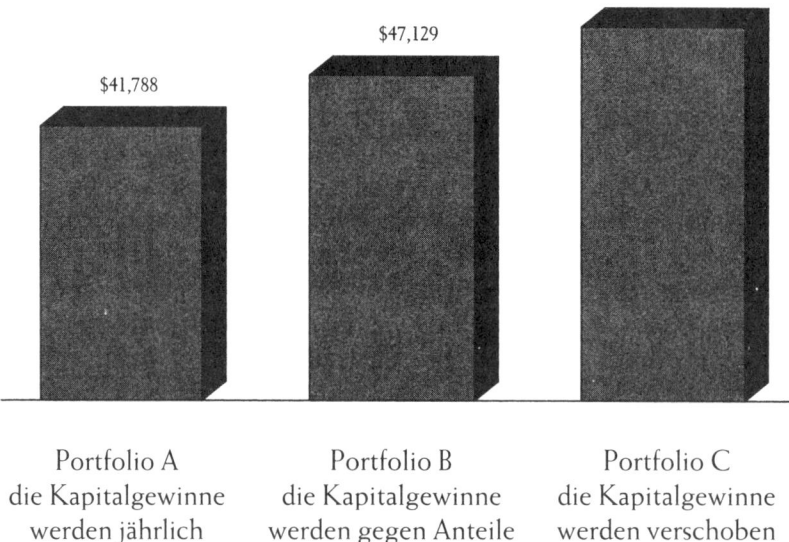

Portfolio A	Portfolio B	Portfolio C
die Kapitalgewinne werden jährlich realisiert	die Kapitalgewinne werden gegen Anteile verrechnet und nach 20 Jahren verkauft	die Kapitalgewinne werden verschoben und die Anteile nach 20 Jahren vererbt

---

* Dieses hypothetische Beispiel geht von einer Dividendenrendite von 3 % aus (besteuert zum Grenzsteuerstatz von 39,6%) und einem Kapitalgewinn von 7 % (der mit 20 % besteuert wird). Im Portfolio A werden die Kapitalgewinne jährlich realisiert, ausgeschüttet und versteuert. Im Portfolio B bleiben die Kapitalgewinne bis ins zwanzigste Jahr unrealisiert und werden dann versteuert. Das Portfolio C ist mit dem Portfolio B identisch, lediglich werden die Anteile vererbt, und es wird keine Kapitalgewinnsteuer fällig.

gehalten wurden. Drittens, der Fonds gleicht unvermeidbare Gewinne dadurch aus, dass er Papiere verkauft, bei denen es einen Verlust gibt. Damit kann der Fonds wahrscheinlich nicht genau dem Vergleichsindex entsprechen, jedoch sollte er ihm sehr nahe kommen.

Vanguard hat zwei weitere steueroptimierte Fonds. Einer, Capital Appreciation Portfolio, ist identisch mit dem Income and Growth Portfolio (S&P 500). Allerdings bezieht sich dieser Fonds auf den Russell 1000-Index, der viele kleinere Unternehmen mit geringeren Dividendenausschüttungen enthält. Obwohl dieses Portfolio zweifelsfrei aggressiver ist, arbeitet es hinsichtlich der Steuerminimierung effektiver, weil es weniger Dividendenerträge ausschüttet. Ein drittes Portfolio, das Balanced Portfolio, besteht etwa zu gleichen Teilen aus dem Capital Appreciation Portfolio (Russell 1000 Index) und einer Gruppe von mittelfristigen, steuerfreien Anleihen. Diese indexorientierten Fonds mit geringen Kosten sollten sich für Leute mit hohen Grenzsteuersätzen als vorteilhaft erweisen, wenn sie langfristig investieren und wenn die Aktien außerhalb eines steuerbegünstigten Vorsorgeplans für den Ruhestand stehen. Sie sind besonders nützlich für Vermögen, die einmal vererbt werden sollen.

Sich an einem Index zu orientieren ist eine sehr zweckdienliche und leicht durchführbare Strategie für Privatanleger. Es ist die Strategie, die ich Privatanlegern und institutionellen Anlegern am wärmsten ans Herz lege. Ich weiß aber auch, dass diese Strategie von vielen als ziemlich langweilig angesehen wird. Die Anleger mit spekulativem Temperament werden lieber ihren eigenen Weg gehen (und auch das eigene Gehirn anstrengen), um Gewinner auszuwählen, zumindest für einige ihrer Kapitalanlagen. Für diejenigen, die darauf bestehen, das ganze Spiel selbst zu spielen, mag die Do it Yourself-Methode, die ich gleich erkläre, wesentlich reizvoller sein.

Die Do it Yourself-Methode: Möglicherweise nützliche Richtlinien für die Aktienauswahl

Da ich eine angeborene Spielernatur habe, kann ich sehr wohl verstehen, weshalb viele Investoren nicht nur die großen Gewinner selbst auswählen wollen, sondern auch an einem System kaum interessiert sind, das Ergebnisse lediglich in der Höhe verspricht, die der Markt als Ganzes erzielt. Das Problem ist, dass es viel Arbeit macht, alles selbst zu erledigen, und wie ich wiederholt gezeigt habe, sind beständige Gewinner sehr selten. Für diejenigen, die die Kapitalanlage als Spiel betrachten, zeigt dieser Abschnitt, wie eine vernünftige Strategie deutliche Gewinne erzielen und letztlich die Risiken im Spiel „Aktienauswahl" minimieren kann. Bevor Sie jedoch mit meiner Strategie arbeiten, müssen Sie die Quellen der Anlageinformationen kennen und wissen, wie Sie einen geeigneten Broker finden. Die meisten Informationsquellen können in öffentlichen Bibliotheken eingesehen werde. Sie sollten die Finanzseiten der Tageszeitungen gründlich lesen, insbesondere die *New York Times* und das *Wall Street Journal*. Wochenzeitschriften wie beispielsweise *Barron´s* stehen auch auf der Liste der Pflichtlektüre. Wirtschaftszeitschriften wie *Business Week*, *Fortune* und *Forbes* sind auch sehr wertvoll, wenn man Anregungen erhalten will. Auch die großen Anlageberatungsdienstleister sind gut. Sie sollten beispielsweise versuchen, den *Standard & Poor´s Outlook* und *Value Line Investment Survey* zu lesen. Das erste ist eine wöchentliche Publikation, die Listen von Empfehlungen enthält; die zweite bietet Ihnen historische Zahlen, aktuelle Einschätzungen und Risikobewertungen aller großen Aktien, aber auch wöchentliche Empfehlungen. Schließlich gibt es per Internet einen wahren Schatz an Informationen, einschließlich der Empfehlungen von Aktienanalysten.

Wenn Sie einen Broker auswählen, dann könnte es sein, dass es sich nicht auszahlt, einen der Discountbroker zu wählen, die ich in Kapitel 11 empfohlen habe, wenn Sie wirklich Hilfe benötigen. Das wichtigste Kriterium für einen Investor, der neue Anlageideen erhalten will ist es, ob ein Broker Investmentinformationen liefern kann. Die wichtigste Frage, die Sie stellen sollten ist: Hat die Brokerfirma eine große und angesehene Research-Abteilung? Liefert sie zusammenfassende Berichte – und nicht nur einseitige Flugblätter – über die wichtigsten Investmentmöglichkeiten? Außerdem sollte die Brokerfirma stark bei institutionellen Anlegern engagiert sein, damit Ihnen die Ideen nahegebracht werden, die unter den Anlageprofis die Runde machen. Obwohl der Wert dieser Berichte und Ideen in der Regel zu vernachlässigen sein mag, und obwohl die großen institutionellen Anleger wahrscheinlich die Ideen zuerst haben, müssen auch Sie diese Ideen kennen, wenn Sie wirklich glauben, dass Sie einer der wenigen sind, die ständig das Spiel gewinnen können, wenn es darum geht, welche Idee wirklich funktionieren wird. Gerüstet mit guten Informationen und einem guten Broker können Sie anfangen, einzelne Aktien selbst auszuwählen.

In der ersten Auflage von *Random Walk Down Wall Street*, die ich Anfang der 70er Jahre geschrieben habe, schlug ich vier Regeln vor, die eine erfolgreiche Aktienauswahl ermöglichen sollten. Auch heute noch halte ich sie für sehr nützlich. Tatsächlich können die Bedingungen an der Börse der späten 60er Jahre beträchtlich zu Ihrem Erfolg beitragen. In gekürzter Form sind diese Regeln, die ich auch schon in früheren Kapiteln erwähnt habe, diese:

Regel 1: Beschränken Sie Ihre Aktienkäufe auf Unternehmen, die vermutlich mindestens fünf Jahre lang überdurchschnittliches Gewinnwachstum erzielen können. So schwierig es auch sein mag, Aktien auszuwählen, deren Gewinne wachsen, doch darum geht es letztlich. Beständiges Wachstum erhöht nicht nur die Gewinne und die Dividendenausschüttungen des Unternehmens, sondern kann auch das KGV erhöhen, das der Markt für diese Gewinne zu bezahlen bereit ist. Dies würde Ihre Gewinne weiter erhöhen. Und so hat der Käufer einer Aktie, deren Gewinne schnell wachsen, möglicherweise einen doppelten Vorteil – sowohl die Gewinne als auch das KGV können zunehmen.

Regel 2: Zahlen Sie für eine Aktie nie mehr als vernünftigerweise durch den Unternehmenswert gerechtfertigt ist. Obwohl ich davon überzeugt bin, dass man niemals den genauen intrinsischen Wert einer Aktie beurteilen kann, habe ich das Gefühl, dass man dennoch grob einschätzen kann, wann eine Aktie einen vernünftigen Kurs hat. Das Kurs-Gewinn-Verhältnis des Gesamtmarktes ist ein guter Ausgangspunkt: Sie sollten nur solche Aktien kaufen, die ein KGV aufweisen, das dem des Gesamtmarktes gleichkommt oder nicht wesentlich darüber liegt. Meine Strategie ist es dann, nach Wachstumssituationen zu suchen, die der Markt noch nicht erkannt und wo er das KGV noch nicht nach oben gedrückt hat. Wie ich schon verschiedentlich betont habe, werden Sie oft einen doppelten Vorteil haben, wenn das Wachstum tatsächlich eintrifft – sowohl die Gewinne als auch das KGV können ansteigen und Ihnen hohe Gewinne verschaffen. Gleichermaßen sollten Sie sich vor einer Aktie mit sehr hohem KGV hüten, bei der schon viele Jahre des Wachstums im Kurs einkalkuliert sind. Wenn die Gewinne abnehmen, anstatt zu wachsen, dann kommen Sie zweimal in Schwierigkeiten – das KGV wird zusammen mit den Gewinnen fallen, und das Ergebnis werden schwere Verluste sein.*

---

* 1973 warnte ich die Leser, die großen Wachstumsaktien nicht zu kaufen, deren KGV in manchen Fällen bis auf 60, 70 oder 80 angestiegen war, und ich nannte auch einige dieser Aktien mit Namen. Wäre man der Regel 2 gefolgt, hätte man einige der schlimmsten Dummheiten der 70er Jahre vermeiden können. Das hätte die Anleger auch vor einigen Verrücktheiten der 80er und 90er Jahre bewahrt, die ich in Kapitel 3 detailliert beschrieben habe.

Allerdings möchte ich betonen, auch wenn es dem sehr ähnlich ist, dass es sich nicht um eine Umkehrung der Strategie handelt, Aktien mit geringem KGV zu kaufen. Entsprechend meiner Regel ist es ganz in Ordnung, eine Aktie zu kaufen, die ein KGV knapp über dem Marktdurchschnitt aufweist – solange die Wachstumsaussichten des Unternehmens deutlich überdurchschnittlich erscheinen. Man könnte dies eine angepasste Strategie des niedrigen KGVs nennen. Kaufen Sie Aktien, deren Kurs-Gewinn-Verhältnisse in Relation zu ihren Wachstumsaussichten gering sind. Wenn Sie dann einigermaßen genau die richtigen Unternehmen herausfinden, die sich tatsächlich überdurchschnittlichen Wachstums erfreuen, dann werden Sie mit hohen Gewinnen belohnt.

Regel 3: Es ist sinnvoll, Aktien zu kaufen, die eine Story haben, die ein Wachstum vorhersagt, auf dem Investoren Luftschlösser bauen können. Ich habe in Kapitel 2 die Bedeutung psychologischer Elemente auf die Kursentwicklung schon betont. Private Investoren und institutionelle Anleger sind keine Computer, die gesicherte KGVs errechnen, und dann auswerfen, ob man kaufen oder verkaufen soll. Sie sind emotionale menschliche Wesen – getrieben von Gier, Spieltrieb, Hoffnung und Angst, wenn sie ihre Börsenentscheidungen treffen. Und deshalb erfordert erfolgreiche Kapitalanlage sowohl intellektuelle als auch psychologische Wachsamkeit. Natürlich ist der Markt auch nicht ganz subjektiv. Wenn eine positive Wachstumsrate etabliert erscheint, dann wird die Aktie mit an Sicherheit grenzender Wahrscheinlichkeit dem folgen. Doch Aktien sind wie Menschen – manche haben attraktivere Persönlichkeiten als andere, und die Verbesserung des KGVs einer Aktie kann kleiner und langsamer realisiert werden, wenn die dazugehörige Story niemals verfängt. Der Schlüssel zum Erfolg ist, dort zu sein, wo andere Investoren erst hinkommen werden, und möglichst mehrere Monate, bevor sie dort ankommen. Und so lautet mein Rat, dass Sie sich fragen sollten, ob die Story Ihrer Aktie die Phantasie der Massen beflügeln kann. Ist es eine Story, aus der Träume gemacht werden? Ist es eine Story, mit der Investoren Luftschlösser bauen können – allerdings Luftschlösser, die in Wirklichkeit auf festem Grund stehen?

Regel 4: Traden Sie so wenig wie möglich. Ich stimme mit der Wall-Street-Maxime überein, die da heißt: „Halte an den Gewinnern fest und kaufe die Verlierer." Aber nicht, weil ich an die technische Analyse glaube. Häufige Aktienkäufe und -verkäufe erreichen nichts, sondern nutzen nur Ihrem Broker und erhöhen Ihre Steuerlast, wenn Sie

Gewinne realisieren. Damit möchte ich nicht sagen, dass Sie niemals eine Aktie verkaufen sollen, wenn Sie einen Gewinn erzielt haben. Die Umstände, die Sie dazu führten, diese Aktie zu kaufen, könnten sich verändert haben. Besonders dann, wenn es an der Börse in die Tulpenzeit geht, könnten viele Ihrer erfolgreichen Wachstumsaktien weit überteuert sein und in Ihrem Portfolio ein Übergewicht bilden, wie es während des Nifty-Fifty-Wahns der 70er Jahre oder in der japanischen spekulativen Seifenblase zwischen 1988 und 1990 der Fall war. Aber es ist sehr schwierig, genau die richtige Zeit für den Verkauf zu erkennen. Außerdem können hohe Steuern eine Rolle spielen. Meine eigene Philosophie führt mich dazu, das Trading soweit wie möglich zu reduzieren. Allerdings gehe auch ich gnadenlos mit Verlierern um. Mit wenigen Ausnahmen verkaufe ich noch vor Ende eines jeden Kalenderjahres alle Aktien, bei denen ich Verluste habe. Der Grund für diesen Zeitpunkt ist, dass die Verluste (bis zu bestimmten Beträgen) bei der Steuer geltend gemacht werden können, oder Sie können Gewinne ausgleichen, die Sie bereits mitgenommen haben. Und deshalb kann die Hinnahme von Verlusten tatsächlich den Umfang der Verluste reduzieren, weil Ihre Steuernachzahlung niedriger ausfällt. Ich stecke nicht immer alle Verluste ein. Wenn das Wachstum, das ich erwarte, sichtbar wird und ich davon überzeugt bin, dass meine Aktien ein wenig später in eine Aufwärtsbewegung geraten werden, dann kann es sein, dass ich sie noch ein wenig halte. Allerdings empfehle ich nicht, zu viel Geduld zu haben, wenn man sich in einer Verlustposition befindet, insbesondere dann, wenn sofortiges Handeln auch sofortige Steuervorteile bringt.

Die Efficient-Market-Theorie geht nicht davon aus, dass die Befolgung sogar sinnvoller Regeln wie dieser zu großartiger Performance führen wird. Und Amateuranleger leiden unter vielen Handicaps. Den Gewinnberichten kann man nicht immer trauen, und wenn eine Story einmal in der Presse ist, dann ist es sehr wahrscheinlich, dass der Markt diese Information bereits verarbeitet hat. Einzelne Aktien auszuwählen ist so, als ob man reinrassige Stachelschweine züchten wollte. Man studiert und studiert und man hat einen Plan und dann geht man ganz sorgfältig vor. Ich hoffe zwar, dass die Investoren erfolgreiche Ergebnisse haben, wenn sie meinen Ratschlägen folgen, doch in der Schlussanalyse, dessen bin ich mir bewusst, profitieren die Gewinner im Spiel der Aktienauswahl in der Hauptsache von Lady Luck.

Trotz aller Zufälle ist die Auswahl einzelner Aktien ein faszinierendes Spiel. Doch ich glaube, dass meine Regeln die Chancen zu Ihren Gunsten wenden, weil sie Sie vor dem außerordentlich hohen Risiko bewahren, das mit Aktien mit hohem KGV einhergeht. Die Börsenstimmung während der späten 90er Jahre war für die erfolgreiche Anwendung meiner Regeln besonders günstig. Wie die Enden eines zusammengedrückten Akkordeons waren auch die Kurs-Gewinn-Verhältnisse von Aktien kleiner Unternehmen mit überlegenen Wachstumsaussichten und die der eher prosaischen Aktien eng zusammengedrückt und blieben es auch. Erinnern Sie sich an den Chart im Kapitel 4, der die Konzentration des KGV des Smith Barney Emerging Growth Stock Index in Relation zu dem des S&P 500 setzte? Obwohl die Wachstumsaktien, als der Wachstumsaktien-Wahn auf dem Höhepunkt war, zu mehr als dem doppelten Vielfachen des S&P gehandelt wurden, wurden sie Ende der 90er Jahre nur mit einem geringen Bonus über den ganz normalen Aktien gehandelt. Und die interessantesten Aktien an der Börse – diejenigen, deren Gewinne und Dividenden die Inflationsrate weit hinter sich gelassen hatten – wurden zu den seit Jahren vernünftigsten Kursen gehandelt. Deshalb könnten sich die späten 90er Jahre als idealer Zeitpunkt erweisen, um einzelne Aktien auf der Basis meiner Regeln auszuwählen. Anders als in den frühen 70er Jahren sollte es nicht schwierig sein, viele starke Unternehmen zu finden, die den Kriterien gerecht werden.

Wenn Sie aber diesen Weg wählen, dann dürfen Sie nicht vergessen, dass viele andere Investoren – einschließlich der Profis – versuchen, das gleiche Spiel zu spielen. Und die Wahrscheinlichkeit, dass jemand ständig besser ist als der Gesamtmarkt, ist ziemlich gering. Dennoch ist für viele von uns der Versuch den Markt zu überlisten ein Spiel, das viel zu viel Spaß macht, um es aufzugeben. Auch wenn Sie überzeugt wären, Sie würden nicht besser als durchschnittlich sein, dann bin ich sicher, dass die meisten von Ihnen, die über ein spekulatives Temperament verfügen, immer noch dieses Spiel der Aktienauswahl spielen wollen, zumindest mit einem Teil Ihres Kapitals. Meine Regeln ermöglichen es Ihnen zumindest, dies mit deutlich begrenztem Risiko zu tun.

Der Ersatzspieler: Sie engagieren einen professionellen Wall Street Walker

Es gibt eine einfachere Möglichkeit, das Glücksspiel der Aktienauswahl zu betreiben: Anstatt einzelne Gewinner (Aktien) auszuwählen, sollten Sie die besten Trainer (Investmentmanager) auswählen. Diese „Trainer" gibt es in der Form von Investmentfondsmanagern, und es gibt mehr als 3.000, aus denen Sie auswählen können.

Außer der Risikominderung durch Diversifikation bieten Investmentfonds Freiheit von der Pflicht der Aktienauswahl und all dem Papier-
kram der Buchhaltung, die für die Steuer erforderlich ist. Die meisten
Fonds bieten einige besondere Dienstleistungen, beispielsweise automatisches Reinvestment von Dividenden und regelmäßige Auszahlungs-
pläne. Ein Investmentfonds ist besonders für einen privaten Rentenver-
sorgungsplan oder einen Keogh-Plan geeignet.

In den früheren Auflagen dieses Buches habe ich die Namen von
mehreren Investmentmanagern aufgeführt, die über längere Zeit hin-
weg ein erfolgreiches Portfoliomanagement leiteten und auch kurze
Biographien, in denen ich deren Investmentstrategien erläuterte. Diese
Manager gehörten zu den wenigen, die die Fähigkeit hatten, über lange
Zeit hinweg besser zu sein als der Gesamtmarkt. Das habe ich in dieser
Auflage aus zwei Gründen nicht getan.

Erstens, mit der Ausnahme von Warren Buffet haben sich diese Manager aus dem aktiven Portfoliomanagement verabschiedet, und Ende der
90er Jahre wurden die Aktien von Buffets Berkshire Hathaway mit
einem hohen Aufschlag über dem Wert des Portfolios gehandelt, was
ihre Attraktivität minderte. Zweitens wurde ich zunehmend davon
überzeugt, dass die Leistungen der Investmentfondsmanager in der Vergangenheit absolut wertlos sind, wenn es darum geht, künftigen Erfolg
vorherzusagen. Die wenigen Beispiele ständig überlegener Performance
kommen nicht häufiger vor, als man es auch rein zufällig erwarten
könnte.

Wenn man davon ausgeht, dass Sie vorhaben, in einen aktiv gemanagten Fonds zu investieren, ist es wirklich möglich, einen Fonds auszuwählen, der ein Spitzenergebnis erzielen wird? Eine plausible Methode,
die von vielen Finanzplanern und Redakteuren bevorzugt wird, ist es,
die Fonds auszuwählen, die in der jüngsten Vergangenheit die beste Performance aufgewiesen haben. Die Finanzseiten der Zeitungen und Zeitschriften sind voll mit Anzeigen von Fonds, die behaupten, dass ein
bestimmter Fonds die Nummer eins ist, was seine Performance in der
Vergangenheit angeht. Doch gibt es bei dieser Betrachtungsweise mindestens zwei Probleme. Erstens, Anleger sollten wissen, dass viele
Anzeigen sehr irreführend sind. Der Rang Nr. 1 gilt typischerweise für
einen bestimmten selbstgewählten Zeitraum, und dann wird die Performance mit einer bestimmten (normalerweise sehr kleinen) Gruppe von
Aktienfonds verglichen. Beispielsweise schaltete ein Investmentfonds
die folgende Anzeige: „Jetzt auf Platz 1 der Performance-Hitliste. Der
Fonds, der während Bullenmärkten, Bärenmärkten und elf Präsident-

schaftswahlperioden beste Ergebnisse erzielte." Damit wird ausgedrückt, dass dieser Fonds über einen Zeitraum von 44 Jahren hinweg
hervorragende Ergebnisse erzielt hat. Die Wahrheit enthüllte sich allerdings in einer kleinen Fußnote, und zwar war dieser Fonds nur während
eines ganz bestimmten Drei-Monats-Zeitraums die Nummer eins und
nur im Vergleich mit einer speziellen Kategorie von Fonds, die einen
Buchwert zwischen 250 und 500 Millionen hatten.

Der wichtigere Grund dafür, dass man der Performance in der Vergangenheit skeptisch gegenüberstehen sollte ist, wie ich schon früher
erwähnt habe, dass es keine ständige langfristige Beziehung zwischen
der Performance in einem Zeitabschnitt und den Anlageerfolgen im
nächsten gibt. Ich habe die Beständigkeit der Performance von Investmentfonds über ein Vierteljahrhundert lang studiert und ich behaupte,
dass es für Investoren einfach unmöglich ist, sich überdurchschnittliche
Gewinne zu garantieren, wenn sie Anteile der Investmentfonds kaufen,
die in jüngster Vergangenheit die besten Ergebnisse aufzuweisen hatten.
Obwohl es ganz bestimmte Zeitabschnitte gab (beispielsweise in den
70er Jahren), in denen eine gewisse Beständigkeit von Jahr zu Jahr zu
beobachten war, und obwohl man einige wenige Beispiele finden kann
(so wie Buffets Berkshire Hathaway), die über sehr lange Zeit hinweg
eine hervorragende Performance aufwiesen, war die grundlegende
Erkenntnis, dass es keine verlässliche langfristige Beständigkeit gibt. Sie
können sich einer überlegenen Performance nicht sicher sein, auch
wenn Sie Investmentfonds kaufen, die in einem bestimmten Zeitabschnitt der Vergangenheit besser waren als der Gesamtmarkt. Und
noch einmal: Aus der Vergangenheit kann man die Zukunft nicht ableiten.

Ich testete eine Strategie, bei der zu Jahresbeginn Investoren alle
Investmentfonds auf der Basis der Erfolge der letzten zwölf Monate in
eine Rangliste einordnen sollten. In alternativen Strategien habe ich
angenommen, dass die Investoren die besten zehn Fonds kaufen, die
besten 20 Fonds u.s.w. Jedes Jahr würde der Investor dann zu den besten
Fonds des Vorjahres wechseln. Ich ignorierte alle Ausgabeaufschläge
und Auflösungsgebühren, die bei einigen Fonds sehr ansehnlich waren.
Während der 70er Jahre zeigten die Ergebnisse überdurchschnittliche
Performance. Während der 80er Jahre und Anfang der 90er Jahre
jedoch erzielte diese Strategie Ergebnisse, die nicht nur unter dem
Investmentfondsdurchschnitt lagen, sondern auch unter dem des Stan-
dard & Poor's 500-Aktienindex. Ähnliche Analysen zeigten die gleichen
Ergebnisse, als die Fonds nach ihren Erfolgen der letzten zwei Jahre,

oder fünf Jahre, oder zehn Jahre sortiert wurden. Auch wenn man die Kosten beim Kauf und Verkauf der Anteile vernachlässigt, kann man den Markt nicht ständig schlagen, indem man die Investmentfonds kauft, die in der Vergangenheit die beste Performance aufgewiesen haben.

Ich testete auch eine Strategie, bei der ich die besten Fonds kaufte, so wie sie von einer der führenden Finanzzeitschriften genannt wurden. Die Zeitschrift *Forbes*, das meistgelesene Investmentmagazin, veröffentlicht seit August 1973 jährlich eine Bestenliste der Investmentfonds. Um einen Platz in dieser Bestenliste zu erlangen, musste ein Fond nicht nur außerordentlich gute langfristige Performance aufweisen (normalerweise auf Grund der Gesamtgewinne, die über einen 10-Jahres-Zeitraum gemessen wurden), sondern sie mussten auch eine bestimmte Beständigkeit aufweisen. Die Performance wurde in steigenden wie in fallenden Märkten gemessen, und die Fonds mussten in fallenden Märkten mindestens in der oberen Hälfte sein, um sich für die Bestenliste zu qualifizieren.

Und wiederum ließ ich alle Ausgabeaufschläge außer acht, die beim Kauf der Investmentfondsanteile anfallen würden. Ich fand heraus, dass während der acht Jahre zwischen 1975 bis 1983 die Fonds der Bestenliste deutlich besser abschnitten als der Standard & Poor's-Index. Während der nächsten acht Jahre bis 1991 blieben die Fonds der Bestenliste von *Forbes* aber deutlich hinter dem Index zurück. *Forbes* selbst testete die Performance über den gesamten Zeitraum von August 1973 bis zum 30. Juni 1998. Man fand heraus, dass die Fonds in der Bestenliste schwächer waren als der S&P 500-Aktienindex, und ein Investor, der Ausgabeaufschläge bezahlen und seine Kapitalgewinne versteuern musste, wäre noch einmal bestraft worden.

Das klare Ergebnis dieser Tests im Labor der Fondsperformance, aber auch die wissenschaftlichen Untersuchungen, über die ich in Teil 2 dieses Buches berichtete, sagen aus, dass Sie sich auf hervorragende Erfolge eines bestimmten Fondsmanagers nicht verlassen können, wenn Sie glauben, dass er diese auch in der Zukunft ständig fortsetzen kann. Wenn die Performance der jüngeren Vergangenheit bei der Auswahl von Investmentfonds kein verlässlicher Indikator sein kann, gibt es dann einen verlässlichen Indikator? Drei Faktoren, die die Performance, die Sie erreichen, deutlich beeinflussen, sind der Risikograd des Fonds, die Höhe der nicht realisierten Gewinne des Fonds und der Kostenanteil des Fonds.

Das Risiko

Bei Aktienfonds sollte man mit der Größe des Beta beginnen. Beta zeigt die Empfindlichkeit des Fonds gegenüber Umschwüngen des Gesamtmarkts. Wenn Sie nachts nicht gut schlafen können, dann sollten Sie Fonds vermeiden, die ein Beta aufweisen, das höher als 1 ist (das ist das Beta für einen allgemeinen Indexfonds). Denken Sie jedoch daran, dass Beta keine verlässliche Größe ist, wenn es um die Gewinne geht, die Sie aus einem Fonds erwarten können. Außer dem Beta sollten Sie auch die anderen Risiko-Charakteristika des Fonds beachten, den Sie kaufen. Fonds, die nur relativ kleine Unternehmen in ihrem Portfolio haben, Fonds, die nicht diversifiziert sind sowie Fonds, die nur in einer Branche investieren und Fonds, die viele Derivate verwenden, sind im Allgemeinen riskanter als weit gestreute Indexfonds. Bei Anleihenfonds halten diejenigen, die ein größeres Risiko eingehen, Anleihen mit längerer Laufzeit und geringerer Qualität. Fonds mit Risikoanleihen arbeiten in einem nennenswerten Umfang mit finanzierten Käufen und/oder mit derivativen Instrumenten.

Nicht realisierte Gewinne

Vermeiden Sie es Fonds zu kaufen, bei denen hohe Kapitalgewinne noch nicht realisiert wurden. Dieser Faktor wird von den Investoren meistens übersehen. Hohe noch nicht realisierte Kapitalgewinne im Portfolio eines Fonds sind ein deutlicher Nachteil, denn wenn diese Gewinne realisiert werden, muss der Anleger dafür Steuern bezahlen. Nehmen wir einmal an, Sie kaufen einen Fonds mit einem Buchwert von 10 $ je Anteil bei Kosten von nur 5 $ je Anteil. Wenn der Fonds sein gesamtes Portfolio umschlägt, um andere Aktien zu kaufen, dann müssen Sie den Kapitalgewinn von 5 $ versteuern, auch wenn Sie den Anteilschein für 10 $ gekauft haben. Außerdem sollten Sie nie Fondsanteile kaufen, bevor die realisierten Kapitalgewinne verteilt wurden. Sie müssen auch auf diese Ausschüttung Kapitalgewinnsteuer zahlen. Kaufen Sie die Anteile, wenn die Gewinne ausgeschüttet sind und die Anteile um den ausgeschütteten Betrag in ihrem Kurs sinken.

Kostenanteile

Allerdings gibt es ein Element, das bei der Performance von Investmentfonds vorhersehbar ist. Das kann Ihnen zumindest helfen, die Fonds mit der schlechtesten Performance zu vermeiden. Investmentfonds, bei denen die Kostenanteile außergewöhnlich hoch sind, weisen normalerweise auch eine unterdurchschnittliche Performance auf. Auch die Fonds, die hohe Gebühren verlangen, bieten meist eine schlechte Performance. Mein Rat ist, dass Sie den Jahresgebühren, die Ihnen Ihr Investmentfond in Rechnung stellt, besondere Aufmerksamkeit schenken. Vermeiden Sie Fonds mit hohen Kosten, auch solche, die hohe Rücknahmegebühren verlangen. Besonders in einer Zeit, wenn die Gewinne weitaus bescheidener ausfallen als in den 80er und 90er Jahren, werden die Kostenanteile immer wichtiger. Investoren sollten sich bewusst sein, dass ein Anleihenfonds, der beispielsweise 2 % pro Jahr als Kosten berechnet, in etwa 29 % der Erlöse aus siebenprozentigen Anleihen verschlingt, und das ist nicht unbedingt Kleingeld. Ein Leitfaden, wie man die Kosten eines Investmentfonds analysiert, finden Sie weiter hinten in diesem Kapitel.

Der Morning Star Investmentfonds Informationsdienst Ich habe oft gesagt, dass die zwei besten Dinge, die der Branche der Investmentfonds passieren konnten, der Auftritt von Jack Bogle (der den verbraucherfreundlichen und preisgünstigen Vanguard Group of Mutual Funds in den 70er Jahren gründete) und John Phillips waren (der Anfang der 90er Jahre den höchst nützlichen Morningstar Service gründete, der Informationen über Investmentfonds veröffentlicht). Über jeden Investmentfonds veröffentlicht Morningstar eine ganze Seite mit Informationen, die mit einschlägigen Daten regelrecht gespickt ist. Ein Beispielbericht finden Sie auf der folgenden Seite für den Vanguard Index Trust: Das S&P 500 Portfolio.

Prospectus Objective: Growth and Income

Vanguard Index Trust 500 Portfolio seeks investment results that correspond with the price and yield performance of the S&P 500 index.

The fund allocates the percentage of net assets each company receives on the basis of the stock's relative total-market value: its market price per share multiplied by the number of shares outstanding.

Shareholders are charged an annual account-maintenance fee of $10 for accounts with less than $10,000. Prior to Dec. 21, 1987, the fund was named Vanguard Index Trust. Prior to 1980, it was named First Index Investment Trust.

Historical Profile

Return	High
Risk	Average
Rating	★★★★★ Highest

Investment Style
Equity
Average Stock %

▼ Manager Change
▽ Partial Manager Change
►— Mgr Unknown After
◄— Mgr Unknown Before

Fund Performance vs. Category Average
■ Quarterly Fund Return
+/− Category Average
— Category Baseline

Performance Quartile (within Category)

	1987	1988	1989	1990	1991	1992	1993	1994	1995	1996	1997	06–98	History
	24.65	27.18	33.64	31.24	39.32	40.97	43.83	42.97	57.60	69.16	90.07	105.30	NAV
	4.71	16.22	31.37	−3.33	30.22	7.42	9.89	1.18	37.45	22.86	33.21	17.66	Total Return %
	−0.55	−0.39	−0.32	−0.21	−0.26	−0.20	−0.17	−0.14	−0.09	−0.09	−0.14	−0.04	+/− S&P 500
	0.60	−0.98	−0.06	0.76	−2.25	−0.78	0.16	3.53	−0.21	1.31	−0.09	−0.02	+/− Wilshire Top 750
	2.87	4.54	4.49	3.52	3.73	2.88	2.79	2.70	2.86	2.24	1.92	0.60	Income Return %
	1.84	11.68	26.87	−6.85	26.50	4.55	7.11	−1.52	34.58	20.62	31.29	17.06	Capital Return %
	41	34	24	57	53	43	46	19	10	24	12	21	Total Rtn % Rank Cat
	0.69	1.10	1.20	1.17	1.15	1.12	1.13	1.17	1.22	1.28	1.32	0.54	Income $
	0.17	0.32	0.75	0.10	0.12	0.10	0.03	0.20	0.13	0.25	0.59	0.12	Capital Gains $
	0.26	0.22	0.21	0.22	0.20	0.19	0.19	0.19	0.20	0.20	0.19	—	Expense Ratio %
	3.15	4.08	3.62	3.60	3.07	2.81	2.65	2.72	2.38	2.04	1.66	—	Income Ratio %
	15	10	8	23	5	4	6	6	4	5	5	—	Turnover Rate %
	826.3	1,055.1	1,803.8	2,173.0	4,345.3	6,517.7	8,272.7	9,356.4	17,371.8	30,331.9	49,357.6	60,840.0	Net Assets $mil

Portfolio Manager(s)

George U. Sauter. Since 10-87. BA'76 Dartmouth C.; MBA'80 U. of Chicago. Sauter joined Vanguard Group in 1987. As vice president of core management, he is responsible for the management of all Vanguard's index funds. He previously spent two years as a trust investment officer with FNB Ohio.

Performance 06-30-98

	1st Qtr	2nd Qtr	3rd Qtr	4th Qtr	Total
1994	−3.84	0.40	4.86	−0.05	1.18
1995	9.71	9.49	7.94	6.01	37.45
1996	5.36	4.44	3.05	8.35	22.86
1997	2.64	17.41	7.48	2.84	33.21
1998	13.91	3.29	—	—	—

Trailing	Total Return%	+/− S&P 500	+/−Wil Top 750	% Rank All Cat	Growth of $10,000
3 Mo	3.29	−0.01	−0.13	11 24	10,329
6 Mo	17.66	−0.04	−0.02	10 21	11,766
1 Yr	30.05	−0.09	−1.50	8 20	13,005
3 Yr Avg	30.13	−0.09	0.30	3 7	22,034
5 Yr Avg	22.94	−0.12	1.04	4 7	28,085
10 Yr Avg	18.37	−0.18	0.35	8 13	54,017
15 Yr Avg	16.94	−0.27	0.37	5 8	104,611

Tax Analysis	Tax-Adj Ret%	%Rank Cat	%Pretax Ret	%Rank Cat
3 Yr Avg	29.04	4	96.4	11
5 Yr Avg	21.79	4	95.0	10
10 Yr Avg	17.03	6	92.7	11

Potential Capital Gain Exposure: 45% of assets

Analysis by Steve Chung 07-23-98

Vanguard Index Trust 500 Portfolio won't always be the king of this category, but its princely virtues should endure.

This fund has easily bested the vast majority of its large-cap blend peers for much of the decade. The S&P 500 index includes all of the market's giants, giving the fund significantly more exposure to those super-sized companies than its average peer. Those giant firms have generally been rewarded with the best performance in recent years, helping to drive this fund's long-term returns to the top of the group.

Investors shouldn't equate this fund's indexed approach with such sensational performance, however. While it's difficult to imagine given the fund's amazing recent run, its actively managed rivals have posted convincing stretches of outperformance in the past. In fact, the fund landed in the group's bottom half in five out of its first six full calendar years of operation, when smaller-caps

prevailed. If the current giant-cap rally ever sputters, this fund's standing in the group would probably suffer again.

Regardless of the market environment, however, this fund does have a few reliable advantages over most of its peers. For one thing, its low 19 basis-point expense ratio consistently gives it a head start versus the average member of the group. The fund's low turnover rate also helps it in a couple of ways. Its tax efficiency has been excellent because its asset base has been growing and it hasn't had to realize many capital gains. (However, massive redemptions could potentially change this). Because the fund doesn't trade much and generally focuses on the most liquid stocks, it's also probably better suited than most of its peers to handle asset growth. (Trading effects can eat away at returns as offerings grow.)

This fund might have trouble staying at the top of this group, but it has justifiably won a host of supporters.

Address:	P.O. Box 2600 Valley Forge, PA 19482 800–662–7447 / 610–669–1000
Inception:	08-31-76
Advisor:	Vanguard Core Management Group
Subadvisor:	None
Distributor:	Vanguard Group
NTF Plans:	N/A

Minimum Purchase:	$3000	Add: $100	IRA: $1000
Min Auto Inv Plan:	$3000	Systematic Inv: $50	
Sales Fees:	No–load		
Management Fee:	Provided at cost., at cost%A		
Actual Fees:	Mgt: 0.00%	Dist: —	
Expense Projections:	3Yr: $6	5Yr: $11	10Yr: $26
Annual Brokerage Cost:	—	Income Distrib: Quarterly	
Total Cost (relative to category):		Low	

Risk Analysis

Time Period	Load-Adj Return %	Risk %Rank¹ All Cat	Morningstar Return Risk	Morningstar Risk-Adj Rating
1 Yr	30.05			
3 Yr	30.13	63 32	1.71 0.74	★★★★★
5 Yr	22.94	65 35	1.66 0.81	★★★★★
10 Yr	18.37	63 37	1.50 0.85	★★★★★

Average Historical Rating (151 months): 4.0★s

¹1=low, 100=high

Category Rating (3 Yr) ② ③④

Worst	Best
Return	High
Risk	Below Avg

Other Measures	Standard Index S&P 500	Best Fit Index S&P 500
Alpha	−0.1	−0.1
Beta	1.00	1.00
R-Squared	100	100
Standard Deviation	15.20	
Mean	30.13	
Sharpe Ratio	1.84	

Portfolio Analysis 05-31-98

Share change since 03–98 Total Stocks: 513

Sector	PE	YTD Ret%	% Assets
⊕ General Electric	Industrials	35.9	24.34	3.14
⊕ Microsoft	Technology	69.3	67.70	2.38
⊕ Coca–Cola	Staples	53.8	28.72	2.23
⊕ Exxon	Energy	21.8	18.08	2.00
⊕ Merck	Health	34.6	27.14	1.62
⊕ Pfizer	Health	61.6	46.36	1.56
⊕ Wal–Mart Stores	Retail	37.0	54.48	1.43
⊕ Royal Dutch Petroleum (NY)	Energy	—	—	1.38
⊕ Intel	Technology	17.4	5.59	1.35
⊕ IBM	Technology	19.4	10.17	1.31
⊕ Procter & Gamble	Staples	34.4	14.80	1.30
⊕ Bristol–Myers Squibb	Health	35.5	22.33	1.20
⊕ AT & T	Services	19.3	−5.82	1.14
⊕ Johnson & Johnson	Health	29.8	13.09	1.07
⊕ Lucent Technologies	Technology	NMF	108.50	1.06
⊕ Philip Morris	Staples	15.0	−11.20	1.04
⊕ El duPont de Nemours	Industrials	37.7	25.51	1.00
⊕ American Intl Group	Financials	29.9	34.42	1.00
⊕ Cisco Systems	Technology	96.6	65.14	0.89
⊕ Walt Disney	Services	35.9	6.42	0.88
⊕ SBC Communications	Services	46.5	10.48	0.82
⊕ NationsBank	Financials	20.2	27.44	0.82
⊕ Bell Atlantic	Services	27.1	1.92	0.82
⊕ Travelers Group	Financials	23.9	13.02	0.81
⊕ Eli Lilly	Health	—	−4.28	0.78

Current Investment Style

Style				Stock Port Avg	Relative S&P 500 Current	Hist	Rel Cat
Value Blnd Growth				Price/Earnings Ratio	30.6	1.02 1.0	1.03
			Large	Price/Book Ratio	7.3	1.02 1.0	1.10
			Med	Price/Cash Flow	20.8	0.99 1.0	0.99
			Small	1 Yr Earnings Growth	17.3	1.00 1.0	0.98
				1 Yr Earnings Est%	10.4	0.96 —	0.91
				Debt % Total Cap	44.7	1.01 1.0	1.06
				Med Mkt Cap $mil	44,657	1.0 1.0	1.62

Special Securities % of assets 05-31-98

○ Restricted/Illiquid Secs	0	
○ Emerging–Markets Secs	0	
○ Options/Futures/Warrants	No	

Composition % of assets 05-31-98

Cash	1.0
Stocks%	99.0
Bonds	0.0
Other	0.0
*Foreign (% of stocks)	2.8

Market Cap

Giant	63.1
Large	31.1
Medium	5.7
Small	0.1
Micro	0.0

Sector Weightings	% of Stocks	Rel S&P	5-Year High Low
Utilities	2.8	1.0	9 3
Energy	8.0	1.0	11 8
Financials	17.8	1.0	18 8
Industrials	13.9	1.0	19 14
Durables	3.6	1.0	6 3
Staples	10.3	1.0	15 10
Services	13.1	1.0	18 10
Retail	6.1	1.0	9 5
Health	11.6	1.0	13 8
Technology	12.6	1.0	14 5

 **M☾RNINGSTAR Mutual Funds**

Morningstar Mutual Funds User's Guide

Below is an explanation of key terms found on each Morningstar Mutual Funds report dated after November 1996.

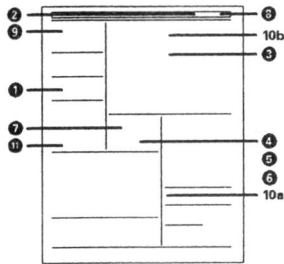

❶ Total Return
Total return is calculated by dividing the change in a fund's net asset value, assuming reinvestment of income and capital-gains distributions, by the initial net asset value. Total returns are adjusted for management, administrative, and 12b-1 fees, and other costs automatically deducted from fund assets. Total returns indicated here are not adjusted for sales loads. (Load-adjusted total returns are located in the Risk Analysis section.) Total returns for periods longer than one year are compounded average annual returns.

❷ Yield
Yield represents a fund's income return on capital investment. There are two yield measures on the page, distributed yield and SEC yield. Morningstar computes distributed yield by summing all income distributions for the past 12 months and dividing by the previous month's NAV (adjusted for capital-gains distributions). SEC yield is a standardized figure that the Securities and Exchange Commission requires funds to use when mentioning yield in advertisements. An annualized calculation based on a trailing 30-day period, SEC yield can differ significantly from distributed yield.

❸ Performance Graph
The Performance graph shows a fund's performance trend, derived from the fund's historical growth of $10,000. The line represented by a series of vertical hatch marks corresponds to the fund's range of monthly returns. If a fund's returns fluctuate widely in a given month, the vertical line representing that month's returns will be quite long. The solid line represents the growth of $10,000 in either the S&P 500 (for equity funds) or the LB Aggregate Index (for fixed-income funds).

❹ Morningstar Return
Morningstar return rates a fund's performance relative to other funds within the same class. Morningstar calculates a fund's total return as the excess of the 90-day Treasury bill return, adjusted for fees, and compares this figure to the average excess return of the fund's class or the 90-day T-bill, whichever is higher. The average figure for any investment class is set at 1.00.

❺ Morningstar Risk
Morningstar risk evaluates a fund's downside volatility relative to that of other funds in its class. To calculate risk, we add up the amounts by which the fund's returns trail those of the three-month Treasury bill, and divide that sum by the number of months in the rating period. The average Morningstar risk rating for any class is set equal to 1.00.

❻ Morningstar Risk-Adjusted Ratings
These star ratings represent a fund's historical risk-adjusted performance compared with the other funds in its class (domestic stock, international stock, taxable bond, or municipal bond). To determine a fund's rating for a given period, Morningstar subtracts the fund's risk score from its return score, then plots the result along a bell curve to determine the fund's rating. If the fund scores in the top 10% of its class, it receives 5 stars; the next 22.5%, 4 stars; the middle 35%, 3 stars; the next 22.5%, 2 stars; and the bottom 10%, 1 star. Ratings are recalculated monthly.

❼ Category Rating
This is a three-year rating that shows how well a fund has balanced risk and return relative to other funds in its Morningstar category. The category rating uses the same methodology and risk and return measures as the Morningstar risk-adjusted rating (the star rating).

Unlike the Morningstar risk-adjusted rating, the category rating does not reflect any front- or back-end loads. Other expenses, such as the 12b-1 fee, are included.

❽ Morningstar Category
The Morningstar category is assigned based on the underlying securities in each fund portfolio. These portfolio-based categories create peer groups that are more closely aligned with the Morningstar style box than groupings based on traditional investment objectives. The Morningstar categories make it easier to build well-diversified portfolios, assess potential risk, and identify top-performing funds.

We place funds in a given category based on their portfolio statistics and compositions over the past three years.

❾ Prospectus Objective
Formerly known as the objective, the prospectus objective is a fund's investment objective as stated in its prospectus.

❿ Style Box
This proprietary tool reveals a fund's true investment strategy, which may or may not match its prospectus objective. For equity funds, the vertical axis categorizes funds by size: Funds with median market capitalizations of less than $1 billion are small cap; $1 billion to $5 billion, medium cap; and more than $5 billion, large cap. The horizontal axis denotes investment styles: value-oriented, growth-oriented, or a blend of the two. A stock-fund portfolio's average price/earnings and price/book ratios are computed relative to the combined averages of the S&P 500 index (set at 2.00). Funds with a combined relative P/E and P/B figure of less than 1.75 are considered value funds; 1.75 to 2.25, blend funds; and more than 2.25, growth funds. Along the vertical axis of fixed-income style boxes lies the average quality rating of a bond portfolio. Funds with an average credit rating of AA or higher are categorized as high quality; between BBB and AA-, medium quality; and BBB- or below, low quality. The horizontal axis focuses on interest-rate sensitivity; it shows the bond portfolio's average effective maturity (average weighted maturity for municipal-bond funds). Funds with an average effective maturity of less than four years qualify as short term; four to 10 years, intermediate; and more than 10 years, long term.

The style box located in the lower right (10a) of the page represents the fund's investment style as of the most recent month-end. The style boxes located above the performance graph (10b) represent the fund's investment style at the beginning of each calendar year.

⓫ Tax Analysis
Tax-adjusted historical returns show the fund's average annualized after-tax total return for three-, five-, and 10-year periods. It is computed by diminishing each income and capital-gain distribution by the maximum tax rate in effect at the time of distribution. Percentage pretax return is derived by dividing after-tax returns by pretax returns. The highest possible score is 100% for funds with no taxable distributions. Potential capital-gain exposure gives an idea of an investment's potential tax bite. This figure shows what percentage of a fund's total assets represent capital appreciation, either unrealized or realized. If unrealized, the fund's holdings have increased in value, but the fund has not sold these holdings; taxes are not due until the fund does so. Realized gains represent actual gains achieved by the sale of holdings, on which taxes must be paid.

Grundsätzlich ist Morningstar eine der umfassendsten Quellen mit Informationen über Investmentfonds, die ein Anleger finden kann. Die Berichte zeigen die Gewinne in der Vergangenheit, Risiko-Ratings, Portfolio-Zusammensetzung und die Investmentstrategie des Fonds (beispielsweise: sucht nach etablierten großen Unternehmen oder kleineren Wachstumsunternehmen; favorisiert Value-Aktien mit geringem KGV; kauft ausländische und heimische Aktien oder beides, u.s.w.). Die Berichte weisen darauf hin, wenn ein Fonds Rücknahmegebühren (oder Ausgabegebühren) verlangt, und sie zeigen die jährlichen Kostenanteile für den Fonds, auch als prozentualen Anteil des Buchwerts, und dessen unrealisierte Kapitalgewinne. Bei Anleihenfonds erhalten Sie von Morningstar die Daten über Gewinne, effektive Restlaufzeiten, die Qualität der gehaltenen Anleihen und Informationen über Aufschläge und Kosten.

Der Morningstar Service benutzt ein Ratingsystem mit fünf Sternen. Es bewertet die Performance der Vergangenheit, berücksichtigt die Gewinne in einem breiten Markt und die Kosten und Risiken, die damit verbunden sind, wenn man diese Gewinne erzielen möchte. Die besten Fonds erhalten fünf Sterne – zwei mehr als der Michelin den besten Restaurants der Welt gewährt. Die Sterne sind sehr hilfreich, wenn man die Performance in der Vergangenheit kategorisieren möchte. Anders als die Michelin-Sterne, die tatsächlich ein Dinner von hervorragender Qualität garantieren, garantieren die Ratings von Morningstar einem Investor keinesfalls fortgesetzte überlegene Performance. Fonds mit fünf Sternen werden nicht verlässlich besser abschneiden als Fonds mit drei Sternen, und der kluge Investor wird hinter die Sterne sehen, wenn er seine Anlageentscheidungen trifft. Natürlich könnten Sie sich sehr vernünftig dafür entscheiden, eine Art von gemischter Strategie zu fahren, wie es viele institutionelle Anleger tun. Legen Sie einen Teil Ihres Kapitals in Indizes an und ergänzen Sie ihr Portfolio durch einen oder mehrere Investmentfonds, die ich Ihnen empfohlen habe.

Ein Leitfaden zu den Kosten bei Investmentfonds

Wir haben bereits über den Zauber der Zinseszinsen gesprochen – wie sogar bescheidene Zinsen nach ein paar Jahren außerordentliche Investmentergebnisse erzielen können. Nach einigen Jahren können sogar geringfügige Unterschiede bei den Zinssätzen, die Sie mit Ihrem Geld erzielen, große Unterschiede in der Endsumme ausmachen, die Sie für

Ihren Ruhestand oder andere Ziele benötigen. Aus diesem Grund ist es besonders wichtig, dass jeder Anleger versteht, wie sowohl die erläuterten als auch die weniger transparenten Elemente der Investmenttransaktionen und Managementkosten gemessen werden. Weil viele Anleger Investmentfonds als ihr wichtigstes Vehikel benutzen, um sich am Aktien- und Anleihenmarkt zu beteiligen, müssen sie in die Lage versetzt werden, die Fakten und Konsequenzen der Kosten von Investmentfonds zu verstehen. Aus diesem Grund sollte der folgende Leitfaden von kostenbewussten Anlegern unbedingt aufmerksam gelesen werden.

Die Fondsbranche hat ein Gebührensystem entwickelt, das ebenso kompliziert ist wie die Regelungen der Einkommensteuer, und dieses System ist ebenso unangenehm. Es gibt zwei große Kategorien der Kosten bei Investmentfonds: Gebühren, die dann belastet werden, wenn Sie Anteile kaufen oder verkaufen und Kostenanteile, die jährlich von Ihren Anlagegewinnen abgezogen werden.

Ausgabe- und Rücknahmeaufschläge

1. **Ausgabeaufschläge.**   Der Ausgabeaufschlag ist eine Kommission, die Sie bezahlen müssen, wenn Sie Fondsanteile kaufen. Ausgabeaufschläge können manchmal bis zu 5,75 % erreichen. Das heißt, dass Sie dann, wenn Sie 1.000 $ in einen Fonds investieren, der hohe Ausgabeaufschläge verlangt, Sie lediglich 942,5 $ investiert haben. Sie müssten schon 6,1 % Gewinn machen, nur um diesen Aufschlag ausgleichen zu können und Ihre Anlage wieder auf 1.000 $ zurückzubringen. Nicht alle Gebühren sind so hoch. Fonds mit niedrigen Aufschlägen verlangen nur 1 bis 3 % des Umsatzes. Am besten sind jedoch Fonds, die keinen Ausgabeaufschlag verlangen, und bei denen es auch keine Rücknahmeaufschläge gibt.
2. **Rücknahmegebühren und Tauschgebühren.**   Rücknahmegebühren sind die Gebühren, die dann auf Sie zukommen, wenn Sie Ihre Fondsanteile zurückgeben. Das kann bis zu 6 % des Wertes der zurückgegebenen Anteile ausmachen, wenn Sie diese im ersten Jahr zurückgeben. In den folgenden Jahren nimmt dieser Prozentsatz ab. Tauschgebühren sind normalerweise Gebühren mit geringeren Prozentsätzen, die dann auf Sie zukommen, wenn Sie Ihre Fondsanteile gegen andere Fondsanteile innerhalb derselben Fondsgesellschaft eintauschen.

Kostenanteile

1. **Operative Kosten und Managementkosten.** Der Kostenanteil eines Fonds drückt die gesamten operativen und Beratungsgebühren aus, die vom Fonds verursacht werden, und zwar als Prozentsatz des durchschnittlichen Buchwerts des Fonds. Diese Sätze reichen von weniger als 2 Promille pro Jahr (für Indexfonds) bis zu 2 % pro Jahr. (Beachten Sie, dass der letzte Prozentsatz um das 10fache höher ist als der erste – und dass dies über die Zeit hinweg einen enormen Unterschied ausmachen kann.) Vorsicht vor den Verlusten bei Einführungspreisen. Einige neue Fonds (insbesondere Geldmarktfonds) wälzen zeitweise alle Gebühren auf die Investoren ab, um den angekündigten Ertrag erzielen zu können. Investoren sollten darauf achten, ob ihnen alle Kosten auferlegt werden, sobald die Einführungszeit des Fonds beendet ist.

2. **12b-1 Kosten.** 12b-1 Kosten sind die Auslagen, die einem Fonds entstehen, wenn er Ausschüttungen vornimmt, und zwar nicht als Rücknahmekosten, sondern als ständige jährliche Gebühren auf der Grundlage des Buchwerts des Fonds. 12b-1 bezieht sich auf eine Regel der Securities and Exchange Commission, die die Anrechnung dieser Kosten erlaubt. Seit 1989 berechnet mehr als die Hälfte der öffentlich angebotenen Investmentfonds diese 12b-1-Gebühren.

Es ist wichtig zu wissen, dass die Performance des Buchwerts des Investmentfonds in keinerlei Beziehung zu den Kosten steht, die berechnet werden. Obwohl Sie bei einigen Produkten vielleicht nur für das bezahlen, was Sie bekommen, kaufen Sie keinesfalls ein besseres Management, wenn Sie hohe Gebühren bezahlen. Ganz im Gegenteil – hohe Gebühren führen zu einer schlechteren Performance.

Wir vergleichen die Kosten bei Investmentfonds

Die SEC setzte 1988 Regeln in Kraft, nach denen Investmentfonds alle Gebühren und Kosten in ihren Prospekten aufführen müssen. Diese Gebührentabelle muss auch die kumulativen Kosten (ausgedrückt in Dollar) ausweisen, die für ein Investment von 1.000 $ am Ende einer 1-jährigen, 3-jährigen, 5-jährigen und 10-jährigen Beteiligung entstehen, wobei 5 % Gewinn auf die Buchwerte des Fonds unterstellt werden.

Eine Gebührentabelle, so wie sie der SEC verlangt, finden Sie für drei repräsentative Investmentfonds in der folgenden Tabelle. Beachten Sie, dass der Fonds A keine Ausgabe- oder Rücknahmegebühren verlangt und die operativen Kosten nur bei 0,92 % liegen. Obwohl auch der Fonds B keine Ausgabe- oder Rücknahmegebühren berechnet, verlangt er hohe operative Kostenanteile und eine 12b-1-Gebühr von 3 Promille – und das bringt die gesamten Gebühren auf fast 1,25 % pro Jahr. Der Fonds C berechnet eine Ausgabegebühr von 4,75 % und durchschnittliche operative Kosten von fast 1 % pro Jahr. Am unteren Ende der Tabelle finden Sie die gesamten Kosten ausgedrückt in Dollar je Tausend Dollar Anlagekapital. Die Unterschiede bei den jährlichen Pro-

Beispielhafte Gebührentabellen in den Prospekten der Investmentfonds*

Kosten die den Anteil-Inhabern auferlegt werden	Fonds A	Fonds B	Fonds C
Ausgabeaufschlag beim Erwerb von Anteilen	keine	keine	4,75 %
Aufschlag bei der Reinvestition aus ausgeschütteten Dividenden	keine	keine	4,75 %
Rücknahmegebühren	keine	keine	keine
Gebühren beim Tausch von Fondsanteilen innerhalb der Fondsgesellschaft	keine	keine	keine
Jährliche operative Kosten für die Betreuung des Fonds			
Management und administrative Kosten	0,22 %	0,60 %	0,70 %
Beratungsgebühren	0,02%	-	-
12b – 1 Marketing-Gebühren	-	0,30 %	-
Ausgaben für Marketing- und Vertrieb	0,02 %	-	-
Verschiedenes	0,03 %	0,32 %	0,26 %
operative Gesamtkosten	**0,29 %**	**1,22 %**	**0,96 %**
Ausgaben umgerechnet auf eine Anlage von 10.000 $			
1 Jahr	30 $	124 $	587 $
3 Jahre	93 $	387 $	823 $
5 Jahre	163 $	670 $	1.077 $
10 Jahre	368 $	1.477 $	1.805 $

* Diese Tabelle zeigt alle Auslagen und Gebühren, die ein Inhaber von Fondsanteilen bei drei hypothetischen Investmentfonds zahlen müsste. Diese Tabelle soll Anlegern helfen, die verschiedenen Kosten und Auslagen zu verstehen, die ein Anteilinhaber an einem Fonds tragen muss, direkt oder indirekt. Das Beispiel zeigt die Auslagen, die Investor hätte, wenn er 10 000 $ über verschiedene Zeiträume hinweg anlegt, wobei eine 5prozentige jährliche Rendite unterstellt wird und Rücknahmegebühren am Ende jedes Zeitraums. Beachten Sie jedoch, dass diese Tabelle nicht die Gewinne enthält, die heute bei einem speziellen Investment möglich wären.

zentsätzen und den Kosten in Dollar mögen klein erscheinen, aber ihre Wirkung kann über längere Zeit hinweg sehr wesentlich sein, wie Sie im unteren Teil der Tabelle erkennen können. Kostenbewusste Anleger erzielen die besten Ergebnisse, wenn sie in Fonds ohne Ausgabe- oder Rücknahmeaufschlag investieren, und in Fonds, die geringe Kostenanteile berechnen.

Der Malkiel-Schritt

Wie die Leser der vorhergehenden Auflagen dieses Buches wissen, kaufe ich gern geschlossene Fonds, wenn sie zu attraktiven Konditionen verfügbar sind. Geschlossene Fonds unterscheiden sich von offenen Investmentfonds (das ist die Art, die wir im vorherigen Abschnitt besprochen haben) dadurch, dass sie nach der Erstauflage keine weiteren Anteile ausgeben und auch keine Anteile zurücknehmen. Um solche Anteile zu kaufen oder zu verkaufen, müssen Sie an die Börse gehen – normalerweise an die New York Stock Exchange.

Der Kurs dieser Anteile hängt davon ab, was andere Anleger bereit sind, für die Anteile zu bezahlen, und anders als bei den Anteilen an einem offenen Investmentfonds hat dieser Kurs nicht unbedingt etwas mit dem Buchwert zu tun. Und so können die Anteile an einem geschlossenen Fonds mit einem Aufschlag oder einem Abschlag vom Buchwert gehandelt werden. In den 70er Jahren und zu Beginn der 80er Jahre wurden diese Fonds mit einem deutlichen Abschlag von ihrem Buchwert gehandelt. Geschlossene Fonds engagieren professionelle Manager und ihre Kosten sind auch nicht höher als die bei normalen Investmentfonds. So gibt es für diejenigen, die viel von professionellem Investment-Management halten, eine Möglichkeit, dieses Management mit einem Rabatt zu kaufen und das habe ich meinen Lesern auch gesagt.

Ein kleiner Teil der Rabatte bei geschlossenen Fonds kann durch rationale Überlegungen erklärt werden. Einige Fonds hatten ansehnliche noch nicht realisierte Kapitalgewinne in ihren Portfolios, die das Timing eines Steuerpflichtigen durchaus berühren könnten. Andere Fonds hatten hohe Beteiligungen an Aktien, deren Verkauf Restriktionen unterlag und deren Kurse ihren wahren Wert nicht genau reflektierten. Doch diese Überlegungen könnten bestenfalls einen kleinen Teil der Rabatte erklären, die sich während der späten 70er Jahre bis auf 40 % beliefen. Meine eigene Erklärung für diese Abschläge ging auf nicht realisierte Markteffizienz zurück, und ich drängte Anleger, diese Vorteile zu nutzen, solange sie noch bestehen.

Das schöne an diesen geschlossenen Fonds, die mit hohen Abschlägen zu ihrem Buchwert gehandelt wurden, war, dass selbst dann, wenn die Abschläge auf hohem Niveau blieben, die Anleger immer noch außerordentlich hohe Gewinne aus ihren Anlagen ziehen konnten. Hätte man Anteile mit einem Abschlag von 25 % auf ihren Buchwert gekauft, dann hätte man Dividenden für 4 $ Buchwert kassiert, obwohl man nur 3 $ investiert hatte. Und letztlich, wenn die Fonds nur den Gewinn erzielt hätten, der dem des Gesamtmarktes entsprach, dann wäre man, wie die Anhänger der Random-Walk-Theorie es annehmen, besser als der Durchschnitt.

Es war so, als hätte man 100 $ auf einem Sparkonto, das 5 % Zinsen bringt. Man hinterlegt 100 $ und erhält dafür jährlich 5 $ Zinsen. Allerdings hätte man dieses Sparkonto mit einem Rabatt von 25 % kaufen können – mit anderen Worten für 75 $. Und dennoch erhielt man 5 $ Zinsen (5 % von 100 $), doch weil man nur 75 $ für das Konto bezahlte, lag die Rendite bei 6,67 % (5 : 75). Beachten Sie, dass dieser Ertragszuwachs in keiner Weise auf den Rabatt zurückzuführen war. Selbst wenn Sie nur 75 $ ausgezahlt bekommen, wenn Sie das Konto auflösen, dann hätten Sie immer noch einen hohen Aufschlag bei zusätzlichen Gewinnen erhalten, während Sie das Konto hatten. Der Abschlag bei geschlossenen Fonds bot den gleichen Bonus. Sie erhielten Ihren Dividendenanteil auf einen Buchwert von 1 $, selbst wenn Sie nur 75 Cents bezahlt hatten.

Diese Strategie funktionierte besser als erwartet. Auch wenn die Publicity, die ich den geschlossenen Fonds in meinen Büchern gegeben habe, dazu beigetragen haben mag, diese Abschläge zu mindern, glaube ich, dass der hauptsächliche Grund für die geringeren Abschläge der ist, dass unsere Kapitalmärkte einigermaßen effizient sind. Es kann durchaus sein, dass der Markt von Zeit zu Zeit bestimmte Wertpapiere falsch einschätzt, wodurch zeitweilige Ineffizienzen bewirkt werden. Doch wenn es tatsächlich einen Bereich der Ineffizienz bei der Kursgestaltung gibt, die vom Markt aufgedeckt wird und verlässlich genutzt werden kann, dann werden die substanzwertorientierten Investoren den Vorteil aus diesen Gelegenheiten nutzen und ihn deshalb bald eliminieren. Es kann durchaus sein, dass es bei der Kursfeststellung Ungereimtheiten gibt und dass diese über bestimmte Zeitabschnitte hinweg auch bestehen bleiben. Doch das Gesetz der finanziellen Schwerkraft wird schließlich greifen, und der wahre Wert wird sich zeigen.

Ich habe in den vorhergehenden Auflagen erwähnt, dass ich meinem Sohn Jonathan die Honorare aus der ersten Auflage dieses Buches geschenkt habe. Ich praktizierte das, was ich predigte und investierte die Honorare in ein Portfolio mit geschlossenen Investmentfonds, die mit deutlichen Abschlägen gehandelt wurden. Die Kapitalanlage erfolgte in der Hauptsache gegen Ende 1973 (in der Nähe einer Marktspitze und deshalb keine gute Zeit für eine Kapitalanlage) und Ende 1974 (nachdem der Markt einen deutlichen Abschwung hatte hinnehmen müssen). Diese Strategie erzielte eine wesentlich bessere Performance als der Gesamtmarkt. Die Abschläge trugen zu recht spektakulären Gewinnen bei. Allerdings erforderte diese Strategie auch Mut. Die Kapitalanlagen von 1973, die getätigt wurden, als der Markt sehr hoch stand, waren Ende 1974 zu einem großen Teil verschwunden.* Glücklicherweise trafen dann weitere Honorarschecks ein, ich kaufte weitere Anteile für Jonathan, und die Gesamtgewinne waren mehr als zufriedenstellend.

Zu der Zeit, als diese Auflage in Druck geht, gibt es für die geschlossenen Investmentfonds in den USA kaum noch Abschläge, und deshalb stellen sie nunmehr keine besonders attraktive Anlagemöglichkeit dar.** Doch bei den höchst unruhigen Bedingungen an den Börsen der Emerging Markets während des Jahres 1998 boten sich Ende des Jahres einige sehr attraktive Abschläge bei Fonds, die in Investments in den am härtesten betroffenen Regionen engagiert waren. Im Spätsommer 1998 konnte man viele geschlossene Fonds, die in bestimmte Regionen der Emerging Markets investierten, mit Abschlägen von 25 % oder mehr unter den ohnehin schon niedrigen Kursen der Papiere erwerben, die im Fonds enthalten waren. Sollten diese Abschläge in Zukunft kleiner werden, dann könnten Anleger attraktive Gewinne erzielen, selbst wenn der Buchwert des Fonds sich nicht erholt. Bei so hohen Abschlägen sind

---

* Entsprechend meiner Regel 4 hätte ich zu einem anderen geschlossenen Fonds wechseln sollen, um 1974 Steuervorteile zu erzielen. Allerdings rechtfertigte Jonathans Situation einen solchen Wechsel nicht, wenn man die Brokergebühren in Betracht zog.

** Tatsächlich, wenn Sie einen neuen geschlossenen Investmentfonds zum Buchwert kaufen und weitere 8 % Zeichnungsgebühren zahlen müssen, dann trifft Sie nicht nur ein hoher Ausgabeaufschlag, sondern Sie gehen auch das Risiko ein, dass dieser Fonds künftig mit einem Abschlag gehandelt wird. Kaufen Sie einen geschlossenen Fonds nie zum Emissionskurs. Das wird sich fast immer als ein schlechtes Geschäft herausstellen. Es lohnt sich jedoch zu überprüfen, ob die Abschläge vom Buchwert in der Zukunft während unruhiger Marktbedingungen größer werden.

Geschlossene Emerging Markets-Fonds zu attraktiven Kursen (4.9.1998)

Fonds (Ticker-Symbol)	Netto-Buchwert	Kurs	Abschlag in %	durchschnittl. Abschlag (3 Jahre) in %	Beschreibung
Templeton China (TCH)	6,37	4,625	-29,39	-13,73	Hongkong; China, Taiwan
Templeton Dragon (TDF)	7,99	5,750	-28,04	-17,10	Hongkong; China, Taiwan
Asia Pacific (APB)	6,19	4,625	-25,28	-8,57	alle asiatischen Emerging Markets, inkl. Indien
Asia Tigers (GRR)	6,34	4,750	-25,08	-14,27	alle asiatischen Emerging Markets, inkl. Indien und Pakistan
Morgan Stanley Asia (APF)	7,37	5,500	-25,37	-16,47	asiatische Märkte (47 % Japan)
Scudder New Asia (SAF)	9,22	6,938	-24,75	-8,57	asiatische Märkte (17 % Japan)
Latin American Equity (LAQ)	8,78	5,938	-32,37	-8,87	alle lateinamerikanischen Emerging Markets
Latin American Investments (LAM)	9,65	6,088	-30,69	-12,57	alle lateinamerikanischen Emerging Markets
Latin American Discovery (LDF)	6,72	4,750	-29,32	-12,97	alle lateinamerikanischen Emerging Markets
Central European Equity (CEE)	14,14	9,938	-29,72	-20,00	alle europäischen Emerging Markets
Central European Value (CRF)	11,92	8,938	-25,02	-10,40	alle europäischen Emerging Markets
Scudder New Europe (NEF)	22,08	16,563	-24,99	-19,00	alle europäischen Emerging Markets

diversifizierte Portfolios geschlossener Investmentfonds, die in Emerging Markets investieren und mit deutlichen Abschlägen gehandelt werden, eine gute – und wahrscheinlich empfehlenswerte – Alternative zu einem Indexfonds, der Papiere aus Emerging Markets enthält. Bei Abschlägen von 25 % ist es an der Zeit, die Brieftasche zu öffnen und geschlossene Fonds zu kaufen. Die folgende Tabelle zeigt Ihnen eine Liste vom September 1998, in der geschlossene Fonds mit attraktiven Kursen aufgeführt werden.

Ein Paradoxon

Obwohl die geschlossenen Investmentfonds mit Papieren der Emerging Markets sehr attraktiv erschienen, als diese Märkte während des Spätsommers 1998 untertauchten, wurden amerikanische Fonds mit amerikanischen Aktien nicht mehr zu den Schnäppchenkursen gehandelt, die es während der schwierigen Zeit der späten 70er Jahre gab. Dies zeigt ein wichtiges Paradoxon auf, über die Anlageberatung, aber auch über den Grundsatz, dass wahre Werte sich schließlich im Markt durchsetzen. Es gibt bei bestimmten Papieren ein grundsätzliches Paradoxon über den Sinn der Anlageberatung. Wenn der Rat ausreichend viele Leute erreicht und diese daraufhin agieren, zerstört die Kenntnis dieses Rates seinen Nutzen. Wenn jeder weiß, dass es eine gute Kaufgelegenheit gibt, und alle sich beeilen zu kaufen, dann wird der Kurs des guten Deals ansteigen, bis er für ein Investment nicht länger attraktiv erscheint. Tatsächlich wird der Kurs so lange nach oben gedrückt, wie das Papier noch eine gute Gelegenheit darstellt.

Dies ist die wichtigste logische Säule, auf der die Efficient-Market-Theorie beruht. Wenn die Verbreitung einer Nachricht nicht behindert wird, dann werden Kurse schnell reagieren, so dass sie bald alles reflektieren, was über eine spezielle Situation bekannt ist. Dies brachte mich in der Auflage von 1981 zur Vorhersage, dass es solche günstigen Abschläge nicht immer geben würde. Ich schrieb: „Ich wäre sehr überrascht, wenn sich die Abschläge der frühen 80er Jahre unbegrenzt fortsetzen würden."

Aus dem gleichen Grund bin ich sehr skeptisch, dass die einfachen und weitverbreiteten Regeln wie beispielsweise „Kaufen Sie Aktien mit niedrigem KGV" oder „Kaufen Sie Aktien von kleinen Unternehmen" ständig ungewöhnlich hohe, dem Risiko entsprechende Gewinne erzielen werden. Ich bin ebenfalls sehr skeptisch, ob die ungewöhnlich hohen Abschläge auf Fonds mit Papieren der Emerging Markets noch lange bestehen werden.

Es gibt eine sehr bekannte Geschichte über den Random Walk eines Professors der Finanzwissenschaften und zwei seiner Studenten. Der Professor, ein Anhänger der strengsten Form der Random-Walk-Theorie war davon überzeugt, dass die Märkte immer absolut effizient seien. Als er und die Studenten auf der Straße einen 10 $-Schein liegen sahen, sagte er, sie sollten das Geld nicht beachten. „Wenn es wirklich ein 10 $-Schein ist", so sagte er, „dann hätte ihn schon jemand aufgehoben." Glücklicherweise waren die Studenten skeptisch, nicht nur gegenüber den Wall-Street-Profis, sondern auch ihrem gelehrten Professor gegenüber, und so hoben sie das Geld auf.

In dem Verhalten des Professors liegt zweifellos eine überlegenswerte Logik. In Märkten, in denen intelligente Menschen nach Werten suchen, ist es unwahrscheinlich, dass die Leute ständig 10 $-Scheine herumliegen lassen, die man einfach einstecken kann. Doch die Geschichte lehrt uns, dass es von Zeit zu Zeit auch ungenutzte Chancen gibt, ebenso wie solche Zeiten, in denen die Kurse spekulativ hoch sind. Wir kennen Holländer, die astronomische Preise für Tulpenzwiebeln zahlten, Engländer, die auf die unwahrscheinlichsten Seifenblasen hereinfielen und moderne institutionelle Fondsmanager, die so überzeugt waren, dass einige Aktien so Nifty waren, und dass die japanische Börse anders als alle anderen Börsen ist, so dass jeder Kurs vernünftig sei. Und wenn Pessimismus die Investoren überkommt, dann lassen sie wirklich fundamentale Investmentchancen wie geschlossene Investmentfonds sausen. Doch schließlich wurden übertriebene Bewertungen korrigiert, und Investoren fielen über die besonders günstigen geschlossenen Investmentfonds her. Vielleicht hätte der Rat des Professors so lauten sollen: „Sie sollten den 10 $-Schein schnell aufheben, denn wenn er wirklich echt ist, dann wird ihn bestimmt jemand nehmen." In diesem Sinn betrachte ich mich als Random Walker. Ich bin davon überzeugt, dass sich der wahre Wert zeigen wird, aber es überrascht mich nicht, dass es zeitweilig zu Anomalien kommt. Manchmal liegen wirklich einige 10 $-Scheine herum. Ich würde meinen Random Walk dann ganz sicher unterbrechen und diese Scheine mitnehmen.

Einige Schlussüberlegungen zu unserem Spaziergang

Wir sind nun am Ende unseres Spaziergangs. Lassen Sie uns einen Augenblick zurückblicken und darüber nachdenken, wo wir eigentlich waren. Es wurde deutlich, dass die Fähigkeit, den Durchschnitt ständig zu überbieten, sehr selten ist. Weder die Fundamentalanalyse des gesicherten Wertes einer Aktie noch die technische Analyse zur Bereitschaft des Marktes, Luftschlösser zu bauen, kann verlässliche überdurchschnittliche Ergebnisse bringen. Sogar die Profis müssen ihre Häupter in Scham verhüllen, wenn sie ihre Ergebnisse mit denen vergleichen, die man erzielen kann, wenn man bei der Aktienauswahl die Dart-Methode verwendet.

Eine vernünftige Investmentpolitik für Privatanleger muss deshalb in zwei Schritten entwickelt werden. Es ist außerordentlich wichtig, das Risiko/Gewinnverhältnis der verfügbaren Möglichkeiten zu verstehen und die Aktienauswahl seinem Temperament und den Erfordernissen genau anzupassen. Teil 4 bot Ihnen einen sehr gründlichen Führer für diesen Teil des Spaziergangs, einschließlich einer Reihe von Aufwärmübungen, die alles enthielten, beginnend mit der Steuerplanung über das Management von Rücklagen und einen Führer für die Gestaltung von Portfolios für alle Lebensabschnitte. Dieses Kapitel umschrieb den größten Teil unseres Spaziergangs die Wall Street hinunter – drei wichtige Schritte, wie man Aktien kauft. Ich begann damit, Ihnen vernünftige Strategien vorzustellen, die mit dem Vorhandensein weitgehend effizienter Märkte übereinstimmen. Die Strategie, ein Portfolio anzulegen, das einem Index entspricht, empfehle ich wärmstens. Allerdings bemerkte ich auch, dass es dann, wenn man Investoren sagt, dass es keine Hoffnung gebe, besser zu sein als der Durchschnitt, es so ist, als ob man einem 6-jährigen sagt, es gäbe keinen Nikolaus. Es nimmt dem Leben gewisse Reize.

Den Unverbesserlichen unter Ihnen, die mit dem Virus der Spekulation infiziert sind, die darauf bestehen, einzelne Aktien auszuwählen und damit zu versuchen besser zu sein als der Markt, bot ich vier Regeln an. Die Chancen stehen für Sie wirklich schlecht, aber vielleicht haben Sie Glück und stecken große Gewinne ein. Ich bin sehr skeptisch, dass Sie Investmentmanager finden können, die das Talent haben, die seltenen 10 $-Scheine zu finden, die auf dem Marktplatz herumliegen. Ich habe Ihnen allerdings auch einige Fonds genannt, die in der Vergangenheit besser waren als der Durchschnitt, und die nur bescheidene Gebühren verlangen. Vergessen Sie aber niemals, dass die Leistungen der Vergangenheit keine verlässlichen Hinweise darauf geben, wie ein Fonds in der Zukunft abschneiden wird.

Die Kapitalanlage gleicht ein wenig dem Geschlechtsverkehr. Schließlich ist er wirklich eine Kunst, die ein bestimmtes Talent erfordert, und diese mysteriöse Kraft, die wir Glück nennen. Tatsächlich ist das Glück zu 99 % für den Erfolg der wenigen Leute verantwortlich, die besser waren als der Durchschnitt. „Obwohl die Menschen oft mit Ihren großartigen Taten prahlen", schrieb La Rochefoucault, „sind diese seltener das Ergebnis guter Planung als des Zufalls."

Das Spiel der Kapitalanlage gleicht auch in einer weiteren wichtigen Hinsicht dem Geschlechtsverkehr. Es macht zuviel Spaß, um es aufzugeben. Wenn Sie das Talent haben, Aktien mit einem guten Wert zu erkennen, und die Kunst beherrschen, eine Story zu finden, die die Phantasie der Massen anregt, dann ist es ein großartiges Gefühl, die Bestätigung des Marktes zu erleben. Auch wenn Sie nicht so viel Glück haben, werden Ihnen meine Regeln helfen, Ihre Risiken zu begrenzen und viel von dem Leid zu vermeiden, das manchmal mit diesem Spiel verbunden ist. Wenn Sie wissen, dass Sie nicht allzu viel gewinnen und zumindest auch nicht allzu viel verlieren können, dann können Sie das Spiel mit tieferer Befriedigung spielen. Und letztlich hoffe ich, dass dieses Buch dazu beiträgt, dass Ihnen das Spiel der Kapitalanlage nun mehr Spaß macht.